2026 한국사능력검정시험
기출유형 500제 기본대비

한국사능력검정 연구회

2026
한국사능력검정시험
기출유형 500제 [기본대비]

인쇄일 2026년 1월 1일 초판 1쇄 인쇄	**발행처** 시스컴 출판사
발행일 2026년 1월 5일 초판 1쇄 발행	**발행인** 송인식
등 록 제17-269호	**지은이** 한국사능력검정 연구회
판 권 시스컴2026	

ISBN 979-11-6941-826-3 13910
정 가 19,000원

주소 서울시 금천구 가산디지털1로 225, 513호(가산포휴)　|　**홈페이지** www.nadoogong.com
E-mail siscombooks@naver.com　|　**전화** 02)866-9311　|　**Fax** 02)866-9312

발간 이후 발견된 정오 사항은 홈페이지 도서 정오표에서 알려드립니다(홈페이지→자격증→도서 정오표).

이 책의 무단 복제, 복사, 전재 행위는 저작권법에 저촉됩니다. 파본은 구입처에서 교환하실 수 있습니다.

머리말

역사는 시대의 거울이자 과거와 현재의 생생한 기록이다. 그러나 아직까지도 역사를 과거의 전유물로 인식하는 사람들이 많고, 주변 국가들은 역사 교과서를 왜곡하고 심지어 역사 전쟁을 도발하고 있다. 한국사의 위상 제고가 시급한 실정에서, 우리가 살아온 발자취와 삶의 다양한 흔적을 담고 있는 역사를 올바르게 아는 것은 매우 중요한 일이다.

국사편찬위원회가 주관하는 한국사능력검정시험은 우리 역사에 대한 관심을 제고하고 한국사에 대한 폭넓고 올바른 지식을 공유함으로써 균형 잡힌 역사의식을 갖도록 하는 것을 목적으로 한다. 이를 위해 한국사능력검정시험은 역사에 대한 기본 지식의 습득과 적용, 보다 수준 높은 역사 지식의 이해와 창의적 문제 해결 능력의 함양 등을 평가기준으로 하여 문항을 구성하고 있다.

이 책은 국사편찬위원회가 주관하는 '한국사능력검정시험(기본)'의 50가지 기출테마와 상세한 해설을 수록하여 수험생들이 단시간 내에 문제를 충실하게 이해하고, 보다 효과적으로 시험을 대비할 수 있도록 돕고자 출간되었다. 구체적으로는 다음과 같은 특징을 지니고 있다.

첫째, 달달 외우는 핵심 키워드 : 시험에 나오는 카드식 핵심 키워드만 달달 외워 학습 효과를 극대화 하도록 하였다.

둘째, 달달 외우는 빈출 선지 : 시험에 반복적으로 출제되는 빈출 선지 문항만 달달 외워 문항 인지 속도를 빠르게 학습하도록 하였다.

셋째, 그림 외우는 문화유산 : 시험에 반복적으로 출제되는 시대별 문화유산을 썸네일을 통해 직접 눈으로 익히도록 하였다.

본서는 단기간에 한국사능력검정시험 기본 과정에 합격하고자 하는 수험생들에게 최적의 교재가 되길 바라는 마음으로 출간되었다. 이 책과 함께한 수험생 모두에게 좋은 결과가 있기를 바란다.

시험 안내

1 한국사능력검정시험이란?

한국사능력검정시험은 우리 역사에 관한 패러다임의 혁신과 한국사 교육의 위상을 강화하기 위하여 국사편찬위원회에서 주관하고 시행하는 시험이다. 국사편찬위원회는 우리 역사에 대한 관심을 제고하고, 한국사 전반에 걸쳐 역사적 사고력을 평가하는 다양한 유형의 문항을 개발하고 있다. 이를 통해 한국사 교육의 올바른 방향을 제시하고, 자발적 역사학습을 통해 고차원적 사고력과 문제해결 능력을 배양하고자 한다.

2 한국사능력검정시험의 목적

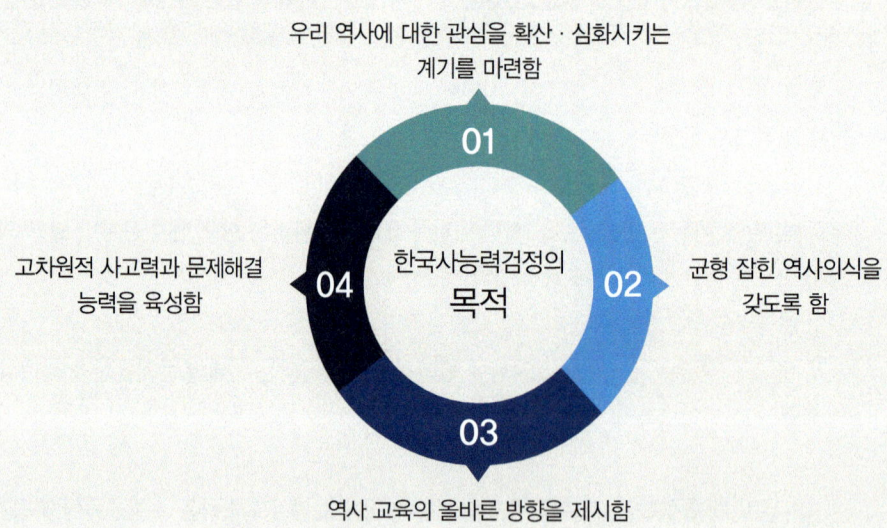

- 01 우리 역사에 대한 관심을 확산·심화시키는 계기를 마련함
- 02 균형 잡힌 역사의식을 갖도록 함
- 03 역사 교육의 올바른 방향을 제시함
- 04 고차원적 사고력과 문제해결 능력을 육성함

3 한국사능력검정시험의 응시 대상

- 한국사에 관심 있는 대한민국 국민 (외국인도 가능)
- 한국사 학습자
- 상급 학교 진학 희망자
- 공공기관이나 기업체 취업 및 해외 유학 희망자 등

4 한국사능력검정시험의 출제 유형

역사 지식의 이해	역사 탐구에 필요한 기본적인 지식, 즉 역사적 사실·개념·원리 등의 이해 정도를 묻는 영역이다.
연대기의 파악	역사의 연속성과 변화 및 발전을 이해하고 있는지를 묻는 영역이다. 역사 사건이나 상황을 시대순으로 정확하게 이해하고 인과 관계를 파악할 수 있는가를 묻는다.
역사 상황 및 쟁점의 인식	제시된 자료에서 해결해야 할 구체적 역사 상황과 핵심적인 논쟁점, 주장 등을 찾을 수 있는지를 묻는 영역이다. 문헌 자료, 도표, 사진 등의 형태로 주어진 자료에서 해결해야 할 과제를 포착하거나 변별해내는 능력이 있는지를 측정한다.
역사 자료의 분석 및 해석	자료에 나타난 정보를 해석하여 그 의미를 파악할 수 있는가를 묻는 영역이다. 정보의 분석을 바탕으로 자료의 시대적 배경과 사회적 의미를 해석할 수 있는가를 측정한다.
역사 탐구의 설계 및 수행	제시된 문제의 성격과 목적을 고려하여 절차와 방법에 따라 역사 탐구를 설계하고 수행할 수 있는 능력이 있는가를 묻는 영역이다.
결론의 도출 및 평가	주어진 자료의 타당성을 판별하고, 여러 자료를 종합하여 결론을 도출할 수 있는가를 묻는 영역이다.

5 한국사능력검정시험의 특징

한국사능력검정시험은 한 나라의 국민으로서 가져야 하는 기본적인 역사적 소양을 측정하고, 역사에 대한 전 국민적 공감대를 형성하기 위한 시험으로 다음과 같은 특징을 갖고 있다.

한국사 학습능력을 측정할 수 있는 대표적인 시험이다.
한국사 전반에 걸친 지식을 폭넓게 이해할 수 있는 시험으로서, 역사를 올바르게 이해할 수 있도록 심층적인 지식을 제공한다.

응시자의 계층이 매우 다양하다.
한국사능력검정시험은 입시생이나 각종 채용 시험과 같은 동일한 집단이 아니라, 다양한 연령층과 직업군을 가진 사람들이 응시하고 있다. 한국사에 대한 관심과 애정만 있다면 응시자의 학력수준이나 연령 등은 더욱 다양해질 것이다.

국가기관인 국사편찬위원회가 주관한다.

국사편찬위원회는 우리 역사에 대한 자료를 관장하고 있는 교육부 직속 기관이다. 한국사능력검정시험은 우리나라 역사에 관한 자료를 조사·연구·편찬하는 국사편찬위원회가 주관·시행을 함으로써, 수준 높고 참신한 문항과 공신력 있는 관리를 통해 안정적인 시험 운영을 하고 있다.

참신한 문항 개발에 노력하고 있다.

매회 시험마다 단순 암기 위주의 보편적인 문항보다는, 다양한 영역에서 여러 접근 방법을 통해 풀 수 있는 참신한 문항을 새로 개발하고 있다. 또한 탐구력을 증진할 수 있는 문항 개발을 통해 기존 시험의 틀을 탈피하려고 노력하고 있다.

'선발 시험'이 아니라 '인증 시험'이다.

합격의 당락을 결정하는 선발 시험의 성격이 아니라, 한국사의 학습 능력을 인증하는 시험이다.

6 응시자 유의사항

- 입실 시간 및 고사실 확인
  - 시험 당일 고사실 입실은 08:30 부터 10:00 까지 가능하다(10시부터 고사실이 있는 건물의 출입문 통제).
  - 오전 10시 20분(시험 시작) 이후에는 고사실(교실)에 들어갈 수 없다.
  - 시험장을 착오한 응시생은 시험에 응시할 수 없다.
  - 수험번호대로 고사실의 지정된 자리에 앉아 응시해야 한다.
- 시험 진행 중 유의사항
  - 시험 시간 중에는 신분증과 수험표를 자기 책상의 좌측 상단에 놓아야 한다.
  - 시험 종료 15분 전까지는 퇴실할 수 없다.
  - 시험 중 퇴실할 경우에는 답안지를 감독관에게 직접 제출하며 다른 응시자에게 방해가 되지 않도록 조용히 퇴실해야 한다.
  - 시험 도중 화장실 이용 등으로 부득이하게 고사실을 출입할 상황 발생시에는 복도감독관의 인솔 하에 이동하여야 한다.

7 평가 내용

시험 종류	평가 내용
심화	한국사 심화과정으로서 한국사에 대한 체계적인 이해를 바탕으로 한국사의 주요 사건과 개념을 종합적으로 이해하고, 역사 자료를 분석하고 해석하는 능력, 한국사의 흐름 속에서 시대적 상황 및 쟁점을 파악하는 능력을 평가
기본	한국사 기본과정으로서 기초적인 역사 상식을 바탕으로 한국사의 필수 지식과 기본적인 흐름을 이해하는 능력을 평가

8 한국사능력검정시험의 시험 종류 및 인증 등급

시험 종류	심화	기본
인증 등급	1급(80점 이상) 2급(70점~79점) 3급(60점~69점)	4급(80점 이상) 5급(70점~79점) 6급(60점~69점)
문항 수	50문항(5지 택 1형)	50문항(4지 택 1형)

※ 100점 만점(문항별 1점~3점 차등배점)

9 한국사능력검정시험의 활용 및 특전

- 2급 이상 합격자에 한해 인사혁신처에서 시행하는 5급 국가공무원 공개경쟁채용시험 및 외교관후보자 선발시험에 응시자격 부여
- 한국사능력검정시험 3급 이상 합격자에 한해 교원임용시험 응시자격 부여
- 국비 유학생, 해외 파견 공무원, 이공계 전문연구요원(병역) 선발 시 한국사 시험을 한국사능력검정시험 3급 이상 합격으로 대체
- 2급 이상 합격자에 한해 인사혁신처 시행 지역인재 7급 수습직원 선발시험에 추천 자격요건 부여
- 공무원 경력경쟁채용시험 가산점 부여
- 4대 사관학교(공군·육군·해군·국군간호사관학교) 입시 가산점 부여
- 군무원 경력경쟁채용시험에서 한국사 과목을 한국사능력검정시험으로 대체
- 일부 공기업 및 민간기업의 직원 채용이나 승진 시 반영
- 경찰청 및 해양경찰청 순경 등 공개경쟁채용시험에서 한국사 과목을 한국사능력검정시험으로 대체

10 시험 시간

시험 종류	시간	내용	소요 시간
심화	10:00~10:10	오리엔테이션(시험시 주의 사항)	10분
	10:10~10:15	신분증 확인(감독관)	5분
	10:15~10:20	문제지 배부	5분
	10:20~11:40	시험 실시(50문항) ※ 파본 확인	80분
기본	10:00~10:10	오리엔테이션(시험시 주의 사항)	10분
	10:10~10:15	신분증 확인(감독관)	5분
	10:15~10:20	문제지 배부	5분
	10:20~11:30	시험 실시(50문항) ※ 파본 확인	70분

한국사능력검정 시험과 관련된 각종 수험정보는 위의 내용과 다르게 변경될 수 있으므로, 시험 주관처의 홈페이지(www.historyexam.go.kr)에서 꼭 확인하시기 바랍니다.

구성과 특징

한국사능력검정시험 기출유형 500제

❶ 기출테마 50
시험에 출제되는 50 가지 유형의 기출테마를 시대별로 묶어 문제의 유형을 파악한다.

❷ 달달 외우는 핵심 키워드
시험에 나오는 카드식 핵심 키워드만 달달 외워 학습 효과를 극대화 한다.

❸ 달달 외우는 빈출 선지
시험에 반복적으로 출제되는 빈출 선지 문항만 달달 외워 문항 인지 속도를 빠르게 한다.

❹ 그림 외우는 문화유산
시험에 반복적으로 출제되는 시대별 문화유산을 썸네일을 통해 직접 눈으로 익힌다.

❺ 기출테마별 문제 유형
동일 유형의 기출 문제를 반복 수록하여 테마별 실전 응용력을 키운다.

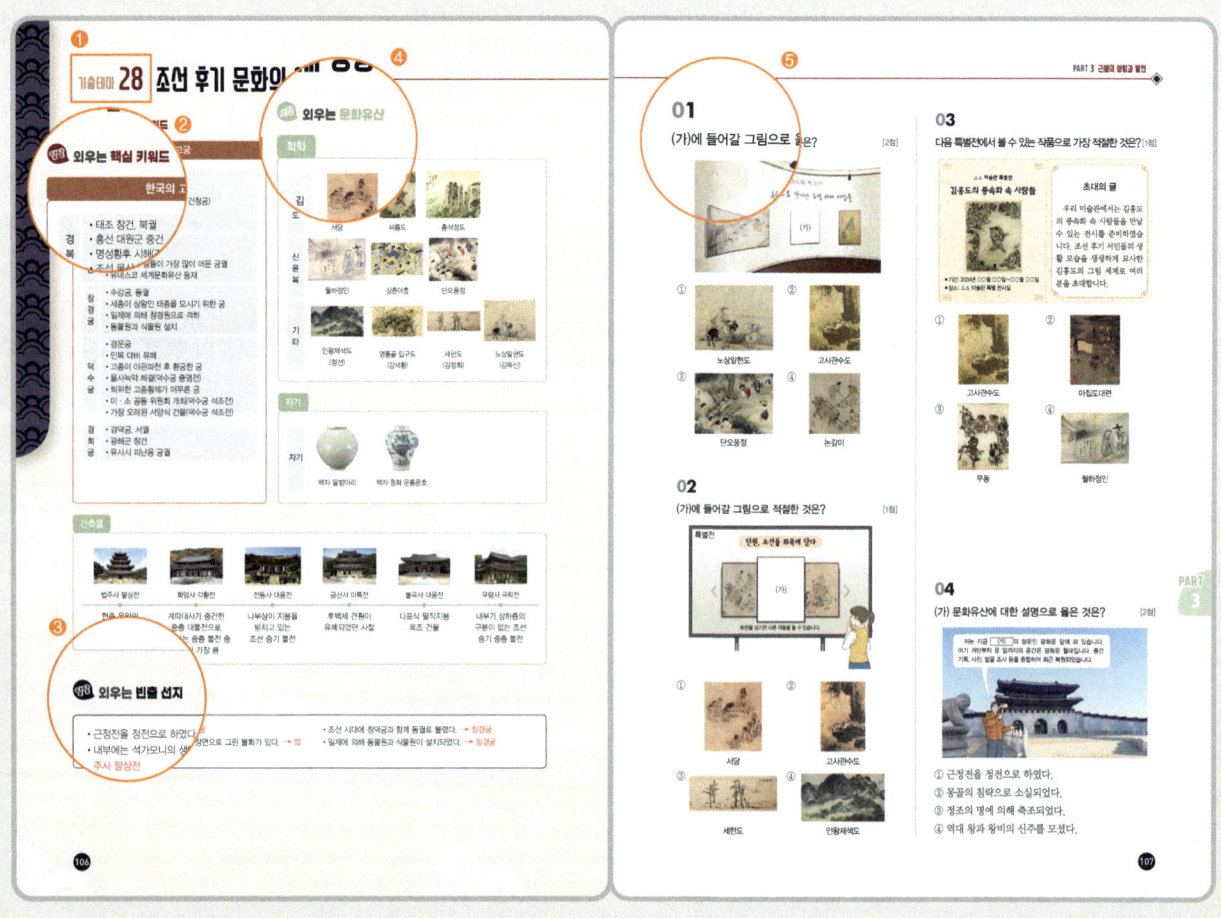

정답 및 해설

❶ 문항별 주제
출제의도를 파악함으로써 문제의 본질을 파악하기!

❷ 암기박사
이것만 알면 정답이 보인다! 정답을 여는 핵심 Key!

❸ 정답 해설
군더더기 없는 깔끔한 해설로 문제 완전 정복

❹ 오답 해설
오답 선택지의 상세한 해설로 핵심 이론 간파!

❺ 핵심노트
문제와 관련한 심화 학습을 통해 고득점을 향해 한 발짝 나아가기!

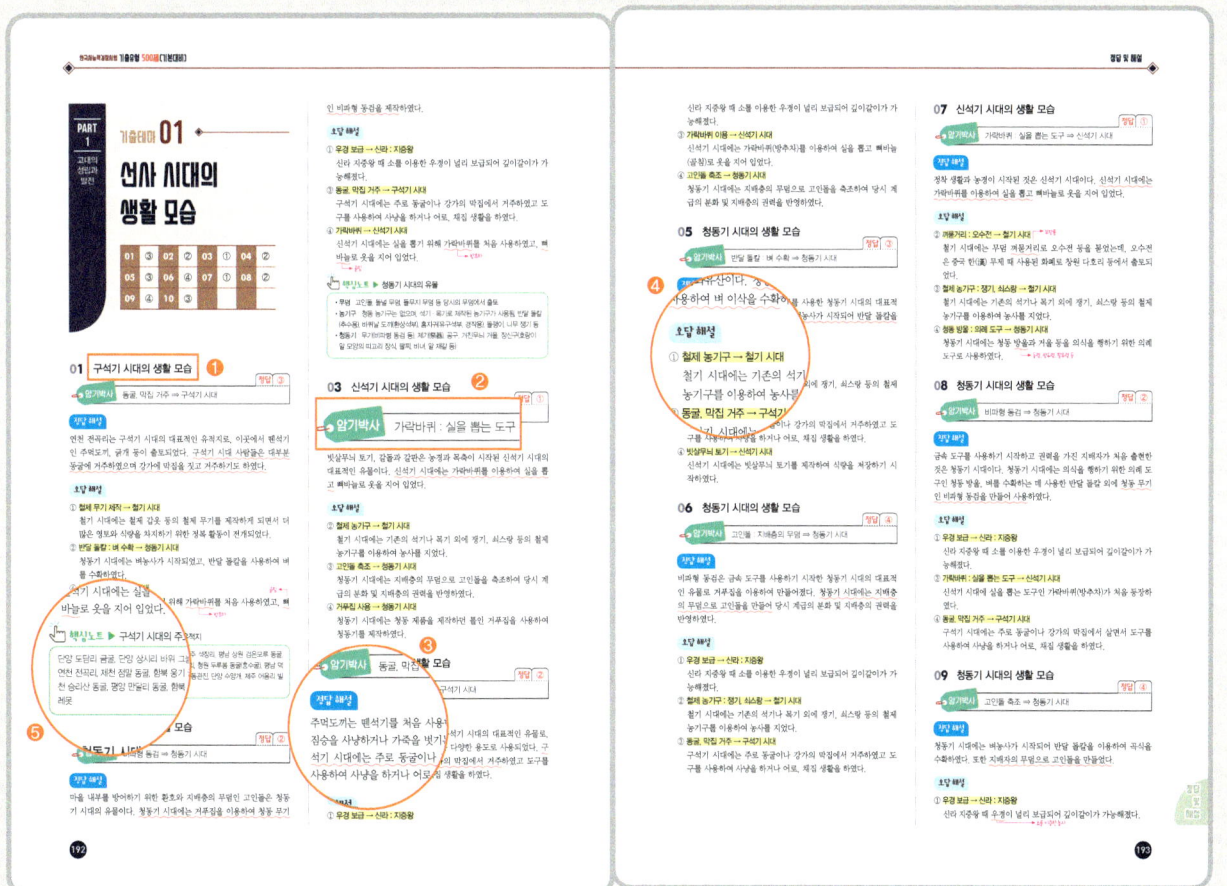

문제편 목차

PART 1 고대의 성립과 발전

- 01 선사 시대의 생활 모습 …… 14
- 02 고조선과 초기 국가의 형성 …… 17
- 03 삼국의 성립과 발전 …… 20
- 04 삼국의 문화유산 …… 23
- 05 가야 연맹과 문화 …… 27
- 06 신라의 삼국 통일 …… 30
- 07 통일 신라의 체제 …… 33
- 08 발해의 건국과 발전 …… 36
- 09 신라 하대와 후삼국 성립 …… 39

PART 2 중세의 성립과 발전

- 10 고려의 후삼국 통일과 성립 …… 44
- 11 문벌 귀족 사회의 동요와 무신 정권 …… 47
- 12 고려의 대외 관계 …… 50
- 13 원 간섭기와 공민왕의 개혁 …… 54
- 14 고려의 경제와 사회 모습 …… 57
- 15 고려의 학문과 사상 …… 60
- 16 고려의 문화유산 …… 64
- 17 우리 지역의 역사 …… 68

PART 3 근세의 성립과 발전

- 18 조선 건국과 국가 기반 확립 …… 74
- 19 조선 전기 통치 제제 정비 …… 77
- 20 사화의 발생과 붕당 형성 …… 80
- 21 조선 전기의 대외 관계 …… 83
- 22 조선 전기의 문화와 과학 기술 …… 86
- 23 붕당 정치의 변질 + 세시 풍속 …… 90
- 24 영조·정조의 탕평 정치 …… 94
- 25 세도 정치기의 사회 혼란 …… 97
- 26 조선 후기 실학과 국학 …… 100
- 27 조선 후기의 사회·경제 모습 …… 103
- 28 조선 후기 문화의 새 경향 …… 106

PART 4 근대의 변화와 흐름

29	흥선 대원군의 정책	112
30	일본 및 서양과의 조약 체결	115
31	개화사상과 위정척사 운동	118
32	임오군란과 갑신정변	121
33	동학 농민 운동의 전개	125
34	갑오개혁과 을미개혁	128
35	독립 협회와 대한 제국	131
36	항일 의병과 애국 계몽 운동	134
37	근대 문물 및 경제 구국 운동	137
38	근대 신문 및 근대 교육	140

PART 5 일제 강점기 독립 운동

39	일제의 국권 침탈	146
40	일제의 식민 통치	149
41	1910년대 민족 운동	153
42	3·1 운동과 대한민국 임시 정부	156
43	항일 운동과 의열 투쟁	159
44	1920~1940년대 무장 독립 전쟁	162
45	실력 양성 및 사회적 민족 운동	166
46	사회주의 운동과 민족 문화 수호 운동	169

PART 6 현대 사회의 발전

47	대한민국 정부 수립과 6·25 전쟁	174
48	민주화 운동과 항쟁	178
49	이승만 정부 ~ 노태우 정부	181
50	김영삼 정부 ~ 현 정부	185

| 문제편 |

PART 1
고대의 성립과 발전

기출테마 **01** 선사 시대의 생활 모습

기출테마 **02** 고조선과 초기 국가의 형성

기출테마 **03** 삼국의 성립과 발전

기출테마 **04** 삼국의 문화유산

기출테마 **05** 가야 연맹과 문화

기출테마 **06** 신라의 삼국 통일

기출테마 **07** 통일 신라의 체제

기출테마 **08** 발해의 건국과 발전

기출테마 **09** 신라 하대와 후삼국 성립

기출테마 01 선사 시대의 생활 모습

외우는 핵심 키워드

구석기 시대	신석기 시대	청동기 시대	철기 시대
• 연천 전곡리 유적 • 공주 석장리 유적 • 동굴, 막집 거주 • 사냥과 채집 생활 • **뗀석기** : 주먹도끼, 찍개, 슴베찌르개 • 계급 없는 평등한 공동체 생활	• 서울 암사동 유적 • 제주 고산리 유적 • **신석기 혁명** : 농경과 목축 • 움집에서의 정착 생활 • 빗살무늬 토기 • 가락바퀴와 뼈바늘 • 갈돌과 갈판 • 계급 없는 평등한 공동체 생활	• 울주 검단리 유적 • 부여 송국리 유적 • 민무늬 토기 • **고인돌** : 지배층의 무덤 • 반달 돌칼 • **거푸집** : 비파형 동검 제작 • 거친 무늬 거울, 청동 방울 • **계급 발생** : 권력을 가진 지배자 출현	• **철제 농기구** : 쟁기, 쇠스랑 • **철제 화폐** : 명도전, 오수전 • **거푸집** : 세형 동검 제작 • **철제 무기** : 부족 간의 전쟁

외우는 빈출 선지

- 비파형 동검을 제작하였다. → 청동기 시대
- 주로 동굴이나 막집에서 살았다. → 구석기 시대
- 가락바퀴를 이용하여 실을 뽑았다. → 신석기 시대
- 철제 농기구를 만들어 농사를 지었다. → 철기 시대
- 지배층의 무덤으로 고인돌을 축조하였다. → 청동기 시대
- 거푸집을 사용하여 청동기를 제작하였다. → 청동기 시대
- 반달 돌칼로 벼 이삭을 수확하였다. → 청동기 시대
- 빗살무늬 토기에 곡식을 저장하기 시작하였다. → 신석기 시대
- 무덤 껴묻거리로 오수전 등을 묻었다. → 철기 시대
- 의례 도구로 청동 방울 등을 사용하였다. → 청동기 시대
- 주먹도끼로 짐승을 사냥하는 모습 → 구석기 시대
- 거푸집으로 세형 동검을 만드는 모습 → 철기 시대

01

(가) 시대의 생활 모습으로 가장 적절한 것은? [1점]

> 연천 전곡리 유적은 뗀석기가 처음 사용된 (가) 시대의 유적입니다. 주한 미군이었던 저 그렉 보웬이 이곳에서 우연히 주먹도끼를 발견하면서 세상에 알려지게 되었고, 이후 이 유적에 대한 발굴 조사가 활발히 이루어졌습니다.

① 철제 무기를 제작하였다.
② 반달 돌칼로 벼를 수확하였다.
③ 주로 동굴이나 막집에서 살았다.
④ 가락바퀴를 이용하여 실을 뽑았다.

02

(가) 시대의 생활 모습으로 옳은 것은? [1점]

> 이곳 울주 검단리 유적에서는 마을 내부를 방어하기 위해 조성한 도랑인 환호가 확인되었습니다. 완전한 모습의 환호가 발견된 것은 국내 최초로, 인근에서는 다수의 고인돌도 발견되어 계급이 출현한 (가) 시대의 모습을 잘 보여주는 유적으로 평가받고 있어.

① 우경이 널리 보급되었다.
② 비파형 동검을 제작하였다.
③ 주로 동굴이나 막집에서 살았다.
④ 실을 뽑기 위해 가락바퀴를 처음 사용하였다.

03

(가) 시대의 생활 모습으로 가장 적절한 것은? [1점]

① 가락바퀴를 이용하여 실을 뽑았다.
② 철제 농기구를 만들어 농사를 지었다.
③ 지배층의 무덤으로 고인돌을 만들었다.
④ 거푸집을 사용하여 청동기를 제작하였다.

05

(가) 시대의 생활 모습으로 가장 적절한 것은? [1점]

① 철제 농기구로 농사를 지었다.
② 주로 동굴이나 막집에서 살았다.
③ 반달 돌칼로 벼 이삭을 수확하였다.
④ 빗살무늬 토기에 곡식을 저장하기 시작하였다.

04

(가) 시대의 생활 모습으로 가장 적절한 것은? [1점]

① 우경이 널리 보급되었다.
② 주로 동굴이나 막집에서 살았다.
③ 가락바퀴를 이용하여 실을 뽑았다.
④ 지배층의 무덤으로 고인돌을 축조하였다.

06

(가) 시대의 생활 모습으로 옳은 것은? [1점]

① 우경이 널리 보급되었다.
② 철제 농기구를 사용하였다.
③ 주로 동굴이나 막집에서 살았다.
④ 지배층의 무덤으로 고인돌을 만들었다.

07

(가) 시대의 생활 모습으로 옳은 것은? [2점]

제△△회 선사 문화 축제
정착 생활과 농경이 시작된 (가) 시대로의 시간 여행에 여러분을 초대합니다.
■ 기간: 2022년 ○○월 ○○일~○○월 ○○일
■ 장소: □□□ 선사 유적 박물관 일대

① 가락바퀴를 이용하여 실을 뽑았다.
② 무덤 껴묻거리로 오수전 등을 묻었다.
③ 철제 농기구를 사용하여 농사를 지었다.
④ 의례 도구로 청동 방울 등을 사용하였다.

08

(가) 시대의 생활 모습으로 옳은 것은? [1점]

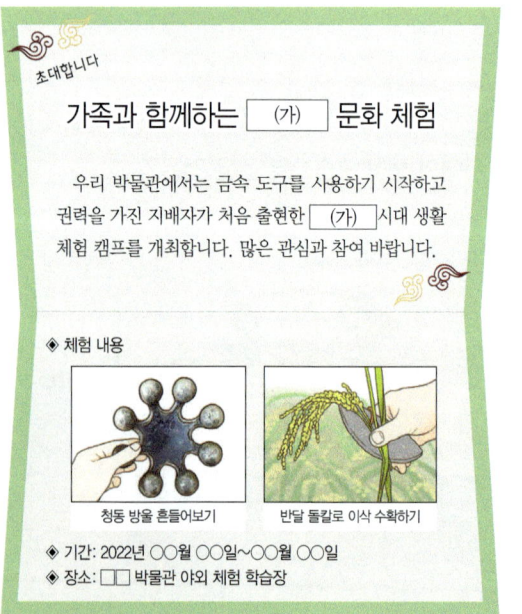

① 우경이 널리 보급되었다.
② 비파형 동검을 사용하였다.
③ 가락바퀴가 처음 등장하였다.
④ 주로 동굴이나 막집에서 살았다.

09

(가) 시대의 생활 모습으로 옳은 것은? [1점]

여러분은 (가) 시대의 벼농사를 체험하고 있습니다. 이 시대에는 처음으로 금속 도구를 만들었으나, 농기구는 여러분이 손에 들고 있는 반달 돌칼과 같이 돌로 만들었습니다.

① 우경이 널리 보급되었다.
② 철제 무기를 사용하였다.
③ 주로 동굴이나 막집에 살았다.
④ 지배자의 무덤으로 고인돌을 만들었다.

10

다음 대회 참가자들이 그릴 장면으로 가장 적절한 것은? [1점]

◇◇◇ 시대 그림 그리기 대회
◇◇◇ 시대 사람들은 불을 처음 사용하였고, 주로 동굴이나 강가의 막집에서 살았습니다. 이 시대 사람들의 생활 모습을 그림으로 그려 봅시다.
● 일시: 2021년 ○○월 ○○일 ○○시
● 장소: 연천 전곡리 유적
● 주최: □□문화재단

① 가락바퀴로 실을 뽑는 모습
② 반달 돌칼로 벼이삭을 따는 모습
③ 주먹도끼로 짐승을 사냥하는 모습
④ 거푸집으로 세형 동검을 만드는 모습

기출테마 02 고조선과 초기 국가의 형성

외우는 핵심 키워드

고조선
- 단군왕검
- 부왕·준왕 왕위 세습
- 위만 조선
- 진번과 임둔 복속
- 범금 8조
- 한과 진국 사이 중계무역
- 한 무제의 침략
- 마지막 왕 우거왕

부여
- 영고(12월)
- 가(加) : 사출도 주관
- 대가 : 마가, 우가, 저가, 구가
- 1책 12법
- 순장
- 우제점법
- 형사취수제

고구려
- 동맹(10월)
- 5부족 연맹체
- 대가 : 상가, 고추가
- 관리 : 사자, 조의, 선인
- 서옥제
- 제가 회의
- 1책 12법
- 부경 : 창고

옥저
- 읍군·삼로
- 민며느리제
- 가족 공동 무덤
- 맥포·어염

동예
- 무천(10월)
- 읍군·삼로
- 족외혼
- 책화
- 단궁, 과하마, 반어피

삼한
- 계절제(5월, 10월)
- 신지, 읍차
- 제사장 : 천군
- 신성 지역 : 소도

외우는 빈출 선지

- 영고라는 제천 행사를 열었다. → 부여
- 신성 지역인 소도가 존재하였다. → 삼한
- 혼인 풍습으로 민며느리제가 있었다. → 옥저
- 사회 질서를 유지하기 위하여 범금 8조를 만들었다. → 고조선
- 단궁, 과하마, 반어피 등의 특산물이 있었다. → 동예
- 무천이라는 제천 행사를 열었다. → 동예
- 읍락 간의 경계를 중시하는 책화가 있었다. → 동예
- 여러 가(加)들이 별도로 사출도를 다스렸다. → 부여
- 신지, 읍차 등의 지배자가 있었다. → 삼한
- 군장으로 읍군, 삼로 등이 있었다. → 옥저, 동예
- 가족이 죽으면 뼈를 추려 가족 공동 무덤에 안치하였다. → 옥저
- 서옥제라는 혼인 풍습이 있었다. → 고구려
- 지배층인 마가, 우가, 저가, 구가가 있다. → 부여
- 건국 이야기가 삼국유사에 실려 있다. → 고조선
- 한 무제의 공격으로 멸망하였다. → 고조선
- 제가 회의에서 나라의 중요한 일을 결정하였다. → 고구려

01

(가) 나라에 대한 설명으로 옳은 것은? [2점]

① 영고라는 제천 행사를 열었다.
② 신성 지역인 소도가 존재하였다.
③ 혼인 풍습으로 민며느리제가 있었다.
④ 사회 질서를 유지하기 위하여 범금 8조를 만들었다.

02

다음 퀴즈의 정답으로 옳은 것은? [2점]

① 동예 ② 마한
③ 부여 ④ 옥저

03

밑줄 그은 '이 나라'에 대한 설명으로 옳은 것은? [2점]

① 영고라는 제천 행사를 열었다.
② 혼인 풍습으로 민며느리제가 있었다.
③ 읍락 간의 경계를 중시하는 책화가 있었다.
④ 범금 8조를 만들어 사회 질서를 유지하였다.

05

(가) 나라에 대한 설명으로 옳은 것은? [3점]

① 영고라는 제천 행사가 있었다.
② 신지, 읍차 등의 지배자가 있었다.
③ 혼인 풍습으로 민며느리제가 있었다.
④ 읍락 간의 경계를 중시하는 책화가 있었다.

04

다음 퀴즈의 정답으로 옳은 것은? [2점]

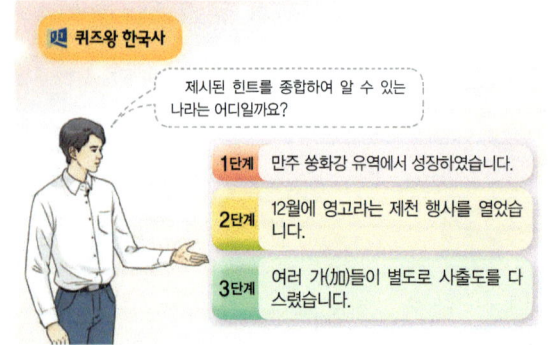

① 가야　　② 동예
③ 부여　　④ 옥저

06

다음 퀴즈의 정답으로 옳은 것은? [2점]

① 동예　　② 부여
③ 삼한　　④ 옥저

07

(가)에 들어갈 내용으로 옳은 것은? [2점]

① 서옥제라는 혼인 풍습을 표현해 보자.
② 무예를 익히는 화랑도의 모습을 보여주자.
③ 특산물인 단궁, 과하마, 반어피를 그려 보자.
④ 지배층인 마가, 우가, 저가, 구가를 등장시키자.

08

(가) 나라에 대한 설명으로 옳은 것은? [2점]

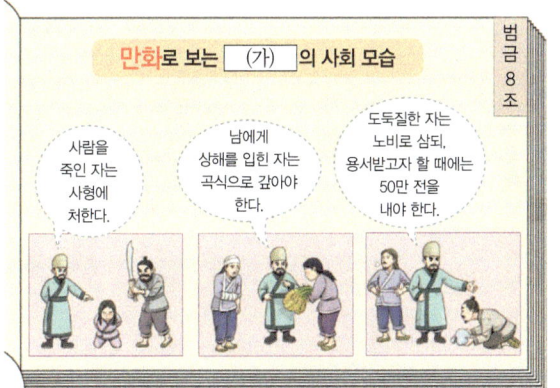

① 낙랑과 왜에 철을 수출하였다.
② 영고라는 제천 행사를 열었다.
③ 서옥제라는 혼인 풍습이 있었다.
④ 건국 이야기가 삼국유사에 실려 있다.

09

다음 퀴즈의 정답으로 옳은 것은? [2점]

① 동예
② 부여
③ 고구려
④ 고조선

10

밑줄 그은 '이 나라'에 대한 설명으로 옳은 것은? [1점]

① 8조법으로 백성을 다스렸다.
② 영고라는 제천 행사를 열었다.
③ 지배자로 신지, 읍차 등이 있었다.
④ 읍락 간의 경계를 중시하는 책화가 있었다.

기출테마 03 삼국의 성립과 발전

외우는 핵심 키워드

고구려	백제	신라
• **고국천왕** : 진대법(을파소 건의) • **미천왕** : 서안평 공격, 낙랑군 축출 • **고국원왕** : 백제 근초고왕의 평양성 공격으로 전사 • **소수림왕** : 태학 설립, 불교 수용(전진의 순도), 율령 반포 • **광개토 대왕** : 영락, 신라에 침입한 왜 격퇴 • **장수왕** : 평양 천도, 백제 한성 공격(개로왕 전사)	• **고이왕** : 6좌평 관제 정비, 관복 제정, 율령 반포 • **근초고왕** : 서기 편찬(고흥), 평양성 공격(고국원왕 전사) • **침류왕** : 불교 수용(동진의 마라난타) • **무령왕** : 중국 남조(양) 교류, 22담로에 왕족 파견 • **성왕** : 사비 천도, 국호 남부여, 신라 진흥왕과 한강 수복, 관산성 전투에서 전사	• **내물왕** : 김씨의 왕의 세습, 왕호 마립간, 광개토 대왕에 원조 요청(왜 격퇴) • **지증왕** : 국호 신라와 왕 칭호 사용, 순장 금지, 우경 실시, 우산국 복속, 동시전 설치 • **법흥왕** : 건원, 불교 공인(이차돈 순교), 병부 설치, 율령 반포, 금관가야 병합 • **진흥왕** : 화랑도 국가 조직 개편, 국사 편찬(거칠부), 북한산 순수비 건립, 대가야 병합

외우는 빈출 선지

- 왜에 칠지도를 보냈다. → 백제 근초고왕
- 북한산에 순수비를 세웠다.. → 신라 진흥왕
- 태학을 설립하였다. → 고구려 소수림왕
- 도읍을 평양성으로 옮겼다. → 고구려 장수왕
- 신라에 침입한 왜를 격퇴하였다. → 고구려 광개토 대왕
- 사비로 천도하였다. → 백제 성왕
- 22담로를 설치하였다. → 백제 무령왕
- 고국원왕을 전사시켰다. → 백제 근초고왕
- 우경을 장려하였다. → 신라 지증왕
- 율령을 반포하였다. → 신라 법흥왕
- 화랑도를 국가 조직으로 개편하였다. → 신라 진흥왕
- 동진으로부터 불교를 받아들였다. → 백제 침류왕
- 고흥에게 역사서인 서기를 편찬하게 하였다. → 백제 근초고왕
- 진흥왕과 연합하여 한강 유역을 회복하였다. → 백제 성왕
- 대야성을 비롯한 신라의 40여개 성을 빼앗았다. → 백제 의자왕
- 낙랑군을 몰아내었다. → 고구려 미천왕
- 영락이라는 연호를 사용하였다. → 고구려 광개토 대왕
- 병부를 설치하였다. → 신라 법흥왕
- 대가야를 정복하였다. → 신라 진흥왕
- 웅진으로 천도하였다. → 백제 문주왕
- 이사부가 우산국을 정벌하였다. → 신라 지증왕
- 황룡사 구층 목탑이 건립되었다. → 신라 선덕여왕

01

다음 대본에 등장하는 왕의 업적으로 옳은 것은? [2점]

> **역사 연극 대본**
>
> **#2. 황룡사 창건을 명하다**
> 신하: 월성 동쪽에서 궁을 짓던 중 황룡이 나타났다고 합니다.
> 왕: 무척 신기한 일이구나. 공사를 멈추고, 그곳에 절을 지어 황룡사라는 이름을 붙이도록 하라.
> ......
>
> **#7. 화랑도 정비를 논의하다**
> 왕: 국가를 흥하게 하려면 청년들의 힘이 필요하다. 재주와 덕행이 있는 자들을 뽑아 화랑이라 할 것이다.
> 신하: 네, 훌륭한 인물을 찾아보겠습니다.

① 주자감을 설립하였다.
② 왜에 칠지도를 보냈다.
③ 김흠돌의 난을 진압하였다.
④ 북한산에 순수비를 세웠다.

02

밑줄 그은 '나'의 업적으로 옳은 것은? [2점]

① 태학을 설립하였다.
② 천리장성을 축조하였다.
③ 도읍을 평양성으로 옮겼다.
④ 신라에 침입한 왜를 격퇴하였다.

03

(가)에 들어갈 내용으로 옳은 것은? [2점]

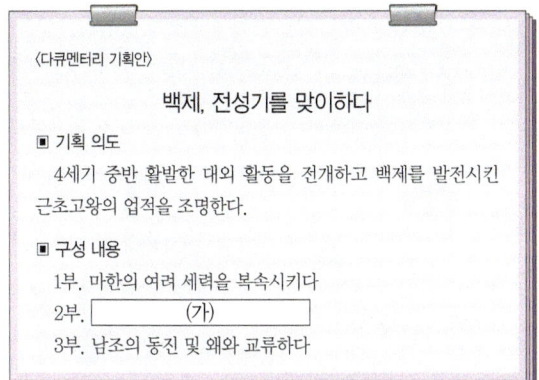

① 사비로 천도하다
② 22담로를 설치하다
③ 고국원왕을 전사시키다
④ 독서삼품과를 시행하다

05

밑줄 그은 '이 왕'의 업적으로 옳은 것은? [2점]

① 동진으로부터 불교를 받아들였다.
② 고흥에게 역사서인 서기를 편찬하게 하였다.
③ 진흥왕과 연합하여 한강 유역을 회복하였다.
④ 대야성을 비롯한 신라의 40여개 성을 빼앗았다.

04

밑줄 그은 '왕'의 업적으로 옳은 것은? [2점]

> ○ 왕이 영을 내려 순장을 금하게 하였다. 이전에는 국왕이 죽으면 남녀 다섯 명씩 순장하였는데, 이때에 이르러 금하게 한 것이다.
> ○ 여러 신하들이 한뜻으로 '신라국왕'이라는 호칭을 올리니, 왕이 이를 따랐다.
> — 『삼국사기』 —

① 우경을 장려하였다.
② 율령을 반포하였다.
③ 독서삼품과를 실시하였다.
④ 화랑도를 국가 조직으로 개편하였다.

06

(가) 왕에 대한 설명으로 옳은 것은? [2점]

① 태학을 설립하였다.
② 낙랑군을 몰아내었다.
③ 천리장성을 축조하였다.
④ 영락이라는 연호를 사용하였다.

07

다음 가상 인터뷰에 등장하는 왕의 업적으로 옳은 것은? [2점]

① 국학을 설립하였다.
② 병부를 설치하였다.
③ 대가야를 정복하였다.
④ 독서삼품과를 실시하였다.

08

(가)에 들어갈 내용으로 옳은 것은? [2점]

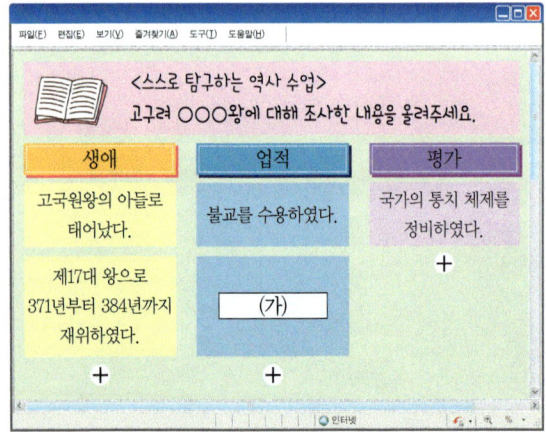

① 태학을 설립하였다.
② 병부를 설치하였다.
③ 화랑도를 정비하였다.
④ 웅진으로 천도하였다.

09

다음 가상 인터뷰에 등장하는 왕의 재위 기간에 있었던 사실로 옳은 것은? [3점]

① 불교가 공인되었다.
② 노비안검법이 시행되었다.
③ 이사부가 우산국을 정벌하였다.
④ 황룡사 구층 목탑이 건립되었다.

10

교사의 질문에 대한 학생의 답변으로 옳은 것은? [2점]

① 22담로에 왕족을 파견했어요.
② 한의 침략을 받아 멸망했어요.
③ 신지, 읍차 등의 지배자가 있었어요.
④ 빈민 구제를 위해 진대법을 실시했어요.

기출테마 04 삼국의 문화유산

외우는 문화유산

고구려

 광개토 대왕릉비
 안악 3호분 행렬도
 금동 연가 7년명 여래 입상
 장군총
 강서대묘 현무도

백제

 칠지도
 몽촌 토성
 정림사지 오층 석탑
 금동 대향로
 무령왕릉
 서산 용현리 마애여래삼존상
 미륵사지 석탑
 산수 무늬 벽돌

신라

 도기 기마인물형 명기
 호우명 그릇
 천마총 장니 천마도
 분황사 모전 석탑
 금관총 금관

외우는 빈출 선지

- 골품제를 실시하였다. → 신라
- 진대법을 시행하였다. → 고구려
- 지배자를 마립간이라고 불렀다. → 신라
- 정사암에서 국가 중대사를 결정하였다. → 백제
- 태학과 경당을 두어 인재를 양성하였다. → 고구려
- 지방에 22담로를 설치하였다. → 백제
- 화백 회의에서 국가의 중대사를 결정하였다. → 신라
- 목탑 양식을 반영하였다. → 익산 미륵사지 석탑
- 돌을 벽돌 모양으로 다듬어 쌓아 올렸다. → 경주 분황사 모전 석탑

01

(가) 국가의 사회 모습에 대한 설명으로 옳은 것은? [2점]

(앞면) (뒷면)

① 경당을 설치하였다.
② 골품제를 실시하였다.
③ 진대법을 시행하였다.
④ 책화라는 풍습이 있었다.

02

(가) 국가에 대한 설명으로 옳은 것은? [3점]

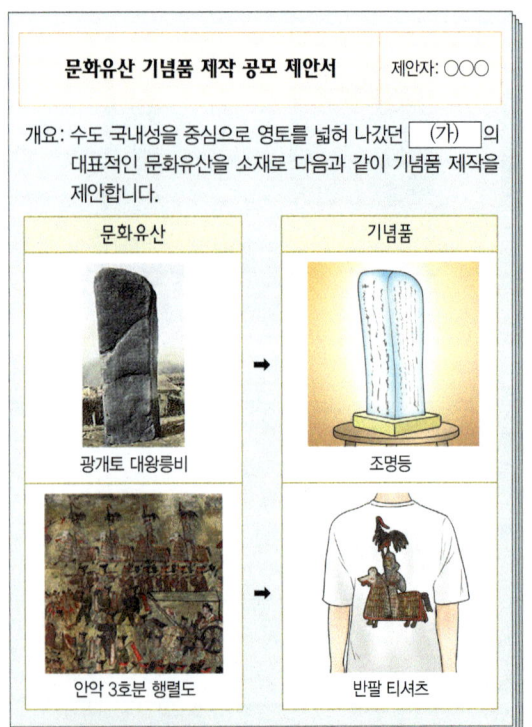

① 독서삼품과를 실시하였다.
② 지배자를 마립간이라고 불렀다.
③ 정사암에서 국가 중대사를 결정하였다.
④ 태학과 경당을 두어 인재를 양성하였다.

03

(가)에 들어갈 문화유산으로 적절한 것은? [3점]

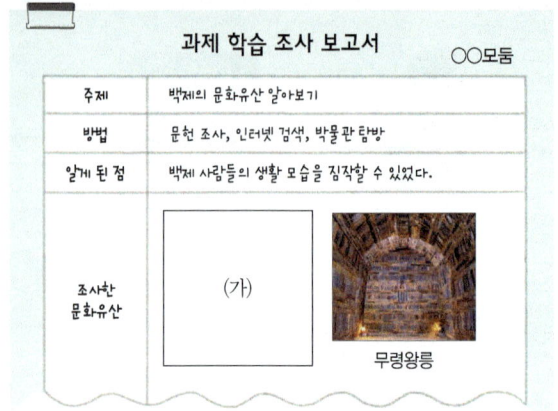

① 금동 연가 7년명 여래 입상

② 천마총 장니 천마도

③ 몽촌 토성

④ 장군총

04

(가)에 들어갈 문화유산으로 옳은 것은? [1점]

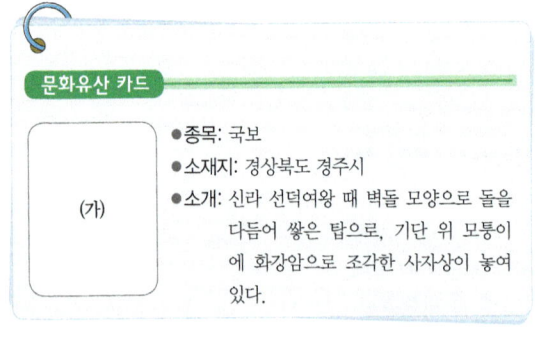

① 분황사 모전 석탑

② 정림사지 오층 석탑

③ 월정사 팔각 구층 석탑

④ 화엄사 사사자 삼층 석탑

05

(가)에 들어갈 문화유산으로 옳은 것은? [1점]

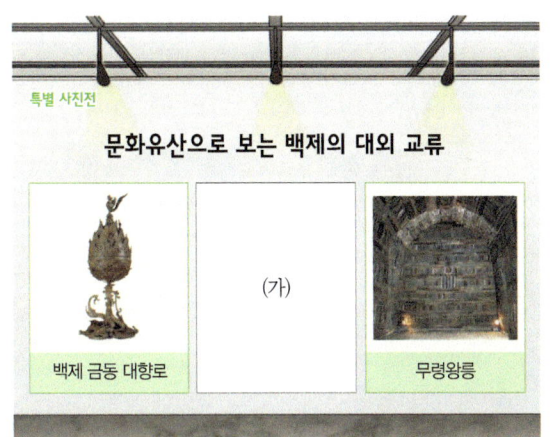

①  칠지도

②  청자 상감 운학문 매병

③  천마총 장니 천마도

④  호우총 청동 그릇

06

(가)에 들어갈 문화유산으로 옳지 <u>않은</u> 것은? [2점]

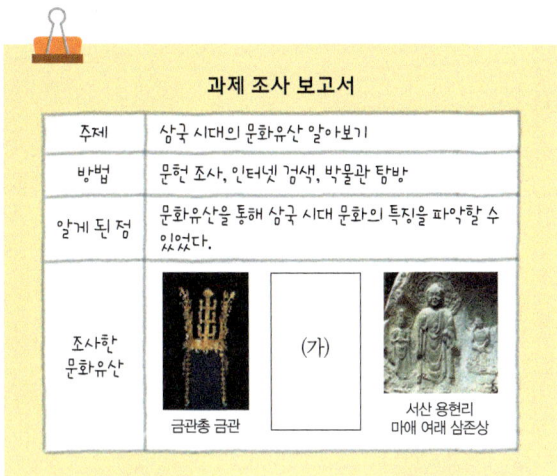

①  금동 연가 7년명 여래 입상

②  논산 관촉사 석조 미륵보살 입상

③  천마총 장니 천마도

④  장군총

07

(가) 국가에 대한 설명으로 옳은 것은? [2점]

이 문화유산에 대해 소개해 주시겠습니까?

이것은 부여 능산리 절터에서 출토된 향로입니다. (가) 의 금속 공예 기술을 보여주는 대표적인 문화유산으로, 도교와 불교 사상이 함께 표현되어 있습니다.

① 노비안검법을 실시하였다.
② 지방에 22담로를 설치하였다.
③ 화백 회의에서 국가의 중대사를 결정하였다.
④ 여러 가(加)들이 별도로 사출도를 주관하였다.

08

다음 전시회에서 볼 수 있는 문화유산으로 옳은 것은? [2점]

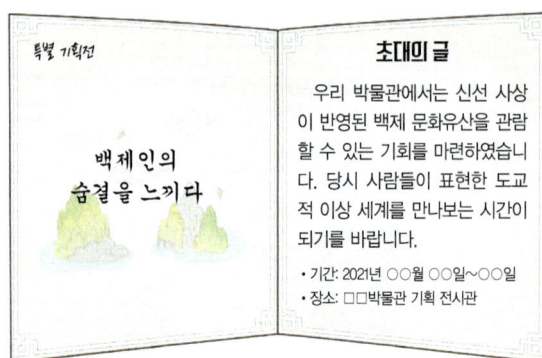

①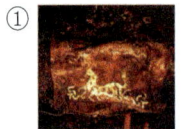
천마도

②
청자 상감 운학문 매병

③
산수무늬 벽돌

④
강서대묘 현무도

09

(가)에 해당하는 문화유산으로 옳은 것은? [2점]

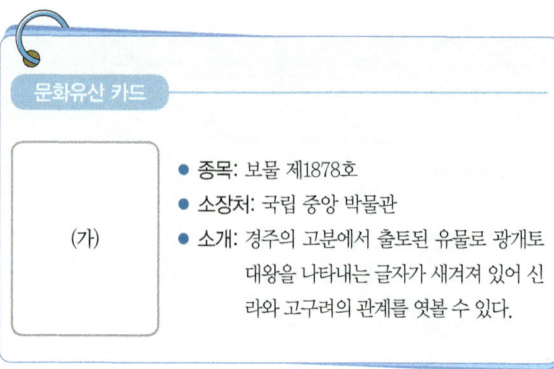

① 금동 연가 7년명 여래 입상

②
호우명 그릇

③
철제 판갑옷과 투구

④
산수무늬 벽돌

10

밑줄 그은 '이 탑'에 대한 설명으로 옳은 것은? [2점]

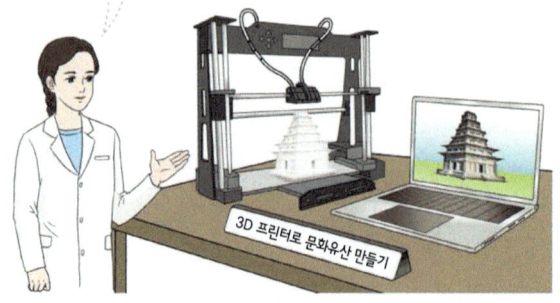

① 목탑 양식을 반영하였다.
② 돌을 벽돌 모양으로 다듬어 쌓아 올렸다.
③ 원의 영향을 받아 대리석으로 제작되었다.
④ 내부에서 무구정광대다라니경이 발견되었다.

기출테마 05 가야 연맹과 문화

외우는 핵심 키워드

전기 가야 연맹
- 금관가야(김해)
- 김수로왕
- 아유타국 허황옥
- 김해 대성동 고분군
- 고구려 광개토 대왕의 공격
- 신라 법흥왕 때 멸망
- 전기 가야 연맹

후기 가야 연맹
- 대가야(고령)
- 이진아시왕
- 고령 지산동 고분군
- 신라 진흥왕 때 멸망
- 후기 가야 연맹

외우는 문화유산

 판갑옷
 도기 기마인물형 뿔잔
 금동관
 말머리 가리개
 판갑옷과 투구

외우는 빈출 선지

- 구지가가 나오는 건국 신화를 분석한다. → 금관가야
- 낙랑군, 왜와 활발히 교류하였다. → 금관가야
- 낙랑과 왜에 철을 수출하였다. → 가야
- 전기 가야 연맹을 주도하였다. → 금관가야
- 낙랑군과 왜 사이의 중계 무역으로 이익을 얻었다. → 금관가야

01

밑줄 그은 '이 나라'의 문화유산으로 옳은 것은? [3점]

> 지금 촬영하고 있는 곳은 고령 지산동 고분군입니다. 유네스코는 이곳을 포함한 7개 고분군이 문화적 공통성을 공유하면서도 자율적인 연맹 체제를 유지했던 이 나라의 특징을 보여준다는 점에 주목하여 세계유산으로 등재하였습니다.

① 금동관
②  칠지도
③  성덕 대왕 신종
④  금동 연가 칠년명 여래 입상

02

(가) 나라에 대한 탐구 활동으로 가장 적절한 것은? [2점]

한국사 – 미술 융합 수업 활동지
○반 이름 ○○○

다음은 수로왕이 건국하였다고 전해지는 (가) 의 문화유산입니다. 이것을 활용하여 제작할 수 있는 기념품을 제안해 주세요.

김해 대성동 고분군 출토 금동 허리띠	김해 대성동 고분군 출토 긴목항아리와 그릇받침
열쇠고리	가습기

① 서옥제의 의미를 찾아본다.
② 칠지도에 새겨진 명문을 해석한다.
③ 이차돈이 순교한 배경을 파악한다.
④ 구지가가 나오는 건국 신화를 분석한다.

03

(가) 나라에 대한 설명으로 옳은 것은? [2점]

① 낙랑군, 왜와 활발히 교류하였다.
② 중경에서 상경으로 도읍을 옮겼다.
③ 화백 회의라 불리는 합의 기구가 있었다.
④ 사회 질서를 유지하기 위해 범금 8조를 만들었다.

04

다음 전시회에서 볼 수 있는 문화유산으로 가장 적절한 것은? [2점]

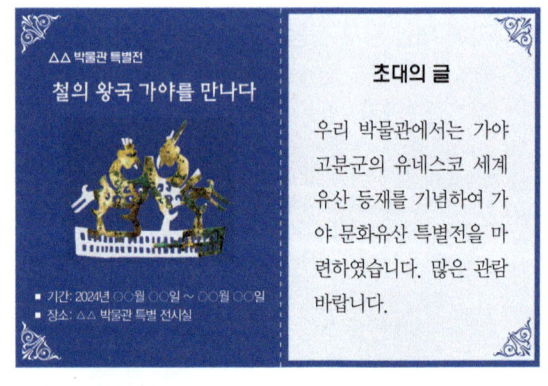

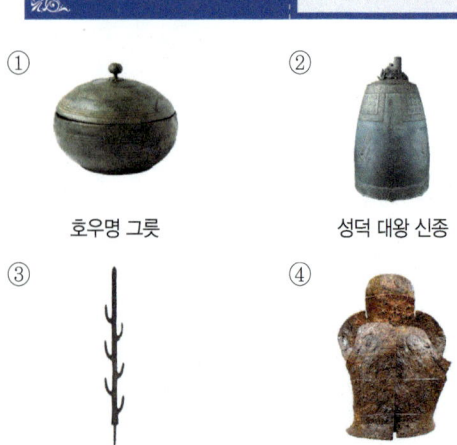

① 호우명 그릇
② 성덕 대왕 신종
③ 칠지도
④ 철제 판갑옷

05

밑줄 그은 '이 나라'에 대한 설명으로 옳은 것은? [2점]

① 지방에 22담로를 두었다.
② 한의 침략을 받아 멸망하였다.
③ 낙랑과 왜에 철을 수출하였다.
④ 화백 회의에서 중요한 일을 결정하였다.

06

밑줄 그은 '이 나라'에 대한 설명으로 옳은 것은? [2점]

① 전기 가야 연맹을 주도하였다.
② 교육 기관인 국학을 설치하였다.
③ 옥저를 정복하고 동해안으로 진출하였다.
④ 지방에 22담로를 두어 왕족을 파견하였다.

07

(가) 나라의 경제 상황으로 옳은 것은? [2점]

① 정기 시장인 장시가 전국 각지에서 열렸다.
② 시장을 감독하기 위한 동시전이 설치되었다.
③ 활구라고도 불린 은병이 화폐로 사용되었다.
④ 낙랑군과 왜 사이의 중계 무역으로 이익을 얻었다.

08

(가) 나라에 대한 탐구 활동으로 가장 적절한 것은? [3점]

① 사비로 천도한 이유를 파악한다.
② 우산국을 복속한 과정을 살펴본다.
③ 청해진을 설치한 목적을 조사한다.
④ 구지가가 나오는 건국 신화를 분석한다.

09

(가) 나라의 경제 상황에 대한 설명으로 옳은 것은? [2점]

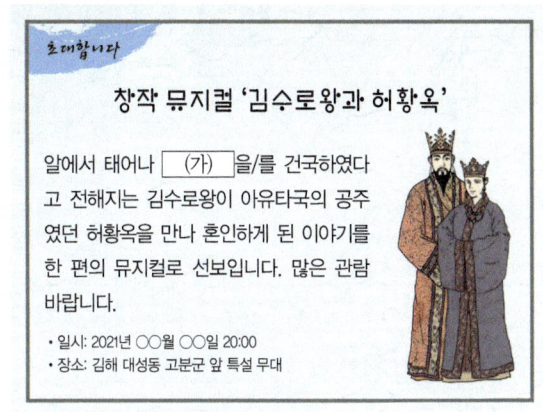

① 낙랑과 왜에 철을 수출하였다.
② 모내기법이 전국으로 확산하였다.
③ 물가 조절을 위해 상평창을 두었다.
④ 활구라고도 불린 은병을 제작하였다.

10

(가) 나라의 문화유산으로 옳지 않은 것은? [2점]

① 금관
② 금동 대향로
③ 말머리 가리개
④ 기마인물형 뿔잔

기출테마 06 신라의 삼국 통일

외우는 핵심 키워드

백제와 고구려의 멸망	백제와 고구려의 부흥 운동	신라의 삼국 통일
백제 • 계백 : 황산벌 전투 • 사비성 함락 • 백제의 마지막 왕 : 의자왕 **고구려** • 연개소문 사망 • 평양성 함락 • 고구려의 마지막 왕 : 보장왕	**백제** • 부여풍 왕 추대 • 복신과 도침 : 주류성(한성) • 흑치상지와 지수신 : 임존성 • 백강 전투 패배 **고구려** • 안승 왕 추대 • 검모잠 : 한성 • 안승 보덕국왕 책봉	• 신라 김춘추의 고구려 원병 요청 • 나·당 군사 동맹 • 당의 안동도호부 설치 • 나·당 전쟁 : 매소성 전투, 기벌포 전투 • 안동도호부 축출

외우는 빈출 선지

- 나당 연합군이 평양성을 점령하였다. → 고구려 멸망(평양성 전투)
- 왜군이 백강 전투에서 패배하였다. → 백제 부흥 운동(백강 전투)
- 신라군이 기벌포에서 당군에 승리하였다. → 나·당 전쟁(기벌포 전투)
- 고구려는 김춘추의 군사 지원 요청을 거절하였다. → 신라 김춘추의 고구려 원병 요청
- 계백의 결사대는 황산벌에서 김유신의 신라군에 맞서 싸웠다. → 백제 멸망(황산벌 전투)
- 신라군이 매소성에서 당의 군대를 크게 격퇴하였다. → 나·당 전쟁(매소성 전투)
- 김춘추가 당과의 군사 동맹을 성사시켰다. → 나·당 동맹
- 흑치상지가 백제 부흥 운동을 전개하였다. → 백제 부흥 운동
- 검모잠이 고구려 부흥 운동을 전개하였다. → 고구려 부흥 운동

01

다음 상황 이후에 전개된 사실로 옳은 것은? [3점]

> 의자왕이 밤을 틈타 웅진성으로 도망치고, 의자왕의 아들인 부여융이 대좌평 천복 등과 함께 나와서 항복하였다. 김법민*이 부여융을 말 앞에 꿇어앉히고 꾸짖어 말하기를, "예전에 너의 아비가 나의 누이를 죽여 오랫동안 마음이 원통하였는데, 오늘 너의 목숨은 내 손안에 있구나!"라고 하였다.
> *김법민: 훗날의 문무왕

① 대가야가 신라에 정복되었다.
② 신라가 우산국을 복속하였다.
③ 고구려가 한성을 함락하였다.
④ 나당 연합군이 평양성을 점령하였다.

02

(가)~(다) 사건을 일어난 순서대로 옳게 나열한 것은? [3점]

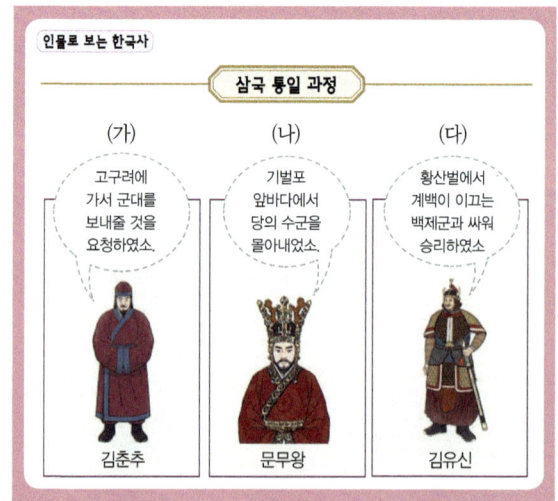

① (가) - (나) - (다)
② (가) - (다) - (나)
③ (나) - (가) - (다)
④ (다) - (가) - (나)

03

(가)~(다)를 일어난 순서대로 옳게 나열한 것은? [3점]

① (가) – (나) – (다)
② (가) – (다) – (나)
③ (나) – (가) – (다)
④ (다) – (가) – (나)

04

(가)~(다)를 일어난 순서대로 옳게 나열한 것은? [3점]

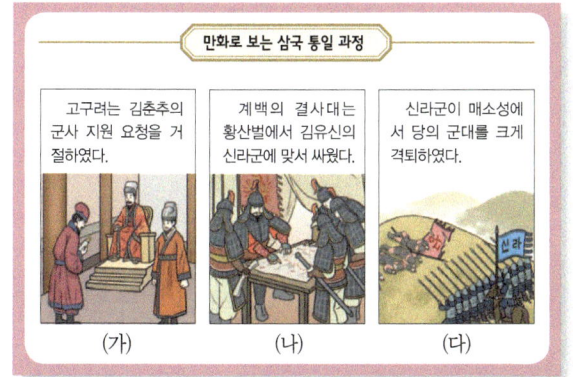

① (가) – (나) – (다)
② (나) – (가) – (다)
③ (나) – (다) – (가)
④ (다) – (나) – (가)

05

(가), (나) 사이의 시기에 있었던 사건으로 옳은 것은? [3점]

① 백강 전투
② 살수 대첩
③ 관산성 전투
④ 처인성 전투

06

(가)에 들어갈 전투로 옳은 것은? [2점]

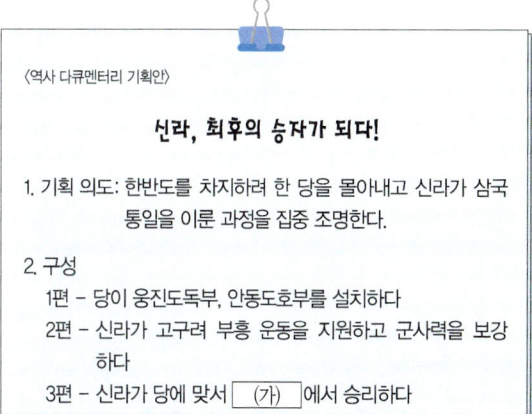

① 기벌포 전투
② 우금치 전투
③ 진주성 전투
④ 처인성 전투

07

밑줄 그은 '그'로 옳은 것은? [1점]

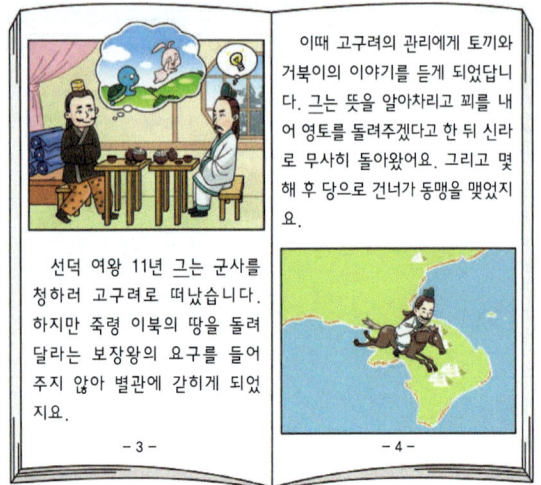

① 김대성
② 김춘추
③ 사다함
④ 이사부

08

다음 가상 뉴스에서 보도하고 있는 사건이 일어난 시기를 연표에서 옳게 고른 것은? [3점]

① (가)
② (나)
③ (다)
④ (라)

09

(가) 시기에 있었던 사실로 옳은 것은? [3점]

① 신라와 당이 동맹을 맺었다.
② 백제가 수도를 사비로 옮겼다.
③ 대가야가 가야 연맹을 주도하였다.
④ 고구려가 살수에서 수의 대군을 격파하였다.

10

(가)에 해당하는 인물로 옳은 것은? [2점]

① 계백
② 검모잠
③ 김유신
④ 흑치상지

기출테마 07 통일 신라의 체제

외우는 핵심 키워드

통일 신라 주요 왕의 업적

무열왕
- 최초의 진골 출신 왕
- 사정부 설치, 갈문왕제 폐지
- 나·당 연합 : 백제 멸망

문무왕
- 나·당 연합 : 고구려 멸망
- 매소성 전투, 기벌포 전투
- 당군 축출, 삼국 통일 완성

신문왕
- 김흠돌의 난 평정
- 중앙 집권 체제 강화
- 관료전 지급, 녹읍 폐지
- 국학 설립

성덕왕
- 백성에게 정전 지급

경덕왕
- 집사부의 중시를 시중으로 변경
- 국학을 태학감으로 변경
- 녹읍 부활
- 석굴암, 불국사 건립

통일 신라 통치 체제

중앙
- 집사부 시중 권한 강화
- 사정부(감찰·탄핵)

지방
- 9주 5소경
- 상수리 제도

군사
- 9서당 10정

통일 신라 주요 인물

원효
- 일심과 화쟁 사상
- 무애가를 지어 불교 대중화
- 대승기신론소, 금강삼매경론, 십문화쟁론 저술

의상
- 화엄 사상
- 화엄일승법계도 저술
- 부석사 창건
- 아미타 신앙과 관음 신앙

혜초
- 인도와 중앙아시아 여행
- 왕오천축국전 저술

최치원
- 6두품 출신, 당의 빈공과 급제
- 황소의 난 : 격황소서
- 진성여왕에게 개혁안 10여 조 건의
- 계원필경 저술

장보고
- 완도 청해진 설치
- 산둥반도 법화원 건립

기타
- **자장** : 황룡사 구층 목탑 건립 건의
- **강수** : 청방인문표, 답설인귀서 저술
- **설총** : 이두 정리, 화왕계 저술

통일 신라 석탑

 경주 감은사지 3층 석탑

 경주 불국사 다보탑

 경주 불국사 삼층 석탑

 구례 화엄사 사사자 삼층 석탑

 양양 진전사지 삼층 석탑

 안동 법흥사지 칠층 전탑

 화순 쌍봉사 철감선사탑

외우는 빈출 선지

- 화엄종 개창, 부석사 건립, 관음 신앙 강조 → 의상
- 왕오천축국전을 지었다. → 혜초
- 황룡사 구층 목탑의 건립을 건의하였다. → 자장
- 무애가를 짓는 등 불교 대중화에 힘썼다. → 원효
- 국학을 설립하였다. → 신문왕
- 십문화쟁론을 저술하였다. → 원효
- 주요한 5곳에 소경을 설치하였다. → 통일 신라
- 9서당 10정의 군사 조직을 운영하였다. → 통일 신라 : 군사 조직
- 상수리 제도를 실시하였다. → 통일 신라 : 지방 통제
- 당항성과 울산항에서 당을 비롯한 여러 나라와 교류하였다. → 통일 신라 : 무역항
- 김흠돌의 난을 진압하였다. → 신문왕
- 시무 10여 조를 건의하였다. → 최치원

01

(가)에 들어갈 인물로 옳은 것은? [1점]

① 원광   ② 원효   ③ 의상   ④ 유정

02

(가)에 들어갈 인물로 옳은 것은? [2점]

① 강수   ② 설총   ③ 의상   ④ 혜초

03

밑줄 그은 '이 인물'에 대한 설명으로 옳은 것은? [3점]

① 왕오천축국전을 지었다.
② 수선사 결사를 제창하였다.
③ 황룡사 구층 목탑의 건립을 건의하였다.
④ 무애가를 짓는 등 불교 대중화에 힘썼다.

04

밑줄 그은 '이 왕'의 업적으로 옳은 것은? [2점]

① 국학을 설립하였다.
② 우산국을 정벌하였다.
③ 천리장성을 축조하였다.
④ 화랑도를 국가 조직으로 개편하였다.

05

다음 퀴즈의 정답으로 옳은 것은? [2점]

① 의정부 ② 정당성 ③ 집사부 ④ 도병마사

06

다음 일기의 소재가 된 절에서 볼 수 있는 문화유산으로 옳은 것은? [1점]

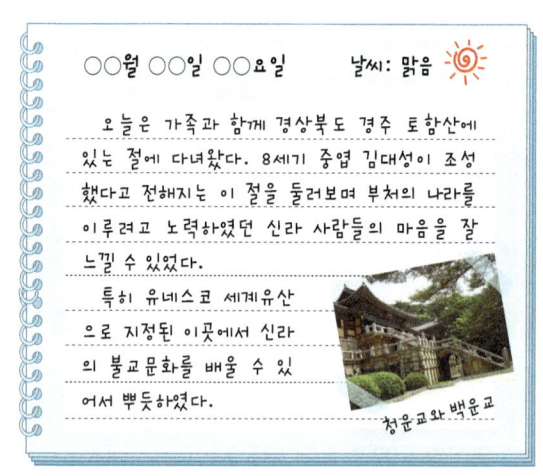

① 불국사 삼층 석탑
② 쌍봉사 철감선사탑
③ 이불병좌상
④ 성덕 대왕 신종

07

학생들이 공통으로 이야기하는 문화유산으로 옳은 것은? [3점]

08

다음 퀴즈의 정답으로 옳은 것은? [1점]

① 설총 ② 이사부
③ 이차돈 ④ 최치원

09

(가)에 해당하는 인물로 옳은 것은? [1점]

① 원효 ② 설총
③ 장보고 ④ 최치원

10

(가)에 해당하는 인물로 옳은 것은? [2점]

① 원효 ② 일연
③ 의상 ④ 지눌

기출테마 08 발해의 건국과 발전

외우는 핵심 키워드

발해 주요 왕의 업적

무왕 (대무예)	• 연호 : 인안 • 흑수부 말갈 지역 통합 • 장문휴 : 산둥 지방(등주) 공격 • 돌궐 · 일본과 교류, 당 · 신라는 견제
문왕 (대흠무)	• 연호 : 대흥 • 상경 용천부로 천도 • 장안성 모방, 주작대로 건설 • 신라도 개설 • 주자감 설립 • 3성 6부의 중앙 정치 조직 정비
선왕 (대인수)	• 연호 : 건흥 • 해동성국 • 발해 최대의 영토 형성 • 5경 15부 62주의 지방 제도 정비

발해의 통치 체제

- 중앙 관제 : 3성 6부
- 지방 관제 : 5경 15부 62주
- 군사 제도 : 10위
- 국립 대학 : 주자감
- 국정 총괄 : 정당성의 대내상
- 관리 감찰 : 중정대

발해의 경제

- 무역로 : 거란도, 영주도, 신라도, 일본도
- 특산물 : 솔빈부의 말

외우는 문화유산

이불병좌상

발해 석등

장백 영광탑

치미

연꽃무늬 수막새 / 정효 공주 무덤 벽화

외우는 빈출 선지

- 대조영이 동모산에서 건국하였다. → 발해 건국
- 5경 15부 62주의 지방 행정 제도를 마련하였다. → 발해 선왕(대인수)
- 해동성국이라고도 불렸다. → 발해 선왕(대인수)
- 중앙 정치 조직을 3성 6부로 정비하였다. → 발해 문왕(대흠무)
- 산둥반도의 등주 공격 → 발해 무왕(대무예)
- 정당성 아래 6부를 두어 행정을 담당하게 하였다. → 발해 문왕(대흠무)
- 인안, 대흥 등의 독자적 연호를 사용하였다. → 발해
- 솔빈부의 말이 특산물로 수출되었다. → 발해
- 주자감을 설립하였다. → 발해 문왕(대흠무)
- 장문휴를 보내 등주를 공격하였다. → 발해 무왕(대무예)

01

(가) 국가에 대한 설명으로 옳은 것은? [2점]

> (가) 은/는 해동성국이다. 비록 먼 변방에 있었다고 해도 반드시 석실에 보관된 서적이 있었을 것인데 증거로 삼을 만한 문헌이 없는 것은 어찌된 일인가?
> …… (가) 이/가 망한 지 천년만에 다행히 유득공 선생을 만나 역사가 후세에 전해질 수 있게 되었으니, 사람들이 감격하게 되었다.

① 대조영이 동모산에서 건국하였다.
② 안시성에서 당의 군대를 물리쳤다.
③ 최고 행정 기구로 집사부를 설치하였다.
④ 무태, 성책 등의 독자적 연호를 사용하였다.

02

(가) 국가에 대한 설명으로 옳은 것은? [2점]

> 이것은 문왕의 둘째 딸인 정혜 공주의 무덤에서 발견된 묘지석 탁본입니다. 묘지의 내용 중 문왕을 황상으로 표현하고 보력이라는 독자적 연호를 사용한 점에서 (가) 이/가 황제국을 표방하였음을 알 수 있습니다.

① 안시성에서 당의 군대를 물리쳤다.
② 여러 가(加)들이 각각 사출도를 다스렸다.

③ 청해진을 중심으로 해상 무역을 전개하였다.
④ 5경 15부 62주의 지방 행정 제도를 마련하였다.

03

(가) 국가에 대한 설명으로 옳은 것은? [1점]

① 9주 5소경을 두었다.
② 기인 제도를 실시하였다.
③ 해동성국이라고도 불렸다.
④ 백두산정계비를 건립하였다.

04

(가) 국가의 문화유산으로 옳지 않은 것은? [2점]

① 칠지도
② 이불병좌상
③ 영광탑
④ 정효 공주 무덤 벽화

05

다음 특별전에 전시될 문화유산으로 적절하지 않은 것은? [1점]

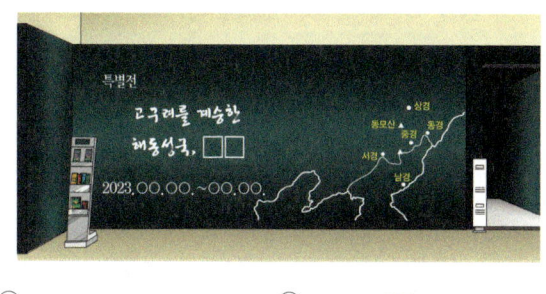

① 치미
② 연꽃무늬 수막새

③ 이불병좌상

④ 성덕 대왕 신종

06

(가) 국가에 대한 설명으로 옳은 것은? [2점]

역사 신문

제△△호 ○○○○년 ○○월 ○○일

특집 기획 해동성국으로 우뚝 서다

고구려를 계승한 (가) 은/는 선왕 때 요동에서 연해주에 이르는 최대 영토를 확보하였다. 이후 당으로부터 '바다 동쪽의 융성한 나라'를 뜻하는 '해동성국'이라 불렸다. 이를 통해 이 국가의 국제적 위상을 알 수 있다.

① 한의 침략을 받아 멸망하였다.
② 중앙 정치 조직을 3성 6부로 정비하였다.
③ 정사암에서 국가의 중대사를 결정하였다.
④ 화랑도를 국가적인 조직으로 운영하였다.

07

(가)에 들어갈 사실로 옳은 것은? [2점]

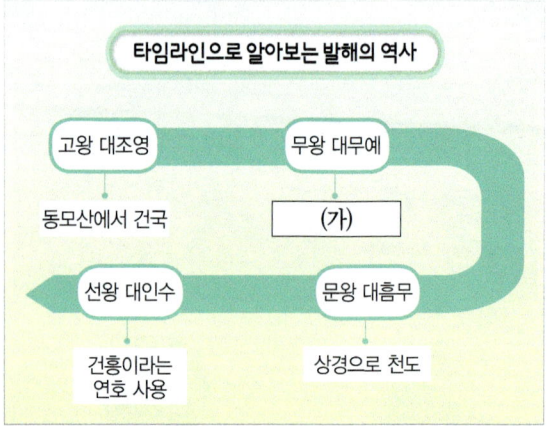

① 대마도 정벌
② 4군 6진 개척
③ 동북 9성 축조
④ 산둥반도의 등주 공격

08

(가) 국가에 대한 설명으로 옳은 것은? [3점]

① 송악에서 철원으로 도읍을 옮겼다.
② 수의 군대를 살수에서 크게 무찔렀다.
③ 인재 선발을 위하여 독서삼품과를 시행하였다.
④ 정당성 아래 6부를 두어 행정을 담당하게 하였다.

09

밑줄 그은 '이 국가'에 대한 설명으로 옳은 것은? [2점]

① 상수리 제도를 실시하였다.
② 전국에 9주 5소경을 두었다.
③ 제가 회의에서 중요한 일을 결정하였다.
④ 인안, 대흥 등의 독자적 연호를 사용하였다.

10

(가)에 들어갈 문화유산으로 적절한 것은? [2점]

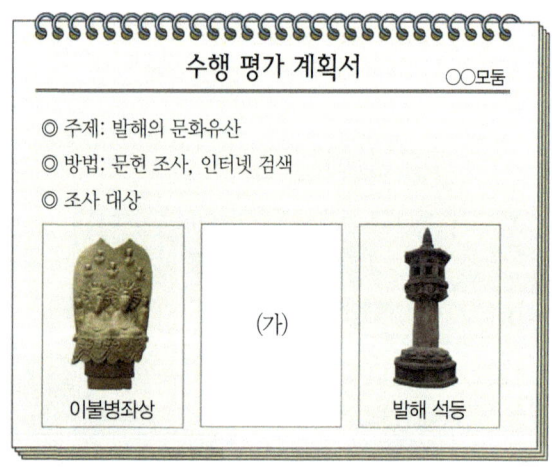

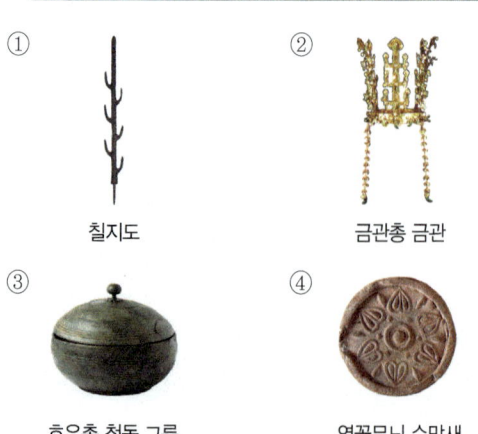

기출테마 09 신라 하대와 후삼국 성립

외우는 핵심 키워드

신라의 시대 구분

상대 (박혁거세~진덕여왕)	• BC 57~AD 654년 • 성골 왕 • 상대등이 수상 • 고대 국가 완성기
중대 (태종 무열왕~혜공왕)	• 654~780년 • 진골 왕 • 집사부 시중이 수상 • 왕권의 전성기
하대 (선덕왕~경순왕)	• 780~935년 • 왕위 쟁탈전 가열 • 상대등 권한 강화 • 호족의 발호

신라 하대의 정치적 변동
- 왕위 쟁탈전의 전개
- 왕권의 약화
- 녹읍 부활
- 지방 통제력의 약화
- 집사부 시중보다 상대등의 권력 강대
- 6두품과 지방 호족 세력의 결탁

신라 하대의 난
- 김헌창의 난(822)
- 장보고의 난(839)
- 원종과 애노의 난(889)
- 적고적의 난(896)

후삼국의 성립

후백제	• 완산주(전주)에서 견훤이 건국 • 후당과 오월에 사신 파견 • 신라의 금성 습격, 경애왕 자결 • 견훤, 금산사에 유폐 후 왕건에 귀부
후고구려	• 송악(개성)에서 궁예가 건국 • 국호 마진 → 철원 천도 → 국호 태봉 • 광평성을 비롯한 여러 관서 설치 • 왕건에 의해 축출

외우는 빈출 선지

- 완산주에서 후백제를 세웠다. → 후백제 견훤
- 스스로를 성주, 장군이라 칭하는 호족 → 신라 하대
- 국호를 마진으로 하였다. → 후고구려 궁예
- 경주의 사심관으로 임명되었다. → 신라 경순왕
- 공산 전투에서 고려에 승리하였다. → 후백제 견훤
- 백제 계승을 내세웠다. → 후백제 견훤
- 국호를 태봉으로 바꾸었다. → 후고구려 궁예
- 정치 기구로 광평성을 두었다. → 후고구려 궁예
- 원종과 애노가 봉기하였다. → 신라 하대
- 최치원이 시무 10여 조를 건의하였다. → 신라 하대 진성 여왕
- 무태, 성책 등의 독자적 연호를 사용하였다. → 후고구려 궁예

01
(가) 인물에 대한 설명으로 옳은 것은? [2점]

아들 신검에 의해 금산사에 유폐되었던 (가) 이/가 탈출하여 왕건에게 의탁하였습니다. 왕건은 귀부한 그를 크게 반기며 우대하였다고 합니다.

(가), 고려로 귀부

① 훈요 10조를 남겼다.
② 국호를 마진으로 바꾸었다.
③ 완산주에서 후백제를 세웠다.
④ 경주의 사심관으로 임명되었다.

02
다음 자료를 활용한 탐구 주제로 가장 적절한 것은? [1점]

○ 주와 군에서 세금을 바치지 않아 나라의 창고가 텅 비어, 왕이 관리를 보내 독촉하니 곳곳에서 도적들이 벌떼처럼 일어났다. 이때 원종과 애노 등이 사벌주에서 반란을 일으켰다.

○ 도적들이 나라의 서남쪽에서 일어났다. 그들은 붉은색 바지를 입어 모습을 다르게 하였으므로 적고적이라고 불렸다. 여러 고을을 공격하여 해를 입혔다.

① 백제의 불교 수용
② 신라 말의 사회 동요
③ 고구려 부흥 운동의 전개
④ 삼국과 일본의 문화 교류

03

밑줄 그은 '시기'에 볼 수 있는 모습으로 적절한 것은? [2점]

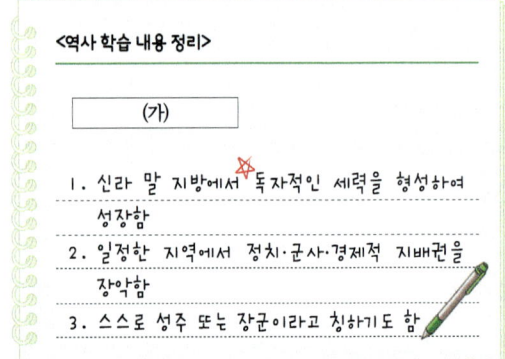

① 장용영에서 훈련하는 군인
② 의정부에 모여 회의하는 관리
③ 여진 정벌에 나선 별무반 병사
④ 스스로를 성주, 장군이라 칭하는 호족

04

(가)에 들어갈 내용으로 적절한 것은? [1점]

<역사 학습 내용 정리>

(가)

1. 신라 말 지방에서 독자적인 세력을 형성하여 성장함
2. 일정한 지역에서 정치·군사·경제적 지배권을 장악함
3. 스스로 성주 또는 장군이라고 칭하기도 함

① 성골
② 호족
③ 권문세족
④ 신진 사대부

05

밑줄 그은 '인물'에 대한 설명으로 옳은 것은? [2점]

① 청해진을 설치하였다.
② 국호를 마진으로 하였다.
③ 경주의 사심관으로 임명되었다.
④ 공산 전투에서 고려에 승리하였다.

06

다음 기획서에 나타난 시기에 발생한 사건으로 옳은 것은? [2점]

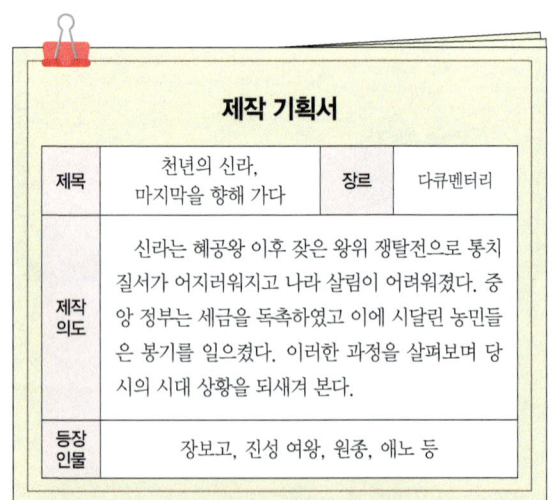

① 김헌창의 난
② 이자겸의 난
③ 김사미·효심의 난
④ 망이·망소이의 난

07

(가)에 들어갈 내용으로 옳은 것은? [2점]

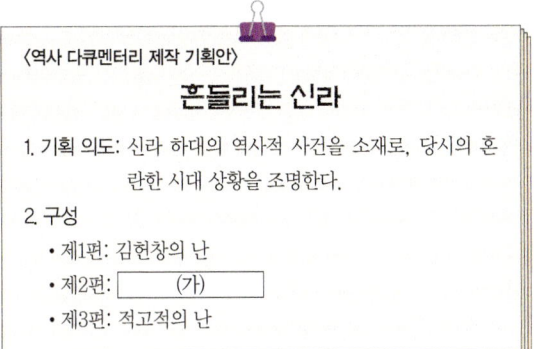

① 만적의 난
② 홍경래의 난
③ 망이·망소이의 난
④ 원종과 애노의 난

08

밑줄 그은 이 인물에 대한 설명으로 옳은 것은? [2점]

① 훈요 10조를 남겼다.
② 청해진을 설치하였다.
③ 백제 계승을 내세웠다.
④ 국호를 태봉으로 바꾸었다.

09

밑줄 그은 '국가'에 대한 설명으로 옳은 것은? [3점]

① 독서삼품과를 실시하였다.
② 지방에 12목을 설치하였다.
③ 정치 기구로 광평성을 두었다.
④ 국경 지역에 천리장성을 쌓았다.

10

(가), (나) 사이의 시기에 있었던 사실로 옳은 것은? [3점]

> (가) 헌덕왕 14년, 웅천주 도독 김헌창이 아버지 김주원이 왕위에 오르지 못함을 이유로 반란을 일으켜 국호를 장안, 연호를 경운이라 하였다.
>
> (나) 진성왕 8년, 최치원이 시무 10여 조를 올리자 왕이 좋게 여겨 받아들이고 그를 아찬으로 삼았다.

① 원종과 애노가 봉기하였다.
② 김흠돌이 반란을 도모하였다.
③ 이사부가 우산국을 복속시켰다.
④ 을지문덕이 살수에서 대승을 거두었다.

| 문제편 |

PART 2
중세의 성립과 발전

기출테마 **10** 고려의 후삼국 통일과 성립

기출테마 **11** 문벌 귀족 사회의 동요와 무신 정권

기출테마 **12** 고려의 대외 관계

기출테마 **13** 원 간섭기와 공민왕의 개혁

기출테마 **14** 고려의 경제와 사회 모습

기출테마 **15** 고려의 학문과 사상

기출테마 **16** 고려의 문화유산

기출테마 **17** 우리 지역의 역사

기출테마 10 고려의 후삼국 통일과 성립

외우는 핵심 키워드

후삼국 통일 과정

고려 건국(918) → 공산 전투(927) → 고창 전투(930) → 신라 항복(935) → 일리천 전투(936)

중앙 정치 조직

- **2성 6부** : 2성(중서문하성, 상서성), 6부(이 · 병 · 형 · 예 · 공부)
- **중추원** : 추밀(군사 기밀)과 승선(왕명 출납)
- **어사대** : 관리의 비위 감찰, 서경권 행사
- **삼사** : 화폐와 곡식의 출납 및 회계
- **도병마사** : 국방 문제 담당, 도평의사사로 개편
- **식목도감** : 법의 제정 및 의식 관장

지방 행정 조직

5도 양계	• 5도 : 일반 행정 구역(안찰사 파견) • 양계 : 군사 행정 구역(동계, 북계)
향 · 소 · 부곡	• 특수 행정 구역 • 양인이나 일반 군현민과 달리 차별 받음
주현과 속현	• 주현 : 지방관이 파견된 곳 • 속현 : 지방관이 파견되지 않은 곳 • 속현>주현

고려 초기 정책

태조	• 호족 세력 포섭 • 사성 정책 • 사심관 및 기인 제도 • 역분전 지급 • 정계와 계백료서, 훈요 10조 • 흑창 설치 • 발해 유민 포용 • 서경 중시 • 거란 외교 단절(만부교 사건)
광종	• 연호 : 광덕 · 준풍 • 칭제 건원 • 노비안검법 실시 • 과거 제도 실시 • 공복 제정
성종	• 최승로의 시무 28조 수용 • 2성 6부 체제 확립 • 중추원, 삼사 설치 • 도병마사, 식목도감 설치 • 12목 설치, 지방관 파견 • 국자감 개칭, 경학박사 · 의학박사 파견 • 의창 설치 • 건원중보 발행

군사 조직 및 관리 등용 제도

군사 조직	• 중앙 : 2군 6위 • 지방 : 주진군, 주현군 • 특수군 : 광군, 별무반, 도방, 삼별초
관리 등용	• 과거제(광종) : 후주인 쌍기 건의 • 음서제(성종) : 천거제, 5품 이상

외우는 빈출 선지

- 흑창을 두었다. → 고려 태조
- 과거제를 처음 실시하였다. → 고려 광종
- 국경 지역에 동계와 북계를 두었다. → 고려
- 지방에 12목을 설치하였다. → 고려 성종
- 기인 제도를 실시하였다. → 고려 태조
- 양계에 병마사를 파견하였다. → 고려
- 노비안검법을 시행하였다. → 고려 광종
- 사심관 제도를 실시하였다. → 고려 태조
- 왕건이 고창 전투에서 승리하였다. → 고창 전투
- 군사 행정 구역으로 양계를 두었다. → 고려
- 훈요 10조를 남겼다. → 고려 태조
- 12목에 지방관이 파견되었다. → 고려 성종
- 쌍기의 건의로 과거제가 실시되었다. → 고려 광종
- 최승로가 시무 28조를 올렸다. → 고려 성종
- 전시과를 처음으로 시행하였다. → 고려 경종

01

(가) 왕에 대한 설명으로 옳은 것은? [2점]

① 과거제를 도입하였다.
② 농사직설을 편찬하였다.
③ 사심관 제도를 시행하였다.
④ 북한산에 순수비를 건립하였다.

02

(가)~(다)를 일어난 순서대로 옳게 나열한 것은? [3점]

① (가) - (나) - (다)
② (가) - (다) - (나)
③ (나) - (가) - (다)
④ (다) - (가) - (나)

03

(가) 왕의 업적으로 옳은 것은? [2점]

① 흑창을 두었다.
② 강화도로 천도하였다.
③ 과거제를 처음 실시하였다.
④ 전민변정도감을 설치하였다.

04

다음 퀴즈의 정답으로 옳은 것은? [1점]

① 광종   ② 문종   ③ 성종   ④ 예종

05

(가), (나) 사이의 시기에 있었던 사실로 옳은 것은? [3점]

> (가) 견훤이 완산주를 근거지로 삼고 스스로 후백제라 일컬으니, 무주 동남쪽의 군현들이 투항하여 복속하였다.
>
> (나) 태조가 대상(大相) 왕철 등을 보내 항복해 온 경순왕을 맞이하게 하였다.

① 연개소문이 천리장성을 쌓았다.
② 최영이 요동 정벌을 추진하였다.
③ 왕건이 고창 전투에서 승리하였다.
④ 이순신이 명량에서 일본군을 물리쳤다.

06

(가)~(다)를 일어난 순서대로 옳게 나열한 것은? [2점]

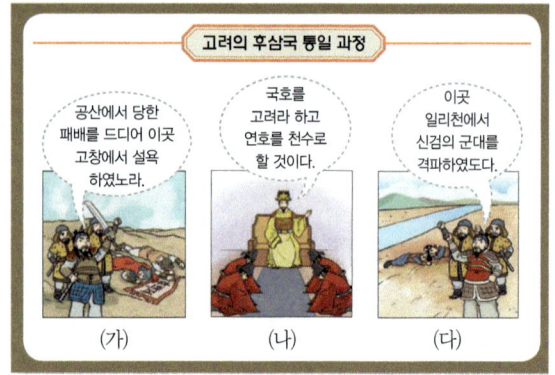

① (가) - (나) - (다)   ② (가) - (다) - (나)
③ (나) - (가) - (다)   ④ (다) - (가) - (나)

07

다음 상황이 있었던 국가의 지방 제도에 대한 설명으로 옳은 것은? [3점]

○ 공주 명학소의 망이·망소이 등이 무리를 모아서 봉기하자, 명학소를 충순현으로 승격하여 그들을 달래고자 하였다.
○ 사신을 따라 원에 간 유청신이 통역을 잘하였으므로, 그 공을 인정하여 그의 출신지인 고이부곡을 고흥현으로 승격하였다.

① 전국을 8도로 나누었다.
② 22담로에 왕족을 파견하였다.
③ 주요 지역에 5소경을 설치하였다.
④ 군사 행정 구역으로 양계를 두었다.

08

(가)에 들어갈 내용으로 옳은 것은? [1점]

 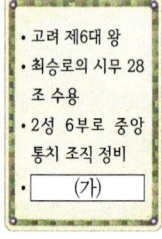

- 고려 제6대 왕
- 최승로의 시무 28조 수용
- 2성 6부로 중앙 통치 조직 정비
- (가)

(앞면) (뒷면)

① 녹읍 폐지   ② 대마도 정벌
③ 지방에 12목 설치   ④ 북한산 순수비 건립

09

(가)에 들어갈 내용으로 옳은 것은? [2점]

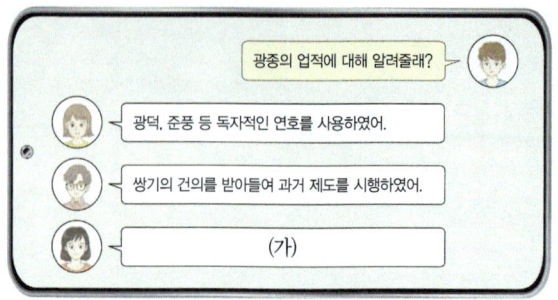

① 훈요 10조를 남겼어.
② 교정도감을 설치하였어.
③ 노비안검법을 실시하였어.
④ 12목에 지방관을 파견하였어.

10

(가)에 들어갈 기구로 옳은 것은? [2점]

① 어사대   ② 의정부
③ 중추원   ④ 도병마사

기출테마 11 문벌 귀족 사회의 동요와 무신 정권

외우는 핵심 키워드

문벌 귀족 사회의 동요

이자겸의 난 (1126)	• 이자겸 : 금의 사대 요구 수용 • 인종 : 이자겸 제거 시도 • 척준경 : 이자겸 제거
묘청의 서경 천도 운동 (1135)	• 칭제 건원, 금국 정벌, 서경 천도 • 국호 : 대위국, 연호 : 천개 • 김부식 진압 • 신채호 : '조선 역사상 일천년래 제일 대사건'

최씨 무신 정권

최충헌 (1196~1219)	• 조위총의 난 진압 • 봉사 10조 제시 • 교정도감 설치 • 도방 확대
최우 (1219~1249)	• 정방 설치 : 문무 관직에 대한 인사권 장악 • 서방 설치 : 문신 숙위 기구 • 삼별초 조직 : 무신 정권의 군사적 기반 • 강화도 천도 : 대몽 항쟁

무신정변

- 정중부·이의방 등이 문신 살해
- 의종 폐위, 명종 옹립
- 이의방 → 정중부 → 경대승 → 이의민 → 최충헌 → 최우

무신 집권기 민란

- 망이·망소이의 난(1176)
- 김사미·효심의 난(1193)
- 만적의 난(1198)

외우는 빈출 선지

- 향, 부곡, 소의 주민들이 받은 차별의 내용을 찾아본다. → **고려 무신 집권기**
- 김부식이 이끄는 관군에 진압되었다. → **묘청의 난**
- 망이·망소이가 공주 명학소에서 봉기하였다. → **고려 무신 집권기**
- 이자겸이 난을 일으켰다. → **이자겸의 난**
- 묘청이 서경 천도를 주장하였다. → **묘청 : 서경 천도 운동**
- 만적이 개경에서 봉기를 모의하였다. → **만적의 난**
- 이자겸이 사대 요구를 수용하였다. → **이자겸의 난**
- 교정도감을 설치하였다. → **최충헌**
- 금국 정벌을 주장하였다. → **묘청**
- 최우가 정방을 설치하였다. → **고려 무신 집권기**

01

다음 상황이 나타난 시기를 연표에서 옳게 고른 것은?

[3점]

① (가) ② (나)
③ (다) ④ (라)

02

다음 사건이 일어난 시기를 연표에서 옳게 고른 것은?

[3점]

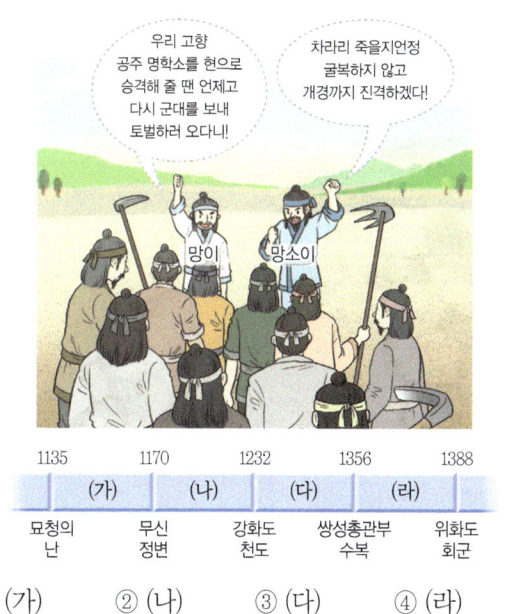

① (가) ② (나) ③ (다) ④ (라)

03

다음 사건이 일어난 시기를 연표에서 옳게 고른 것은? [3점]

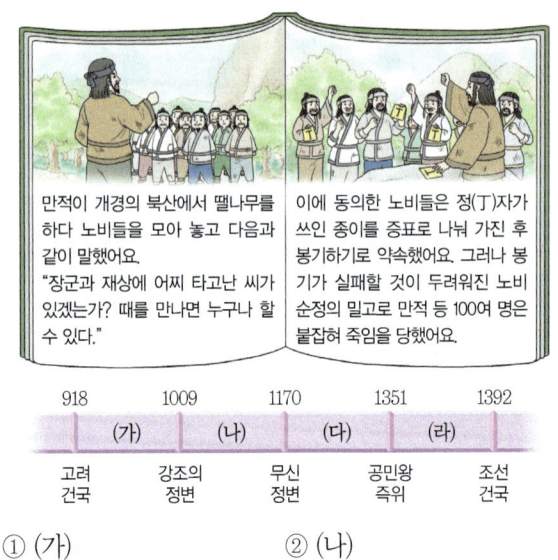

① (가) ② (나)
③ (다) ④ (라)

04

(가)에 들어갈 내용으로 가장 적절한 것은? [1점]

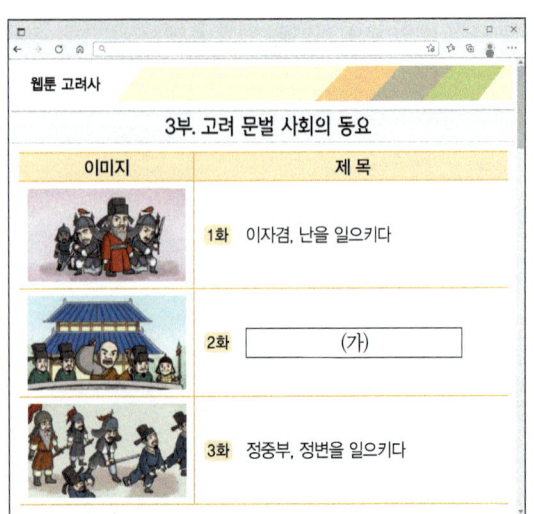

① 이괄, 도성을 점령하다
② 김흠돌, 반란을 도모하다
③ 묘청, 서경 천도를 주장하다
④ 이성계, 위화도에서 회군하다

05

(가) 시기에 볼 수 있는 장면으로 옳은 것은? [3점]

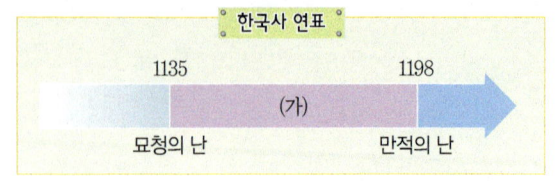

①  ②
③  ④

06

다음 상황 이후에 일어난 사실로 옳은 것은? [2점]

① 김헌창이 난을 일으켰다.
② 장문휴가 등주를 공격하였다.
③ 최치원이 시무 10여 조를 건의하였다.
④ 망이·망소이가 공주 명학소에서 봉기하였다.

07

다음 퀴즈의 정답으로 옳은 것은? [2점]

① 중방
② 교정도감
③ 도병마사
④ 식목도감

08

다음 퀴즈의 정답으로 옳은 것은? [1점]

① 양규
② 일연
③ 김부식
④ 이제현

09

(가) 시기에 있었던 사실로 옳은 것은? [3점]

① 이자겸이 난을 일으켰다.
② 묘청이 서경 천도를 주장하였다.
③ 만적이 개경에서 봉기를 모의하였다.
④ 강감찬이 귀주에서 큰 승리를 거두었다.

10

다음 가상 인터뷰에 나타난 사건으로 옳은 것은? [2점]

① 묘청의 난
② 김흠돌의 난
③ 홍경래의 난
④ 원종과 애노의 난

기출테마 12 고려의 대외 관계

 외우는 핵심 키워드

거란의 침입과 격퇴

1차 침입 (성종, 993)	• 송과의 단절 요구 • 거란 소손녕 침입 • 서희의 외교 담판 • 강동 6주 획득
2차 침입 (현종, 1010)	• 강조의 정변 • 개경 함락, 현종 나주 피란 • 양규 흥화진 전투
3차 침입 (현종, 1018)	• 현종의 입조 및 강동 6주 반환 거부 • 거란 소배압의 침입 • 강감찬 흥화진 전투 & 귀주 대첩 • 나성(개경) 축조 • 천리장성(압록강~도련포) 축조

홍건적과 왜구의 침입

홍건적	• 1차 침입(공민왕, 1359) : 서경 함락 • 2차 침입(공민왕, 1361) : 개경 함락, 공민왕 복주(안동) 피란
왜구	• 최영 : 홍산 전투(1376) • 최무선 : 화통도감 설치(1377) • 나세 · 심부덕 : 진포 대첩(1380) • 이성계 : 황산 대첩(1380) • 박위 : 쓰시마 섬 정벌(1389)

여진 정벌과 동북 9성

• 윤관 : 별무반 편성(고려 숙종)
• 신기군(기병), 신보군(보병), 항마군(승병) 편성
• 여진 정벌 후 동북 9성 축조(고려 예종)
• 여진에게 동북 9성 환부

몽골의 침입과 항쟁

몽골의 침입	1차	• 저고여 피살 • 박서 : 귀주성 전투
	2차	• 최우 : 다루가치 사살, 강화도 천도 • 김윤후 : 처인성 전투, 살리타 사살 • 초조 대장경 소실(대구 부인사)
	3차	• 황룡사 9층 목탑 소실 • 팔만대장경 조판 시작
	5차	• 김윤후 : 충주성 전투
몽골과의 강화		• 최씨 정권의 몰락 • 몽골과 강화 후 개경 환도
삼별초의 항쟁		• 최씨 무신 정권의 군사적 기반 • 야별초(좌 · 우별초) + 신의군(귀환 포로) 편성 • 강화도(배중손, 반몽정권) → 진도(용장성 구축) → 제주도(김통정 항쟁)

 외우는 빈출 선지

• 김윤후, 처인성에서 부곡민과 함께 적장 살리타를 사살하다. → 처인성 전투
• 윤관이 동북 9성을 축조하였다. → 고려 vs 여진
• 서희가 강동 6주 지역을 확보하였다. → 거란 1차 침입
• 최무선이 진포에서 왜구를 물리쳤다. → 고려 vs 왜구
• 김윤후가 충주성 전투에서 승리하였다. → 고려 vs 몽골
• 신기군, 신보군, 항마군으로 구성되었다. → 별무반
• 최씨 무신 정권의 군사적 기반이 되었다. → 삼별초

• 윤관이 별무반 편성을 건의하였다. → 고려 vs 여진
• 박위가 대마도를 정벌하였다. → 고려 vs 왜구
• 최무선이 진포에서 왜구를 물리쳤다. → 고려 vs 왜구
• 팔만대장경판이 제작되었다. → 고려 vs 몽골
• 서희가 소손녕과 외교 담판을 벌였다. → 고려 vs 거란
• 김윤후 부대가 처인성에서 적장을 사살하였다. → 고려 vs 몽골
• 강감찬이 군사를 이끌고 귀주에서 크게 승리하였다. → 거란 3차 침입

01

밑줄 그은 '시기'에 있었던 사실로 옳은 것은? [2점]

고려는 몽골의 침입에 맞서 싸우던 시기 불교의 힘으로 외적을 물리치고자 팔만대장경을 만들었어요. 글자가 많음에도 경판의 서체가 한 사람의 솜씨처럼 일정하고, 오탈자가 거의 없을 정도로 정교하답니다.

① 송시열이 북벌을 주장하였다.
② 허준이 동의보감을 저술하였다.
③ 김윤후가 처인성 전투에서 활약하였다.
④ 망이·망소이가 공주 명학소에서 봉기하였다.

02

(가)에 들어갈 내용으로 가장 적절한 것은? [2점]

한국사 모둠별 탐구 계획서 제출 안내

- 주제: 몽골의 침략을 물리친 전투
- 목적: 몽골의 침략에 맞서 승리한 전투를 살펴보고, 그 역사적 의미를 되새겨 본다.
- 방법: 문헌 조사, 인터넷 검색 등
- 모둠별 탐구 주제
  1모둠: 박서, 귀주성에서 적군을 막아내다.
  2모둠: (가)
  3모둠: 송문주, 죽주성에서 적군을 몰아내다.
- 제출일시: 2025년 ○○월 ○○일 2교시

① 양헌수, 정족산성에서 적군을 물리치다.
② 이순신, 명량에서 적의 함대를 대파하다.
③ 을지문덕, 살수에서 적군을 크게 격파하다.
④ 김윤후, 처인성에서 부곡민과 함께 적장 살리타를 사살하다.

03

(가) 시기에 있었던 사실로 옳은 것은? [2점]

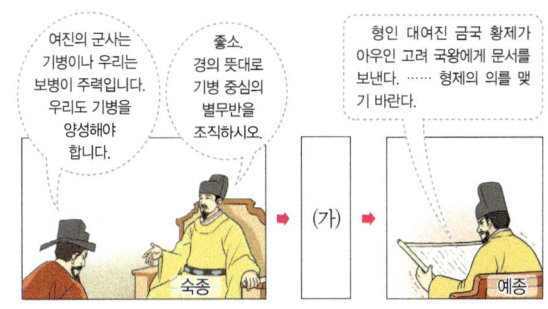

① 윤관이 동북 9성을 축조하였다.
② 서희가 강동 6주 지역을 확보하였다.
③ 최무선이 진포에서 왜구를 물리쳤다.
④ 김윤후가 충주성 전투에서 승리하였다.

04

(가)에 들어갈 내용으로 가장 적절한 것은? [2점]

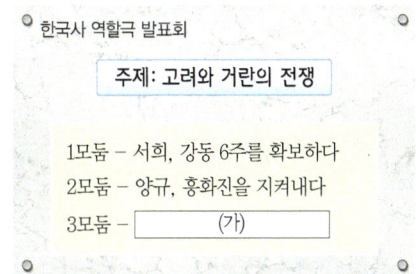

① 김종서, 6진을 개척하다
② 윤관, 동북 9성을 축조하다
③ 강감찬, 귀주에서 승리하다
④ 김윤후, 충주성에서 적을 막아내다

05

(가) 군사 조직에 대한 설명으로 옳은 것은? [2점]

지금 촬영하는 곳은 진도 용장성입니다. 고려 정부가 몽골과 강화를 맺고 개경으로 환도하자 강화도에서 옮겨온 (가) 이/가 쌓은 성으로 알려져 있습니다.

① 쌍성총관부를 공격하였다.
② 백강 전투에서 활약하였다.
③ 신기군, 신보군, 항마군으로 구성되었다.
④ 최씨 무신 정권의 군사적 기반이 되었다.

06

(가)에 들어갈 내용으로 가장 적절한 것은? [2점]

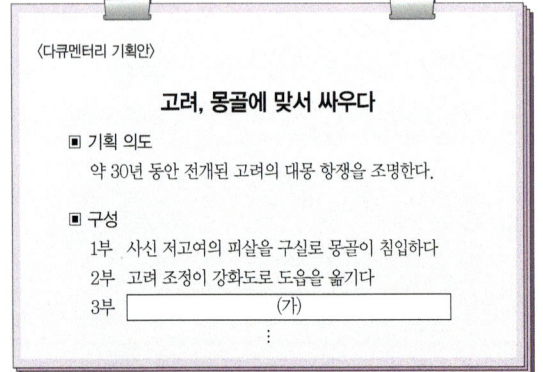

〈다큐멘터리 기획안〉

고려, 몽골에 맞서 싸우다

■ 기획 의도
약 30년 동안 전개된 고려의 대몽 항쟁을 조명한다.

■ 구성
1부 사신 저고여의 피살을 구실로 몽골이 침입하다
2부 고려 조정이 강화도로 도읍을 옮기다
3부 (가)
⋮

① 윤관이 별무반 편성을 건의하다
② 김윤후가 처인성 전투에서 활약하다
③ 을지문덕이 살수에서 적군을 물리치다
④ 서희가 외교 담판을 통해 강동 6주 지역을 확보하다

07

(가) 시기에 있었던 사실로 옳은 것은? [2점]

① 박위가 대마도를 정벌하였다.
② 윤관이 별무반 설치를 건의하였다.
③ 김윤후가 처인성 전투에서 승리하였다.
④ 김춘추가 당과의 군사 동맹을 성사시켰다.

08

(가), (나) 사이의 시기에 있었던 사실로 옳은 것은? [3점]

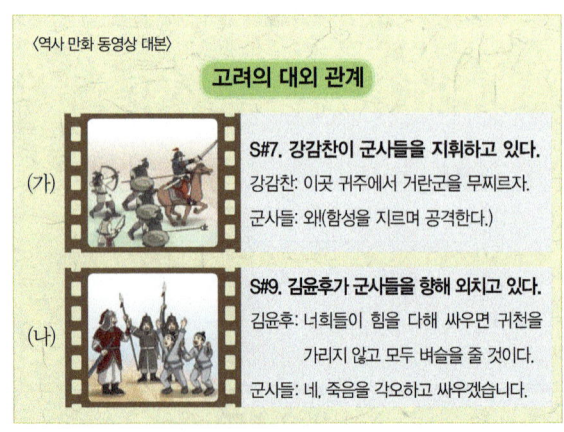

① 서희가 강동 6주를 획득하였다.
② 윤관이 동북 9성을 축조하였다.
③ 박위가 쓰시마섬을 토벌하였다.
④ 최무선이 진포에서 왜구를 물리쳤다.

09

(가)~(다)를 일어난 순서대로 옳게 나열한 것은? [3점]

(가)

(나)

(다)

① (가) – (나) – (다) ② (가) – (다) – (나)
③ (나) – (가) – (다) ④ (다) – (가) – (나)

10

(가)의 활동으로 옳은 것은? [2점]

○ (가) 이/가 아뢰기를, "신이 여진에게 패배한 까닭은 그들은 기병이고 우리는 보병이어서 대적하기 어려웠기 때문입니다."라고 하였다. 이에 건의하여 비로소 별무반을 만들었다.
— 『고려사절요』 —

○ (가) 이/가 여진을 쳐서 크게 물리쳤다. [왕이] 여러 장수를 보내 경계를 정하였다.
— 『고려사』 —

① 강동 6주를 획득하였다.
② 동북 9성을 축조하였다.
③ 쓰시마섬을 정벌하였다.
④ 쌍성총관부를 수복하였다.

기출테마 13 원 간섭기와 공민왕의 개혁

외우는 핵심 키워드

원의 내정 간섭

영토 상실	• 쌍성총관부(철령 이북) • 동녕부(자비령 이북) • 탐라총관부(제주도)
고려 격하	• 부마국 전락 • 왕의 호칭에 충 사용 • 짐 → 고, 폐하 → 전하, 태자 → 세자 • 중서문하성 + 상서성 → 첨의부 • 6부 → 4사 • 중추원 → 밀직사
자원 수탈	• 공녀 착출(결혼도감 설치) • 특산물 수탈 • 매 징발(응방 설치)
내정 간섭	• 정동행성 이문소 설치 • 다루가치(감찰관) 파견

원 간섭기의 사회 변화

- 친원 세력이 권문세족으로 성장
- 향리·환관·역관 등 신분 상승
- **몽골풍 유행**: 체두변발, 몽골식 복장, 몽골어
- **고려양**: 원에서 고려의 풍습 유행
- 조혼 풍습
- 성리학, 목화, 화약, 서양 문물 전래

공민왕의 개혁 정치

반원 자주 정책	대내적 개혁 정책
• 원의 연호 폐지 • 친원파 숙청 • 정동행성 이문소 폐지 • 원의 관제 폐지 • 쌍성총관부 공격으로 철령 이북 땅 수복 • 동녕부 요양 정벌 • 원(나하추)의 침입 격퇴 • 친명 정책 전개 • 몽골풍의 폐지	• 정방 혁파 • 신돈의 등용 • 전민변정도감 운영 • 국자감 → 성균관으로 개칭 • 유학 교육 강화 • 과거 제도 정비

외우는 빈출 선지

- 쌍성총관부를 공격하였다. → 고려 공민왕
- 매를 조련시키는 응방 관리 → 원 간섭기
- 원에 공녀로 끌려가는 여인 → 원 간섭기
- 권문세족에게 땅을 빼앗기는 농민 → 원 간섭기
- 정동행성이 설치되었다. → 원 간섭기
- 지배층을 중심으로 변발이 유행하였다. → 원 간섭기
- 증류 방식으로 소주를 제조하였다. → 원 간섭기
- 아랫도리에 주름을 잡은 철릭을 입었다. → 원 간섭기
- 숙청당하는 기철 등 친원 세력 → 고려 공민왕
- 정방 폐지 교서를 작성하는 관리 → 고려 공민왕
- 철령 이북의 땅을 되찾았다. → 고려 공민왕
- 결혼도감을 통해 여성들이 공녀로 보내졌다. → 원 간섭기

01

다음 가상 인터뷰에 등장하는 왕의 업적으로 옳은 것은? [2점]

이번에 정동행성 이문소를 폐지한 이유에 대해 말씀해 주세요.

고려의 내정을 간섭하는 이문소를 폐지하여 자주적인 정치를 실현하기 위해서였소.

① 12목을 설치하였다.
② 해동통보를 발행하였다.
③ 쌍성총관부를 공격하였다.
④ 노비안검법을 실시하였다.

02

밑줄 그은 '왕'의 재위 기간에 있었던 사실로 옳은 것은? [2점]

왼편은 기철 등 친원파를 제거하고 정동행성 이문소를 폐지한 왕의 무덤이야.

오른편은 왕비 노국 대장 공주의 무덤이야. 왕과 왕비를 나란히 같은 곳에 모셨대.

① 동북 9성을 축조하였다.
② 독서삼품과가 실시되었다.
③ 쌍성총관부를 공격하였다.
④ 백두산정계비가 건립되었다.

03

밑줄 그은 '이 시기'에 볼 수 있는 모습으로 적절하지 않은 것은? [2점]

① 매를 조련시키는 응방 관리
② 원에 공녀로 끌려가는 여인
③ 황룡사 구층 목탑을 세우는 목공
④ 권문세족에게 땅을 빼앗기는 농민

04

밑줄 그은 '시기'에 있었던 사실로 옳은 것은? [2점]

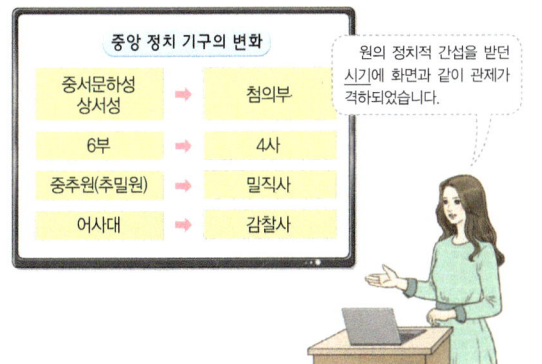

① 별무반에 편성되었다.
② 정동행성이 설치되었다.
③ 6조 직계제가 실시되었다.
④ 김흠돌의 난이 진압되었다.

05

선생님의 질문에 대한 학생의 대답으로 옳지 않은 것은? [2점]

06

다음 다큐멘터리에서 볼 수 있는 장면으로 적절하지 않은 것은? [2점]

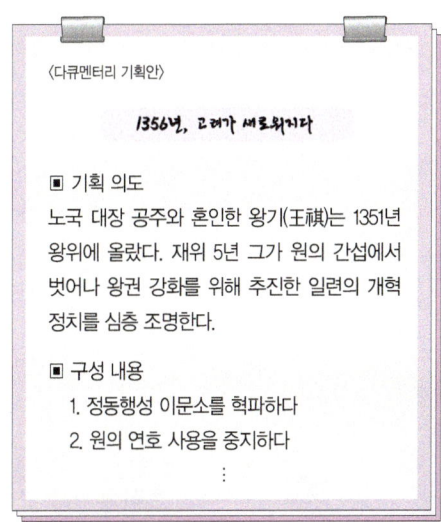

① 수원 화성을 축조하는 백성
② 쌍성총관부를 공격하는 군인
③ 숙청당하는 기철 등 친원 세력
④ 정방 폐지 교서를 작성하는 관리

07

학생들이 공통으로 이야기하고 있는 왕의 업적으로 옳은 것은? [2점]

① 균역법을 시행하였다.
② 독서삼품과를 실시하였다.
③ 삼강행실도를 편찬하였다.
④ 철령 이북의 땅을 되찾았다.

08

(가) 시기에 있었던 사실로 옳은 것은? [3점]

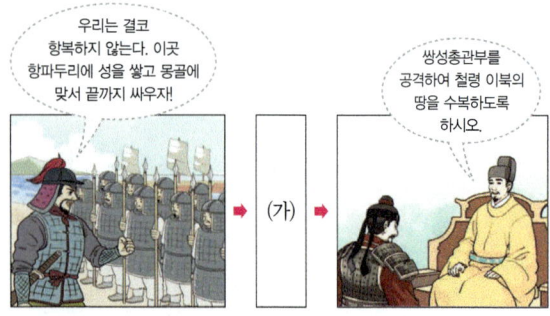

① 별무반이 편성되었다.
② 김헌창이 난을 일으켰다.
③ 김부식이 삼국사기를 편찬하였다.
④ 지배층을 중심으로 변발과 호복이 유행하였다.

09

밑줄 그은 '이 시기'에 있었던 사실로 옳지 않은 것은? [2점]

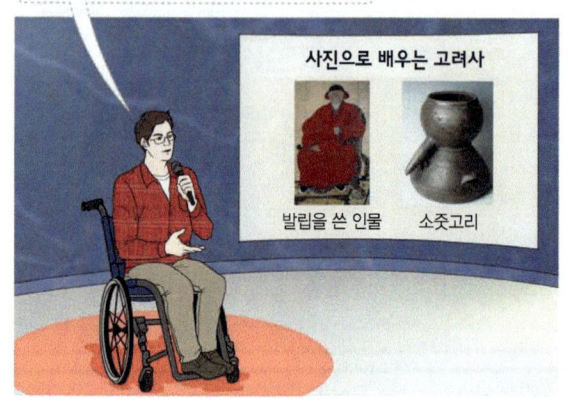

① 정동행성이 설치되었다.
② 권문세족이 높은 관직을 독점하였다.
③ 여진 정벌을 위해 별무반이 편성되었다.
④ 결혼도감을 통해 여성들이 공녀로 보내졌다.

10

다음 조치가 내려진 시기를 연표에서 옳게 고른 것은? [3점]

① (가)
② (나)
③ (다)
④ (라)

기출테마 14 고려의 경제와 사회 모습

외우는 핵심 키워드

고려의 토지 제도	
역분전 (태조, 940)	• 후삼국 통일에 공을 세운 사람 • 인품(공로)에 따라 지급
시정 전시과 (경종, 976)	• 모든 전·현직 관리 대상 • 관품과 인품·세력 반영 • 토지(전지와 시지) 지급
개정 전시과 (목종, 998)	• 관직만을 고려 • 19품 관등에 따라 170~17결을 차등 지급
경정 전시과 (문종, 1076)	• 토지의 부족으로 현직 관료에게만 지급 (170~15결)
과전법 (공양왕, 1391)	• 수조권 지급 • 신진 사대부의 경제적 기반 • 세습 불가 원칙(수신전, 휼양전, 공신전 예외)

고려의 경제 활동
• 경시서 : 시전 관리 • 상평창 : 물가 조절 • 벽란도 : 국제 무역항 • 주전도감 : 화폐 주조

고려의 화폐 발행	
성종	건원중보
숙종	삼한통보, 해동통보, 해동중보, 동국통보, 활구(은병)

고려의 사회 제도
• 의창(성종) : 춘대추납 기관 • 상평창(성종) : 물가 조절 기관 • 대비원(정종) : 환자 진료 및 빈민 구휼 • 혜민국(예종) : 의약품 제공 • 구제도감·구급도감 : 재해 발생 시 임시 기관 • 제위보(광종) : 빈민 구제 기관

외우는 빈출 선지

- 뒷면에 동국이라는 한자가 새겨져 있다. → 건원중보
- 은으로 만들어졌으며, 활구라고도 불렸다. → 은병
- 숙종 때 의천의 건의로 주전도감에서 발행되었다. → 해동통보
- 벽란도가 국제 무역항으로 기능하였다. → 고려
- 시전 상인들이 개경에서 물품을 판매하였다. → 고려
- 사원에서 종이와 기와를 만들어 팔았다. → 고려
- 전시과 제도가 실시되었다. → 고려
- 의창이 운영되었다. → 고려
- 팔관회가 개최되었다. → 고려
- 여성이 호주가 될 수 있었다. → 고려
- 전지와 시지를 품계에 따라 나누어 주었다. → 전시과
- 전·현직 관리에게 토지의 수조권을 지급하였다. → 과전법
- 활구라고 불린 은병이 화폐로 사용되었다. → 고려

01

다음 검색창에 들어갈 기구로 옳은 것은? [2점]

연관 검색어: 흑창, 구휼 기관, 사회 구호 제도

백과사전: 고려와 조선 초기의 대표적인 구휼 기관이다. 재해를 당하거나 생계가 어려운 백성들에게 창고에 비축해 둔 곡물을 대여하거나 무상으로 지급하였다.

① 의창 ② 박문국 ③ 제중원 ④ 활인서

02

(가)에 들어갈 화폐로 적절한 것은? [2점]

우리나라 화폐 특별전 제2관 고려 시대의 화폐

- 건원중보 : 뒷면에 동국이라는 한자가 새겨져 있다.
- 은병 : 은으로 만들어졌으며, 활구라고도 불렸다.
- (가) : 숙종 때 의천의 건의로 주전도감에서 발행되었다.

① 명도전 ② 백동화 ③ 상평통보 ④ 해동통보

03

다음 대화가 이루어진 시기의 경제 상황으로 가장 적절한 것은? [2점]

① 공인이 관청에 물품을 조달하였다.
② 모내기법이 전국적으로 확산되었다.
③ 벽란도가 국제 무역항으로 기능하였다.
④ 고추와 담배가 상품 작물로 재배되었다.

04

다음 건의를 받아들여 제정한 법으로 옳은 것은? [3점]

> 전하께서는 무릇 수도에 거주하는 관료에게는 단지 경기 안의 토지만을 지급하고, 그 밖의 토지는 허락하지 마십시오. 이를 법으로 제정하셔서 백성과 더불어 다시 시작하십시오. 그렇게 하여 국가 재정을 넉넉하게 하고, 백성의 삶을 풍요롭게 하며, 조정의 선비들을 우대하고, 군대의 군량을 넉넉하게 하십시오.
> – 조준의 상소 –

① 과전법   ② 대동법
③ 영정법   ④ 호패법

05

(가)에 들어갈 내용으로 옳은 것은? [1점]

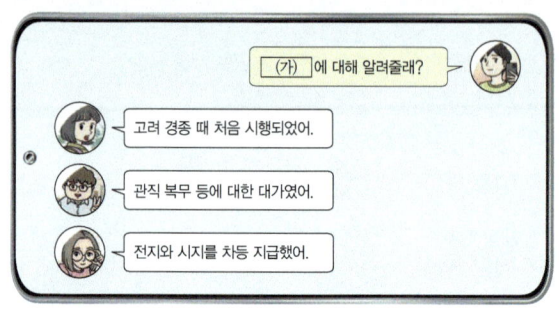

① 과전법   ② 납속책
③ 전시과   ④ 호포제

06

(가)에 들어갈 기구로 옳은 것은? [2점]

① 중방   ② 상평창
③ 어사대   ④ 식목도감

07
교사의 질문에 대한 학생의 답변으로 옳지 않은 것은? [2점]

08
밑줄 그은 '이 국가'의 경제 상황으로 옳은 것은? [3점]

① 전시과 제도가 실시되었다.
② 고구마, 감자가 널리 재배되었다.
③ 모내기법이 전국적으로 확산되었다.
④ 시장을 감독하기 위한 동시전이 설치되었다.

09
교사의 질문에 대한 학생의 답변으로 옳지 않은 것은? [1점]

10
(가) 국가의 경제 상황으로 옳은 것은? [2점]

① 고구마, 감자 등이 재배되었다.
② 모내기법이 전국적으로 확산되었다.
③ 만상, 내상 등이 활발하게 활동하였다.
④ 활구라고 불린 은병이 화폐로 사용되었다.

기출테마 15 고려의 학문과 사상

외우는 핵심 키워드

교육 기관

관학	• 국자감(개경) : 국립대학 • 향교(지방) : 국립 중등교육 기관
사학	• 최충의 9재 학당(문헌공도) 등 사학 12도 융성 • 사학의 융성과 관학의 위축
관학 진흥책	• 국자감에 7재(전문 강좌) 개설 • 양현고(장학 재단) 설립

고려 승려

대각국사 의천	• 교종 중심의 선종 통합 주장 • 국청사 창건, 해동 천태종 창시 • 교관겸수 제창, 지관 강조 • 교장도감 : 교장(속장경) 편찬 • 숙종에게 화폐 유통 건의	보조국사 지눌	• 선종 중심의 교종 통합 주장 • 조계종 창시 • 수선사 결사 제창(순천 송광사) • 정혜쌍수와 돈오점수 주장 • 권수정혜결사문 작성
진각국사 혜심	• 유불일치설 주장 • 심성의 도야 강조	원묘국사 요세	• 법화 신앙 바탕 • 백련결사 조직(강진 만덕사) • 불교 정화 운동 전개

고려 역사서

김부식 삼국사기	• 우리나라 현존 최고(最古)의 역사서 • 유교적 합리주의 사관에 기초 • 신라 중심의 서술 • 본기·열전·지·연표 등으로 구분 • 기전체 사서	일연 삼국유사	• 불교사 중심의 민간 설화 수록 • 기사본말체 • 단군의 고조선 건국 이야기 수록
이규보 동명왕편	• 고구려의 건국 시조인 동명왕의 일대기를 서사시 형태로 표현 • 고구려 계승 의식 반영	이승휴 제왕운기	• 단군부터 충렬왕까지의 역사를 서사시 형태로 서술 • 상권 : 중국의 역사, 하권 : 우리나라의 역사 • 단군의 고조선 건국 이야기 수록 • 중국과 우리나라 역대 왕의 계보 수록

외우는 빈출 선지

- 최고 국립 교육 기관으로 국자감을 두었다. → 국립대학
- 문헌공도 등 사학 12도가 번성하였다. → 사학
- 지방에 유학 교육을 담당하는 향교가 있었다. → 국립 중등교육기관
- 9재 학당을 열었다. → 최충
- 삼국유사를 집필하였다. → 일연
- 제왕운기를 저술하였다. → 이승휴
- 천태종을 개창하였다. → 의천
- 수선사 결사를 제창하였다. → 지눌
- 삼국사기를 편찬하였다. → 김부식
- 고려에 성리학을 소개하였다. → 안향
- 만권당에서 원의 학자들과 교류하였다. → 이제현

01

다음 퀴즈의 정답으로 옳은 것은? [1점]

① 동국통감 ② 삼국사기
③ 삼국유사 ④ 제왕운기

02

(가)에 들어갈 인물로 옳은 것은? [1점]

① 도선 ② 일연
③ 의상 ④ 지눌

03

교사의 질문에 대한 답변으로 옳지 <u>않은</u> 것은? [2점]

04

다음 인물의 활동으로 옳은 것은? [3점]

① 9재 학당을 열었다.
② 삼국유사를 집필하였다.
③ 제왕운기를 저술하였다.
④ 시무 28조를 작성하였다.

05

다음 가상 인터뷰의 (가)에 들어갈 내용으로 적절한 것은? [3점]

① 무애가를 지었습니다.
② 천태종을 개창하였습니다.
③ 수선사 결사를 제창하였습니다.
④ 왕오천축국전을 저술하였습니다.

06

(가)에 들어갈 인물로 옳은 것은? [2점]

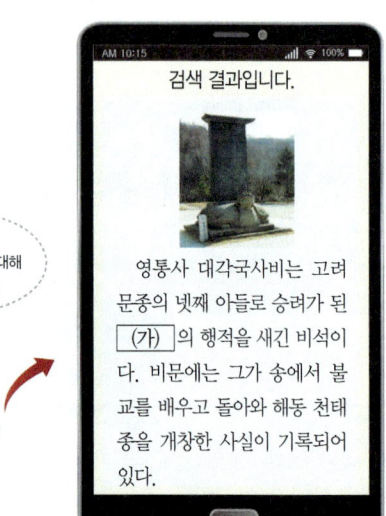

① 원효
② 의천
③ 지눌
④ 혜심

07

(가)~(다) 학생이 발표한 내용을 일어난 순서대로 옳게 나열한 것은? [3점]

① (가) - (나) - (다)
② (가) - (다) - (나)
③ (나) - (가) - (다)
④ (다) - (가) - (나)

08

다음 퀴즈의 정답으로 옳은 것은? [2점]

① 지눌
② 요세
③ 혜초
④ 원효

09

(가) 인물에 대한 설명으로 옳은 것은? [2점]

① 삼국사기를 편찬하였다.
② 금국 정벌을 주장하였다.
③ 화약 무기를 개발하였다.
④ 고려에 성리학을 소개하였다.

10

다음 퀴즈의 정답으로 옳은 것은? [1점]

1단계: 고려 성종 때 설립
2단계: 유학과 기술 교육을 담당
3단계: 고려의 최고 교육 기관

① 경당
② 향교
③ 국자감
④ 주자감

기출테마 16 고려의 문화유산

외우는 문화유산

건축물

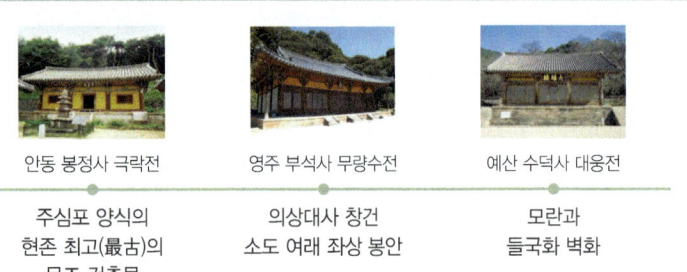

- 안동 봉정사 극락전 — 주심포 양식의 현존 최고(最古)의 목조 건축물
- 영주 부석사 무량수전 — 의상대사 창건 소조 여래 좌상 봉안
- 예산 수덕사 대웅전 — 모란과 들국화 벽화

석탑

- 평창 월정사 팔각 구층 석탑 — 송의 영향을 받은 고려 전기의 석탑
- 개성 경천사지 십층 석탑 — 원의 영향을 받은 대리석 석탑

불상

- 파주 용미리 마애이불입상 — 2구의 거불 불상
- 안동 이천동 마애여래 입상 — 제비원 석불
- 논산 관촉사 석조 미륵보살입상 — 인체 비례가 불균형한 고려 최대의 석불입상 (은진 미륵)
- 영주 부석사 소조 여래 좌상 — 부석사 무량수전에 봉안된 고려 불상

고려청자

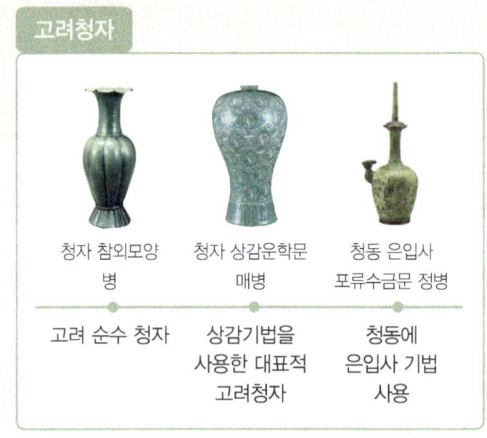

- 청자 참외모양 병 — 고려 순수 청자
- 청자 상감운학문 매병 — 상감기법을 사용한 대표적 고려청자
- 청동 은입사 포류수금문 정병 — 청동에 은입사 기법 사용

01

(가)에 들어갈 문화유산으로 가장 적절한 것은? [2점]

문화유산 탐구 보고서

○학년 ○반 이름: □□□

선정한 문화유산	알게 된 점
(가)	• 고려 전기의 대표적 석탑입니다. • 송의 영향을 받아 만들었습니다. • 각이 많고 층이 여러 개인 탑입니다. • 청동으로 만든 풍경과 금동 머리 장식이 있습니다.

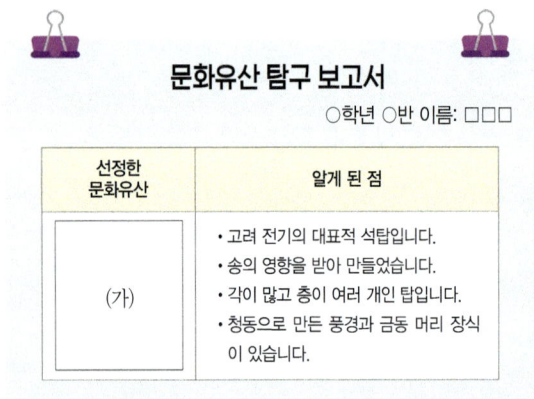

① 여주 고달사지 승탑
② 원주 법천사지 지광 국사 탑

③ 평창 월정사 팔각 구층 석탑
④ 개성 경천사지 십층 석탑

02

(가)에 해당하는 문화유산으로 옳은 것은? [2점]

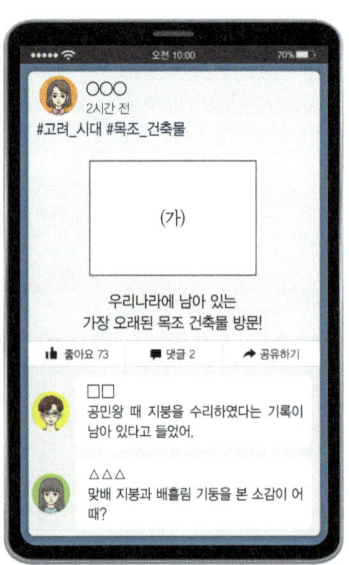

#고려_시대 #목조_건축물

(가)

우리나라에 남아 있는 가장 오래된 목조 건축물 방문!

좋아요 73 댓글 2 공유하기

□□ 공민왕 때 지붕을 수리하였다는 기록이 남아 있다고 들었어.

△△△ 맞배 지붕과 배흘림 기둥을 본 소감이 어때?

①
강화 전등사 대웅전

②
안동 봉정사 극락전

③
보은 법주사 팔상전

④
구례 화엄사 각황전

04

(가)에 들어갈 가상 우표로 가장 적절한 것은? [1점]

①
산수무늬 벽돌

②
도기 바퀴장식 뿔잔

③
황남대총 금관

④
청자 상감 운학문 매병

03

다음 학생이 보고 있는 국가유산으로 가장 적절한 것은? [2점]

①
경주 불국사 대웅전

②
영주 부석사 무량수전

③
김제 금산사 미륵전

④
보은 법주사 팔상전

05

(가)에 들어갈 문화유산으로 가장 적절한 것은? [2점]

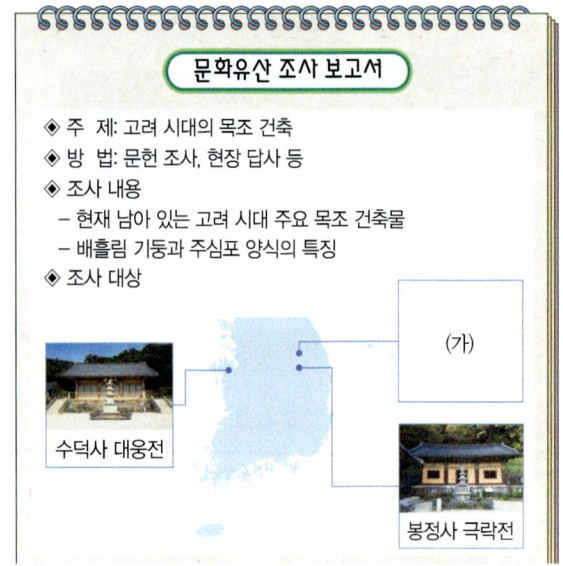

① 종묘 정전
② 경복궁 근정전
③ 법주사 팔상전
④ 부석사 무량수전

06

(가)에 들어갈 문화유산으로 옳은 것은? [2점]

문화유산 카드
- 종목: 국보
- 시대: 고려
- 소장처: 국립중앙박물관
- 소개: 원의 영향을 받은 탑으로, 대리석으로 만들어졌다. 목조 건축을 연상하게 하는 다채로운 조각들이 섬세하게 새겨져 있다.

① 불국사 삼층 석탑
② 분황사 모전 석탑
③ 영광탑
④ 경천사지 십층 석탑

07

다음 기사에 보도된 문화유산으로 옳은 것은? [2점]

□□신문
제△△호   2020년 ○○월 ○○일

고려 나전칠기의 귀환

국외소재문화재재단의 노력으로 고려 시대의 '나전 국화넝쿨무늬 합'이 일본에서 돌아왔다. 나전칠기는 표면에 옻칠을 하고 조개껍데기를 정교하게 오려 붙인 것으로 불화, 청자와 함께 고려를 대표하는 문화유산이다. 이번 환수로 국내에 소장된 고려의 나전칠기는 총 3점이 되었다.

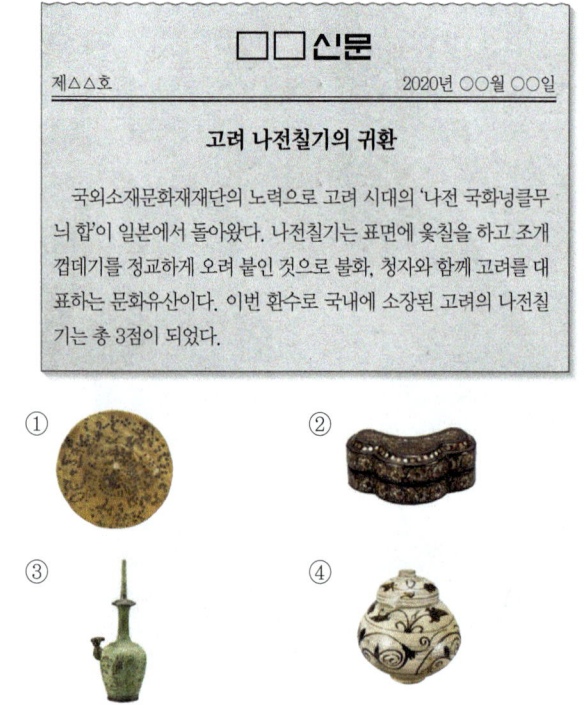

08

밑줄 그은 '탑'으로 옳은 것은? [2점]

① 불국사 다보탑
② 신륵사 다층 전탑
③ 월정사 팔각 구층 석탑
④ 화엄사 사사자 삼층 석탑

09

다음과 같은 기법으로 제작된 문화유산으로 옳은 것은? [2점]

도자기 표면에 무늬 새기기 → 무늬에 다른 색의 흙 메우기 → 다른 색 흙을 긁어내어 무늬 나타내기

① 기마 인물형 토기
② 백자 철화 끈무늬 병
③ 청자 참외 모양 병
④ 청자 상감 모란문 표주박 모양 주전자

10

(가)에 들어갈 문화유산으로 옳은 것은? [2점]

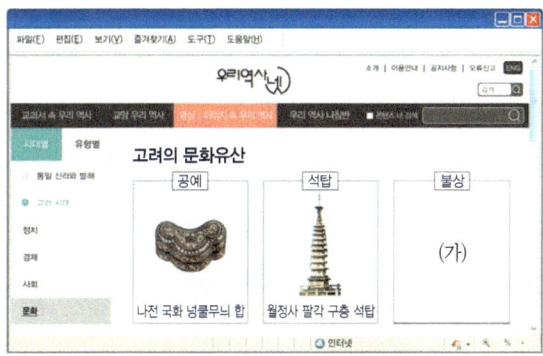

① 이불병좌상
② 안동 이천동 마애 여래 입상
③ 석굴암 본존불상
④ 서산 용현리 마애 여래 삼존상

기출테마 17 우리 지역의 역사

외우는 빈출 선지

- 이봉창이 의거를 일으켰다. → 도쿄
- 망이·망소이가 봉기하였다. → 공주
- 장보고가 청해진을 설치하였다. → 완도
- 송상현이 동래성에서 순절하였다. → 부산
- 임진왜란 때 김시민 장군이 왜군에 맞서 싸운 장소다. → 진주
- 조선 후기에 유계춘의 주도로 농민 봉기가 일어난 곳이다. → 진주
- 일제 강점기에 조선 형평사 창립 대회가 개최되었다. → 진주
- 묘청이 난을 일으켰다. → 서경(지금의 평양)
- 원이 쌍성총관부를 설치하였다. → 화주(지금의 함경남도 영흥)
- 만적이 신분 해방을 도모하였다. → 개경(지금의 개성)
- 삼별초가 최후의 항쟁을 전개하였다. → 제주도
- 신문왕이 이곳으로 천도를 하려고 했다. → 대구

- 고려와 후백제 사이에 치열했던 공산 전투가 벌어진 곳이다. → 대구
- 김광제 등을 중심으로 국채 보상 운동이 시작되었다. → 대구
- 학생들을 중심으로 이승만 독재 정권에 저항한 2·28 민주 운동이 일어났다. → 대구
- 견훤이 세운 후백제의 도읍이 있던 곳이다. → 전주
- 동학 농민군이 정부와 화약을 맺은 곳이다. → 전주
- 태조 이성계의 어진이 있는 경기전이 있다. → 전주
- 국보 제9호인 정림사지 오층 석탑이 있다. → 부여
- 임진왜란 때 송상현이 동래성에서 순절했다. → 부산
- 내상의 활동 근거지였다. → 부산
- 초량 왜관이 있었다. → 부산
- 2002년 아시아 경기 대회가 개최되었다. → 부산

01

(가)에 해당하는 지역으로 옳은 것은? [2점]

① 나주 ② 상주
③ 청주 ④ 충주

02

(가) 지역에 있었던 사실로 옳은 것은? [3점]

뚜벅뚜벅 역사 여행

■ 주제: (가) 에서 만나는 시간과 공간, 그리고 사람들
■ 일자: 2023년 ○○월 ○○일
■ 답사 경로: 동삼동 패총 전시관 – 초량왜관 – 임시 수도 기념관 – 민주 공원

① 이봉창이 의거를 일으켰다.
② 망이·망소이가 봉기하였다.
③ 장보고가 청해진을 설치하였다.
④ 송상현이 동래성에서 순절하였다.

03

(가)에 들어갈 지역으로 옳은 것은? [2점]

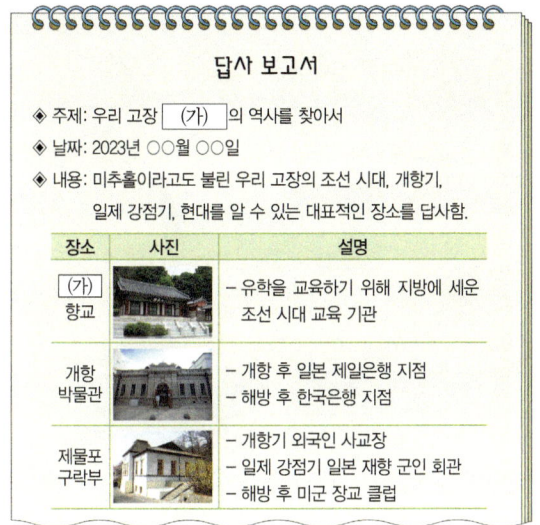

① 군산
② 마산
③ 목포
④ 인천

04

학생들이 공통으로 이야기하는 지역으로 옳은 것은? [2점]

① 강릉
② 군산
③ 대구
④ 진주

05

(가) 지역에 있었던 사실로 옳은 것은? [2점]

① 묘청이 난을 일으켰다.
② 원이 쌍성총관부를 설치하였다.
③ 만적이 신분 해방을 도모하였다.
④ 삼별초가 최후의 항쟁을 전개하였다.

06

(가)에 들어갈 지역으로 옳은 것은? [2점]

① 대구
② 안동
③ 울산
④ 청주

07
교사의 질문에 대한 학생의 답변으로 옳지 <u>않은</u> 것은? [2점]

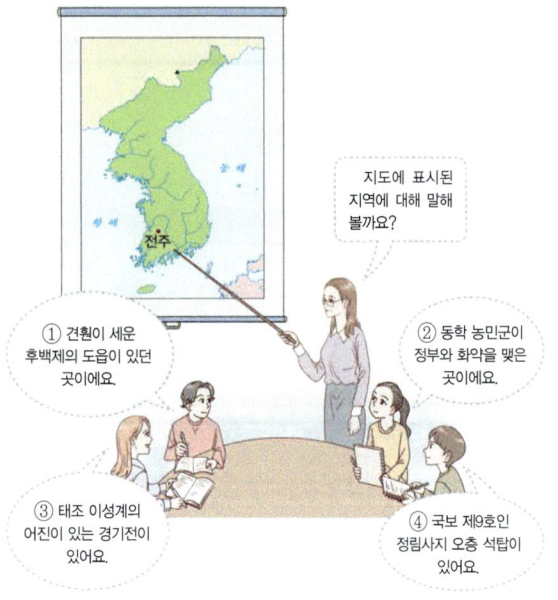

08
학생들이 공통으로 이야기하고 있는 지역을 지도에서 옳게 찾은 것은? [2점]

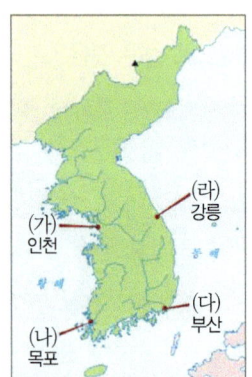

① (가) ② (나)
③ (다) ④ (라)

09
다음을 통해 알 수 있는 지역을 지도에서 옳게 고른 것은? [2점]

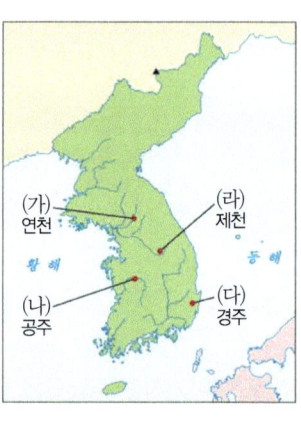

① (가) ② (나)
③ (다) ④ (라)

10

학생들이 공통으로 이야기하고 있는 지역을 지도에서 옳게 찾은 것은? [2점]

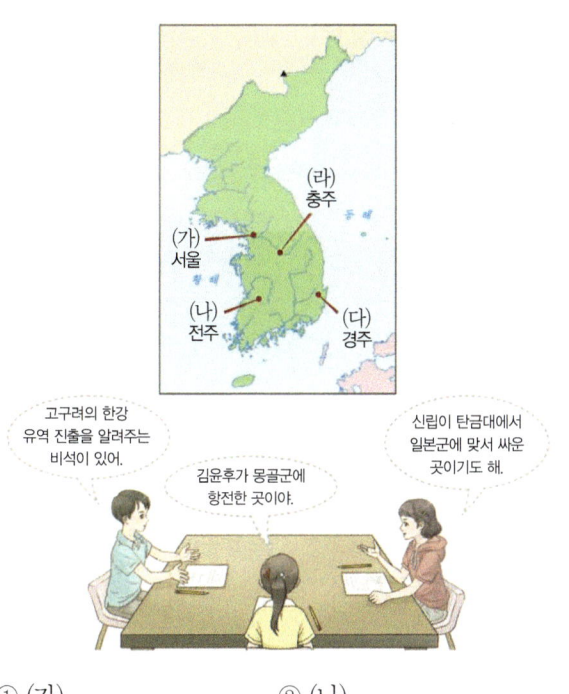

① (가)   ② (나)
③ (다)   ④ (라)

| 문제편 |

PART 3
근세의 성립과 발전

기출테마 **18** 조선 건국과 국가 기반 확립
기출테마 **19** 조선 전기 통치 제제 정비
기출테마 **20** 사화의 발생과 붕당 형성
기출테마 **21** 조선 전기의 대외 관계
기출테마 **22** 조선 전기의 문화와 과학 기술
기출테마 **23** 붕당 정치의 변질 + 세시 풍속
기출테마 **24** 영조·정조의 탕평 정치
기출테마 **25** 세도 정치기의 사회 혼란
기출테마 **26** 조선 후기 실학과 국학
기출테마 **27** 조선 후기의 사회·경제 모습
기출테마 **28** 조선 후기 문화의 새 경향

기출테마 18 조선 건국과 국가 기반 확립

외우는 핵심 키워드

태조 이성계
- 위화도 회군(1388) → 조건 건국(1392) → 한양 천도(1394) → 경복궁 건립(1395)
- 최영 장군 숙청

태종 이방원
- 왕자의 난
- 6조 직계제 실시, 사병 혁파
- 문하부 폐지, 사간원 독립
- 호패법 실시
- 서얼 차대법 실시
- 신문고 설치

세종
- 의정부 서사제 부활
- 집현전 설치, 훈민정음 창제
- 4군(최윤덕) 6진(김종서) 개척
- 쓰시마섬 정벌(이종무)
- 계해약조 체결
- 3포 개항(부산포, 염포, 제포)
- **공법**: 전분 6등법, 연분 9등법

세조 수양대군
- 계유정난, 사육신
- 이시애의 난 진압
- 6조 직계제 부활, 집현전 폐지
- 직전법 실시
- 5위(중앙군), 진관 체제(지방군)
- 경국대전 편찬 착수

성종
- 사림 등용, 관학의 진흥
- 홍문관(옥당) 설치, 경연 중시
- 유향소의 부활
- 경국대전 완성·반포
- 관수관급제 실시

외우는 빈출 선지

- 호패법이 시행되었다. → 태종
- 한양으로 도읍을 옮겼다. → 태조
- 6조 직계제를 시행하였다. → 세조
- 훈민정음을 창제하였다. → 세종
- 경국대전을 완성하였다. → 성종
- 위화도 회군을 단행하였다. → 이성계
- 계미자가 주조되었다. → 태종
- 직전법을 시행하였다. → 세조
- 4군 6진을 개척하였다. → 세종
- 수양 대군이 권력을 장악하였다. → 세조
- 왕자의 난으로 정도전 등이 피살되었다. → 태조

01

(가)에 들어갈 인물로 적절한 것은? [1점]

문화유산이 전하는 이야기 - 남원 황산대첩비지
한국사 채널 · 조회수 221,203

고려 말 양광전라경상도 도순찰사였던 (가) 이/가 황산에서 아지발도가 이끈 왜구를 무찌른 사실을 기록한 승전비가 1577년에 세워졌습니다. 이 전투로 백성의 신망을 얻은 (가) 은/는 이후 위화도 회군으로 권력을 장악하였습니다. 일제 강점기에 훼손되었던 비와 그 터는 국가 사적으로 지정되어 관리되고 있습니다.

① 권율 ② 양규 ③ 이성계 ④ 강감찬

02

(가) 국왕의 재위 시기에 있었던 사실로 옳은 것은? [2점]

이곳은 태조 이성계의 계비 신덕 왕후의 무덤인 정릉입니다. 왕자의 난을 일으켜 신덕 왕후가 낳은 동생들을 제거하고 사병을 혁파했던 (가) 이/가 즉위 후 원래 정동에 있던 것을 지금의 위치로 옮겼습니다.

① 현량과가 실시되었다.
② 호패법이 시행되었다.
③ 경국대전이 반포되었다.
④ 5군영 체제가 완성되었다.

03

다음 대화 이후에 있었던 사실로 옳은 것은? [2점]

며칠 전 도평의사사의 건의로 과전법이 제정되었다네.

나도 들었네. 경기 지역의 토지만을 대상으로 실시한다더군.

① 쌍성총관부가 설치되었다.
② 위화도 회군이 단행되었다.
③ 한양이 새로운 도읍으로 정해졌다.
④ 화랑도가 국가적인 조직으로 개편되었다.

04

밑줄 그은 '왕'에 대한 설명으로 옳은 것은? [3점]

> ○ 왕께서 명하기를, "집현전을 파하고 경연을 정지하며, 거기에 소장하였던 서책은 모두 예문관에서 관장하게 하라."라고 하였다.
> ○ 왕께서 명령을 내려, "전날 성삼문 등이 상왕도 모의에 참여하였다고 말하였으니 …… 상왕을 노산군으로 낮추고, 궁에서 내보내 영월에 거주시키도록 하라."라고 하였다.

① 시헌력을 도입하였다.
② 탕평책을 실시하였다.
③ 한양으로 도읍을 옮겼다.
④ 6조 직계제를 시행하였다.

05

(가)에 들어갈 왕으로 옳은 것은? [1점]

① 태종　　② 세조
③ 중종　　④ 영조

06

밑줄 그은 '왕'에 대한 설명으로 옳은 것은? [2점]

조선 왕실은 자손이 태어나면 전국 각지의 명당에 태실을 만들어 탯줄을 보관하였습니다. 이곳은 국조오례의를 편찬하는 등 통치 체제 정비에 큰 역할을 한 조선 제9대 왕의 태실입니다. 원래 경기도 광주시에 있던 것을 조선 총독부가 창경궁으로 옮겨 왔습니다.

① 훈민정음을 창제하였다.
② 경국대전을 완성하였다.
③ 초계문신제를 시행하였다.
④ 위화도 회군을 단행하였다.

07

(가) 왕의 재위 기간에 있었던 사실로 옳은 것은? [2점]

① 계미자가 주조되었다.
② 균역법이 실시되었다.
③ 기묘사화가 일어났다.
④ 6조 직계제가 시행되었다.

08

밑줄 그은 '왕'이 추진한 정책으로 옳은 것은? [2점]

① 삼별초를 조직하였다.
② 직전법을 시행하였다.
③ 한양으로 천도하였다.
④ 훈민정음을 창제하였다.

09

(가)에 들어갈 내용으로 옳은 것은? [2점]

① 직전법을 제정하였어요.
② 호패법을 시행하였어요.
③ 장용영을 설치하였어요.
④ 척화비를 건립하였어요.

10

밑줄 그은 '이 왕'의 업적으로 옳은 것은? [1점]

① 4군 6진을 개척하였다.
② 경국대전을 완성하였다.
③ 대동여지도를 제작하였다.
④ 백두산정계비를 건립하였다.

기출테마 19 조선 전기 통치 체제 정비

외우는 핵심 키워드

중앙 정치 체제
- **의정부** : 국정 총괄, 3정승 합의제
- **6조** : 이조, 호조, 예조, 병조, 형조, 공조
- **승정원** : 은대, 왕명 출납, 국왕 직속 비서 기관
- **의금부** : 국왕 직속 사법 기구, 강상죄·반역죄 처리
- **사헌부** : 감찰 탄핵, 대사헌
- **사간원** : 언관, 왕에 대한 간쟁, 대사간
- **홍문관** : 옥당, 경연 주관, 왕의 자문, 대제학
- **춘추관** : 역사서 편찬 및 보관
- **한성부** : 수도의 행정과 치안 담당
- 삼사(사헌부, 사간원, 홍문관), 대간(사헌부, 사간원, 5품 이하 관원에 대한 서경권 행사)

지방 행정
- 8도, 부·목·군·현 설치
- **관찰사** : 수령 감독, 감사·도백
- **수령** : 지방 행정·사법·군사권 행사
- **향리** : 수령 보좌, 세습적 아전, 단안 명부 등재
- **유향소** : 향촌 자치 기구, 좌수와 별감 운영
- **경재소** : 한양 설치, 중앙과 지방 간의 연락 업무, 연고지 유향소 통제

인물
- **삼봉 정도전** : 조선 개국 공신, 조선경국전·불씨잡변 저술
- **퇴계 이황** : 도산 서원, 성학십도 저술
- **율곡 이이** : 어머니 신사임당, 성학집요·동호문답 저술

교육 제도

국립 교육 기관
- **성균관** : 국립대학, 입학자격(생원·진사)
- **4부 학당** : 중등 교육 기관, 한양에 설립
- **향교** : 지방 관립 중등교육기관, 전국 부·목·군·현에 하나씩 설립, 중앙에서 교수·훈도 파견

사립 교육 기관
- **서원** : 백운동 서원(주세붕) 시초, 선현 제사 및 유학 교육
- **서당** : 사립 초등 교육 기관

외우는 빈출 선지

- 한양의 치안과 행정을 맡았다. → **한성부**
- 재정의 출납과 회계를 관장하였다. → **호조**
- 왕의 정책 자문과 경연을 담당하였다. → **홍문관**
- 왕명 출납을 관장하였다. → **승정원**
- 수도의 행정과 치안을 맡았다. → **한성부**
- 외국어 통역 업무를 담당하였다. → **사역원**
- 사간원, 홍문관과 함께 삼사로 불렸다. → **사헌부**
- 서울의 4부 학당에서는 중등 교육을 담당했다. → **조선 : 4부 학당**
- 최고 교육 기관으로 성균관이 있었다. → **조선 : 성균관**
- 사림이 세운 서원이 있었다. → **조선 : 서원**
- 성학집요를 저술하였다. → **율곡 이이**
- 조선경국전을 저술하였다. → **삼봉 정도전**
- 성학십도를 저술하였다. → **퇴계 이황**

01

(가)에 들어갈 기구로 옳은 것은? [2점]

역사 용어 해설

(가)

1. 개요
   조선 시대에 왕명을 받아 반역 사건과 강상죄에 대한 처결을 담당한 사법 기구였다.

2. 주요 관원과 역할
   - 도사: 죄인 심문 및 문서 작성
   - 나장: 죄인 체포 및 압송, 형 집행

① 사헌부 ② 의금부
③ 춘추관 ④ 홍문관

02

(가)에 들어갈 내용으로 옳은 것은? [2점]

옥당이라 쓰여 있는 이 현판은 창덕궁 내의 홍문관 청사에 걸려있던 것입니다. 홍문관은 활발한 언론 활동을 통해 사헌부·사간원과 함께 3사라고 불렸습니다. 또한 (가)

① 수원 화성에 외영을 두었습니다.
② 한양의 치안과 행정을 맡았습니다.
③ 재정의 출납과 회계를 관장하였습니다.
④ 왕의 정책 자문과 경연을 담당하였습니다.

03

(가) 기구에 대한 설명으로 옳은 것은? [2점]

① 왕명 출납을 관장하였다.
② 수도의 행정과 치안을 맡았다.
③ 외국어 통역 업무를 담당하였다.
④ 사간원, 홍문관과 함께 삼사로 불렸다.

04

(가)에 들어갈 교육 기관으로 옳은 것은? [1점]

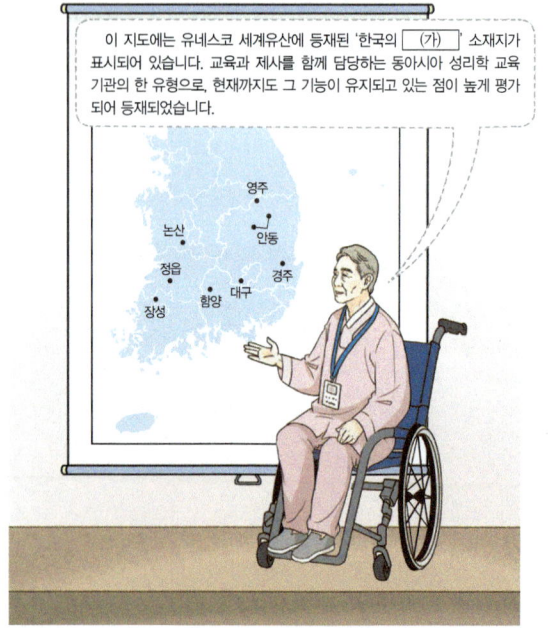

① 서원 ② 향교
③ 성균관 ④ 4부 학당

05

(가)에 들어갈 인물로 옳은 것은? [1점]

① 이이
② 송시열
③ 정도전
④ 정몽주

06

교사의 질문에 대한 학생의 답변으로 옳지 않은 것은? [2점]

07

다음 학생이 생각하고 있는 기구로 옳은 것은? [2점]

① 사간원　　② 사헌부
③ 승정원　　④ 홍문관

08

(가)에 들어갈 기구로 옳은 것은? [2점]

① 승정원　　② 어사대
③ 집사부　　④ 홍문관

09

(가)에 들어갈 내용으로 옳은 것은? [1점]

① 향교　　② 성균관
③ 육영 공원　　④ 4부 학당

10

(가) 인물의 활동으로 옳은 것은? [3점]

① 거중기를 설계하였다.
② 대마도를 정벌하였다.
③ 성학십도를 저술하였다.
④ 대동여지도를 제작하였다.

기출테마 20 사화의 발생과 붕당 형성

외우는 핵심 키워드

4대 사화

무오사화 연산군 (1498)	• 김종직의 조의제문 • 김일손 등 사림파 몰락
갑자사화 연산군 (1504)	• 연산군의 친모 폐비 윤씨 사사 사건 • 훈구파와 사림파 모두 피해
기묘사화 중종 (1519)	• 조광조의 급진 개혁(위훈삭제, 현량과 실시, 소격서 폐지) • 훈구파의 주초위왕 모략 • 조광조 등 사림파 몰락
을사사화 명종 (1545)	• 인종의 외척인 대윤(윤임 일파)과 명종의 외척인 소윤(윤원형 일파) 간의 대립 • 대윤의 윤임 일파 축출

붕당 형성

선조	• 이조 전랑 임명권 : 사림이 동인과 서인으로 분당 • 정여립 모반 사건, 정철의 건저의 사건 : 동인이 남인과 북인으로 분당
광해군	• 북인의 정권 장악 • 폐모살제 : 인목 대비 폐위, 영창 대군 사사 • 인조반정 : 서인 집권, 광해군과 북인 축출
인조	• 서인 집권 • 남인 일부 정치 참여
효종	• 서인 집권 : 북벌 추진 • 서인과 남인의 대립

동인과 서인

동인	• 김효원 중심 • 영남학파 형성 • 신진 사림 지지 • 이황, 조식의 학문 계승
서인	• 심의겸 중심 • 기호학파 형성 • 기성 사림 지지 • 이이, 성혼의 학문 계승

외우는 빈출 선지

- 소격서 폐지를 건의하였다. → 중종 : 조광조
- 사림이 동인과 서인으로 나뉘었다. → 선조 : 붕당
- 무오사화로 김일손 등이 처형되었다. → 연산군 : 무오사화
- 현량과 실시를 건의하였다. → 중종 : 조광조
- 서인 정권이 친명 배금 정책을 추진하였다. → 인조
- 조광조가 위훈 삭제를 주장하였다. → 중종
- 조광조 일파가 축출되는 결과를 가져왔다. → 중종 : 기묘사화

01

다음 장면 이후에 있었던 사실로 옳은 것은? [2점]

중앙과 지방에서 천거한 사람들을 대궐로 모아 전하께서 친히 시험하신다면 인재를 많이 얻을 수 있을 것입니다. 이는 한(漢)에서 시행한 현량과의 뜻을 이은 것입니다.

① 기묘사화가 일어났다.
② 칠정산이 편찬되었다.
③ 경국대전이 반포되었다.
④ 위화도 회군이 단행되었다.

02

(가)~(다) 학생이 발표한 내용을 일어난 순서대로 옳게 나열한 것은? [3점]

사림의 성장과 붕당 정치의 전개

(가) 희빈 장씨 소생의 원자 책봉 문제를 둘러싸고 환국이 발생하여 남인이 권력을 장악하였습니다.

(나) 효종이 죽은 후 자의 대비가 상복을 입는 기간을 두고 서인과 남인 사이에 예송이 발생하였습니다.

(다) 조광조가 주도한 개혁에 불만을 품은 훈구 세력에 의해 사화가 발생하였습니다.

① (가) - (나) - (다)
② (가) - (다) - (나)
③ (나) - (가) - (다)
④ (다) - (나) - (가)

03

(가)에 들어갈 사건으로 옳은 것은? [2점]

이곳은 조선 시대 문신인 김종직이 살았던 집터에 후손들이 지은 밀양 추원재입니다. 그가 쓴 조의제문은 연산군 때 일어난 (가) 의 빌미가 되기도 하였습니다.

① 경신환국 ② 기해예송
③ 무오사화 ④ 신유박해

04

(가) 인물의 활동으로 옳은 것은? [2점]

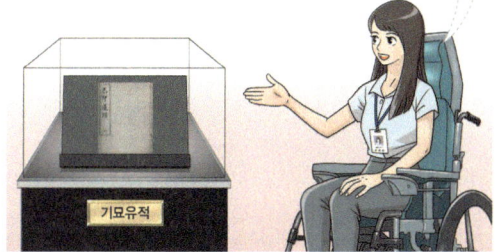

이 책은 기묘사화의 전말을 다룬 기묘유적입니다. 현량과 실시와 위훈 삭제를 주장한 (가) 이/가 관직에서 쫓겨나는 과정이 잘 기록되어 있습니다.

① 발해고를 저술하였다.
② 대동여지도를 제작하였다.
③ 백운동 서원을 건립하였다.
④ 소격서 폐지를 건의하였다.

05

(가)에 해당하는 사건으로 옳은 것은? [2점]

이곳은 유네스코 세계유산에 등재된 필암 서원으로 인종의 스승이었던 김인후를 배향하고 있습니다. 그는 명종 즉위 후 왕의 외척들 간 권력 다툼으로 (가) 이/가 일어나자, 고향으로 돌아와 성리학 연구와 후학 양성에 힘썼습니다.

① 경신환국 ② 기해예송
③ 병인박해 ④ 을사사화

06

(가), (나) 사이의 시기에 있었던 사실로 옳은 것은? [3점]

① 김옥균 등이 갑신정변을 일으켰다.
② 사림이 동인과 서인으로 나뉘었다.
③ 성균관 입구에 탕평비가 건립되었다.
④ 왕자의 난으로 정도전 등이 피살되었다.

07

다음 검색창에 들어갈 사건으로 옳은 것은? [1점]

① 경신환국 ② 무오사화
③ 신유박해 ④ 인조반정

08

(가)에 들어갈 사건으로 옳은 것은? [2점]

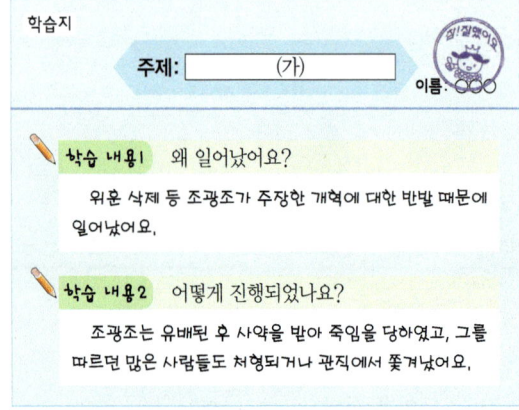

① 기묘사화 ② 신유박해
③ 인조반정 ④ 임오군란

09

(가)에 들어갈 장면으로 가장 적절한 것은? [2점]

10

(가)에 들어갈 내용으로 옳은 것은? [2점]

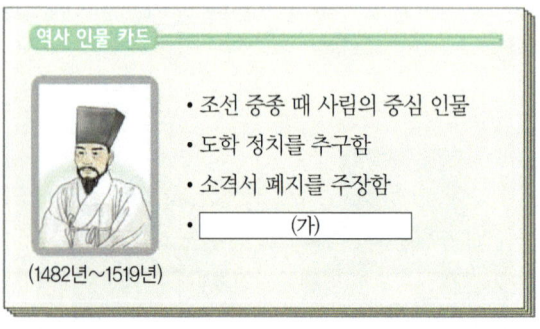

① 성학집요를 저술함
② 백운동 서원을 건립함
③ 현량과 실시를 건의함
④ 시헌력 도입을 주장함

기출테마 21 조선 전기의 대외 관계

외우는 핵심 키워드

조선 전기 대외 관계
- 명 : 요동정벌 추진(정도전), 사대교린, 사절단(하정사·성절사·천추사)
- 여진 : 4군 6진, 무역소, 북평관
- 일본 : 대마도 정벌(이종무), 3포 개항, 계해약조(세종), 기유약조(광해군), 쇄환사·통신사 파견

정묘호란·병자호란
정묘호란	• 이괄의 난, 친명배금 정책 • 인조의 강화도 피란 • 정봉수와 이립의 용골산성 항전
병자호란	• 후금의 청 건국, 군신 관계 요구 • 주전론(김상헌)과 주화론(최명길)의 대립 • 강화도 김상용 순절 • 인조의 남한산성 피란 • 백마산성 항전(임경업) • 광교산 전투(김준룡) • 삼전도 굴욕

임진왜란·정유재란
임진왜란	• 전개 : 부산진 전투(정발) → 동래성 전투(송상현) → 충주 탄금대 전투(신립) → 한산도 대첩(이순신) → 진주 대첩 (김시민) → 평양성 탈환(조·명 연합) → 행주 대첩(권율) • 의병 : 곽재우(의령), 고경명·조헌(금산), 정문부(길주) • 훈련도감 : 유성룡 건의, 삼수병(포수·사수·살수) 편제, 직업 군인
정유재란	• 명량 대첩 : 울돌목, 13척 • 노량 해전 : 이순신 전사

대외 정책
광해군	• 명·청 사이의 중립 외교 • 사르후 전투(강홍립)에서 후금에 항복
효종	• 청에 대한 북벌 : 기축봉사(송시열) • 나선 정벌 : 변급·신유, 조총 부대 파견 • 북학론 대두

외우는 빈출 선지

- 김상용이 강화도에서 순절하였다. → 병자호란
- 곽재우가 의령에서 의병을 일으켰다. → 임진왜란
- 이순신이 명량 해전을 승리로 이끌었다. → 임진왜란
- 권율이 행주산성에서 승리하였다. → 임진왜란
- 인조가 남한산성으로 피란하였다. → 병자호란
- 북벌론이 전개되었다. → 효종
- 병자호란이 일어났다. → 인조
- 훈련도감이 창설되었다. → 선조
- 조헌이 금산에서 의병을 이끌었다. → 임진왜란
- 임경업이 백마산성에서 항전하였다. → 병자호란
- 곽재우가 의병을 일으켜 정암진에서 싸웠다. → 임진왜란
- 신립이 탄금대에서 배수의 진을 치고 전투를 벌였다. → 임진왜란
- 김시민 장군이 활약하였다. → 임진왜란
- 전쟁 후 청과 군신 관계를 맺었다. → 병자호란
- 이여송이 이끄는 명의 지원군이 파병되었다. → 임진왜란
- 조명 연합군이 평양성을 탈환하였다. → 임진왜란
- 송시열이 북벌론을 주장하였다. → 병자호란
- 송상현이 동래성에서 순절하였다. → 임진왜란
- 정문부가 의병을 모아 왜군을 격퇴하였다. → 임진왜란

01

밑줄 그은 '이 전쟁' 중에 있었던 사실로 옳은 것은? [2점]

이것은 김시민의 진주성 전투에서 활약한 내용을 기록한 전공비입니다. 비문에는 그가 이 전쟁 당시 진주성에서 기묘한 계책으로 적을 물리치고, 전사하는 순간까지 전투에 임한 사실을 칭송하는 내용이 기록되어 있습니다. 그의 활약으로 조선은 적군의 보급로를 끊고 전라도의 곡창 지대를 지킬 수 있었습니다.

① 김상용이 강화도에서 순절하였다.
② 한성근이 문수산성에서 항전하였다.
③ 곽재우가 의령에서 의병을 일으켰다.
④ 계백이 황산벌에서 결사대를 이끌었다.

02

밑줄 그은 '이 전쟁' 중에 있었던 사실로 옳은 것은? [2점]

이 전쟁의 첫 전투 장면을 그린 부산진순절도입니다. 부산진 첨사 정발과 조선군이 조총을 앞세운 일본군의 침략에 맞서는 모습이 묘사되어 있습니다.

① 권율이 행주산성에서 승리하였다.
② 어재연이 광성보에서 항전하였다.
③ 이종무가 쓰시마섬을 정벌하였다.
④ 인조가 남한산성으로 피란하였다.

03

다음 가상 대화 이후에 전개된 사실로 옳은 것은? [2점]

① 북벌론이 전개되었다.
② 4군 6진이 개척되었다.
③ 삼포왜란이 진압되었다.
④ 정동행성이 설치되었다.

04

(가) 시기에 있었던 사실로 옳은 것은? [2점]

① 병자호란이 일어났다.
② 4군 6진이 개척되었다.
③ 훈련도감이 창설되었다.
④ 외규장각 도서가 약탈되었다.

05

(가) 전쟁에 대한 설명으로 옳지 않은 것은? [3점]

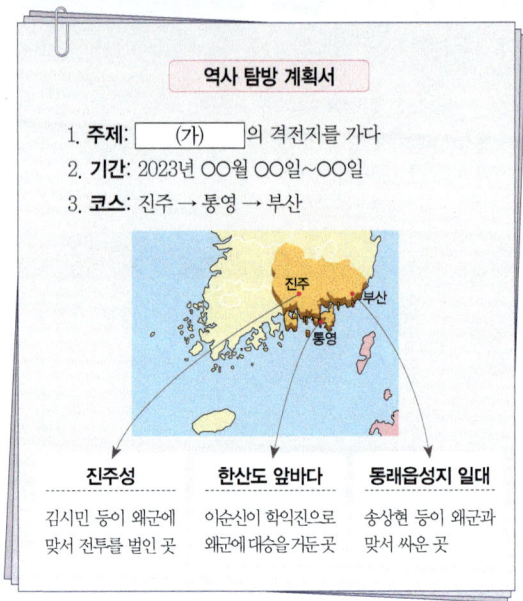

① 조헌이 금산에서 의병을 이끌었다.
② 임경업이 백마산성에서 항전하였다.
③ 곽재우가 의병을 일으켜 정암진에서 싸웠다.
④ 신립이 탄금대에서 배수의 진을 치고 전투를 벌였다.

06

(가)~(다) 학생이 발표한 내용을 일어난 순서대로 옳게 나열한 것은? [3점]

① (가) - (나) - (다)　② (가) - (다) - (나)
③ (나) - (가) - (다)　④ (다) - (나) - (가)

07

(가)에 들어갈 부대로 옳은 것은? [2점]

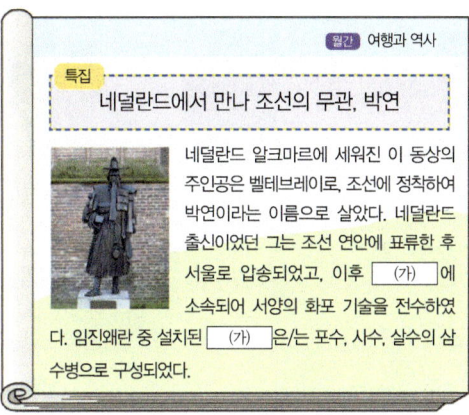

특집
네덜란드에서 만난 조선의 무관, 박연

네덜란드 알크마르에 세워진 이 동상의 주인공은 벨테브레이로, 조선에 정착하여 박연이라는 이름으로 살았다. 네덜란드 출신이었던 그는 조선 연안에 표류한 후 서울로 압송되었고, 이후 (가) 에 소속되어 서양의 화포 기술을 전수하였다. 임진왜란 중 설치된 (가) 은/는 포수, 사수, 살수의 삼수병으로 구성되었다.

① 9서당
② 별기군
③ 삼별초
④ 훈련도감

08

밑줄 그은 '이 전쟁'에 대한 설명으로 옳은 것은? [2점]

지금 촬영하는 곳은 남한산성입니다. 적의 공격을 방어하기 유리한 지형에 세워진 산성으로 이 전쟁 때 인조가 피신하였습니다.

① 김시민 장군이 활약하였다.
② 별무반을 편성하여 적과 싸웠다.
③ 전쟁 후 청과 군신 관계를 맺었다.
④ 이여송이 이끄는 명의 지원군이 파병되었다.

09

다음 상황 이후에 일어난 사실로 옳은 것은? [3점]

> 왕이 세자와 함께 신하들을 거느리고 삼전도에 이르렀다. …… 용골대 등이 왕을 인도하여 들어가 단 아래 북쪽을 향해 설치된 자리로 나아가도록 요청하였다. 청인(淸人)이 외치는 의식의 순서에 따라 왕이 세 번 절하고 아홉 번 머리를 조아리는 예를 행하였다.

① 송시열이 북벌론을 주장하였다.
② 조광조가 위훈 삭제를 주장하였다.
③ 광해군이 인조반정으로 폐위되었다.
④ 곽재우가 의령에서 의병을 일으켰다.

10

(가) 전쟁 중에 있었던 사실로 옳은 것은? [2점]

> 『징비록』이란 무엇인가? (가) 당시의 일을 기록한 것이다. 이때의 화는 참혹하였다. 수십 일 만에 삼도(三都)*를 잃고 임금께서 수도를 떠나 피란하였다. 그럼에도 오늘날까지 우리나라가 남아있게 된 것은 하늘이 도운 까닭이다. 그리고 나라를 생각하는 백성들의 마음이 그치지 않았고, 우리나라를 돕기 위해 명의 군대가 여러 차례 출동하였기 때문이다.
>
> *삼도: 한성, 개성, 평양

① 이종무가 쓰시마 섬을 토벌하였다.
② 정문부가 의병을 모아 왜군을 격퇴하였다.
③ 배중손이 삼별초를 이끌고 몽골군과 싸웠다.
④ 최영이 군대를 지휘하여 홍건적을 물리쳤다.

기출테마 22 조선 전기의 문화와 과학 기술

외우는 핵심 키워드

문화와 과학 기술

역사서	• **조선왕조실록** : 사초·시정기 바탕, 왕의 사후 춘추관에서 편찬 • **고려사** : 문종(김종서·정인지), 세가, 열전, 지, 연표 등으로 구성 • **동국통감** : 성종(서거정), 단군 조선~고려 말
지도 지리서	• **혼일강리역대국도지도** : 태종(권근·김사형), 현존 최고(最古)의 세계 지도 • **동국여지승람** : 성종(서거정), 팔도지리지 보완 • **해동제국기** : 성종(신숙주), 일본의 지세와 국정 기록
윤리서 의례서	• **삼강행실도** : 세종(설순), 윤리서 • **국조오례의** : 성종(신숙주·정척), 의례서
농서	• **농사직설** : 세종(정초, 변효문) • **금양잡록** : 성종(강희맹) • **농가집성** : 효종(신속)
천문 역법 의학 음악	• **혼천의** : 세종(장영실), 천체 운행 측정기 • **측우기** : 세종(장영실), 강우량 측정 • **자격루** : 세종(장영실), 물시계 • **앙부일구** : 세종(장영실), 해시계 • **천상열차분야지도** : 천문도 • **칠정산 내편** : 세종(정인지·정초), 원의 수시력과 명의 대통력 참고 • **칠정산 외편** : 세종(이순지), 아라비아 회회력 참고 • **향약집성방** : 세종, 국산 약재와 치료법 소개 • **동의보감** : 광해군(허준), 전통 한의학 집대성 • **악학궤범** : 성종(성현), 궁중 음악 집대성

외우는 문화유산

탑

원각사지 십층 석탑

원나라 탑 양식의 영향 (세조)

자기

분청사기 음각어문 편병 — 분청사기

분청사기 철화 어문 항아리 — 분청사기

회화

몽유도원도(안견) — 안평대군의 꿈 이야기를 듣고 그린 그림

고사관수도(강희안) — 절벽에서 턱을 괸 선비의 모습

외우는 빈출 선지

- 칠정산을 편찬하였다. → **세종**
- 악학궤범을 완성하였다. → **성종**
- 혼일강리역대국도지도를 제작하였다. → **태종**
- 자격루를 제작하였다. → **장영실**
- 사초와 시정기를 바탕으로 제작되었다. → **조선왕조실록**
- 우리나라 풍토에 맞는 농법을 소개하였다. → **농사직설**

01

(가) 왕의 업적으로 옳은 것은? [2점]

① 칠정산을 편찬하였다.
② 악학궤범을 완성하였다.
③ 혼일강리역대국도지도를 제작하였다.
④ 관촉사 석조 미륵보살 입상을 건립하였다.

02

(가)에 해당하는 문화유산으로 가장 적절한 것은? [3점]

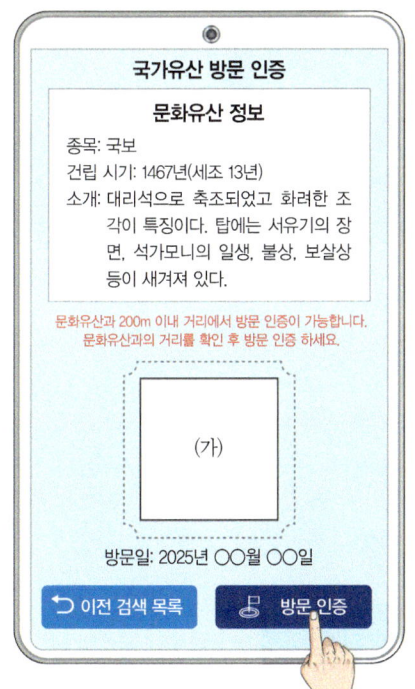

①  서울 원각사지 십층 석탑

②  평창 월정사 팔각 구층 석탑

③  경주 불국사 삼층 석탑

④  익산 미륵사지 석탑

03

(가)에 들어갈 국가유산으로 가장 적절한 것은? [2점]

①  청자 상감 운학문 매병

②  분청사기 음각어문 편병

③  백자 달항아리

④  백자 청화 운룡문호

04

(가)에 들어갈 책으로 옳은 것은? [2점]

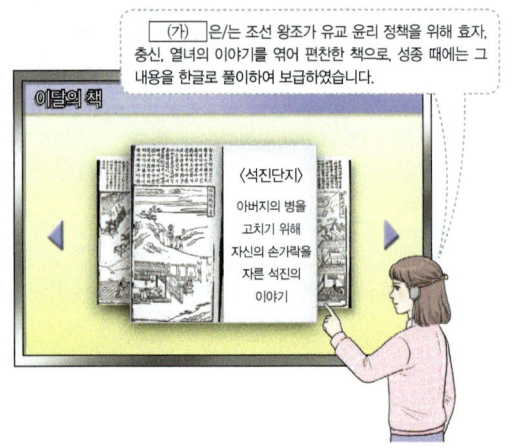

(가) 은/는 조선 왕조가 유교 윤리 정책을 위해 효자, 충신, 열녀의 이야기를 엮어 편찬한 책으로, 성종 때에는 그 내용을 한글로 풀이하여 보급하였습니다.

〈석진단지〉 아버지의 병을 고치기 위해 자신의 손가락을 자른 석진의 이야기

① 동의보감 ② 목민심서
③ 삼강행실도 ④ 조선경국전

05

(가)에 들어갈 문화유산으로 옳은 것은? [1점]

(가) 에 대해 검색해 줘.

검색 결과입니다. 태조에서 철종에 이르는 470여 년간의 역사를 역대 왕 별로 기록하였습니다. 방대한 규모와 내용의 정확성을 인정받아 유네스코 세계 기록 유산에 등재되었습니다.

① 경국대전 ② 동의보감
③ 목민심서 ④ 조선왕조실록

06

(가)에 들어갈 문화유산으로 옳은 것은? [1점]

(가) 가 종묘 앞에 처음 설치되었습니다. 이 기기는 영침의 그림자로 시각을 표시하며, 동지나 하지와 같은 절기도 확인할 수 있습니다.

종묘 앞에 새 기기 설치

① 자격루 ② 측우기
③ 혼천의 ④ 앙부일구

07

밑줄 그은 '왕'의 재위 시기에 있었던 사실로 옳은 것은? [2점]

이 책은 정초, 변효문 등이 왕의 명을 받아 편찬한 농서입니다. 우리 풍토에 맞는 농법을 보급하기 위해 각 지역에 있는 노련한 농부들의 경험을 수집하여 간행하였습니다.

농사직설

① 자격루가 제작되었다.
② 화통도감이 설치되었다.
③ 삼국유사가 저술되었다.
④ 백두산정계비가 건립되었다.

08

다음 학생이 생각하고 있는 책으로 옳은 것은? [1점]

① 동의보감
② 목민심서
③ 열하일기
④ 향약집성방

09

밑줄 그은 '역법서'로 옳은 것은? [1점]

① 금양잡록
② 농사직설
③ 삼강행실도
④ 칠정산내편

10

(가)에 들어갈 그림으로 옳은 것은? [2점]

① 무동도
② 세한도
③ 인왕제색도
④ 몽유도원도

기출테마 23 붕당 정치의 변질 + 세시 풍속

외우는 핵심 키워드

예송 논쟁

현종	• 자의대비의 복상 문제 • 서인과 남인 간에 발생한 전례 문제			
구분	사망	서인	남인	결과
1차(1659) 기해예송	효종	1년 (기년복)	3년	서인 주장 수용
2차(1674) 갑인예송	효종 비	9개월 (대공복)	1년 (기년복)	남인 주장 수용

환국 정치

숙종	서인과 남인 간의 정국 주도 대립
경신환국 (1680)	• 서인이 허적(남인)의 서자 허견 등이 역모를 꾀했다 고변 • 서인 집권, 남인 몰락 • 서인은 남인의 처벌을 놓고 강경론인 노론(송시열)과 온건론인 소론(윤증)으로 분열
기사환국 (1689)	• 희빈 장씨 소생의 원자 책봉을 반대하는 서인(송시열 등) 유배·사사 • 남인 집권, 서인 몰락 • 인현왕후 폐위
갑술환국 (1694)	• 폐비 민씨 복위 운동을 저지하는 남인 실권 • 서인(노론과 소론) 재집권, 남인 몰락 • 폐비 민씨(인현왕후) 복위

세시 풍속

설날	음력 1월 1일	설빔, 차례, 세배, 떡국
정월 대보름	음력 1월 15일	연 중 밤이 가장 긴 날, 새알심 팥죽
삼짇날	음력 3월 3일	답청절, 진달래꽃 화전, 풀각시 놀이
한식	양력 4월 5일경	찬 음식, 불의 사용 금지, 손 없는 날, 산소 이장
단오	음력 5월 5일	수리취떡, 창포물에 머리 감기, 그네, 씨름
칠석	음력 7월 7일	견우와 직녀, 오작교, 수놓기, 호박부침, 칠성님
추석	음력 8월 15일	한가위, 중추절, 송편, 햇과일, 차례
중양절	음력 9월 9일	중국에서 유래한 명절, 화채, 국화전
동지	양력 12월 22일경	부럼, 오곡밥, 쥐불놀이, 달집태우기

외우는 빈출 선지

- 경신환국으로 서인이 집권하였다. → 숙종
- 예송이 발생하였다. → 현종
- 서인과 남인이 예법을 둘러싸고 대립한 것이다. → 예송 논쟁
- 자의 대비가 상복을 입는 기간이 문제가 되었다. → 예송 논쟁
- 효종과 효종비가 죽은 뒤 각각 일어났다. → 예송 논쟁

01

(가)에 들어갈 내용으로 옳은 것은? [1점]

① 동지
② 추석
③ 삼짇날
④ 정월 대보름

02

(가)~(다) 학생이 발표한 내용을 일어난 순서대로 옳게 나열한 것은? [3점]

① (가) - (나) - (다)
② (가) - (다) - (나)
③ (나) - (가) - (다)
④ (다) - (나) - (가)

03

밑줄 그은 '이날'에 해당하는 세시 풍속으로 옳은 것은? [1점]

① 단오
② 동지
③ 추석
④ 한식

04

(가), (나) 사이의 시기에 있었던 사실로 옳은 것은? [3점]

(가) 효종이 죽자 자의 대비의 상복 입는 기간을 두고 예송이 발생하였다.

(나) 신하들이 언제라도 탕평의 의미를 되새기라는 뜻에서 왕이 성균관 앞에 탕평비를 세웠다.

① 비변사가 폐지되었다.
② 훈련도감이 설치되었다.
③ 경신환국으로 서인이 집권하였다.
④ 무오사화로 김일손 등이 처형되었다.

05

(가)에 들어갈 세시 풍속으로 옳은 것은? [1점]

> **오늘의 메뉴**
>
> 음력 1월 15일, (가) 을/를 맞이하여 특식을 준비하였습니다.
>
> 건강과 풍년을 기원하는 **오곡밥**
> 여름 더위를 막아주는 **묵은 나물**
> 달콤한 꿀을 넣은 **약밥**
> 호두, 땅콩 등 **부럼**
>
> 맛있게 드세요.

① 동지　　② 추석
③ 삼짇날　④ 정월 대보름

06

(가)에 들어갈 세시 풍속으로 옳은 것은? [1점]

우리나라의 큰 명절인 음력 8월 15일 (가) 을/를 맞이하여 특별한 요리를 준비하셨다고요?

네, 이 명절에는 햅쌀로 송편을 빚어 차례를 지내고 성묘하잖아요. 오늘은 송편을 맛있게 만드는 비법을 알려드릴게요.

① 단오　　② 추석
③ 한식　　④ 정월 대보름

07

(가) 시기에 있었던 사건으로 옳은 것은? [3점]

① 무오사화　　② 병자호란
③ 경신환국　　④ 임술 농민 봉기

08

(가), (나) 사이의 시기에 있었던 사실로 옳은 것은? [3점]

> (가) 대비의 명으로 인조가 즉위하였다. 광해군을 폐위시켜 강화로 내쫓고 이이첨 등을 처형한 다음 전국에 대사령을 내렸다.
>
> (나) 영조가 '두루 원만하고 치우치지 않음이 군자의 공정한 마음이요, 치우치고 두루 원만하지 못함이 소인의 사사로운 마음이다.'라는 내용을 담은 탕평비를 성균관 입구에 세우게 하였다.

① 예송이 발생하였다.
② 3포 왜란이 일어났다.
③ 경국대전이 완성되었다.
④ 정동행성이 설치되었다.

09

교사의 질문에 대한 학생의 답변으로 옳지 <u>않은</u> 것은?

[3점]

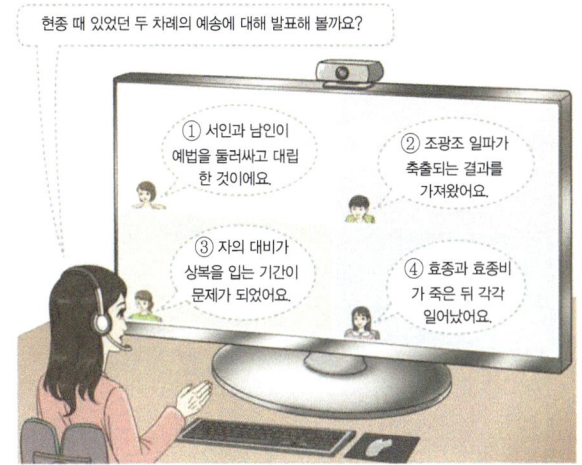

10

다음 일기에 나타난 세시 풍속을 행하는 명절로 옳은 것은?

[1점]

① 단오 ② 동지
③ 추석 ④ 한식

기출테마 24 영조·정조의 탕평 정치

외우는 핵심 키워드

영조의 업적	정조의 업적
• 이인좌의 난 진압 • 성균관 입구에 탕평비 건립 • 균역법 실시 • 청계천 준설 • 신문고 재설치 • 속대전 편찬 • **동국문헌비고(홍봉한)** : 우리나라 역대 문물 정리	• **규장각 설치** : 서얼 출신을 규장각 검서관에 등용(박제가·이덕무·유득공) • **장용영 설치** : 국왕 직속 친위 부대 • **초계문신제 실시** : 문신 재교육 • **수원 화성 건설** : 정약용의 거중기 사용 • **신해통공 실시** : 육의전을 제외한 시전 상인의 금난전권 폐지 • **대전통편 편찬** : 경국대전 + 속대전 • **동문휘고** : 외교 문서 정리 • **무예도보통지** : 훈련 교범 • **일성록** : 세손시절부터 쓴 정조의 일기

외우는 빈출 선지

- 수원화성을 축조하는 백성 → 정조
- 초계문신제를 실시하였다. → 정조
- 규장각을 설치하였다. → 정조
- 균역법을 실시하였다. → 영조
- 장용영을 설치하였다. → 정조
- 탕평비를 건립하였다. → 영조
- 금난전권을 폐지하였다. → 정조
- 속대전을 편찬하였다. → 영조
- 신해통공을 실시하였다. → 정조
- 일부가 규장각 검서관에 기용되었다. → 서얼

01

(가) 왕의 재위 기간에 볼 수 있는 모습으로 가장 적절한 것은? [2점]

이곳에서는 우리나라에서 네 번째로 건조된 이지스 구축함의 진수식이 거행되고 있습니다. 군함의 이름은 금난전권 폐지, 장용영 설치 등 부국강병에 힘쓴 (가) 에서 따왔습니다. 앞으로 우리의 해상 방어 체계가 더욱 굳건해질 것으로 기대됩니다.

① 수원화성을 축조하는 백성
② 만적과 봉기를 모의하는 노비
③ 원산 총파업에 참여하는 노동자
④ 외규장각 도서를 약탈하는 프랑스군

02

밑줄 그은 '국왕'의 업적으로 옳은 것은? [3점]

지지대비가 있는 이곳은 수원에서 의왕으로 넘어가는 지지대 고개입니다. 아버지 사도 세자의 무덤에 참배하고 이 고개를 넘어 돌아가던 국왕이 아버지를 그리워하며 신하들에게 천천히 가자 했다는 기록이 전합니다. 이에 늦을 지(遲) 자 두 개를 써서 이곳을 지지대 고개라고 부르게 되었습니다.

① 삼국사기를 편찬하였다.
② 훈민정음을 창제하였다.
③ 초계문신제를 실시하였다.
④ 통리기무아문을 설치하였다.

03

(가) 왕에 대한 설명으로 옳은 것은? [2점]

① 규장각을 설치하였다.
② 균역법을 실시하였다.
③ 비변사를 폐지하였다.
④ 훈민정음을 창제하였다.

04

밑줄 그은 '왕'의 업적으로 옳은 것은? [1점]

① 장용영을 설치하였다.
② 당백전을 발행하였다.
③ 속대전을 편찬하였다.
④ 훈민정음을 반포하였다.

05

(가)에 들어갈 문화유산으로 옳은 것은? [1점]

① 공산성
② 전주성
③ 수원 화성
④ 한양 도성

06

(가) 왕이 실시한 정책으로 옳은 것은? [2점]

① 장용영을 설치하였다.
② 전시과를 시행하였다.
③ 경복궁을 중건하였다.
④ 경국대전을 완성하였다.

07

(가) 왕이 실시한 정책으로 옳은 것은? [2점]

원행을묘정리의궤 반차도

이 그림은 사도 세자의 아들인 (가) 이/가 1795년 어머니 혜경궁 홍씨의 회갑을 기념하여 수원 화성으로 행차하는 모습의 일부예요. 수많은 수행원과 말이 동원되어 그 위엄이 대단하였지요. 당시 도화서 화원들이 그린 행차 장면에 색칠하며 그때의 모습을 상상해 보아요!

① 경복궁을 중건하였다.
② 대마도를 정벌하였다.
③ 장용영을 창설하였다.
④ 탕평비를 건립하였다.

08

(가) 왕의 업적으로 옳지 <u>않은</u> 것은? [2점]

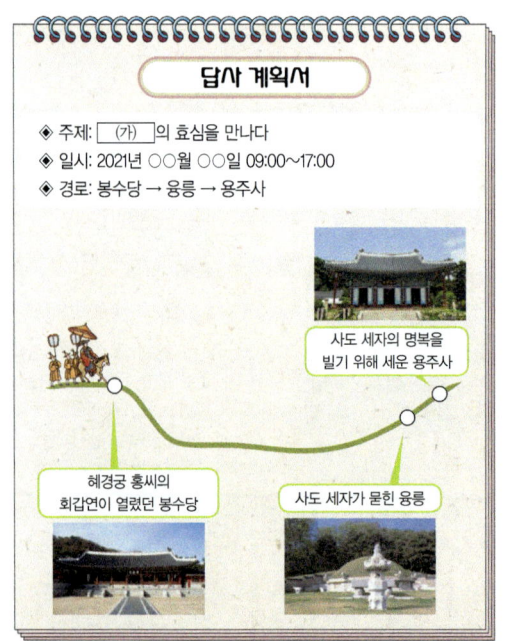

답사 계획서
◆ 주제: (가) 의 효심을 만나다
◆ 일시: 2021년 ○○월 ○○일 09:00~17:00
◆ 경로: 봉수당 → 융릉 → 용주사

① 장용영을 설치하였다.
② 금난전권을 폐지하였다.
③ 농사직설을 편찬하였다.
④ 초계문신제를 실시하였다.

09

다음 비석을 세운 왕의 업적으로 옳은 것은? [3점]

이 건물 안에 있는 비석은 탕평비입니다. '두루 원만하고 치우치지 않음이 군자의 공정한 마음이요, 치우치고 두루 원만하지 못함이 소인의 사사로운 마음이다.'라는 글이 새겨져 있습니다.

① 비변사를 혁파하였다.
② 속대전을 편찬하였다.
③ 나선 정벌을 단행하였다.
④ 백두산정계비를 건립하였다.

10

밑줄 그은 '왕'의 정책으로 옳은 것은? [2점]

조선 제22대 왕이 아버지 사도 세자의 묘를 참배하러 가기 위해 만든 만안교입니다. 그 옆에는 다리를 조성한 과정이 기록된 비석이 있습니다.

① 장용영을 설치하였다.
② 집현전을 설치하였다.
③ 척화비를 건립하였다.
④ 경국대전을 반포하였다.

기출테마 25 세도 정치기의 사회 혼란

외우는 핵심 키워드

세도 정치기
- 순조~철종의 3대 60여 년간 지속
- 안동 김씨, 풍양 조씨 등 소수 가문의 권력 독점
- 비변사의 변질 및 권력 집중
- 삼정(전정·군정·환곡)의 문란
- 농민 봉기(홍경래의 난, 임술 농민 봉기)

비변사의 변천
임시 기구(중종) → 상설 기구(명종) → 최고 기구(선조) → 변질(세도 정치기) → 혁파(흥선 대원군)

천주교 박해
- 신해박해(정조, 1791) : 윤지충의 신주 소각, 천주교식 모친상
- 신유박해(순조, 1801) : 벽파의 시파 축출 박해, 정약용·정약전 유배, 황사영 백서 사건
- 병인박해(고종, 1866) : 천주교 최대 박해, 프랑스 신부 등 8천여 명 처형, 병인양요 발발 원인

동학 사상
- 창시 : 최제우(1860)
- 사상 : 유·불·선 + 민간 신앙
- 교리 : 시천주, 사인여천, 인내천
- 경전 : 동경대전, 용담유사
- 혹세무민을 이유로 교조 최제우 처형
- 2대 교주 최시형 교단 정비

농민 봉기

홍경래의 난 (순조, 1811)	• 서북인(평안도민)에 대한 차별 및 가혹한 수취 • 몰락 양반 홍경래 주도 • 평안도 지역 상공인, 광산 노동자 합세 • 가산 다복동에서 발발, 정주성 점령, 청천강 이북 지역 장악
임술 농민 봉기 (철종, 1862)	• 진주 민란 • 경상 우병사 백낙신의 탐학 • 몰락 양반 유계춘의 지휘로 진주성 점령 • 안핵사 박규수 파견 • 삼정이정청 설치

외우는 빈출 선지

- 홍경래의 난이 일어났다. → 홍경래의 난
- 서북 지역민에 대한 차별이 원인이 되었다. → 홍경래의 난
- 사태 수습을 위해 박규수가 안핵사로 파견되었다. → 임술 농민 봉기
- 삼정이정청이 설치되는 계기가 되었다. → 임술 농민 봉기
- 백낙신의 횡포가 계기가 되었다. → 임술 농민 봉기
- 수령과 향리의 수탈로 삼정이 문란하였다. → 세도 정치기
- 초기에는 서학으로 소개되었다. → 천주교
- 동경대전을 기본 경전으로 삼았다. → 동학
- 교조 신원을 요구하는 삼례 집회가 열렸다. → 동학
- 동학을 창시한 최제우가 처형되었다. → 1860

01
밑줄 그은 '봉기'에 대한 설명으로 옳은 것은? [2점]

> 홍경래 등이 주도한 봉기를 진압하기 위해 관군이 정주성으로 몰려오고 있다고 하네.
> 봉기를 진압하는 과정에서 우리에게까지 해가 미칠까 걱정이네.

① 전개 과정에서 집강소가 설치되었다.
② 서북 지역민에 대한 차별이 원인이 되었다.
③ 흥선 대원군이 재집권하는 결과를 가져왔다.
④ 사태 수습을 위해 박규수가 안핵사로 파견되었다.

02
학생들이 공통으로 이야기하고 있는 사건에 대한 설명으로 옳은 것은? [2점]

> 세도 정치기에 일어난 농민 봉기야.
> 경상 우병사 백낙신의 수탈에 저항하여 몰락 양반인 유계춘을 중심으로 봉기하였어.
> 삼정이정청이 설치되는 계기가 되었어.

① 청군의 개입으로 진압되었다.
② 박규수가 안핵사로 파견되었다.
③ 조선 형평사의 주도로 전개되었다.
④ 서북 지역민에 대한 차별이 원인이 되었다.

03

밑줄 그은 '봉기'에 대한 설명으로 옳은 것은? [2점]

이것은 1862년에 진주에서 일어난 농민 봉기의 주요 지점을 조선 시대 지도에 표시한 것입니다. 유계춘을 중심으로 모인 농민들은 축곡에서 모의하고 수곡에서 읍회를 연 뒤, 덕산 장시를 출발하여 진주성으로 진격했습니다.

① 김부식이 이끄는 관군에 진압되었다.
② 삼정이정청이 설치되는 계기가 되었다.
③ 서북인에 대한 차별에 반발하여 일어났다.
④ 흥선 대원군이 재집권하는 결과를 가져왔다.

04

밑줄 그은 '사건'에 대한 설명으로 옳은 것은? [2점]

이 지도는 홍경래가 주도하여 일으킨 사건을 진압하기 위해 관군이 정주성을 포위한 상황을 보여주고 있습니다.

정주성공함작전도(모사본)

① 보국안민, 제폭구민을 기치로 내걸었다.
② 한성 조약이 체결되는 결과를 가져왔다.
③ 서북 지역민에 대한 차별에 반발하여 일어났다.
④ 전개 과정에서 선혜청과 일본 공사관을 공격하였다.

05

다음 자료에 대한 탐구 활동으로 적절한 것은? [2점]

문학으로 만나는 한국사

시아버지 죽어 이미 상복 입었고,
갓난아기 배냇물은 아직 마르지도 않았는데,
삼대(三代) 이름은 군적에 모두 올랐네.
달려가서 억울함을 호소해도,
호랑이 같은 문지기가 가로막고,
이정(里正)은 호통치며 외양간 소마저 끌고 가네.

이것은 정약용의 여유당전서에 실린 시의 일부입니다. 정약용은 유배 당시에 전해 들은 농민들의 비참함과 원통함을 시로 표현하였습니다.

① 과전법 실시의 배경에 대해 살펴본다.
② 조선 형평사의 활동 내용을 조사한다.
③ 전민변정도감이 설치되는 과정을 알아본다.
④ 세도 정치 시기 삼정의 문란에 대해 찾아본다.

06

(가)에 들어갈 기구로 옳은 것은? [2점]

(가) 은/는 본래 외적의 침입에 대비하고자 설치한 임시 군사 회의 기구였으나, 양 난을 계기로 국방뿐만 아니라 국정 전반을 총괄하는 최고 기구가 되었습니다. 이로 인해 기존의 의정부와 6조가 유명무실해졌습니다.

① 비변사
② 사헌부
③ 의금부
④ 홍문관

07

(가)에 들어갈 종교로 옳은 것은? [1점]

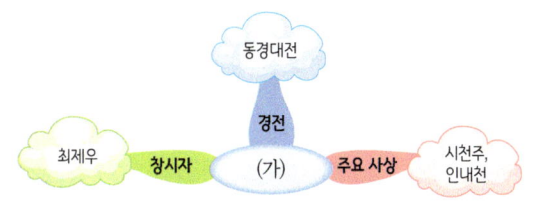

① 동학
② 대종교
③ 원불교
④ 천주교

08

(가) 종교에 대한 설명으로 옳은 것은? [1점]

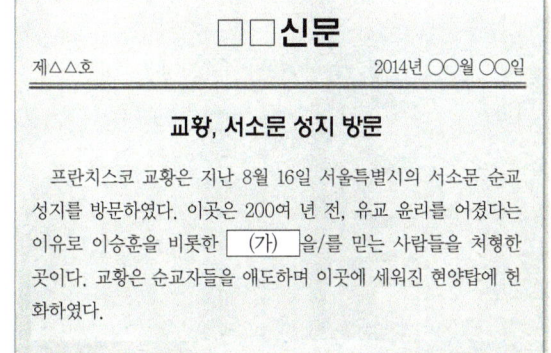

① 중광단 결성을 주도하였다.
② 기관지로 만세보를 발간하였다.
③ 초기에는 서학으로 소개되었다.
④ 동경대전을 기본 경전으로 삼았다.

09

밑줄 그은 '이 사건'의 배경으로 옳은 것은? [2점]

① 병인박해가 일어났다.
② 영국이 거문도를 점령하였다.
③ 오페르트가 남연군 묘를 도굴하려 하였다.
④ 서인 정권이 친명 배금 정책을 추진하였다.

10

밑줄 그은 '거사'에 대한 설명으로 옳은 것은? [2점]

① 강화도 초지진에서 항전하였다.
② 서경 천도와 금국 정벌을 주장하였다.
③ 제물포 조약이 체결되는 결과를 가져왔다.
④ 서북 지역민에 대한 차별에 반발하여 일어났다.

기출테마 26 조선 후기 실학과 국학

외우는 핵심 키워드

실학의 발달

중농학파	• 유형원 : 균전론, 반계수록 • 이익 : 한전론, 6좀 폐지론, 성호사설, 곽우록 • 정약용 : 여전론, 여유당전서, 목민심서, 마과회통, 거중기 설계
중상학파	• 홍대용 : 지전설, 무한우주론, 중국 중심의 세계관 비판, 혼천의 제작, 의산문답, 임하경륜 • 박지원 : 수레와 선박 이용, 화폐 유통의 필요성, 열하일기, 양반전, 허생전 • 박제가 : 수레와 선박 이용, 벽돌 이용, 절약보다 소비 권장, 생산과 소비를 우물에 비유, 북학의

국학의 발달

역사학	• 동사강목(안정복) : 고조선~고려말, 강목체 • 발해고(유득공) : 남북국이라는 용어 최초 사용 • 연려실기술(이긍익) : 조선 왕조의 역사를 기사본말체로 서술, 백과사전식 정리
지리학	• 택리지(이중환) : 인문 지리서, 복거총론 • 동국지도(정상기) : 최초로 100리 척 사용 • 대동여지도(김정호) : 22첩의 목판본
기타	시헌력 도입(김육), 자산어보 저술(정약전), 추사체 창안(김정희)

외우는 빈출 선지

- 거중기를 설계하였다. → 정약용
- 열하일기를 저술하였다. → 박지원
- 추사체를 창안하였다. → 김정희
- 지전설을 주장하였다. → 홍대용
- 사상 의학을 정립하였다. → 이제마
- 대동여지도를 제작하였다. → 김정호
- 여전론을 주장하였다. → 정약용
- 북학의를 저술하였다. → 박제가
- 시헌력을 도입하였다. → 김육
- 목민심서를 저술하였다. → 정약용
- 10리마다 눈금을 표시하였다. → 대동여지도

01

다음 가상 인터뷰에 등장하는 인물로 옳은 것은? [2점]

① 김정희 ② 박지원
③ 송시열 ④ 유득공

02

(가) 인물의 활동으로 옳은 것은? [2점]

① 거중기를 설계하였다.
② 몽유도원도를 그렸다.
③ 동의보감을 완성하였다.
④ 열하일기를 저술하였다.

03

밑줄 그은 '이 인물'에 대한 설명으로 옳은 것은? [2점]

① 추사체를 창안하였다.
② 지전설을 주장하였다.
③ 사상 의학을 정립하였다.
④ 대동여지도를 제작하였다.

04

(가)에 들어갈 인물로 옳은 것은? [1점]

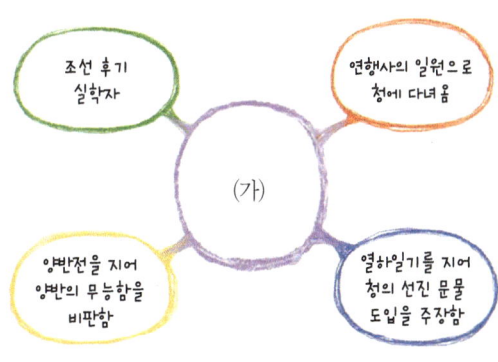

① 이이
② 김정희
③ 박지원
④ 송시열

05

(가)에 들어갈 인물로 옳은 것은? [2점]

① 이익
② 박제가
③ 유형원
④ 홍대용

06

(가)에 들어갈 인물로 옳은 것은? [2점]

① 박제가
② 이순지
③ 장영실
④ 홍대용

07

(가)에 들어갈 지도로 옳은 것은? [1점]

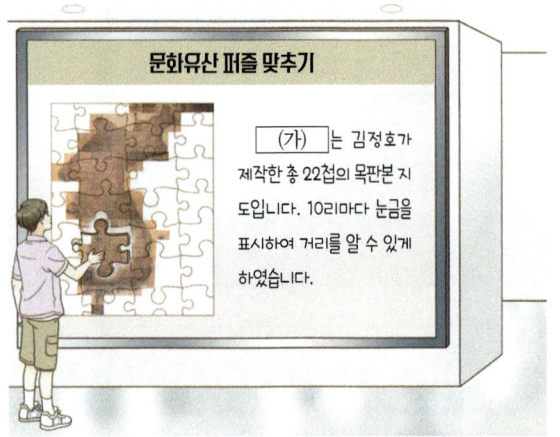

① 동국지도
② 대동여지도
③ 곤여만국전도
④ 혼일강리역대국도지도

08

밑줄 그은 '개혁안'의 내용으로 옳은 것은? [3점]

① 균전제 실시
② 정혜결사 제창
③ 훈련도감 창설
④ 전민변정도감 설치

09

다음 인물에 대한 설명으로 옳은 것은? [2점]

① 몽유도원도를 그렸다.
② 열하일기를 저술하였다.
③ 사상 의학을 정립하였다.
④ 대동여지도를 제작하였다.

10

다음 가상 인터뷰의 주인공에 대한 설명으로 옳은 것은? [2점]

① 동학을 창시하였다.
② 추사체를 창안하였다.
③ 목민심서를 저술하였다.
④ 사상 의학을 확립하였다.

기출테마 27 조선 후기의 사회·경제 모습

외우는 핵심 키워드

사회 모습
- 서민 문학 발달: 판소리, 탈춤, 산대놀이, 한글소설, 사설시조 등
- 전기수: 책 읽는 솜씨가 뛰어나 저잣거리에서 한글 소설을 읽어줌
- 시사(詩社) 조직: 중인층과 서민층의 문학 창작 모임

수취 체제

영정법 (인조)	내용	풍흉에 관계없이 토지 1결당 미곡 4두로 전세 고정
	영향	전세의 정액화
대동법 (광해군) ~ (숙종)	내용	특산물 대신 쌀, 베, 동전 납부
	광해군	선혜청 설치, 경기도에서 처음 실시(이원익·한백겸), 1결당 16두 징수
	인조	강원도에서 실시(조익)
	효종	충청도, 전라도에서 실시(김육)
	숙종	전국적 실시, 1결당 12두 징수
	영향	공인 등장, 도고 성장, 상품 화폐 경제 발달
균역법 (영조)	내용	1년에 군포 2필에서 1필로 경감
	보완책	결작, 선무군관포, 잡세(어장세·염세·선박세)

경제 모습

농업	• 모내기법(이앙법): 벼와 보리의 이모작 • 상품 작물 재배: 담배, 고추, 인삼, 면화 등 • 구황 작물 재배: 고구마, 감자 등
상업	• 공인(관허 상인) 등장, 도고(독점적 도매상) 성장 • 장시의 발달, 보부상 • 상평통보 전국적 유통(숙종) • 개시 무역(공무역), 후시 무역(사무역) • 의주 만상(대청 무역), 개성 송상(송방), 동래 내상(왜관), 경강상인(한강)
광업	• 설점수세제(민간의 광산 개발 허용), 잠채 성행 • 덕대(광산 전문 경영인) 등장

외우는 빈출 선지

- 정감록을 읽는 양반 → 조선 후기
- 판소리 공연을 하는 소리꾼 → 조선 후기
- 상평통보로 물건을 구입하는 농민 → 조선 후기
- 한글 소설을 읽어주는 전기수 → 조선 후기
- 관청에 물품을 조달하는 공인이 활동하였다. → 조선 후기
- 군포를 2필에서 1필로 줄였다. → 균역법
- 전세를 1결당 4~6두로 고정하였다. → 영정법
- 특산물 대신 쌀, 베 등으로 납부하게 하였다. → 대동법
- 정기 시장인 장시가 전국 각지에서 열렸다. → 조선 후기
- 송상이 각지에 송방이라는 지점을 설치하였다. → 조선 후기
- 고구마를 재배하는 농민 → 조선 후기
- 청과의 무역으로 부를 축적한 만상 → 조선 후기
- 민화를 그리는 화가 → 조선 후기
- 탈춤을 공연하는 광대 → 조선 후기
- 청화 백자를 만드는 도공 → 조선 후기
- 모내기법이 전국적으로 확산되었다. → 조선 후기
- 중인층의 시사 활동이 활발하였다. → 조선 후기
- 기존 형식에서 벗어난 사설시조가 유행하였다. → 조선 후기

01

다음 가상 대화의 상황이 나타난 시기에 볼 수 있는 모습으로 적절하지 <u>않은</u> 것은? [2점]

> 전라도 진산 사람 윤지충이 서학을 믿어 어머니의 신주를 불살랐다네. 그 일로 조정에서 체포 명령을 내렸다더군.

> 도망갔던 윤지충은 결국 자수를 했고, 며칠 전 처형되었다고 하네.

① 정감록을 읽는 양반
② 판소리 공연을 하는 소리꾼
③ 삼별초의 일원으로 훈련하는 군인
④ 상평통보로 물건을 구입하는 농민

02

밑줄 그은 '이 시기'의 경제 상황으로 가장 적절한 것은? [2점]

> 박지원의 열하일기에는 허생을 주인공으로 한 소설이 수록되어 있어요. 허생이 매점매석으로 큰 이익을 거두는 장면 등에서 소설이 집필된 <u>이 시기</u> 사회 현실에 대한 저자의 비판 의식을 엿볼 수 있어요.

〈열하일기〉 〈박지원〉

① 동시전이 설치되었다.
② 솔빈부의 말이 특산물로 수출되었다.
③ 벽란도가 국제 무역항으로 번성하였다.
④ 관청에 물품을 조달하는 공인이 활동하였다.

03

(가) 제도에 대한 설명으로 옳은 것은? [3점]

① 군포를 2필에서 1필로 줄였다.
② 양반에게도 군포를 부과하였다.
③ 전세를 1결당 4~6두로 고정하였다.
④ 특산물 대신 쌀, 베 등으로 납부하게 하였다.

04

(가)에 들어갈 제도로 옳은 것은? [1점]

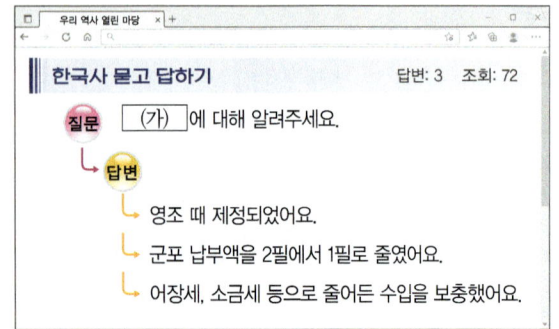

① 과전법 ② 균역법
③ 대동법 ④ 영정법

05

선생님의 질문에 대한 학생의 대답으로 옳지 않은 것은? [2점]

06

다음 대화가 이루어진 시기에 볼 수 있는 모습으로 적절하지 않은 것은? [2점]

① 녹읍을 지급받는 귀족
② 고구마를 재배하는 농민
③ 관청에 물품을 조달하는 공인
④ 청과의 무역으로 부를 축적한 만상

07

다음 상황이 나타난 시기에 볼 수 있는 모습으로 적절하지 <u>않은</u> 것은? [2점]

① 민화를 그리는 화가
② 탈춤을 공연하는 광대
③ 판소리를 구경하는 상인
④ 팔관회에 참가하는 외국 사신

08

밑줄 그은 '제도'로 옳은 것은? [2점]

① 균역법
② 대동법
③ 영정법
④ 직전법

09

다음 대화가 이루어진 시기의 상황으로 옳지 <u>않은</u> 것은? [2점]

① 중인층의 시사 활동이 활발하였다.
② 춘향가 등의 판소리가 성행하였다.
③ 기존 형식에서 벗어난 사설시조가 유행하였다.
④ 단군의 건국 이야기를 담은 제왕운기가 저술되었다.

10

(가)에 들어갈 내용으로 옳지 <u>않은</u> 것은? [3점]

① 내상이 일본과의 무역을 주도했어.
② 벽란도에서 송과의 무역이 이루어졌어.
③ 관청에 물품을 조달하는 공인이 활동했어.
④ 정기 시장인 장시가 전국 각지에서 열렸어.

기출테마 28 조선 후기 문화의 새 경향

외우는 핵심 키워드

한국의 고궁

경복궁
- 태조 창건, 북궐
- 흥선 대원군 중건
- 명성황후 시해(경복궁 내 건청궁)
- 조선 물산 공진회 개최
- 조선 총독부 청사 건립

창덕궁
- 태종 창건, 동궐
- 규장각 설치
- 조선 역대 왕들이 가장 많이 머문 궁궐
- 유네스코 세계문화유산 등재

창경궁
- 수강궁, 동궐
- 세종이 상왕인 태종을 모시기 위한 궁
- 일제에 의해 창경원으로 격하
- 동물원과 식물원 설치

덕수궁
- 경운궁
- 인목 대비 유폐
- 고종이 아관파천 후 환궁한 궁
- 을사늑약 체결(덕수궁 중명전)
- 퇴위한 고종황제가 머무른 궁
- 미·소 공동 위원회 개최(덕수궁 석조전)
- 가장 오래된 서양식 건물(덕수궁 석조전)

경희궁
- 경덕궁, 서궐
- 광해군 창건
- 유사시 피난용 궁궐

외우는 문화유산

회화

김홍도: 서당, 씨름도, 총석정도
신윤복: 월하정인, 상춘야흥, 단오풍정
기타: 인왕제색도(정선), 영통골 입구도(강세황), 세한도(김정희), 노상알현도(김득신)

자기

백자 달항아리 / 백자 청화 운룡문호

건축물

법주사 팔상전	화엄사 각황전	전등사 대웅전	금산사 미륵전	불국사 대웅전	무량사 극락전
현존 유일의 조선 시대 목탑	계파대사가 중건한 중층 대불전으로 현존하는 중층 불전 중 규모가 가장 큼	나부상이 지붕을 받치고 있는 조선 중기 불전	후백제 견훤이 유폐되었던 사찰	다포식 팔작지붕 목조 건물	내부가 상하층의 구분이 없는 조선 중기 중층 불전

외우는 빈출 선지

- 근정전을 정전으로 하였다. → 경복궁
- 내부에는 석가모니의 생애를 여덟 장면으로 그린 불화가 있다. → 법주사 팔상전
- 조선 시대에 창덕궁과 함께 동궐로 불렸다. → 창경궁
- 일제에 의해 동물원과 식물원이 설치되었다. → 창경궁

01

(가)에 들어갈 그림으로 옳은 것은? [2점]

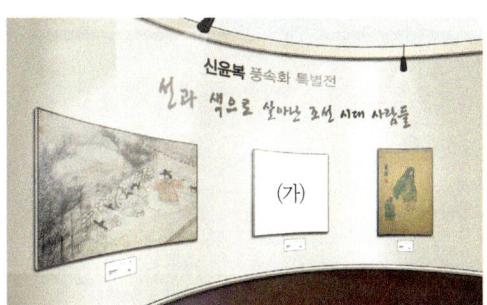

①  노상알현도
② 고사관수도
③  단오풍정
④  논갈이

02

(가)에 들어갈 그림으로 적절한 것은? [1점]

① 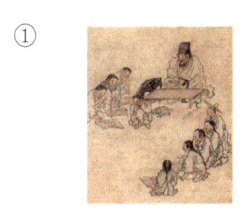 서당
②  고사관수도
③  세한도
④  인왕제색도

03

다음 특별전에서 볼 수 있는 작품으로 가장 적절한 것은? [1점]

△△ 미술관 특별전
김홍도의 풍속화 속 사람들

초대의 글

우리 미술관에서는 김홍도의 풍속화 속 사람들을 만날 수 있는 전시를 준비하였습니다. 조선 후기 서민들의 생활 모습을 생생하게 묘사한 김홍도의 그림 세계로 여러분을 초대합니다.

- 기간: 2024년 ○○월 ○○일~○○월 ○○일
- 장소: △△ 미술관 특별 전시실

①  고사관수도
②  아집도대련
③  무동
④  월하정인

04

(가) 문화유산에 대한 설명으로 옳은 것은? [2점]

저는 지금 (가) 의 정문인 광화문 앞에 와 있습니다. 여기 계단부터 문 앞까지의 공간은 광화문 월대입니다. 중건 기록, 사진, 발굴 조사 등을 종합하여 최근 복원되었습니다.

① 근정전을 정전으로 하였다.
② 몽골의 침략으로 소실되었다.
③ 정조의 명에 의해 축조되었다.
④ 역대 왕과 왕비의 신주를 모셨다.

05

(가)에 들어갈 그림으로 옳은 것은? [2점]

①
씨름도

②
노상알현도

③
고사관수도

④
월하정인

06

다음 특별전에서 볼 수 있는 작품으로 옳은 것은? [2점]

①
영통동구도

②
인왕제색도

③
세한도

④
몽유도원도

07

다음 퀴즈의 정답으로 옳은 것은? [2점]

①
금산사 미륵전

②
법주사 팔상전

③
봉정사 극락전

④
부석사 무량수전

08

다음에서 설명하는 문화유산으로 옳은 것은? [3점]

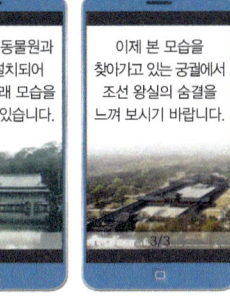

① 경복궁　② 경희궁
③ 덕수궁　④ 창경궁

09

다음 특별전에서 볼 수 있는 작품으로 옳은 것은? [1점]

①
수렵도

②
인왕제색도

③
몽유도원도

④
고사관수도

10

(가)에 들어갈 문화유산으로 옳은 것은? [2점]

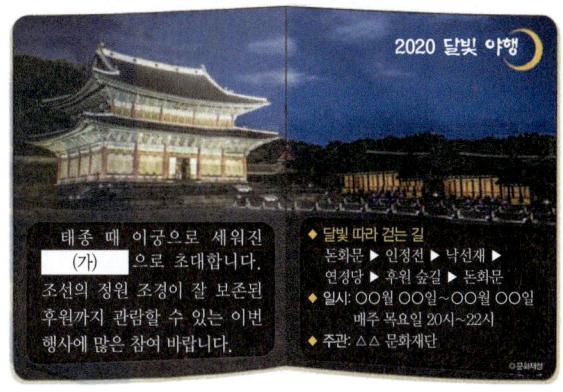

① 경복궁　② 경희궁
③ 덕수궁　④ 창덕궁

| 문제편 |

PART 4
근대의 변화와 흐름

기출테마 **29** 흥선 대원군의 정책

기출테마 **30** 일본 및 서양과의 조약 체결

기출테마 **31** 개화사상과 위정척사 운동

기출테마 **32** 임오군란과 갑신정변

기출테마 **33** 동학 농민 운동의 전개

기출테마 **34** 갑오개혁과 을미개혁

기출테마 **35** 독립 협회와 대한 제국

기출테마 **36** 항일 의병과 애국 계몽 운동

기출테마 **37** 근대 문물 및 경제 구국 운동

기출테마 **38** 근대 신문 및 근대 교육

기출테마 29 흥선 대원군의 정책

외우는 핵심 키워드

왕권 강화 정책
- 비변사 혁파, 의정부와 삼군부 부활
- 대전회통, 육전조례 편찬
- **경복궁 중건** : 당백전 발행, 원납전 징수
- 서원 정리, 만동묘 철폐

민생 안정 정책
- 군정 개혁 : 호포제(양반에게도 군포 징수)
- 환곡 개혁 : 사창제
- 전정 개혁 : 양전 사업

통상 수교 거부 정책

병인박해 (1866. 1)	• 천주교 최대 박해 • 프랑스 신부와 남종삼 등 8천여 명 처형 • 대왕대비교령으로 천주교 금압령 발표 • 병인양요의 원인
제너럴셔먼호 사건 (1866. 7)	• 미국 상선 제너럴셔먼호의 대동강 침입 • 박규수와 평양 관민의 격퇴 • 신미양요의 원인
병인양요 (1866. 9)	• 병인박해를 구실로 프랑스 로즈 제독의 강화도 침공 • 한성근(문수산성), 양헌수(정족산성) 부대의 항전 • 외규장각 의궤 약탈
오페르트 도굴 사건 (1868)	• 독일 상인 오페르트의 통상 요구 거부 • 충남 덕산의 남연군(흥선 대원군의 아버지) 묘 도굴
신미양요 (1871)	• 제너럴셔먼호 사건을 구실로 미국 로저스 제독의 강화도 침공 • 어재연 부대의 광성보 전투
척화비 건립 (1871)	척화교서를 내리고 종로를 비롯한 전국 각지에 척화비 건립

외우는 빈출 선지

- 병인박해가 일어났다. → 병인양요
- 척화비를 건립하였다. → 흥선 대원군
- 오페르트가 남연군 묘 도굴을 시도하였다. → 오페르트 도굴 사건
- 제너럴 셔먼호 사건이 배경이 되었다. → 신미양요
- 양헌수 부대가 정족산성에서 활약하였다. → 병인양요
- 제너럴 셔먼호 사건이 빌미가 되었다. → 신미양요
- 외규장각 도서가 약탈되었다. → 병인양요
- 어재연 부대가 광성보에서 항전하였다. → 신미양요
- 평양 관민이 제너럴 셔먼호를 불태웠다. → 제너럴 셔먼호 사건
- 경복궁 중건 공사에 동원되는 농민 → 흥선 대원군 집권기

01

밑줄 그은 '전투' 이후에 있었던 사실로 옳은 것은? [3점]

> 어재연이 전투에서 흉악한 적들과 싸우다 장렬히 전사하였으니, 그 절개가 군사들의 마음을 움직일 만하다. 그에게 특별히 병조판서와 지삼 군부사를 추증할 것이니, 함께 의논하여 시호를 정하도록 하라.

① 병인박해가 일어났다.
② 집현전이 설치되었다.
③ 천리장성이 축조되었다.
④ 전국 각지에 척화비가 세워졌다.

02

(가) 인물의 활동으로 옳은 것은? [2점]

> 우리 전하께서는 어린 나이에 왕으로 즉위하셔서 (가) (으)로 하여금 백성을 돌보고 살피게 하셨습니다. 그런데 (가) 이/가 경복궁 중건을 위해 부유한 자에게 원납전을 거두었으나 부족하였습니다. 또한 새롭게 당백전까지 주조하여 백성들의 삶을 힘들게 하였습니다.

① 척화비를 건립하였다.
② 동의보감을 완성하였다.
③ 신해통공을 실시하였다.
④ 나선 정벌을 단행하였다.

03

(가) 사건에 대한 설명으로 옳은 것은? [2점]

① 제너럴 셔먼호 사건의 배경이 되었다.
② 강화도 조약이 체결되는 계기가 되었다.
③ 오페르트가 남연군 묘 도굴을 시도하였다.
④ 양헌수 부대가 정족산성에서 활약하였다.

04

(가)에 들어갈 내용으로 가장 적절한 것은? [2점]

① 녹읍이 폐지되었어요.
② 장용영이 설치되었어요.
③ 척화비가 건립되었어요.
④ 요동 정벌이 추진되었어요.

05

(가) 사건에 대한 설명으로 옳은 것은? [2점]

① 청군의 개입으로 진압되었다.
② 제너럴 셔먼호 사건이 배경이 되었다.
③ 양헌수 부대가 정족산성에서 활약하였다.
④ 제물포 조약이 체결되는 결과를 가져왔다.

06

밑줄 그은 '변고'가 일어난 시기를 연표에서 옳게 고른 것은? [3점]

답서

영종 첨사 명의로 답서를 보냈다.

귀국과 우리나라 사이에는 원래 소통이 없었고, 은혜를 입거나 원수를 진 일도 없었다. 그런데 이번 덕산 묘지(남연군 묘)에서 일으킨 <u>변고</u>는 사람으로서 차마 할 수 있는 일이겠는가? …… 이런 지경에 이르렀으니 우리나라 신하와 백성은 있는 힘을 다하여 한마음으로 귀국과는 같은 하늘을 이고 살 수 없다는 것을 맹세한다.

1863	1876	1884	1894	1905
(가)	(나)	(다)	(라)	
고종 즉위	강화도 조약	갑신 정변	갑오 개혁	을사 늑약

① (가) ② (나)
③ (다) ④ (라)

07

(가) 시기에 있었던 사실로 옳은 것은? [3점]

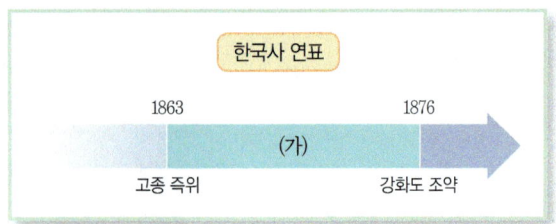

① 신미양요

② 보빙사 파견

③ 황룡촌 전투

④ 만민 공동회 개최

08

밑줄 그은 '이 사건'에 대한 설명으로 옳은 것은? [2점]

① 흥선 대원군 집권기에 일어났다.
② 제너럴 셔먼호 사건의 배경이 되었다.
③ 삼정이정청이 설치되는 결과를 가져왔다.
④ 군함 운요호가 강화도에 접근하여 위협하였다.

09

밑줄 그은 '이 사건'에 대한 설명으로 옳은 것은? [2점]

① 삼국 간섭이 일어나는 배경이 되었다.
② 제너럴 셔먼호 사건이 빌미가 되었다.
③ 운요호의 초지진 공격으로 시작되었다.
④ 제물포 조약이 체결되는 계기가 되었다.

10

다음 대화가 이루어진 시기에 볼 수 있는 모습으로 적절한 것은? [2점]

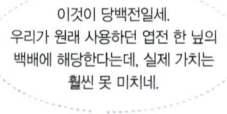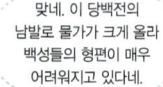

① 원에 공녀로 끌려가는 여인
② 원산 총파업에 참여하는 노동자
③ 독립운동가를 감시하는 헌병 경찰
④ 경복궁 중건 공사에 동원되는 농민

기출테마 30 일본 및 서양과의 조약 체결

외우는 핵심 키워드

강화도 조약(조·일 수호 조규)
- 운요호 사건 계기
- 외국과 맺은 최초의 근대적 조약
- 불평등 조약
- 청의 종주권 부인
- 부산·원산·인천 개항
- 치외법권, 해안 측량권

강화도 조약 부속 조약

조·일 수호 조규 부록	• 일본 공사의 수도 상주 • 일본 외교관의 여행 자유 • 개항장에서 거류지 설정 • 일본 화폐 유통 허용
조·일 무역 규칙	• 일본 상품 무관세 • 양곡의 무제한 수출 허용

기타 조약

조·미 수호 통상 조약	• 청의 알선 • 서양 국가와 맺은 최초의 조약 • 황준헌의 조선책략 영향 • 최혜국 대우 처음 규정 • 거중 조정(상호 안전 보장) • 치외 법권 • 미국에 보빙사 파견
조·청 상민 수륙 무역 장정	• 임오군란 계기 • 외국(청) 상인의 내지 통상권 최초 규정 • 청의 속국 인정, 치외 법권 • 최혜국 대우 규정 없음
조·일 통상 장정	• 방곡령 시행 규정 명시 • 최혜국 대우 • 일본 상인의 내지 통상 허용
기타	• 조·프 수호 통상 조약 : 천주교 포교 허용 • 조·러 수호 통상 조약 : 거문도 사건의 원인

외우는 빈출 선지

- 최혜국 대우가 규정되어 있다. → 조·미 수호 통상 조약
- 부산, 원산, 인천을 개항하는 배경이 되었다. → 강화도 조약
- 서양 국가와 맺은 최초의 근대적 조약이었다. → 조·미 수호 통상 조약
- 보빙사가 파견되었다. → 조·미 수호 통상 조약
- 운요호 사건을 계기로 체결되었다. → 강화도 조약
- 외국과 맺은 최초의 근대적 조약이었다. → 강화도 조약
- 천주교 포교가 허용되었다. → 조·프 수호 통상 조약
- 청 상인과 일본 상인 간의 경쟁이 치열해졌다. → 조·청 상민 수륙 무역 장정

01

밑줄 그은 '이 조약'에 대한 설명으로 옳은 것은? [3점]

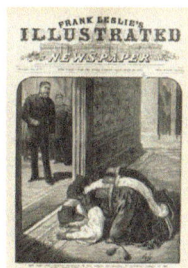

신문으로 보는 한국사

1883년 9월 29일자 미국의 한 신문은 보빙사 일행이 미국 대통령을 만나는 장면을 1면에 실었습니다. 조선은 미국과 이 조약을 체결한 이후 민영익 등을 보빙사로 미국에 파견했습니다.

① 러일 전쟁 중에 체결되었다.
② 최혜국 대우가 처음으로 규정되었다.
③ 병인양요가 일어나는 배경이 되었다.
④ 운요호 사건이 일어나는 계기가 되었다.

02

밑줄 그은 '조약'으로 옳은 것은? [1점]

원산에 이어 인천이 개항하였는데, 그 배경에 대해 알려 주시겠습니까?

병자년에 일본과 체결한 조약에 따라 부산 외 두 개 항구를 추가로 개항하기로 했기 때문이지요.

① 기유약조
② 한성 조약
③ 정미 7조약
④ 강화도 조약

03

다음 문서가 작성된 시기를 연표에서 옳게 고른 것은? [3점]

> **영국 공관에 보냄**
> 근래 국내에 전해지는 소문을 통해 귀국이 거문도에 뜻을 두고 있다는 것을 알았습니다. 이 섬은 우리나라의 땅으로, 다른 나라는 점유할 수 없는 곳입니다. 귀국처럼 공법에 밝은 나라가 이처럼 뜻밖의 일을 저지를 줄이야 어떻게 알 수 있었겠습니까?

```
1863    1876    1882    1894    1905
  |(가) |(나) |(다) |(라) |
고종    강화도  임오    갑오    을사
즉위    조약    군란    개혁    늑약
```

① (가) ② (나)
③ (다) ④ (라)

05

밑줄 그은 '조약'에 대한 설명으로 옳은 것은? [3점]

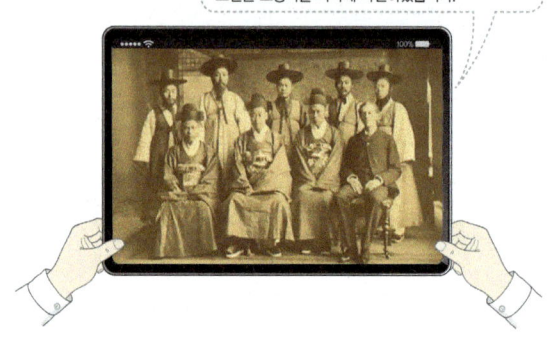

> 이것은 민영익을 대표로 한 보빙사의 모습이 담긴 사진입니다. 조선책략 유포로 미국과의 수교론이 제기된 상황에서, 청의 주선으로 조약이 체결된 이후 조선은 보빙사를 미국에 파견하였습니다.

① 최혜국 대우가 규정되어 있다.
② 통감부가 설치되는 결과를 가져왔다.
③ 부산, 원산, 인천을 개항하는 배경이 되었다.
④ 일본 공사관에 경비병이 주둔하는 계기가 되었다.

04

(가)에 들어갈 사건으로 옳은 것은? [1점]

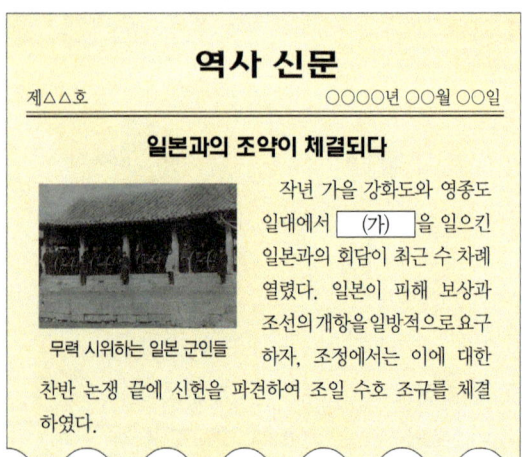

역사 신문
제△△호   ○○○○년 ○○월 ○○일

일본과의 조약이 체결되다

작년 가을 강화도와 영종도 일대에서 (가) 을 일으킨 일본과의 회담이 최근 수 차례 열렸다. 일본이 피해 보상과 조선의 개항을 일방적으로 요구하자, 조정에서는 이에 대한 찬반 논쟁 끝에 신헌을 파견하여 조일 수호 조규를 체결하였다.

① 운요호 사건
② 105인 사건
③ 제너럴 셔먼호 사건
④ 오페르트 도굴 사건

06

(가)에 해당하는 지역으로 옳은 것은? [1점]

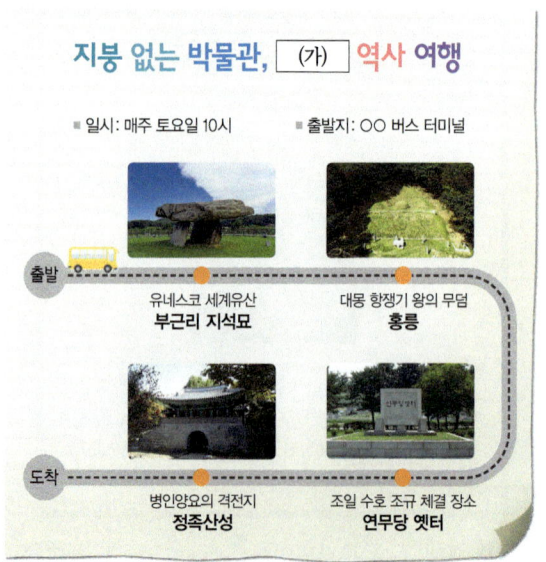

지붕 없는 박물관, (가) 역사 여행
■ 일시: 매주 토요일 10시 ■ 출발지: ○○ 버스 터미널

출발 — 유네스코 세계유산 **부근리 지석묘** — 대몽 항쟁기 왕의 무덤 **홍릉** — 병인양요의 격전지 **정족산성** — 조일 수호 조규 체결 장소 **연무당 옛터** — 도착

① 진도   ② 거제도
③ 강화도 ④ 울릉도

07

밑줄 그은 '조약'으로 옳은 것은? [2점]

이곳은 운요호 사건을 빌미로 일본이 개항을 강요하여 조선과 조약을 체결한 장소입니다.

① 한성 조약
② 정미 7조약
③ 강화도 조약
④ 제물포 조약

08

다음 검색창에 들어갈 용어로 옳은 것은? [2점]

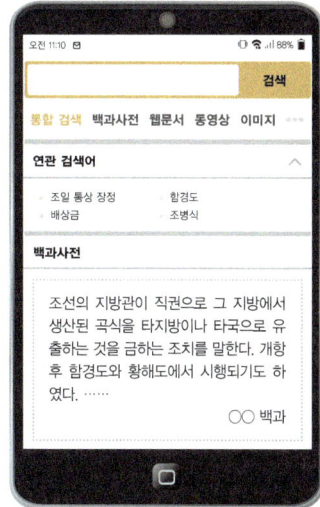

연관 검색어: 조일 통상 장정, 함경도, 배상금, 조병식

백과사전: 조선의 지방관이 직권으로 그 지방에서 생산된 곡식을 타지방이나 타국으로 유출하는 것을 금하는 조치를 말한다. 개항 후 함경도와 황해도에서 시행되기도 하였다. …… ○○백과

① 단발령
② 방곡령
③ 삼림령
④ 회사령

09

(가) 조약 이후에 있었던 사실로 옳은 것은? [2점]

주제: (가) 의 체결

- 조선책략의 내용이 유포되고 청이 적극적으로 알선하여 조약이 체결되었습니다.
- 서양 국가와 맺은 최초의 근대적 조약이었습니다.

① 보빙사가 파견되었다.
② 별기군이 창설되었다.
③ 탕평비가 건립되었다.
④ 통리기무아문이 설치되었다.

10

밑줄 그은 '이 사건'으로 옳은 것은? [3점]

이것은 강화도 조약 체결을 논의하는 장면입니다.

일본군의 강화도 해안 불법 침입으로 발생한 이 사건이 계기가 되어 조약이 맺어졌지요.

조선, 역사의 갈림길에 서다

① 105인 사건
② 운요호 사건
③ 헤이그 특사 사건
④ 제너럴 셔먼호 사건

기출테마 31 개화사상과 위정척사 운동

외우는 핵심 키워드

개화 정책
• 통리기무아문과 12사 설치
• 별기군 창설, 5군영을 2영으로 축소
• 박문국(한성순보 간행), 전환국(화폐 발행), 기기창 설립(무기 제조)

외교 사절단	
수신사 (일본)	• 김기수(1차) : 메이지 유신 이후 발전된 일본 문물 시찰 • 김홍집(2차) : 황준헌의 조선책략 유포
조사 시찰단 (일본)	• 신사 유람단 • 박정양, 어윤중, 홍영식 파견 • 암행어사 형태로 비밀리에 파견 • 박문국, 전환국 설치 계기
영선사 (청)	• 단장 김윤식 파견 • 톈진 기기국에서 무기 제조법 습득 • 기기창 설립 계기
보빙사 (미국)	• 민영익, 홍영식, 서광범, 유길준 파견 • 미국 공사의 서울 부임에 대한 답방

위정척사 운동	
통상 반대 운동 (1860년대)	• 흥선 대원군 집권기 • 열강의 통상 요구 • 이항로, 기정진의 척화주전론
개항 반대 운동 (1870년대)	• 강화도 조약 체결 시기 • 일본의 개항 요구 • 왜양일체론, 개항불가론 • 최익현의 5불가소(지부복궐척화의소)
개화 반대 운동 (1880년대)	• 개화 정책 추진 시기 • 김홍집의 조선책략 유포 • 이만손의 영남 만인소
항일 의병 운동 (1890년대)	• 을미개혁 시기 • 을미사변, 단발령 • 유인석, 이소응

외우는 빈출 선지

- 순 한문 신문인 한성순보가 발간되었던 곳 → 박문국
- 왜양일체론을 주장하였다. → 최익현
- 이만손 등이 영남 만인소를 올렸다. → 김홍집 : 조선책략 유포
- 서양에 파견된 최초의 사절단이었다. → 보빙사
- 조선책략을 국내에 처음 소개하였다. → 김홍집
- 기기국에서 무기 제조 기술을 배우고 돌아왔다. → 영선사
- 영남 만인소를 주도하였다. → 이만손
- 통리기무아문이 설치되었다. → 개화 정책
- 신식 군대인 별기군이 창설되었다. → 개화 정책

01

(가)에 들어갈 기구로 옳은 것은? [2점]

> 지금은 …… 증기선이 전 세계를 누비고 전선이 서양까지 연결되며, 공법(公法)을 제정하여 국교를 수립하고, 항만과 포구를 축조하여 서로 교역하므로 …… 우리 조정에서도 (가) 을 설치하고 관리를 두어 외국의 신문을 폭넓게 번역하고 아울러 국내의 일까지 기록하여 나라 안에 알리는 동시에 다른 나라에까지 알리기로 하였습니다.
> – 『한성순보』 –

① 교정청 ② 기기창
③ 박문국 ④ 전환국

02

(가)에 들어갈 용어로 옳은 것은? [2점]

이곳은 기기창의 건물 중 하나인 번사창입니다. 나는 무기 제조법을 도입하고 외교 교섭을 위해 청에 (가) (으)로 파견되었습니다. 톈진 기기국을 방문한 후 귀국하여 근대식 무기 제조 공장인 기기창 설립을 위해 노력하였습니다.

① 보빙사 ② 수신사
③ 영선사 ④ 조사 시찰단

03

밑줄 그은 '사절단'으로 옳은 것은? [2점]

이 그림은 1883년 미국 신문에 실린 삽화입니다. 푸트 미국 공사의 조선 부임에 대한 답례로 파견된 민영익 등의 사절단이 가서 대통령을 만나는 상황을 표현하였습니다.

① 보빙사 ② 수신사
③ 영선사 ④ 조사 시찰단

04

(가)에 들어갈 사절단으로 옳은 것은? [2점]

(가) 활동 정리

1. 기간: 1880.5.28.~8.28.
2. 참여자: 김홍집 외 50여 명
3. 주요 활동

날짜	내용
5.28.~7.6.	한성에서 부산포, 고베를 거쳐 도쿄로 이동
7.7.~8.3.	일본 정부 관리들과 면담 일본 근대 문물 견학 김홍집, 청 외교관 황준헌과 비공식 면담
8.4.~8.28.	귀국 및 왕에게 결과 보고(조선책략 올림)

① 보빙사 ② 성절사
③ 수신사 ④ 영선사

05

(가)에 들어갈 내용으로 옳은 것은? [2점]

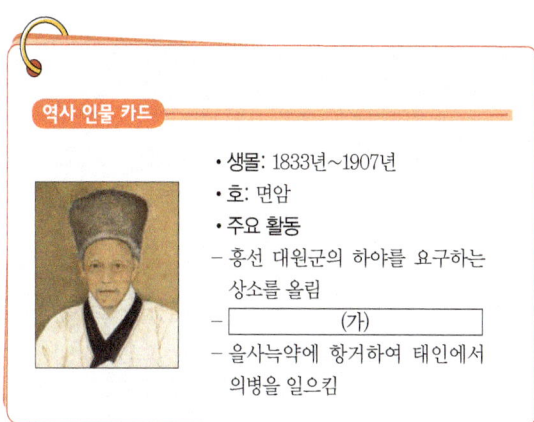

역사 인물 카드

- 생몰: 1833년~1907년
- 호: 면암
- 주요 활동
  - 흥선 대원군의 하야를 요구하는 상소를 올림
  - (가)
  - 을사늑약에 항거하여 태인에서 의병을 일으킴

① 북학의를 저술함
② 왜양일체론을 주장함
③ 신흥 무관 학교를 설립함
④ 시일야방성대곡을 작성함

06

다음 책이 국내에 유포된 영향으로 적절한 것은? [2점]

이 책은 청의 외교관 황준헌이 쓴 것으로, 제2차 수신사로 일본에 갔던 김홍집이 들여온 것입니다. 러시아의 남하를 막기 위해 조선이 중국을 가까이하고, 일본과 관계를 공고히 하며, 미국과 연계해야 한다는 내용을 담고 있습니다.

① 병인박해가 일어났다.
② 제너럴 셔먼호 사건이 발생하였다.
③ 이만손 등이 영남 만인소를 올렸다.
④ 어재연 부대가 광성보에서 항전하였다.

07

(가)에 들어갈 사절단으로 옳은 것은? [2점]

① 수신사   ② 보빙사
③ 영선사   ④ 조사 시찰단

08

(가)~(다) 학생이 발표한 내용을 일어난 순서대로 옳게 나열한 것은? [3점]

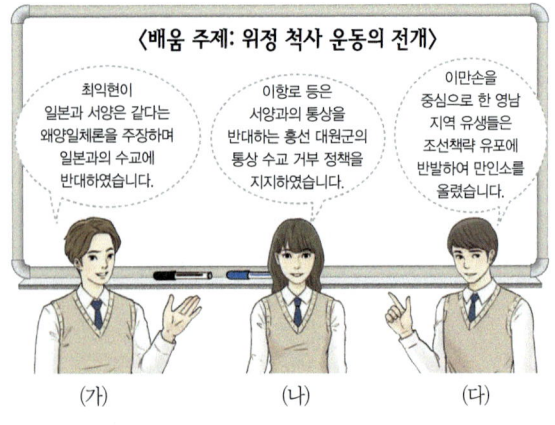

① (가) - (나) - (다)
② (가) - (다) - (나)
③ (나) - (가) - (다)
④ (다) - (가) - (나)

09

(가)에 들어갈 내용으로 옳은 것은? [2점]

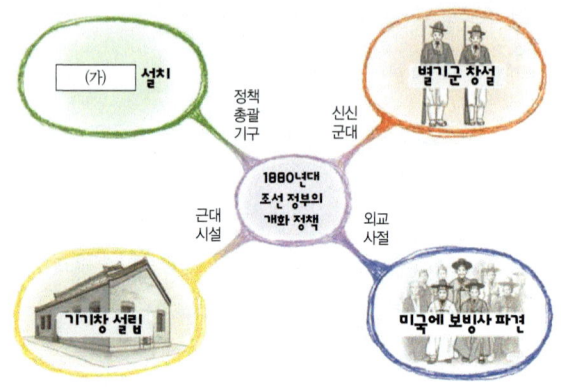

① 교정청   ② 군국기무처
③ 도평의사사   ④ 통리기무아문

10

(가)에 들어갈 인물로 옳은 것은? [2점]

① 허위   ② 신돌석
③ 유인석   ④ 최익현

기출테마 32 임오군란과 갑신정변

외우는 핵심 키워드

임오군란(1882)

원인	· 신식 군대(별기군) 우대 · 구식 군대 차별
경과	· 명성황후 고관들과 일본 교관 살해 · 포도청과 의금부 습격, 일본 공사관 불태움 · 흥선 대원군 일시 재집권 · 통리기무아문과 별기군 폐지, 5군영 부활
결과	· 명성황후 일파가 청에 군대 요청 · 청의 내정 간섭 심화 · 청의 외교고문 묄렌도르프 파견 · 청의 위안스카이 군대 상주

갑신정변(1884)

정변 내용	· 급진 개화파(김옥균)의 우정총국 개국 축하연 정변 · 사대당 요인 살해 및 개화당 정부 수립 · 14개조 개혁 정강 마련 · 청군의 개입으로 3일 만에 실패
14개조 개혁 정강	· 청에 대한 사대 외교(조공) 폐지 · 입헌 군주제 수립 목표 · 지조법 개정, 재정의 호조 일원화 · 혜상공국(보부상 조직) 폐지
갑신정변 이후 정세	· 영국의 거문도 사건 · 조선 중립화론(유길준, 부들러) 대두 · 청 · 일 전쟁

임오군란 조약

제물포 조약 (조 · 일)	· 일본에 배상금 지불과 군란 주동자의 처벌 약속 · 일본 공사관의 경비병 주둔 인정
조 · 청 상민 수륙 무역 장정 (조 · 청)	· 청의 속국 인정, 치외법권 · 서울과 양화진 개방 · 내지통상권 허용

갑신정변 조약

한성 조약 (조 · 일)	· 일본에 배상금 지불 · 일본 공사관 신축비 부담
톈진 조약 (청 · 일)	· 조선에서 청 · 일 군대 동시 철수 · 조선 파병 시 청 · 일 상호 통보

외우는 빈출 선지

- 청군의 개입으로 진압되었다. → 임오군란, 갑신정변
- 전개 과정에서 선혜청과 일본 공사관을 공격하였다. → 임오군란
- 일본 공사관에 경비병이 주둔하는 계기가 되었다. → 제물포 조약
- 제물포 조약이 체결되는 결과를 가져왔다. → 임오군란
- 구식 군인들이 임오군란을 일으켰다. → 임오군란
- 한성 조약이 체결되는 결과를 가져왔다. → 갑신정변
- 우정총국 개국 축하연을 이용하여 일어났다. → 갑신정변
- 청군에 의해 흥선 대원군이 톈진으로 납치되었다. → 임오군란
- 청의 내정 간섭이 심화되었다. → 임오군란
- 청일 전쟁의 배경이 되었다. → 톈진 조약

01

(가)에 들어갈 사건으로 옳은 것은? [2점]

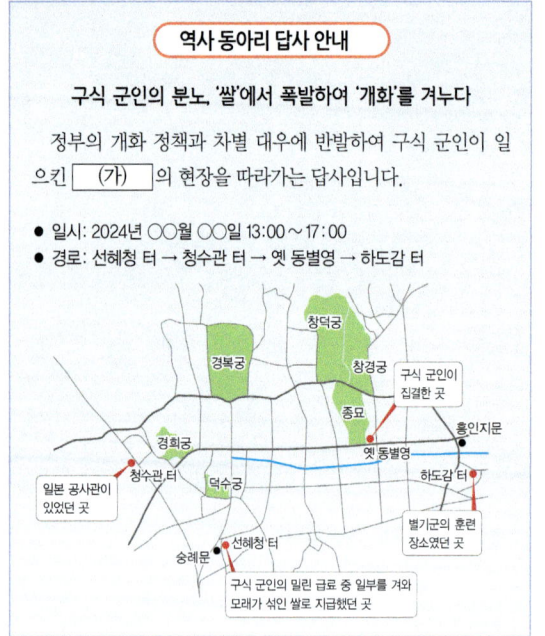

① 갑신정변
② 병인양요
③ 을미사변
④ 임오군란

02

밑줄 그은 '정변' 이후에 있었던 사실로 옳은 것은? [2점]

역사 신문

제△△호   ○○○○년 ○○월 ○○일

개화당 정부, 무너지다

어제 구성한 개화당 정부가 하루 만에 청군의 개입으로 붕괴하였다. 새 정부를 구성하고 개혁 정강을 발표하였던 김옥균, 박영효, 서재필 등은 현재 일본 공사를 따라 일본 공사관으로 피신해 있는 것으로 알려졌다. 우정국 개국 축하연에서의 소동으로 시작된 정변은 이로써 3일 만에 막을 내리게 되었다.

① 임오군란이 일어났다.
② 한성 조약이 체결되었다.
③ 통리기무아문이 설치되었다.
④ 제너럴 셔먼호 사건이 발생하였다.

03

밑줄 그은 '비상 수단'에 해당하는 사건으로 옳은 것은? [2점]

> 나라를 어지럽히는 신하를 살해하고, 국왕을 보호하여 정령(政令)*의 남발을 막을 수밖에 없었다. 그러므로 희생을 무릅쓰고 비상 수단을 쓰기로 결심한 것이다.
>
> 홍영식: 모의를 총괄한 제1인자
> 박영효: 실행 총지휘
> 서광범: 거사 계획 수립
> 김옥균: 일본 공사관과의 교섭 및 통역
> 서재필: 병사 통솔
>
> – 박영효의 회고 –
>
> *정령(政令): 정치상의 명령

① 갑신정변
② 을미사변
③ 삼국 간섭
④ 아관 파천

04

밑줄 그은 '변란'으로 옳은 것은? [2점]

① 갑신정변
② 신미양요
③ 임오군란
④ 임술 농민 봉기

05

(가) 시기에 있었던 사실로 옳은 것은? [3점]

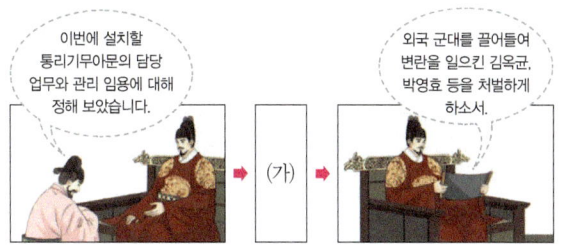

① 탕평비가 건립되었다.
② 간도 협약이 체결되었다.
③ 구식 군인들이 임오군란을 일으켰다.
④ 어영청을 강화하며 북벌이 추진되었다.

06

(가)에 들어갈 사건으로 옳은 것은? [1점]

① 갑오개혁
② 갑신정변
③ 브나로드 운동
④ 민립 대학 설립 운동

07

밑줄 그은 '이 사건'의 결과로 옳은 것은? [2점]

① 집강소가 설치되었다.
② 조사 시찰단이 파견되었다.
③ 외규장각 도서가 약탈되었다.
④ 청의 내정 간섭이 심화되었다.

08

(가)에 들어갈 사건으로 옳은 것은? [1점]

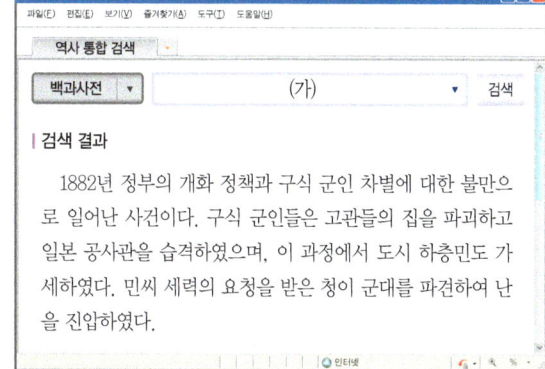

① 임오군란
② 삼국 간섭
③ 거문도 사건
④ 임술 농민 봉기

09

(가) 사건에 대한 설명으로 옳은 것은? [2점]

이 책은 개화 정책에 반발하여 구식 군인들이 일으킨 (가) 당시 일본 공사가 쓴 보고서를 정리한 것입니다. 책에는 (가) (으)로 인한 일본 측의 피해 등이 기록되어 있습니다.

① 청군의 개입으로 진압되었다.
② 조선책략이 유입되는 결과를 가져왔다.
③ 우금치에서 일본군과의 전투가 벌어졌다.
④ 우정총국 개국 축하연에서 정변이 일어났다.

10

밑줄 그은 '거사'로 옳은 것은? [1점]

나는 개화 정책을 강력하게 추진하기 위해 1884년 이곳 우정총국의 개국 축하연을 이용해서 거사를 감행하였습니다. 이후 새로운 정부를 구성하였으나 청군의 개입으로 3일 만에 실패로 끝이 났습니다.

① 갑신정변
② 을미사변
③ 임오군란
④ 아관 파천

기출테마 33 동학 농민 운동의 전개

외우는 핵심 키워드

교조 신원 운동
- 삼례 집회 : 교조 신원과 동학 탄압 중지 요구
- 서울 집회 : 경복궁 앞 교조 신원 상소(서울 복합 상소)
- 보은 집회 : 탐관오리 숙청, 반봉건·반외세, 척왜양창의

동학 농민 운동

1차 봉기	고부 민란	• 고부 군수 조병갑의 학정 • 전봉준 등 농민군의 고부 관아 점령(사발통문) • 안핵사 이용태 파견
	백산 봉기	• 안핵사 이용태의 동학교도 색출·탄압 • 4대 강령과 격문 발표(보국안민, 제폭구민) • 황토현 전투 → 황룡촌 전투(장태 활용) → 전주성 점령
	전주 화약	• 청·일군의 개입, 정부의 휴전 제의 • 정부 : 교정청 설치 • 농민군 : 집강소 설치, 폐정 개혁안 실천
청·일 전쟁		• 일본의 경복궁 점령 • 청·일 전쟁 : 일본 승리(시모노세키 조약) • 군국기무처 설치 • 일본의 내정 간섭 심화
2차 봉기	논산 집결	• 남접(전봉준)과 북접(손병희)의 연합 • 논산 집결 후 서울 북진
	공주 우금치 전투	• 공주 우금치에서 관군, 민보군, 일본군을 상대로 격전 • 패배 후 전봉준 체포

폐정 개혁 12조
1. 동학도와 정부 사이에 원한을 씻어 버리고 모든 행정을 협력할 것
2. 탐관오리는 그 죄목을 조사하여 엄징할 것
3. 횡포한 부호들을 엄징할 것
4. 불량한 양반과 유림을 징벌할 것
5. 노비 문서를 불태워 버릴 것
6. 칠반천인의 대우를 개선하고 평량갓을 없앨 것
7. 과부의 재혼을 허락할 것
8. 무명잡세를 모두 폐지할 것
9. 관리 채용 시 지벌을 타파할 것
10. 왜적과 내통하는 자는 엄징할 것
11. 공사채는 물론이고 기왕의 것을 무효로 돌릴 것
12. 토지는 평균으로 분작할 것

외우는 빈출 선지

- 전주 화약이 체결되었다. → 전주 화약
- 농민들이 고부 관아를 습격하였다. → 고부 민란
- 전개 과정에서 집강소가 설치되었다. → 동학 농민 운동
- 백산에서 4대 강령을 발표하였다. → 동학 농민 운동
- 집강소를 통해 폐정 개혁을 추진하였다. → 동학 농민 운동
- 동학 농민군이 우금치 전투에서 패하였다. → 우금치 전투
- 교조 신원을 요구하는 삼례 집회가 열렸다. → 삼례 집회
- 조병갑의 탐학에 맞서 고부 농민 봉기가 일어났다. → 고부 민란
- 남접과 북접이 논산에서 연합하였다. → 동학 농민 운동
- 보국안민, 제폭구민을 기치로 내걸었다. → 동학 농민 운동

01
밑줄 그은 '이 운동'의 전개 과정에서 있었던 일로 옳지 않은 것은? [3점]

사진 속 모습은 이 운동을 주도한 전봉준이 재판을 받기 위해 이송되는 장면입니다.

① 집강소가 설치되었다.
② 한성 조약이 체결되었다.
③ 백산에서 4대 강령이 발표되었다.
④ 농민군이 황토현에서 승리를 거두었다.

02
(가) 시기에 있었던 사실로 옳은 것은? [3점]

 → (가) →

황룡촌 전투   우금치 전투

① 최제우가 처형되었다.
② 홍경래의 난이 일어났다.
③ 전주 화약이 체결되었다.
④ 농민들이 고부 관아를 습격하였다.

03

(가) 운동 중에 있었던 사실로 옳은 것은? [2점]

① 독립 협회가 창립되었다.
② 전주 화약이 체결되었다.
③ 백두산정계비가 건립되었다.
④ 박규수가 안핵사로 파견되었다.

04

(가) 사건에 대한 설명으로 옳은 것은? [2점]

① 9서당을 창설하는 계기가 되었다.
② 청산리에서 일본군과 전투를 벌였다.
③ 집강소를 통해 폐정 개혁을 추진하였다.
④ 제물포 조약이 체결되는 결과를 가져왔다.

05

다음 시나리오의 상황 이후에 전개된 사실로 옳은 것은? [2점]

$#17. 전주성 안 선화당

농민군 대장 전봉준과 전라 감사 김학진이 대화를 나누고 있다.

김학진: 일본군이 궁궐을 점령하여 국가에 큰 위기가 닥쳤소.
전봉준: 청군과 일본군이 들어와 있는 상황에서 이런 일이 생기다니 참으로 큰일입니다.

① 동학을 창시한 최제우가 처형되었다.
② 동학 농민군이 우금치 전투에서 패하였다.
③ 교조 신원을 요구하는 삼례 집회가 열렸다.
④ 조병갑의 탐학에 맞서 고부 농민 봉기가 일어났다.

06

(가) 운동에 대한 설명으로 옳은 것은? [2점]

① 박규수가 안핵사로 파견되었다.
② 전개 과정에서 집강소가 설치되었다.
③ 한성 조약이 체결되는 결과를 가져왔다.
④ 평안도 지역 차별에 반발하여 일어났다.

07

(가) 운동에 대한 탐구 활동으로 가장 적절한 것은? [2점]

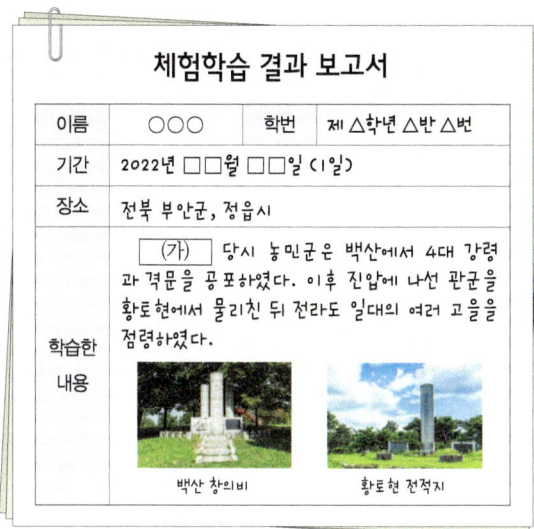

① 삼전도비의 건립 배경을 조사한다.
② 산미 증식 계획의 실상을 파악한다.
③ 나선 정벌군의 이동 경로를 알아본다.
④ 전주 화약이 체결되는 과정을 살펴본다.

08

다음 사건에 대한 설명으로 옳은 것은? [2점]

① 외규장각 도서가 약탈되었다.
② 집강소를 설치하여 폐정 개혁을 추진하였다.
③ 홍의 장군 곽재우가 의병장으로 활약하였다.
④ 서북인에 대한 차별이 원인이 되어 일어났다.

09

다음 가상 편지의 (가)에 들어갈 기구로 옳은 것은? [2점]

① 기기창
② 집강소
③ 도평의사사
④ 통리기무아문

10

(가)에 대한 설명으로 옳은 것은? [2점]

① 별기군을 창설하는 계기가 되었다.
② 대구에서 시작하여 전국으로 확산되었다.
③ 조선 총독부의 탄압과 방해로 실패하였다.
④ 집강소를 중심으로 폐정 개혁안을 실천하였다.

기출테마 34 갑오개혁과 을미개혁

외우는 핵심 키워드

제1차 갑오개혁

과정	• 제1차 김홍집 친일 내각 성립 • 교정청 폐지, 군국기무처 설치
개혁 내용	**정치** • 개국 기년 사용, 청의 종주권 부인 • 왕실과 정부 사무 분리 • 육조를 80아문으로 개편 • 과거제 폐지 • 경무청 설치
	경제 • 탁지아문으로 재정 일원화 • 은 본위 화폐 제도 • 조세 금납제 • 도량형 통일 • 일본 화폐의 통용 허용
	사회 • 공·사 노비법 폐지 • 조혼 금지, 과부 재가 허용 • 고문과 연좌제 폐지 • 인신매매 금지

제2차 갑오개혁

과정	• 제2차 김홍집·박영효 친일 연립 내각 성립 • 군국기무처 폐지 • 독립서고문, 홍범 14조 반포
개혁 내용	**정치** • 8아문 → 7부, 8도 → 23부 • 사법권과 행정권 분리 • 재판소 설치
	교육 • 교육입국조서 반포 • 한성사범학교 설립
	군무 • 훈련대·시위대 설치 • 근대적 군사·경찰제도 확립

을미개혁

과정	• 명성황후 시해(을미사변) • 을미의병과 아관파천으로 개혁 중단
개혁 내용	• 단발령 실시 • 연호 건양 사용 • 종두법 실시 • 소학교 설립 • 태양력 사용 • 우편 제도 실시 • 친위대·진위대 설치

외우는 빈출 선지

- 과거제를 폐지하였다. → 제1차 갑오개혁
- 도량형을 통일하였다. → 제1차 갑오개혁
- 연좌제를 금지하였다. → 제1차 갑오개혁
- 태양력이 채택되었다. → 을미개혁
- 신분제를 폐지하였다. → 제1차 갑오개혁
- 단발령을 시행하였다. → 을미개혁
- 교육 입국 조서가 반포되었다. → 제2차 갑오개혁
- 연좌제를 금지하였다. → 제1차 갑오개혁
- 홍범 14조가 반포되었다. → 제2차 갑오개혁
- 군국기무처가 설치되었다. → 제1차 갑오개혁

01

다음 자료를 활용한 탐구 활동으로 가장 적절한 것은? [2점]

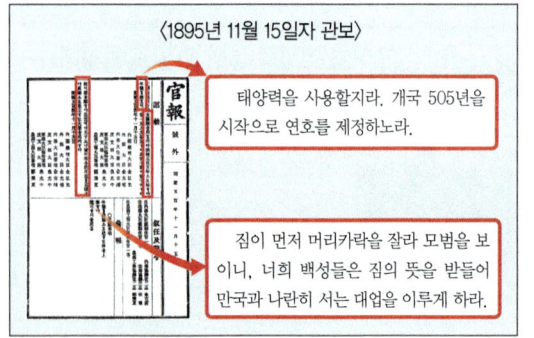

① 을미개혁의 내용을 조사한다.
② 독립문의 건립 과정을 알아본다.
③ 삼정이정청의 설치 배경을 살펴본다.
④ 삼전도비가 세워진 장소를 파악한다.

02

(가)에 들어갈 인물로 옳은 것은? [2점]

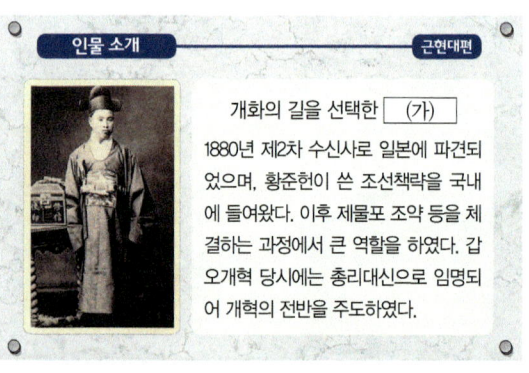

인물 소개 — 근현대편

개화의 길을 선택한 (가)
1880년 제2차 수신사로 일본에 파견되었으며, 황준헌이 쓴 조선책략을 국내에 들여왔다. 이후 제물포 조약 등을 체결하는 과정에서 큰 역할을 하였다. 갑오개혁 당시에는 총리대신으로 임명되어 개혁의 전반을 주도하였다.

① 김옥균   ② 김홍집
③ 서재필   ④ 유인석

03

(가)에 들어갈 내용으로 옳은 것은? [1점]

① 3·1 운동   ② 갑오개혁
③ 광무 개혁   ④ 아관 파천

05

밑줄 그은 '개혁'의 내용으로 옳지 않은 것은? [3점]

> **역사 용어 카드**
>
> **군국기무처**
>
> 1894년 6월 의정부 산하에 설치되어 개혁을 추진하였던 정책 의결 기구이다. 총재는 영의정 김홍집이 겸임하였다. 약 3개월 동안 신분제 폐지, 조혼 금지 등 약 210건의 안건을 심의하고 통과시켰다.

① 지계를 발급하였다.
② 과거제를 폐지하였다.
③ 도량형을 통일하였다.
④ 연좌제를 금지하였다.

04

(가)에 들어갈 기구로 옳은 것은? [2점]

① 비변사   ② 원수부
③ 홍문관   ④ 군국기무처

06

(가)에 들어갈 기구로 옳은 것은? [2점]

> **주제: 갑오·을미개혁**
>
> 1. 제1차 갑오개혁: (가) 을/를 중심으로 개혁을 추진하여 과거제, 노비제, 연좌제 등 폐지
> 2. 제2차 갑오개혁: 홍범 14조 반포, 지방 행정 조직을 23부로 개편, 교육 입국 조서 반포
> 3. 을미개혁: 태양력 채택, 건양 연호 사용, 단발령 실시

① 정방   ② 교정도감
③ 군국기무처   ④ 통리기무아문

07

(가) 시기에 있었던 사실로 옳은 것은? [2점]

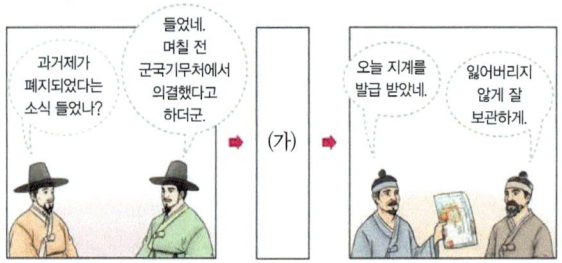

① 당백전이 발행되었다.
② 동시전이 설치되었다.
③ 속대전이 편찬되었다.
④ 태양력이 채택되었다.

08

(가)에 들어갈 사건으로 옳은 것은? [3점]

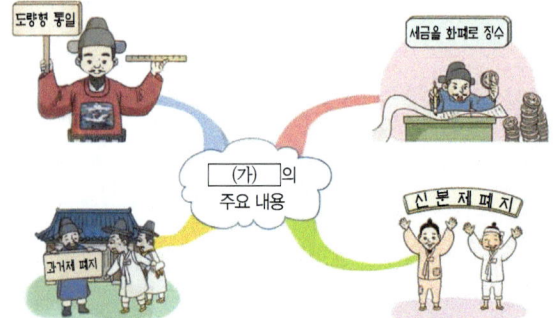

① 갑신정변
② 갑오개혁
③ 을미사변
④ 아관 파천

09

(가)~(다)를 일어난 순서대로 옳게 나열한 것은? [3점]

① (가) - (나) - (다)
② (가) - (다) - (나)
③ (나) - (가) - (다)
④ (나) - (다) - (가)

10

밑줄 그은 '개혁'의 내용으로 옳은 것은? [2점]

① 신분제를 폐지하였다.
② 비변사를 혁파하였다.
③ 단발령을 시행하였다.
④ 당백전을 발행하였다.

기출테마 35 독립 협회와 대한 제국

외우는 핵심 키워드

독립협회

독립 신문 창간	• 서재필 창간 • 우리나라 최초의 민간 신문 • 한글판, 영문판 간행 • 독립협회 기관지 • 띄어쓰기 실시
독립 협회 설립	• 자주 국권, 자강 개혁, 자유 민권 • 강연회, 토론회 개최 • 민중의 정치 의식과 민권 사상 고취 • 모화관을 독립관으로 개수 • 영은문 부근에 독립문 건립
만민 공동회 개최	• 박정양 진보 내각 출범 • 러시아 절영도 조차 요구 저지 • 한 · 러 은행 폐쇄
관민 공동회 개최	• 의회 설립 운동 • 의회식 중추원 신관제 반포 • 헌의 6조 결의
독립 협회 해체	• 왕정을 폐지하고 공화정을 실시하려 한다는 보수파의 모함 • 황국협회를 이용한 보수 세력의 탄압 · 해산

대한제국

• 아관파천 : 을미사변(명성황후 시해) 후 고종의 러시아 공사관 피신
• 대한제국 수립 : 경운궁으로 환궁 후 환구단에서 황제 즉위식 거행
• 국호 : 대한제국, 연호 : 광무

광무개혁

• 점진적 개혁 : 갑오 · 을미 개혁의 급진성 비판
• 복고주의적 개혁 : 구본신참

정치면	• 대한국 국제 반포 • 원수부 설치(황제권 강화) • 간도 관리사 이범윤 임명 • 울릉도의 독도 관할(대한제국 칙령 제41호)
경제면	• 양지아문 설치, 지계(토지증서) 발급 • 내장원의 재정업무 관할 • 황실 공장 및 민간 회사 설립 지원 • 실업학교 및 기술교육기관 설립
사회면	• 종합병원 광제원 설치 • 신교육령 발표 • 무관학교 설립 • 교통 · 통신 · 전기 · 의료 등 근대 시설 확충

외우는 빈출 선지

• 만민 공동회를 개최하였다. → 독립협회
• 독립문 건설을 주도하였다. → 독립협회
• 고종이 러시아 공사관으로 피신하였다. → 아관파천
• 지계가 발급되었다. → 광무개혁
• 대한국 국제를 제정하였다. → 대한제국
• 대한 제국 수립이 선포되었다. → 아관파천 이후
• 관민 공동회가 열렸다. → 독립협회

01

(가) 단체의 활동으로 옳은 것은? [2점]

역사 신문

제△△호　　　　　　　　　　○○○○년 ○○월 ○○일

새로운 중추원 관제가 반포되다

이틀 전, 법령의 제정과 폐지를 심사하는 중추원의 관제가 개편되었다. 개편안에 따라 중추원 의관 50인 중 절반은 (가) 의 회원 중에서 선출하기로 하였다. 의정부 참정 박정양의 명단 제출 요청에 따라 (가) 은/는 독립관에서 의관 25명을 선출할 것이라고 밝혔다.

① 잡지 개벽을 창간하였다.
② 형평 운동을 전개하였다.
③ 대성 학교를 설립하였다.
④ 만민 공동회를 개최하였다.

02

(가) 단체의 활동으로 옳은 것은? [2점]

> 이곳 종로에서는 (가) 이/가 개최한 관민 공동회가 열리고 있습니다. 정부 관료와 학생, 시민들이 참여한 가운데 헌의 6조를 올리기로 하였습니다.

① 광혜원을 설립하였다.
② 태극 서관을 운영하였다.
③ 독립문 건설을 주도하였다.
④ 파리 강화 회의에 대표를 파견하였다.

03

다음 가상 뉴스가 보도된 이후에 전개된 사실로 옳은 것은? [2점]

① 외규장각 도서가 약탈되었다.
② 김윤식이 영선사로 파견되었다.
③ 제너럴 셔먼호 사건이 발생하였다.
④ 고종이 러시아 공사관으로 피신하였다.

04

(가)에 들어갈 단체로 옳은 것은? [1점]

① 신민회
② 독립 협회
③ 대한 자강회
④ 조선어 학회

05

(가) 시기에 시행된 정책으로 옳은 것은? [2점]

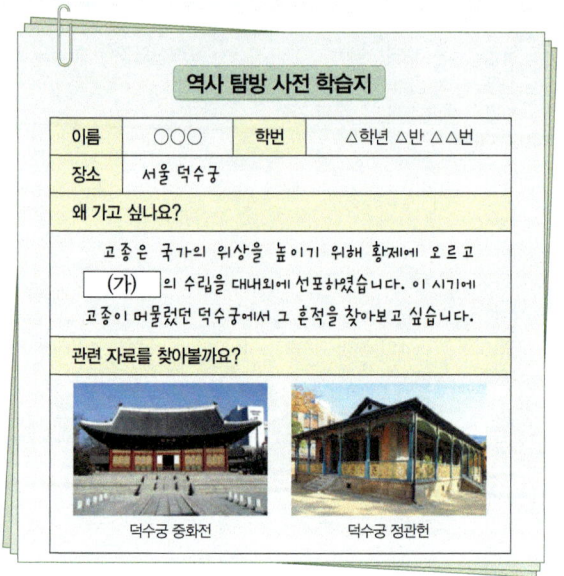

① 지계가 발급되었다.
② 척화비가 건립되었다.
③ 홍범 14조가 반포되었다.
④ 치안 유지법이 제정되었다.

06

(가) 시기에 있었던 사실로 옳은 것은? [2점]

① 당백전을 발행하였다.
② 영선사를 파견하였다.
③ 육영 공원을 설립하였다.
④ 대한국 국제를 제정하였다.

07

밑줄 그은 '단체'로 옳은 것은? [2점]

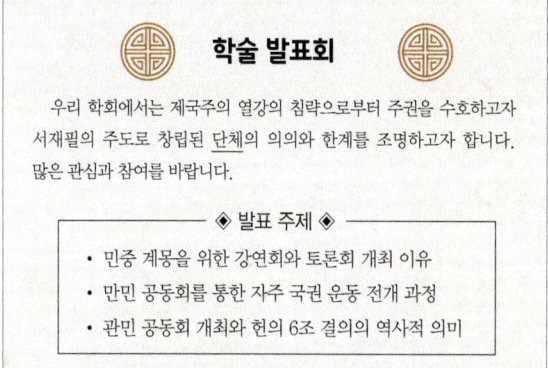

학술 발표회

우리 학회에서는 제국주의 열강의 침략으로부터 주권을 수호하고자 서재필의 주도로 창립된 단체의 의의와 한계를 조명하고자 합니다. 많은 관심과 참여를 바랍니다.

◆ 발표 주제 ◆
- 민중 계몽을 위한 강연회와 토론회 개최 이유
- 만민 공동회를 통한 자주 국권 운동 전개 과정
- 관민 공동회 개최와 헌의 6조 결의의 역사적 의미

■일시 : 2022년 4월 ○○일 13:00~18:00
■장소 : △△문화원 소강당

① 보안회
② 신민회
③ 독립 협회
④ 대한 자강회

08

다음 사건 이후에 일어난 사실로 옳은 것은? [2점]

역사 신문

제△△호   ○○○○년 ○○월 ○○일

국왕, 경복궁을 떠나다

2월 11일 국왕과 세자가 비밀리에 러시아 공사관으로 거처를 옮겼다. 일본군 감시가 허술한 틈을 타 궁녀의 가마를 타고 경복궁을 나왔는데, 공사관에 도착한 때는 대략 오전 7시 30분이었다.

① 훈련도감이 설치되었다.
② 청에 영선사가 파견되었다.
③ 외규장각 도서가 약탈되었다.
④ 대한 제국 수립이 선포되었다.

09

(가)에 들어갈 단체의 활동으로 옳은 것은? [2점]

오늘 신문에 (가) 이/가 종로에서 만민 공동회를 열어 러시아 군사 교관 철수를 요구했다는 기사가 실렸네.

지난 기사에는 러시아의 절영도 조차 요구를 반대했다는 내용이 실렸었지요.

① 태극 서관을 운영하였다.
② 독립문 건립을 주도하였다.
③ 고종 강제 퇴위를 반대하였다.
④ 국채 보상 운동을 지원하였다.

10

다음 사건이 일어난 시기를 연표에서 옳게 고른 것은? [3점]

아침 7시가 될 무렵 왕과 세자는 궁녀들이 타는 가마를 타고 몰래 궁을 떠났다. 탈출은 치밀하게 계획된 것이었다. 1주일 전부터 궁녀들은 몇 채의 가마를 타고 궐문을 드나들어서 경비병들이 궁녀들의 잦은 왕래에 익숙해지도록 했다. 그래서 이른 아침 시종들이 두 채의 궁녀 가마를 들고 나갈 때도 경비병들은 특별히 신경 쓰지 않았다. 왕과 세자는 긴장하며 러시아 공사관에 도착했다.

― F. A. 매켄지의 기록 ―

1863	1871	1884	1895	1904
(가)	(나)	(다)	(라)	
고종 즉위	신미 양요	갑신 정변	을미 사변	러일 전쟁

① (가)   ② (나)
③ (다)   ④ (라)

기출테마 36 항일 의병과 애국 계몽 운동

외우는 핵심 키워드

항일 의병 투쟁

을미의병 (1895)	• 최초의 항일 의병 • 명성황후 시해와 단발령 계기 • 유인석, 이소응의 충주성 점령 • 고종의 해산 권고 조칙 후 자진 해산 • 활빈당 활동
을사의병 (1905)	• 을사늑약의 폐기와 친일 내각 타도 • **민종식** : 관리 출신, 홍주성(홍성) 점령 • **최익현** : 태인에서 거병, 쓰시마 섬에서 순국 • **신돌석** : 평민 의병장
정미의병 (1907)	• 고종의 강제 퇴위와 군대 해산 계기 • 해산 군인들의 의병 합류
13도 창의군 (1907. 12)	• **총대장** : 이인영, **군사장** : 허위 • 국제법상 교전 단체 승인 요청 • 서울 진공 작전 전개

애국 계몽 운동

보안회 (1904)	일제의 황무지 개간권 요구 저지
헌정 연구회 (1905)	• 입헌 군주제 수립 목적 • 일진회의 반민족 행위 규탄 중 해산
대한 자강회 (1906)	• 장지연, 윤치호 등 참여 • 고종의 강제 퇴위 반대 운동 • 통감부의 탄압으로 해산
신민회 (1907)	• **조직** : 비밀 결사 단체 • **구성** : 안창호, 양기탁 등 • **목적** : 국권 회복과 공화정체의 국민 국가 건설 • **학교 설립** : 대성학교, 오산학교 • **산업 활동** : 태극서관, 자기회사 • **독립 활동** : 남만주(서간도) 삼원보에 경학사 설립, 신흥 강습소 설립 • **기관지** : 대한매일신보 • **해체** : 105인 사건

외우는 빈출 선지

- 서울 진공 작전을 전개하였다. → 정미의병
- 고종의 해산 권고 조칙에 따라 해산하였다. → 을미의병
- 최익현이 주도하였다. → 을사의병
- 13도 창의군을 결성하였다. → 정미의병
- 태극 서관, 자기 회사를 운영하였다. → 신민회
- 일본의 황무지 개간권 요구를 저지하였다. → 대한 자강회
- 대성 학교를 설립하였다. → 신민회
- 단발령에 대한 반발로 일어났다. → 을미의병
- 고종 강제 퇴위 반대 운동을 전개하였다. → 대한 자강회
- 105인 사건으로 해체되었다. → 신민회

01

밑줄 그은 '의병'에 대한 설명으로 옳은 것은? [3점]

> 이곳은 원주진위대의 본부였던 옛 강원 감영입니다. 원주진위대 특무정교였던 민긍호는 군대 해산 조칙에 반발하여 원주진위대를 중심으로 <u>의병</u>을 결성하고 무기고를 습격하였습니다. 이후 그는 <u>의병</u>을 이끌고 여러 전투에서 활약하였습니다.

① 서울 진공 작전을 전개하였다.
② 조선 혁명 선언을 활동 지침으로 삼았다.
③ 독립 공채를 발행하여 자금을 마련하였다.
④ 고종의 해산 권고 조칙에 따라 해산하였다.

02

다음 그림 카드를 활용한 학습 주제로 가장 적절한 것은? [2점]

> 옛날에는 전쟁으로 나라가 망했는데, 오늘날에는 조약 때문이다. 우리가 스스로 외교하지 못하고 타인이 대신하니, 이는 나라가 없는 것이다. 조약을 제멋대로 허락한 을사오적은 실로 우리나라 만대의 역적이니, 마땅히 제거해야 한다.
>
> 최익현

① 비변사의 설치
② 기묘사화의 발생
③ 임술 농민 봉기의 발발
④ 항일 의병 운동의 전개

03

(가) 의병에 대한 설명으로 옳은 것은? [2점]

역사 뮤지컬

총을 들어 의(義)를 외치다

"일본의 노예로 사느니, 끝까지 싸우다 죽겠소."

1907년 고종의 강제 퇴위, 군대 해산에 반발하여 (가) 이/가 일어났습니다. 의(義)를 외치며 일어난 사람들과 그들의 목소리를 세상에 알린 기자 매켄지의 이야기를 뮤지컬로 만나 보세요.

- 일시: 2024년 ○○월 ○○일 18시
- 장소: △△ 아트홀

① 최익현이 주도하였다.
② 13도 창의군을 결성하였다.
③ 백산에서 4대 강령을 발표하였다.
④ 제물포 조약이 체결되는 계기가 되었다.

04

(가)에 들어갈 인물로 옳은 것은? [1점]

- 평민 출신 의병장으로 알려짐
- 을미사변이 발생하자 영해에서 의병으로 활동함
- 을사늑약이 체결되자 울진, 평해 등지에서 일본군에 맞서 싸움
- 뛰어난 전술을 펼쳐 태백산 호랑이라고 불림

(앞면) (뒷면)

① 신돌석   ② 유인석
③ 최익현   ④ 홍범도

05

(가)에 해당하는 인물로 옳은 것은? [1점]

□□신문

제△△호   ○○○○년 ○○월 ○○일

(가) , 쓰시마섬에서 순국하다

을사늑약 체결에 저항하여 태인에서 의병을 일으켰던 (가) 이/가 오늘 절명하였다. 그는 관군이 진압하러 오자 같은 동포끼리는 서로 죽일 수 없다며 전투를 중단하고 체포되었다. 서울로 압송된 뒤 쓰시마섬에 끌려가 최후를 맞이하였다.

①  신돌석
②  최익현
③  안중근
④  홍범도

06

밑줄 그은 '이 부대'에 대한 설명으로 옳은 것은? [2점]

○○에게

이보게, 나는 마침내 의병에 합류하였네. 황제 폐하께서 강제로 그 자리에서 내려오셔야 했던 사건은 여전히 울분을 참을 수 없게 만드네. 일제가 끝내 우리 군대를 강제로 해산시키는 과정에서 동료들의 죽음을 보며 가만히 있을 수 없었네. 나는 13도의 의병이 모여 조직되고 이인영 총대장이 지휘하는 <u>이 부대</u>에 가담하여 끝까지 나라를 지키려고 하네. 자네도 우리와 뜻을 같이하면 좋겠네.

옛 동료가

① 서울 진공 작전을 전개하였다.
② 일제의 탄압을 피해 자유시로 이동하였다.
③ 어재연의 지휘 아래 광성보에서 활약하였다.
④ 황푸 군관 학교에서 군사 훈련을 실시하였다.

07

밑줄 그은 '의병'이 일어난 시기를 연표에서 옳게 고른 것은? [3점]

역적들이 국모를 시해하고 억지로 머리카락을 깎게 하니 백성들이 의병을 일으켰다. 하지만 이제는 단발을 편한 대로 하게 하였으니 백성들은 흩어져 돌아가 생업에 종사하라.

1862	1875	1882	1894	1910
(가)	(나)	(다)	(라)	
임술 농민 봉기	운요호 사건	임오군란	청일 전쟁 발발	국권 피탈

① (가) ② (나)
③ (다) ④ (라)

08

밑줄 그은 '이 단체'로 옳은 것은? [2점]

이 사진에 대해 설명해 주세요.

일제가 조작한 105인 사건으로 끌려가는 애국 지사들을 찍은 사진입니다. 이 사건을 계기로 안창호, 양기탁 등이 비밀리에 결성한 이 단체가 와해되었습니다.

① 보안회 ② 신민회
③ 대한 자강회 ④ 헌정 연구회

09

(가) 단체의 활동으로 옳은 것은? [2점]

(가) , 애국 계몽 운동을 펼치다

안창호, 양기탁 등이 중심이 되어 조직한 비밀 결사로, 국권 회복과 공화 정체의 근대 국가 건설을 목표로 하였다.

이를 위해 국내에서는 교육 진흥, 국민 계몽, 산업 진흥을 강조하였다. 국외에서는 독립운동 기지 건설을 통한 군사적 실력 양성을 꾀하였다. 일제가 날조한 105인 사건으로 국내 조직이 해산되었다.

안창호

① 독립신문을 창간하였다.
② 한성 사범 학교를 설립하였다.
③ 태극 서관, 자기 회사를 운영하였다.
④ 일본의 황무지 개간권 요구를 저지하였다.

10

다음 대화가 이루어진 시기에 볼 수 있는 모습으로 적절한 것은? [3점]

 러시아와 전쟁을 하고 있는 일본이 군수 물자 수송을 위해 경부선 철도 건설을 서두르고 있다네요.

 한창 농사일로 바쁜 시기에 마을 남자들을 강제로 끌고 가 고된 일을 시키면서 임금도 제대로 주지 않고 있어요.

① 조총으로 무장한 훈련도감 군인
② 황국 신민 서사를 암송하는 학생
③ 치안 유지법 위반으로 구속된 독립운동가
④ 일본의 황무지 개간권 요구에 반대하는 보안회 회원

기출테마 37 근대 문물 및 경제 구국 운동

외우는 핵심 키워드

근대 문물

1883년	• **기기창** : 근대식 무기 제조 • **박문국** : 근대식 인쇄 시설 • **전환국** : 근대식 화폐 발행
1884년	• **우정총국** : 우편 업무
1885년	• **광혜원(제중원)** : 최초의 근대식 병원 • 서울–인천, 서울–의주 전선 가설 • **한성 전보 총국** : 전신 업무 시작
1887년	• 한성 전기 회사 설립 • 경복궁에 전등 가설
1898년	• 경운궁에 전화 설치
1899년	• 서대문–청량리 전차 운행 • **경인선 개통** : 최초의 철도
1904년	• 세브란스 병원 개원
1905년	• 경부선과 경의선 개통

상권 수호 운동(1898)

- **시전 상인** : 황국 중앙 총상회 설립, 서울 상권 수호
- **경강상인** : 증기선 도입, 운송권 회복 노력
- **관리, 객주, 보부상** : 대동상회, 장통상회

국채 보상 운동(1907)

- **재정 악화** : 일본의 차관 강요
- **경제 구국 운동** : 정부의 외채를 국민의 힘으로 상환
- **발의** : 대구 국민 대회에서 서상돈, 김광제 발의
- **국채 보상 기성회** : 금주·금연을 통한 차관 갚기 운동 전개
- **후원** : 대한매일신보
- **결과** : 통감부의 방해로 실패

외우는 빈출 선지

- 경부선 기차를 이용하는 승객 → **1905**
- 경인선 기차를 타고 가는 승객 → **1899**
- 박문국에서 한성순보를 인쇄하는 기술자 → **1883**
- 서울과 부산을 잇는 경부선 철도가 부설되었다. → **1905**
- 근대적 우편 업무를 담당하였던 곳 → **우정총국**
- 순 한문 신문인 한성순보가 발간되었던 곳 → **박문국**
- 대한매일신보 등 언론의 지원을 받았다. → **국채 보상 운동**
- 황국 중앙 총상회를 중심으로 전개되었다. → **상권 수호 운동**

01

다음 가상 대화가 이루어진 시기에 볼 수 있는 모습으로 가장 적절한 것은? [3점]

> 황성신문에 러시아와 일본 사이에 벌어진 전쟁의 활동 사진을 상영한다는 광고가 실렸구나.

> 전쟁이 시작된 지 벌써 일 년이 넘었는데 아직도 끝나지 않았군요. 제물포 앞바다에서 해전이 벌어지기도 하였는데, 전쟁이 우리에게 어떤 영향을 끼칠지 두려워요.

① 경부선 기차를 이용하는 승객
② 조총으로 무장한 훈련도감 군인
③ 우정총국 개국 축하연에 참석하는 관리
④ 치안 유지법 위반으로 연행되는 독립운동가

02

(가)에 들어갈 화폐로 옳은 것은? [1점]

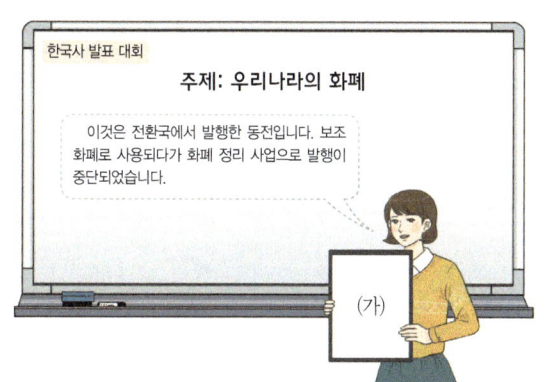

한국사 발표 대회
주제: 우리나라의 화폐

> 이것은 전환국에서 발행한 동전입니다. 보조 화폐로 사용되다가 화폐 정리 사업으로 발행이 중단되었습니다.

(가)

①  당백전

② 백동화

③  건원중보

④  삼한통보

03

다음 기사에 나타난 시기에 볼 수 있는 모습으로 가장 적절한 것은? [3점]

> **역사 신문**
> 제△△호   ○○○○년 ○○월 ○○일
>
> **전등, 대한 제국의 거리를 밝히다**
>
> 동대문 발전소에서 전등 개설식이 거행되었다. 2년 전 서대문과 청량리 사이에 최초의 전차를 개통했던 한성 전기 회사는 이번 행사를 위해 특별 전차까지 동원하였다. 작년에는 종로에 세 개의 가로등만이 점등되었으나, 이제 전선이 연결된 길을 따라 큰 거리도 전등으로 환하게 밝히게 되었다.

① 경인선 기차를 타고 가는 승객
② 텔레비전 뉴스를 보도하는 기자
③ 박문국에서 한성순보를 인쇄하는 기술자
④ 라디오 방송을 송출하는 경성 방송국 직원

04

다음 장면에 나타난 운동으로 옳은 것은? [1점]

① 국채 보상 운동
② 문자 보급 운동
③ 물산 장려 운동
④ 민립 대학 설립 운동

05

밑줄 그은 ㉠에 해당하는 내용으로 적절하지 <u>않은</u> 것은? [3점]

① 극장인 원각사가 세워졌다.
② 덕수궁에 중명전이 건립되었다.
③ 박문국에서 한성순보가 발행되었다.
④ 서울과 부산을 잇는 경부선 철도가 부설되었다.

06

다음 상황 이후에 볼 수 있는 모습으로 가장 적절한 것은? [3점]

① 한성순보를 발간하는 직원
② 만민 공동회에서 연설하는 백정
③ 경부선 철도 개통식에 참석하는 관리
④ 동문학에서 영어를 공부하고 있는 학생

07

(가)에 들어갈 내용으로 옳은 것은? [2점]

① 나운규의 아리랑이 개봉되었던 곳
② 근대적 우편 업무를 담당하였던 곳
③ 순 한문 신문인 한성순보가 발간되었던 곳
④ 헐버트를 교사로 초빙해 근대 학문을 가르쳤던 곳

08

밑줄 그은 '이 운동'에 대한 설명으로 옳은 것은? [2점]

① 만민 공동회를 개최하였다.
② 대한매일신보 등 언론의 지원을 받았다.
③ 조선 사람 조선 것이라는 구호를 내세웠다.
④ 백정에 대한 사회적 차별 철폐를 주장하였다.

09

(가)에 들어갈 내용으로 옳은 것은? [3점]

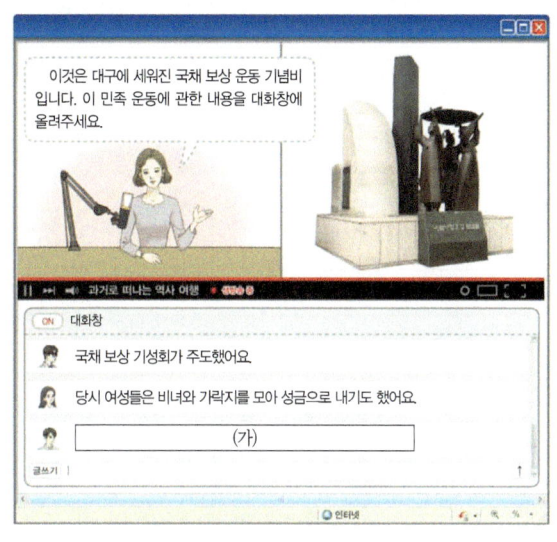

① 근우회의 후원으로 확산되었어요.
② 조선 총독부의 방해로 실패했어요.
③ 김홍집 등이 중심이 되어 활동했어요.
④ 대한매일신보 등 언론의 지원을 받았어요.

10

(가)에 들어갈 기구로 옳은 것은? [1점]

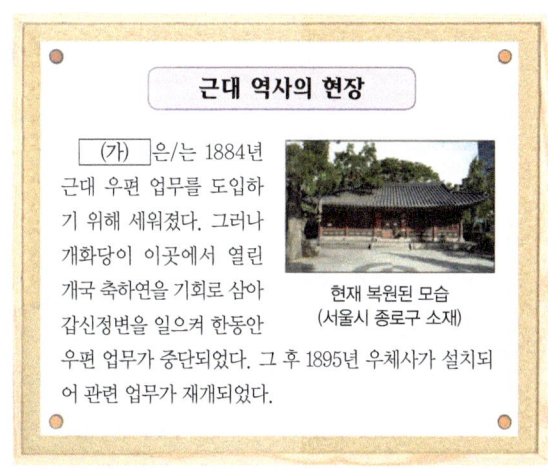

① 기기창
② 우정총국
③ 군국기무처
④ 통리기무아문

기출테마 38 근대 신문 및 근대 교육

외우는 핵심 키워드

근대 신문

한성순보 (1883~1884)	• 박문국 발간 최초의 신문 • 관보 성격의 순한문 신문 • 10일 주기 발간
독립신문 (1896~1899)	• 서재필 발행, 독립 협회 기관지 • 최초의 민간 신문 • 순한글판과 영문판 간행 • 띄어쓰기 실시
황성신문 (1898~1910)	• 남궁억, 유근 등 개신유학자들 발간 • 국한문 혼용 • 민족주의적 성격의 항일 신문 • 보안회 지원 • 장지연의 '시일야방성대곡' 게재 • 을사조약 폭로로 80일간 정간
제국신문 (1898~1910)	• 이종일 발행, 순한글 계몽 일간지 • 일반 대중과 부녀자 중심
대한매일신보 (1904~1910)	• 영국인 베델과 양기탁 공동 창간 • 국한문판, 한글판, 영문판 간행 • 신민회 기관지 • 국채 보상 운동 후원
만세보 (1906~1907)	• 오세창 창간, 천도교 기관지 • 이인직의 혈의 누 연재
해조신문 (1908)	• 최봉준이 연해주에서 창간 • 해외에서 발행된 한인 최초의 한글 신문 • 러시아 한인 동포 계몽

근대 교육

1883년	동문학	• 정부 설립 영어 교육 기관 • 외국어 통역관 양성 목적 • 통리교섭통상사무아문 부속 기관
	원산학사	• 함경도 덕원부사 정현석과 주민들 설립 • 최초의 근대적 사립학교 • 외국어와 자연 과학 등 근대 학문과 무술 교육
1885년	배재학당	• 미국의 개신교 선교사 아펜젤러가 설립 • 선교 목적으로 한양에 설립 • 신학문 보급 기여
1886년	육영공원	• 정부가 보빙사 민영익의 건의로 설립 • 최초의 근대식 관립 학교 • 길모어, 헐버트 등 미국인 교사 초빙 • 상류층의 자제들에게 근대 학문 교육
	이화학당	• 미국인 선교사 스크랜튼 부인 설립 • 최초의 여성 교육 기관
1895년	한성사범학교	• 2차 갑오개혁 때 고종이 교육 입국 조서 반포 후 설립 • 교원 양성 목적
1906년	서전서숙	• 이상설이 북간도에서 설립 • 최초의 신문학 민족 교육 기관
1907년	오산학교	• 이승훈, 정주 설립 • 신민회의 민족 교육 기관
1908년	대성학교	• 안창호, 평양 설립 • 신민회의 민족 교육 기관
	명동학교	• 김약연이 북만주 명동촌에 설립 • 간도 지역의 민족 교육 • 근대적 민족 교육 기관

외우는 빈출 선지

- 서전서숙을 설립하다. → 이상설
- 시일야방성대곡을 발표하다. → 장지연
- 천도교의 기관지였다. → 만세보
- 박문국에서 발간하였다. → 한성순보
- 한글판과 영문판으로 발행되었다. → 독립신문
- 시일야방성대곡이라는 논설을 실었다. → 황성신문
- 여성 교육을 위해 이화 학당을 설립하였다. → 스크랜튼 부인
- 헐버트를 교사로 초빙해 근대 학문을 가르쳤던 곳 → 육영 공원
- 국채 보상 운동을 지원하였다. → 대한매일신보
- 배재 학당에서 공부하는 학생 → 1885년
- 동문학에서 영어를 공부하고 있는 학생 → 1883년

01

(가)에 들어갈 내용으로 적절한 것은? [3점]

〈다큐멘터리 기획안〉

국권 회복을 위한 머나먼 여정

■ 기획 의도
불꽃 같은 삶을 살았던 이상설! 북간도, 헤이그, 연해주 등지로 이어지는 그의 치열했던 여정을 되짚어보고자 합니다.

■ 구성 내용
#1. _____(가)_____
#2. 만국 평화 회의에 특사로 파견되다
#3. 대한 광복군 정부를 조직하다
⋮

① 의열단을 조직하다
② 서전서숙을 설립하다
③ 동양 평화론을 집필하다
④ 시일야방성대곡을 발표하다

02

(가)에 들어갈 학교로 옳은 것은? [2점]

역사 인물 카드

・생몰: 1878년~1983년
・호: 도산
・주요 활동
 - 신민회 결성
 - (가) 설립
 - 대한인 국민회 중앙 총회 조직
 - 흥사단 창설

① 대성 학교 ② 원산 학사
③ 육영 공원 ④ 이화 학당

03

(가)에 들어갈 인물로 옳은 것은? [2점]

이달의 독립운동가

4월 (가) (1871~1938)

훈격: 대통령장

공적 개요
▶ 영국인 베델과 함께 대한매일신보 창간
▶ 비밀 결사인 신민회 조직
▶ 상하이로 건너가 대한민국 임시 정부에서 활동

① 김원봉 ② 나석주
③ 신익희 ④ 양기탁

04

밑줄 그은 '이 신문'에 대한 설명으로 옳은 것은? [2점]

오늘의 역사
10분 전
#신문의_날 #1896년_4월_7일

1896년 4월 7일은 서재필이 우리나라 최초의 민간 신문인 이 신문을 창간한 날입니다. 언론계에서는 이를 기념해 4월 7일을 '신문의 날'로 지정하였습니다.

① 천도교의 기관지였다.
② 박문국에서 발간하였다.
③ 한글판과 영문판으로 발행되었다.
④ 시일야방성대곡이라는 논설을 실었다.

05

밑줄 그은 '학교'로 옳은 것은? [2점]

① 배재 학당 ② 오산 학교
③ 육영 공원 ④ 이화 학당

06

밑줄 그은 '신문'으로 옳은 것은? [2점]

① 만세보 ② 한성순보
③ 황성신문 ④ 대한매일신보

07

(가)에 들어갈 근대 교육 기관으로 옳은 것은? [2점]

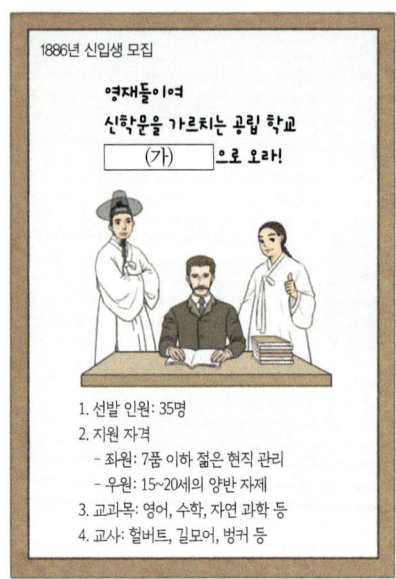

① 서전서숙 ② 배재 학당
③ 육영 공원 ④ 이화 학당

08

(가)에 해당하는 신문으로 옳은 것은? [1점]

① 독립신문
② 제국신문
③ 해조신문
④ 대한매일신보

09

(가)에 해당하는 신문으로 옳은 것은? [1점]

① 만세보
② 독립신문
③ 해조신문
④ 대한매일신보

10

(가)에 해당하는 신문으로 옳은 것은? [1점]

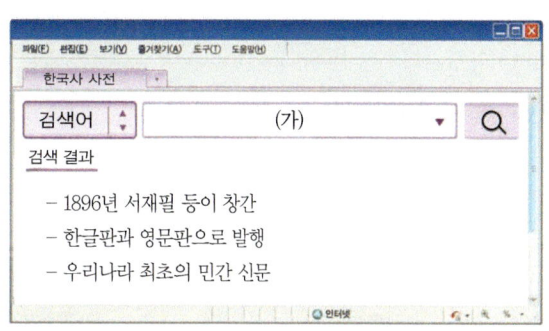

- 1896년 서재필 등이 창간
- 한글판과 영문판으로 발행
- 우리나라 최초의 민간 신문

① 독립신문
② 제국신문
③ 해조신문
④ 대한매일신보

| 문제편 |

PART 5
일제 강점기 독립 운동

기출테마 **39** 일제의 국권 침탈

기출테마 **40** 일제의 식민 통치

기출테마 **41** 1910년대 민족 운동

기출테마 **42** 3·1 운동과 대한민국 임시 정부

기출테마 **43** 항일 운동과 의열 투쟁

기출테마 **44** 1920~1940년대 무장 독립 전쟁

기출테마 **45** 실력 양성 및 사회적 민족 운동

기출테마 **46** 사회주의 운동과 민족 문화 수호 운동

기출테마 39 일제의 국권 침탈

외우는 핵심 키워드

일제의 국권 침탈

한·일 의정서 (1904. 2)	• 일본군의 전략상 필요 지역 마음대로 사용(독도 강제 편입) • 일본의 동의 없이 제3국과 조약 체결 금지(외교권 제한)
제1차 한·일 협약 (1904. 8)	• 고문 정치 실시 • 외교 고문 스티븐스 • 재정 고문 메가타 → 화폐 정리 사업
제2차 한·일 협약 [을사늑약] (1905.11)	• 통감부 설치 • 외교권 박탈 • 초대 통감 : 이토 히로부미 • 헤이그 특사 파견(이상설, 이준, 이위종) → 고종 강제 퇴위
한·일 신협약 [정미 7조약] (1907. 7)	• 황제(순종)의 동의 없이 강제 체결 • 차관 정치 실시 • 모든 통치권이 통감부로 이관 • 대한제국 군대 해산 → 정미의병
기유각서 (1909. 7)	• 사법권, 경찰권 박탈 • 감옥 사무권 박탈
한·일 병합 조약 (1910. 8)	• 초대 총독 : 데라우치 • 대한제국의 국권 강탈 • 일본의 식민 통치 시작

을사늑약에 대한 저항

- **헤이그 특사** : 이준, 이상설, 이위종
- **을사의병** : 최익현, 민종식, 신돌석
- **5적 암살단** : 나철, 오기호
- **상소 운동** : 이상설(매국노 처단 상소), 조병세(조약 파기 상소)
- **항일 언론** : 장지연의 시일야방성대곡(황성신문)
- **자결** : 민영환, 조병세 등

외우는 빈출 선지

- 통감부가 설치되는 결과를 가져왔다. → 을사늑약
- 을사늑약의 부당함을 전 세계에 알리고자 하였다. → 헤이그 특사
- 외교권 박탈 → 을사늑약
- 대한 제국 군대 해산 → 정미 7조약
- 화폐 정리 사업 실시 → 제1차 한·일 협약
- 헤이그 만국 평화 회의에 특사로 파견되었다. → 이준, 이상설, 이위종
- 을사오적 처단을 위해 자신회를 결성하였다. → 나철, 오기호

01

(가)~(라)에 들어갈 내용으로 옳은 것은? [2점]

한국사 탐구 보고서

지하철 역명에서 찾은 역사

- **주제**: 지하철 역명과 관련된 역사 인물의 활동을 알아본다.
- **방법**: 문헌 조사, 인터넷 검색
- **조사 내용**

지하철 역명	탐구 내용
을지로입구역	'을지'는 수의 침입 당시 (가) 에서 활약한 을지문덕의 이름에서 따옴.
낙성대역	'낙성대'는 (나) 을/를 승리로 이끌어 거란의 3차 침입을 물리친 강감찬이 태어났다고 알려진 곳임.
충무로역	'충무'는 1592년 일본의 침입으로 시작된 (다) 당시 수군을 이끈 이순신의 시호임.
충정로역	'충정'은 (라) (으)로 외교권이 박탈되자, 자결로써 이에 항의한 민영환의 시호임.

① (가) - 귀주 대첩   ② (나) - 안시성 전투
③ (다) - 병자호란   ④ (라) - 을사늑약

02

밑줄 그은 '조약'에 대한 설명으로 옳은 것은? [2점]

> 이것은 대한 제국 황제가 영국 왕에게 보내는 친서의 사본으로, 일본의 압력에 의해 부당하게 조약이 체결되었다는 내용 등이 있습니다. 황제는 외교권을 박탈한 조약의 부당함을 국제 사회에 알리고자 하였습니다.

① 최혜국 대우 조항이 들어있다.
② 통감부가 설치되는 결과를 가져왔다.
③ 청일 전쟁이 발발하는 원인이 되었다.
④ 대한국 국제가 반포되는 배경이 되었다.

03

(가), (나) 사이의 시기에 체결된 조약으로 옳은 것은? [2점]

 (가) 역사 신문 — 국외 중립 선언 무효화되다 — 한일 의정서

 (나) 역사 신문 — 일제가 국권을 강탈하다 — 한일 병합 조약

① 톈진 조약
② 정미 7조약
③ 제물포 조약
④ 시모노세키 조약

04

밑줄 그은 '이 조약'에 대한 설명으로 옳은 것은? [2점]

이곳은 네덜란드 헤이그에 있는 이준 열사 기념관입니다. 그는 대한 제국의 외교권을 박탈한 이 조약의 부당함을 세계에 알리기 위해 이상설, 이위종과 함께 만국 평화 회의에 특사로 파견되었습니다.

① 청일 전쟁의 배경이 되었다.
② 최혜국 대우의 조항이 들어 있다.
③ 운요호 사건을 계기로 체결되었다.
④ 통감부가 설치되는 결과를 가져왔다.

05

(가)에 들어갈 인물로 옳은 것은? [2점]

이번에 답사할 곳은 (가) 묘역입니다. 그는 이상설, 이위종과 함께 헤이그 만국 평화 회의에 특사로 파견되었습니다.

① 이준
② 손병희
③ 여운형
④ 홍범도

06

밑줄 그은 '특사'에 대한 설명으로 옳은 것은? [2점]

① 서양에 파견된 최초의 사절단이었다.
② 조선책략을 국내에 처음 소개하였다.
③ 기기국에서 무기 제조 기술을 배우고 돌아왔다.
④ 을사늑약의 부당함을 전 세계에 알리고자 하였다.

07

밑줄 그은 '새 조약'에 대한 설명으로 옳은 것은? [2점]

> 나인영은 진술하기를 "광무 9년 11월에 우리 대한 제국의 외교권을 일본에 넘겨준 새 조약은 일본의 강제에 따른 것으로 황제 폐하가 윤허하지 않았고, 참정대신이 동의하지도 않았습니다. 슬프게도 5적 이지용, 이근택, 박제순 등이 제멋대로 가(可)하다고 쓰고 속여 2천만 민족을 노예로 내몰았습니다."라고 하였다.

① 운요호 사건을 계기로 체결되었다.
② 최혜국 대우를 처음으로 규정하였다.
③ 통감부가 설치되는 결과를 가져왔다.
④ 외국과 맺은 최초의 근대적 조약이었다.

08

(가)~(다)를 일어난 순서대로 옳게 나열한 것은? [3점]

① (가) - (나) - (다)
② (가) - (다) - (나)
③ (나) - (다) - (가)
④ (다) - (가) - (나)

09

(가)~(다)를 일어난 순서대로 옳게 나열한 것은? [2점]

① (가) - (나) - (다)
② (가) - (다) - (나)
③ (다) - (가) - (나)
④ (다) - (나) - (가)

10

(가) 조약의 내용으로 옳은 것은? [2점]

> **우리와 함께 일제에 맞선 외국인**
>
>
> 호머 헐버트
>
> 호머 헐버트는 육영 공원의 교사로 초빙되어 우리나라와 처음 인연을 맺었다. 그는 1905년 일제에 의해 (가) 이/가 강제로 체결되자, 그 부당성을 알리기 위해 파견된 헤이그 특사의 활동을 지원하였다.

① 외교권 박탈
② 천주교 포교 허용
③ 화폐 정리 사업 실시
④ 대한 제국 군대 해산

기출테마 40 일제의 식민 통치

외우는 핵심 키워드

무단 통치기(1910년대)
- 조선 총독부 설치
- 조선 태형령 시행
- 회사령 공포, 회사 설립 허가제
- 산림령, 어업령, 광업령, 임야조사령
- 헌병 경찰제
- 토지 조사 사업
- 범죄 즉결례

문화 통치기(1920년대)
- 3·1 운동 계기, 국제 여론 악화
- 조선·동아일보 발간
- 치안 유지법 제정
- 회사령 철폐, 회사 설립 신고제, 관세 철폐
- 보통 경찰제
- 도 평의회 및 부·면 협의회 설치
- 산미 증식 계획

민족 말살 통치기(1930년대 이후)
- 우리 말, 우리 역사 교육 금지
- 신사 참배, 궁성 요배 강요
- 조선 사상범 보호 관찰령
- 조선 농지령 제정, 농촌 진흥 운동
- 창씨개명
- 조선·동아일보 폐간
- 조선 사상범 예비 구금령
- 남면북양 정책
- 황국 신민 서사 암송
- 소학교 명칭을 국민학교로 개칭
- 병참 기지화 정책
- 국가 총동원법(징용령, 징병제, 지원병제, 학도 지원병제, 여자 정신 근로령, 금속 공출제, 미곡 공출제, 식량 배급제 등)

외우는 빈출 선지

- 토지 조사 사업이 실시되었다. → 무단 통치기
- 경성 제국 대학이 설립되었다. → 문화 통치기
- 회사령이 시행되었다. → 무단 통치기
- 국가 총동원법이 제정되었다. → 민족 말살 통치기
- 산미 증식 계획을 추진하는 총독부 직원 → 문화 통치기
- 근우회에 가입하는 학생 → 문화 통치기
- 6·10 만세 운동에 참여하는 청년 → 문화 통치기
- 토지 조사령을 공포하는 일본인 관리 → 무단 통치기
- 미얀마 전선에서 활동하는 한국 광복군 대원 → 민족 말살 통치기
- 경성 제국 대학에 다니는 학생 → 문화 통치기
- 제복을 입고 칼을 찬 헌병 경찰 → 무단 통치기
- 국민 징용령에 의해 끌려가는 청년 → 민족 말살 통치기
- 공출을 독려하는 애국반 반장 → 민족 말살 통치기
- 황국 신민 서사를 암송하는 학생 → 민족 말살 통치기
- 원산 총파업에 참여하는 노동자 → 문화 통치기
- 조선 태형령을 관보에 싣는 관리 → 무단 통치기
- 암태도 소작 쟁의에 참여하는 농민 → 문화 통치기
- 미곡 공출제 시행 → 민족 말살 통치기
- 남면북양 정책 추진 → 민족 말살 통치기
- 농촌 진흥 운동 전개 → 민족 말살 통치기

01

밑줄 그은 '시기'에 있었던 사실로 옳은 것은? [2점]

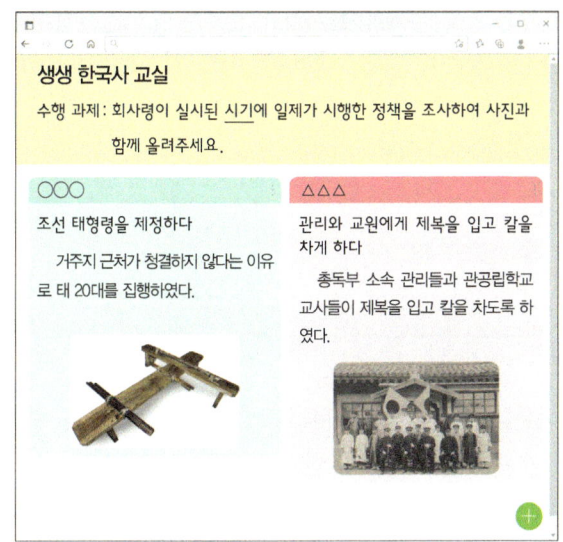

① 홍범 14조가 반포되었다.
② 군국기무처가 설치되었다.
③ 토지 조사 사업이 실시되었다.
④ 경성 제국 대학이 설립되었다.

02

다음 기사가 보도된 시기에 볼 수 있는 모습으로 가장 적절한 것은? [3점]

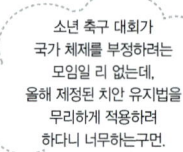

① 장용영에서 훈련하는 군인
② 군국기무처에서 회의하는 관리
③ 산미 증식 계획을 추진하는 총독부 직원
④ 조선 건국 준비 위원회에 참여하는 민족 운동가

03

밑줄 그은 '이 정책'으로 옳은 것은? [1점]

① 방곡령
② 남면북양 정책
③ 산미 증식 계획
④ 토지 조사 사업

04

밑줄 그은 '시기'에 볼 수 있는 모습으로 가장 적절한 것은? [2점]

① 근우회에 가입하는 학생
② 6·10 만세 운동에 참여하는 청년
③ 토지 조사령을 공포하는 일본인 관리
④ 미얀마 전선에서 활동하는 한국 광복군 대원

05

밑줄 그은 '시기'에 볼 수 있는 모습으로 가장 적절한 것은? [2점]

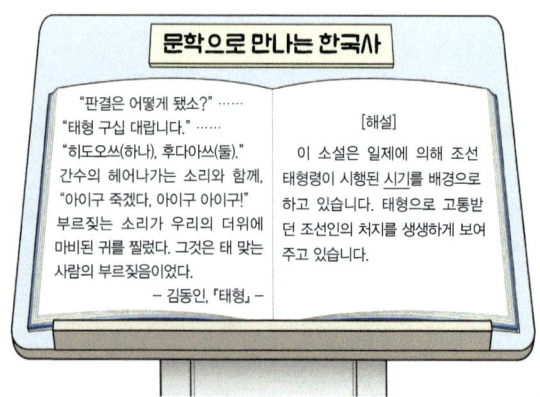

① 경성 제국 대학에 다니는 학생
② 제복을 입고 칼을 찬 헌병 경찰
③ 조선책략 유포에 반발하는 유생
④ 국민 징용령에 의해 끌려가는 청년

06

밑줄 그은 '이 시기'에 볼 수 있는 모습으로 적절하지 않은 것은? [3점]

이것은 일제 강점기 학적부의 일부입니다. 중일 전쟁 이후 침략 전쟁을 확대하던 이 시기에 일제는 학생들에게도 일본식으로 성명을 바꾸게 하는 창씨개명을 강요하였습니다.

① 공출을 독려하는 애국반 반장
② 황국 신민 서사를 암송하는 학생
③ 국민 징용령에 의해 끌려가는 청년
④ 회사령을 공포하는 조선 총독부 관리

07

밑줄 그은 '시기'에 볼 수 있는 모습으로 가장 적절한 것은? [2점]

저는 지금 제주 송악산에 있는 일제 동굴 진지에 와 있습니다. 동굴 진지는 일제가 일으킨 태평양 전쟁이 전개되던 시기에 송악산 주변 군사 시설 경비와 연안으로 침투하는 연합군에 대한 대비를 위해 만들어졌습니다.

① 원산 총파업에 참여하는 노동자
② 만민 공동회에서 연설하는 백정
③ 황국 신민 서사를 암송하는 학생
④ 조선 태형령을 관보에 싣는 관리

08

밑줄 그은 '시기'에 볼 수 있는 모습으로 가장 적절한 것은? [2점]

궁성요배 표어
중일 전쟁 이후 침략 전쟁을 확대하던 시기에 아침마다 일왕이 거처하는 곳(궁성)을 향해 절을 하며 경의를 표하도록 강요하기 위해, 친일 단체인 국민정신총동원 조선연맹이 만든 표어

① 태형을 집행하는 헌병 경찰
② 회사령을 공포하는 총독부 관리
③ 황국 신민 서사를 암송하는 학생
④ 암태도 소작 쟁의에 참여하는 농민

09

다음 법령이 시행된 시기 일제의 경제 정책으로 옳은 것은? [2점]

① 미곡 공출제 시행
② 남면북양 정책 추진
③ 농촌 진흥 운동 전개
④ 토지 조사 사업 실시

10

밑줄 그은 '이 시기'에 일제가 추진한 정책으로 옳은 것은? [3점]

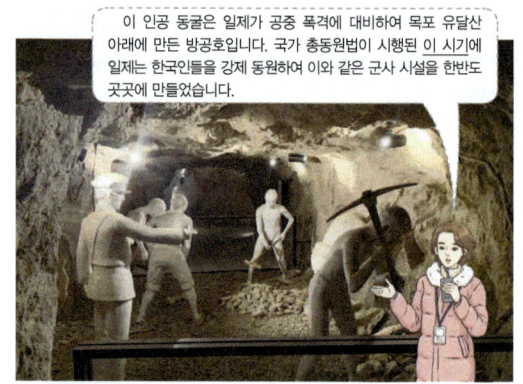

① 회사령을 공포하였다.
② 미곡 공출제를 시행하였다.
③ 치안 유지법을 제정하였다.
④ 헌병 경찰 제도를 실시하였다.

기출테마 41 1910년대 민족 운동

외우는 핵심 키워드

국내 항일 비밀 결사

독립 의군부 (1912)	• 임병찬이 고종의 밀지를 받아 조직 • 고종 복위 및 대한 제국 재건 목표(복벽주의) • 국권 반환 요구서 제출 계획
대한 광복회 (1915)	• 박상진(총사령), 김좌진(부사령) • 군대식 조직 단체 • 공화 정체 국가 건설 지향 • 군자금 모금 • 만주에 독립 사관학교 설립

국외 독립운동 기지

만주	서간도 (남만주)	• 신민회 : 삼원보 경학사 → 부민단 • 신흥 강습소 → 신흥 무관학교 → 서로 군정서
	북간도	• 대종교 : 중광단 → 북로 군정서 • 서전서숙(이상설), 명동학교(김약연)
	북만주	밀산부 한흥동 → 대한 독립군단
연해주		• 러시아 블라디보스토크 신한촌 건설 • 권업회(최재형) 조직, 권업신문 발행 • 대한 광복군 정부(이상설, 이동휘)
상해		• 신한 청년당(김규식, 여운형) : 파리 강화 회의에 김규식 파견, 독립 청원서 제출 • 신한 혁명당(박은식, 신규식) : 대동 단결 선언 발표
미주		• 대한인 국민회(안창호, 박용만, 이승만) → 미주 지역 • 흥사단(안창호) → 미국 샌프란시스코 • 대조선 국민군단(박용만) → 하와이 • 숭무 학교(이근영) → 멕시코

외우는 빈출 선지

- 서전서숙이 세워졌다. → 북간도
- 권업회가 조직되었다. → 연해주
- 신흥 강습소가 설립되었다. → 서간도
- 대한인 국민회가 결성되었다. → 미국
- 대조선 국민 군단을 창설하였다. → 박용만
- 고종의 밀지를 받아 조직되었다. → 독립 의군부
- 파리 강화 회의에 대표를 파견하였다. → 신한 청년당
- 중광단을 결성하였다. → 대종교
- 독립 의군부를 조직하였다. → 임병찬

01
(가)에 해당하는 단체로 옳은 것은? [2점]

오늘 이곳 대구복심법원에서 박상진에 대한 판결이 내려질 예정입니다. 그는 지난 1915년 비밀 결사인 (가) 을/를 조직하고, 독립 전쟁 자금 모금과 부호 처단을 주도하다 1918년 체포된 바 있습니다.

① 의열단 ② 대한 광복회
③ 독립 의군부 ④ 대한인 국민회

02
(가)에 해당하는 지역을 지도에서 옳게 찾은 것은? [2점]

이 책은 (가) 시종기입니다. 우당 이회영의 부인이자 독립운동가인 이은숙이 국권 피탈 후 (가) 에서의 망명 생활과 신흥 강습소 설립 과정 등을 기록한 책입니다.

① ㉠ ② ㉡ ③ ㉢ ④ ㉣

03

(가)에 들어갈 단체로 옳은 것은? [1점]

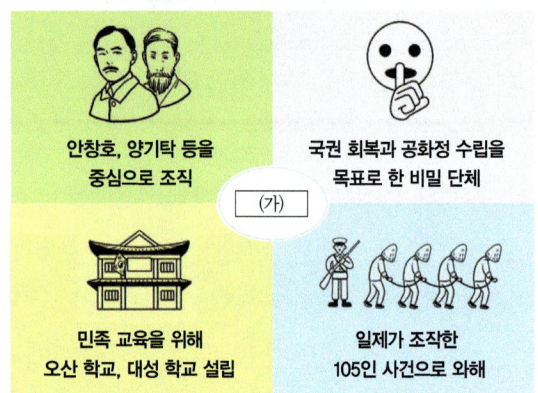

① 근우회 ② 보안회
③ 신민회 ④ 조선어 학회

04

(가)에 해당하는 단체로 옳은 것은? [2점]

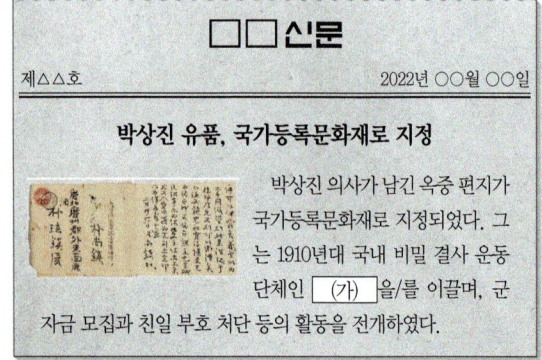

① 권업회 ② 보안회
③ 참의부 ④ 대한 광복회

05

(가)에 해당하는 지역을 지도에서 옳게 찾은 것은? [2점]

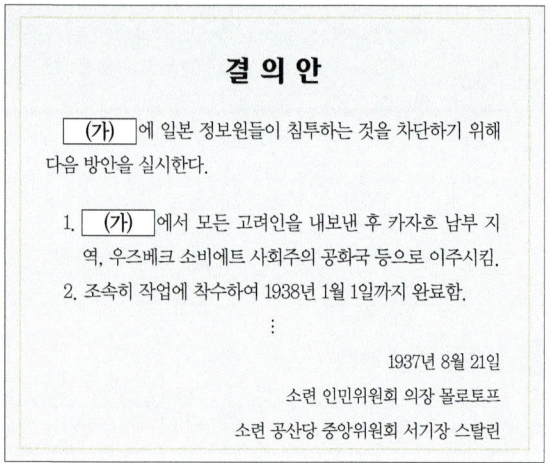

① ㄱ ② ㄴ ③ ㄷ ④ ㄹ

06

(가) 지역에서 있었던 독립운동에 대한 설명으로 옳은 것은? [3점]

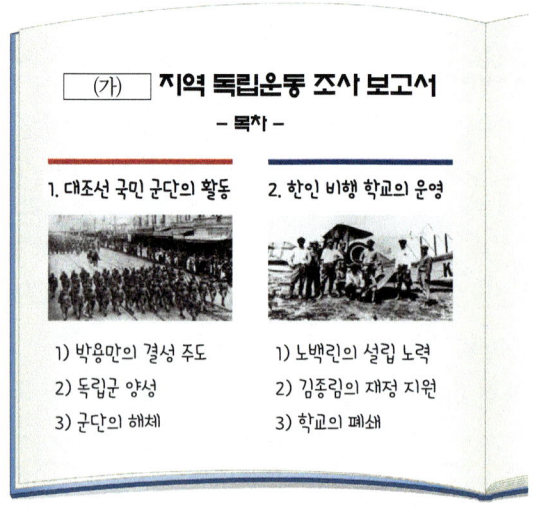

① 서전서숙이 세워졌다.
② 권업회가 조직되었다.
③ 신흥 강습소가 설립되었다.
④ 대한인 국민회가 결성되었다.

07

(가)에 들어갈 인물로 옳은 것은? [2점]

이달의 뮤지컬
연해주 독립운동의 대부, (가)

안중근의 하얼빈 의거를 도운 숨은 공로자, 연해주에서 권업회를 조직하여 독립운동을 이끈 인물, 우리는 그를 알고 있는가?

- 일시: 2021년 ○○월 ○○일 오후 6시
- 장소: △△대극장

① 박은식 ② 이봉창
③ 주시경 ④ 최재형

08

밑줄 그은 '이 단체'로 옳은 것은? [3점]

① 대한 광복회 ② 조선어 학회
③ 조선 형평사 ④ 한인 애국단

09

(가)에 해당하는 인물로 옳은 것은? [1점]

① 김규식 ② 안창호
③ 여운형 ④ 이동휘

10

(가)에 들어갈 내용으로 옳은 것은? [2점]

이곳 임청각은 대한민국 임시 정부 초대 국무령을 지낸 석주 이상룡의 생가입니다. 그는 이회영 등과 함께 만주 삼원보에 경학사와 (가) 을/를 세워 무장 독립 투쟁의 토대를 마련하였습니다. 일제는 이곳이 독립운동가를 다수 배출한 집이라 하여 철길을 내어 훼손하였다고 합니다.

① 동문학 ② 배재 학당
③ 신흥 강습소 ④ 한성 사범 학교

기출테마 42 3·1 운동과 대한민국 임시 정부

외우는 핵심 키워드

3·1 운동

- **배경**
  - 미국 : 윌슨의 민족 자결주의
  - 일본 : 2·8 독립 선언
  - 국내 : 대동단결 선언, 대한 독립 선언
- **전개**
  - 고종의 인산일 계기
  - 태화관에서 민족 대표 33인의 독립 선언
  - 만세 시위 운동 확산
  - 유관순 만세 시위(천안 아우내 장터)
  - 제암리 학살 사건
- **영향**
  - 무단 통치 → 문화 통치
  - 대한민국 임시 정부 수립 계기
  - 중국의 5·4 운동에 영향

대한민국 임시 정부 시대 구분

- 제1기(상해 시대) : 1919~1932
- 제2기(이동 시대) : 1932~1940
- 제3기(충칭 시대) : 1940~1945

국민 대표 회의 소집

- 이승만의 위임 통치 청원서 사건
- 창조파(신채호·박용만)와 개조파(안창호·이동휘)의 대립
- 이승만 탄핵 → 박은식 2대 대통령 추대

대한민국 임시 정부 활동사항

군자금 조달	독립 공채 발행, 국민 의연금 모금 연통제와 교통국 통해 전달 만주 이륭 양행, 부산 백산 상회
외교 활동	파리 강화 회의에 김규식 파견, 독립 청원서 제출 구미 위원부 설치
문화 활동	기관지 : 독립신문 사료 편찬소 : 한·일 관계 사료집
군사 활동	육군 무관 학교 설립 군무부, 직할 부대 설립 한국 광복군 창설

충칭 임시 정부 활동

- 한국 독립당 결성
- 건국 강령 : 조소앙의 삼균주의
- 김구 중심의 단일 주석 체제
- 한국 광복군 창설(지청천 총사령), 대일 선전 포고

외우는 빈출 선지

- 대한민국 임시 정부 수립의 계기가 되었다. → 3·1 운동
- 구미 위원부를 설치하였다. → 대한민국 임시 정부
- 독립 공채를 발행하였다. → 대한민국 임시 정부
- 한국 광복군을 창설하였다. → 대한민국 임시 정부
- 연통제를 실시하였다. → 대한민국 임시 정부
- 연통제와 교통국을 운영하였다. → 대한민국 임시 정부
- 제암리 학살 사건 → 3·1 운동
- 국민 대표 회의가 개최되었다. → 이승만 : 위임 통치 청원

01

(가) 민족 운동의 영향으로 가장 적절한 것은? [2점]

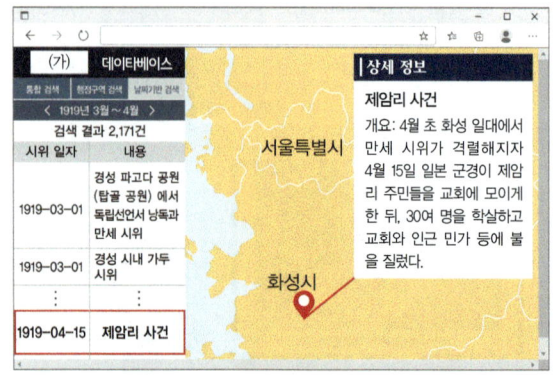

① 독립 의군부가 조직되었다.
② 국채 보상 운동이 전개되었다.
③ 교육 입국 조서가 반포되었다.
④ 대한민국 임시 정부가 수립되었다.

02

(가) 민족 운동에 대한 설명으로 옳은 것은? [2점]

① 청군의 개입으로 진압되었다.
② 대한매일신보의 후원을 받았다.
③ 황국 중앙 총상회를 중심으로 전개되었다.
④ 대한민국 임시 정부 수립의 계기가 되었다.

03

(가) 정부의 활동으로 옳은 것은? [2점]

① 한성순보를 발행하였다.
② 구미 위원부를 설치하였다.
③ 만민 공동회를 개최하였다.
④ 신흥 무관 학교를 설립하였다.

04

(가)의 활동으로 옳은 것은? [2점]

① 독립 공채를 발행하였다.
② 만민 공동회를 개최하였다.
③ 신흥 강습소를 설립하였다.
④ 잡지 어린이를 발간하였다.

05

(가)의 활동으로 옳은 것은? [2점]

① 독립문을 건립하였다.
② 서전서숙을 설립하였다.
③ 대한국 국제를 반포하였다.
④ 한국 광복군을 창설하였다.

06

밑줄 그은 '만세 시위 운동'의 영향으로 옳은 것은? [2점]

① 독립문이 건립되었다.
② 홍범 14조가 반포되었다.
③ 토지 조사 사업이 시작되었다.
④ 대한민국 임시 정부가 수립되었다.

07

밑줄 그은 '정부'의 활동으로 옳지 <u>않은</u> 것은? [3점]

① 연통제를 실시하였다.
② 독립 공채를 발행하였다.
③ 구미 위원부를 설치하였다.
④ 대한국 국제를 반포하였다.

08

(가)의 활동으로 옳은 것은? [2점]

① 구미 위원부를 설치하였다.
② 만민 공동회를 개최하였다.
③ 국채 보상 운동을 전개하였다.
④ 신흥 무관 학교를 설립하였다.

09

(가)의 활동으로 옳은 것은? [2점]

독립 공채 상환에 관한 특별 조치 법안 심사 보고서

1983.12. 재무위원회

......

가. 제안 이유

지금으로부터 64년 전인 1919년, (가) 에서는 항일 독립운동을 전개하기 위한 자금 조달 방법의 하나로 소위 '독립 공채'라는 것을 발행하였음.

이 공채는 대부분 해외 교민 및 미국인을 비롯한 외국인을 대상으로 발매되었으며, 이에는 '조국이 광복되고 독립을 승인받은 후 이자를 가산하여 상환할 것을 대한민국의 명예와 신용으로 보증한다.'고 기재되어 있음.

......

따라서 3·1 운동 이후 독립운동을 목적으로 발행된 (가) 명의의 공채에 대하여 국가가 이를 상환할 수 있도록 근거법을 마련, 전 국민의 독립 애국정신을 발양하는 동시, 정부의 대내외적인 공신력을 높이고자 함.

① 집강소를 설치하였다.
② 만민 공동회를 개최하였다.
③ 연통제와 교통국을 운영하였다.
④ 개벽, 신여성 등의 잡지를 발간하였다.

10

다음 상황이 일어난 시기를 연표에서 옳게 고른 것은? [2점]

나는 충격적인 사건이 발생한 제암리에 와 있다. 이곳에서 일본군은 교회에 마을 사람들을 모이게 하고 사격을 가한 후 불을 질렀다고 한다.

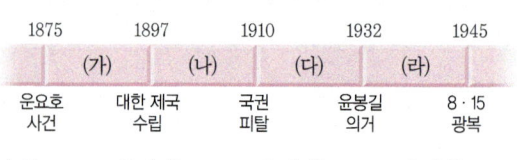

1875	1897	1910	1932	1945
	(가)	(나)	(다)	(라)
운요호 사건	대한 제국 수립	국권 피탈	윤봉길 의거	8·15 광복

① (가) ② (나) ③ (다) ④ (라)

기출테마 43 항일 운동과 의열 투쟁

외우는 핵심 키워드

항일 운동

6·10 만세 운동 (1926)	• 순종(융희)의 인산일 계기 • 민족주의 계열(천도교)과 사회주의 계열 연대 • 민족 유일당 운동 시작 → 신간회 결성
광주 학생 항일 운동 (1929)	• 한·일 학생 간 충돌의 편파적 처리 • 신간회 중앙 본부의 진상 조사단 파견 • 전국 각지에서 일어난 동맹 휴학의 도화선 • 3·1 운동 이후 최대 규모의 항일 민족 운동

의열 투쟁

의열단 (1919)	• 김원봉 : 만주에서 조직 • 신채호 : 조선 혁명 선언, 의열단 활동 지침, 민중의 직접 혁명 • 박재혁 : 부산 경찰서 폭탄 투척(1920) • 김익상 : 조선 총독부 폭탄 투척(1921) • 김상옥 : 종로 경찰서 폭탄 투척(1923) • 김지섭 : 일본 황궁 침입 시도(1923) • 나석주 : 조선 식산 은행, 동양 척식 주식회사 폭탄 투척(1926) • 황포 군관 학교 입학 → 조선 혁명 간부 학교 설립 → 민족 혁명당 결성
한인 애국단 (1931)	• 김구 : 상하이에서 조직 • 이봉창 : 도쿄에서 일왕의 행렬에 폭탄 투척(1932) • 윤봉길 : 상하이 훙커우 공원 의거(1932) • 중국 국민당(장개석) 정부의 임시 정부 지원 계기 → 한국 광복군 창설
기타	• 장인환, 전명운 : 친일 인사 스티븐스 사살(1908) • 안중근 : 이토 히로부미 사살, 동양 평화론 집필(1909) • 이재명 : 명동 성당 앞에서 이완용 습격(1909) • 강우규 : 사이토 총독에게 폭탄 투척(1920)

외우는 빈출 선지

- 동양 평화론을 저술하였다. → 안중근
- 한인 애국단을 조직하였다. → 김구
- 조선 혁명 선언을 작성하였다. → 신채호
- 도쿄에서 일왕을 향해 폭탄을 투척하였다. → 이봉창
- 훙커우 공원에서 일본군 장성 등을 살상하였다. → 윤봉길
- 명동 성당 앞에서 이완용을 습격하여 중상을 입혔다. → 이재명
- 샌프란시스코에서 친일 인사인 스티븐스를 사살하였다. → 장인환, 전명운
- 순종의 인산일에 일어났다. → 6·10 만세 운동
- 신간회에서 진상 조사단을 파견하였다. → 광주 학생 항일 운동
- 하얼빈에서 이토 히로부미를 처단하였다. → 안중근
- 신간회 등이 지원하여 전국으로 확산되다. → 광주 학생 항일 운동
- 조선 혁명 선언을 활동 지침으로 삼았다. → 의열단

01

(가)에 들어갈 단체로 옳은 것은? [2점]

1932년 1월 8일은 일본 도쿄에서 (가) 의 단원인 이봉창이 일왕을 향해 폭탄을 던지는 거사를 일으킨 날이다.

① 보안회
② 독립 의군부
③ 조선어 학회
④ 한인 애국단

02

(가) 인물에 대한 설명으로 옳은 것은? [2점]

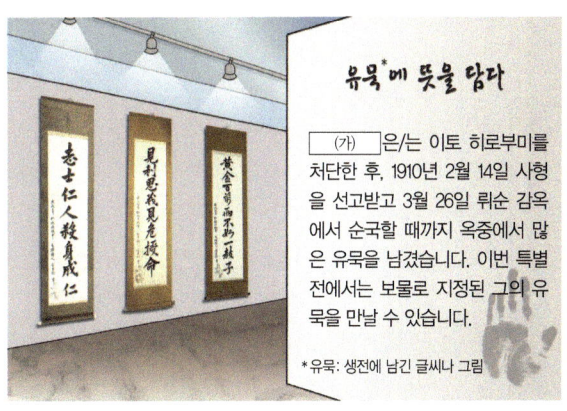

유묵*에 뜻을 담다

(가) 은/는 이토 히로부미를 처단한 후, 1910년 2월 14일 사형을 선고받고 3월 26일 뤼순 감옥에서 순국할 때까지 옥중에서 많은 유묵을 남겼습니다. 이번 특별전에서는 보물로 지정된 그의 유묵을 만날 수 있습니다.

*유묵: 생전에 남긴 글씨나 그림

① 동양 평화론을 저술하였다.
② 한인 애국단을 조직하였다.
③ 조선 혁명 선언을 작성하였다.
④ 청산리 전투를 승리로 이끌었다.

03

다음 공연의 소재가 된 인물에 대한 설명으로 옳은 것은? [3점]

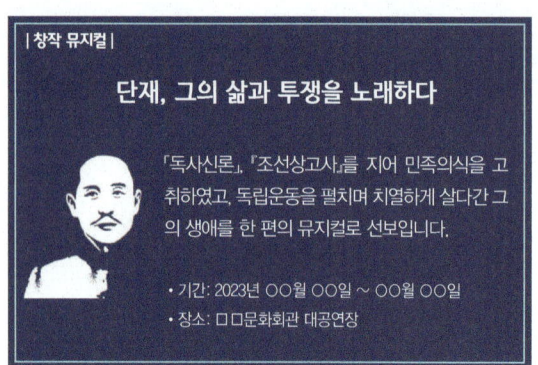

① 대한 광복회를 조직하였다.
② 조선 의용군을 창설하였다.
③ 조선 혁명 선언을 작성하였다.
④ 조선말 큰사전 편찬을 주도하였다.

04

다음 상황 이후에 일어난 사실로 옳은 것은? [2점]

① 6·10 만세 운동이 일어났다.
② 헤이그 특사가 파견되었다.
③ 토지 조사 사업이 실시되었다.
④ 제너럴 셔먼호 사건이 발생하였다.

05

(가)에 들어갈 내용으로 옳은 것은? [2점]

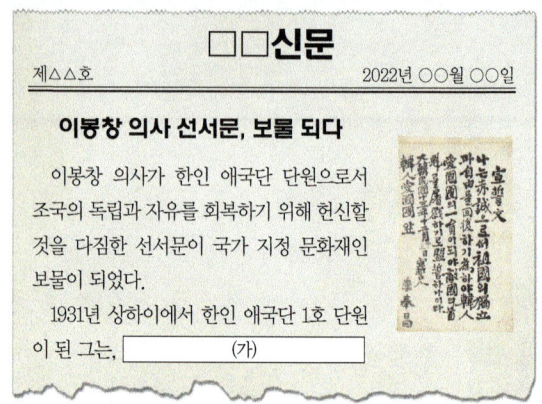

① 도쿄에서 일왕을 향해 폭탄을 투척하였다.
② 훙커우 공원에서 일본군 장성 등을 살상하였다.
③ 명동 성당 앞에서 이완용을 습격하여 중상을 입혔다.
④ 샌프란시스코에서 친일 인사인 스티븐스를 사살하였다.

06

(가)에 들어갈 인물로 옳은 것은? [2점]

① 김구
② 강우규
③ 윤봉길
④ 이승만

07

(가)에 들어갈 인물로 옳은 것은? [1점]

① 나석주
② 윤봉길
③ 이봉창
④ 이회영

08

밑줄 그은 '이 운동'에 대한 설명으로 옳은 것은? [2점]

① 순종의 인산일에 일어났다.
② 통감부의 탄압으로 실패하였다.
③ 국민 대표 회의 개최의 배경이 되었다.
④ 신간회에서 진상 조사단을 파견하였다.

09

(가)에 들어갈 단체로 옳은 것은? [1점]

① 의열단
② 중광단
③ 흥사단
④ 한인 애국단

10

다음 대화가 이루어진 시기를 연표에서 옳게 고른 것은? [3점]

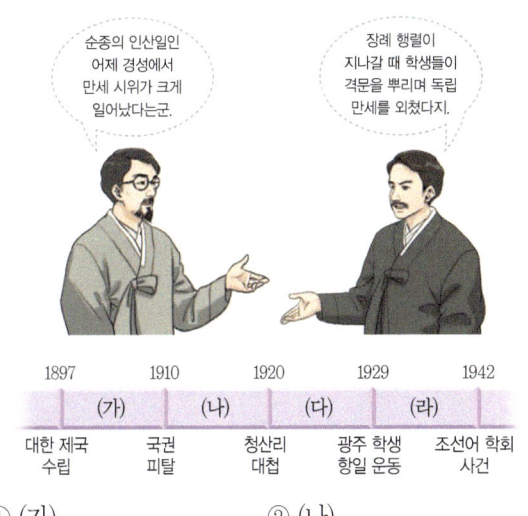

① (가)
② (나)
③ (다)
④ (라)

기출테마 44 1920~1940년대 무장 독립 전쟁

외우는 핵심 키워드

1920년대

봉오동 전투 (1920. 6)	홍범도의 대한 독립군과 군무 도독부군, 국민회군 등의 연합
청산리 대첩 (1920. 10)	• 훈춘사건의 불령선인 • 김좌진의 북로 군정서군과 홍범도의 대한 독립군 연합 • 간도 청산리의 어랑촌, 백운평, 천수평 등에서 격전
간도 참변 (1920. 10)	• 봉오동·청산리 전투에서의 패배에 대한 일제의 보복 • 독립군과 만주 한인촌에 대한 무차별 학살, 방화
대한 독립 군단 (1920. 12)	• 간도 참변 후 밀산부에서 대한 독립 군단 조직 • 소련령 자유시로 이동
자유시 참변 (1921. 6)	대한 독립 군단이 적색군의 무장 해제 요구에 저항하다 참변
3부 성립 (1923~1925)	• 자유시 참변 후 만주로 탈출하여 3부 구성 • 참의부(1923), 정의부(1925), 신민부(1925)
미쓰야 협정 (1925)	• 총독부 경무국장 미쓰야와 만주 군벌 사이에 맺어진 조약 • 독립군 체포 및 일본 인계 조약

1930년대

한·중 연합 작전	• 한국 독립군(지청천) + 중국 호로군 : 쌍성보 전투(1932), 사도하자 전투(1933), 대전자령 전투(1933) • 조선 혁명군(양세봉) + 중국 의용군 : 영릉가 전투(1932), 흥경성 전투(1933)
만주 항일 유격 투쟁	• 동북 인민 혁명군 → 동북 항일 연군 → 조국 광복회 • 보천보 전투 : 동북 항일 연군 + 조국 광복회 연합 유격전
민족 혁명당 (1935)	• 5개 정당이 난징에서 결성 • 김원봉 주도, 조소앙·지청천 이탈 • 조선 민족 전선 연맹 결성
조선 의용대 (1937)	• 김원봉이 중·일 전쟁 발발 직후 중국 국민당 정부의 지원을 받아 조직 • 조선 민족 전선 연맹 산하 부대로 한커우에서 창설 • 중국 관내에 결성된 최초의 한인 무장 부대 • 포로 심문, 요인 사살, 첩보 작전 수행 • 중국 팔로군과 호가장 전투 활약

1940년대

한국 광복군 (1940)	• 김구의 충칭 임시 정부 산하 부대 • 총사령 지청천 • 김원봉의 조선 의용대 일부 흡수 • 대일 선전 포고 • 연합군의 일원으로 태평양 전쟁 참여 • 영국군과 연합하여 인도·미얀마 전선 투입 • 미국 전략 정보국(OSS)과 국내 진공 작전 추진
조선 의용군 (1942)	• 조선 독립 동맹의 조선 의용대 개편 • 중국 팔로군에 편제되어 항일 전선 참여

외우는 빈출 선지

- 청산리 대첩에서 활약하였어요. → 북로 군정서군
- 자유시 참변으로 큰 타격을 입었어요. → 대한 독립군단
- 중국 관내에서 결성된 최초의 한인 무장 조직이었어요. → 조선 의용대
- 지청천을 총사령관으로 하여 창설되었다. → 한국 광복군
- 영릉가 전투에서 한중 연합 작전을 전개하였다. → 조선 혁명군
- 국내 진공 작전을 준비하였다. → 한국 광복군
- 간도 참변 이후 자유시로 이동하였다. → 대한 독립 군단
- 쌍성보에서 한중 연합 작전이 펼쳐졌다. → 한국 독립군
- 봉오동 전투에서 일본군을 격퇴하였다. → 대한 독립군
- 흥경성에서 중국 의용군과 연합 작전을 펼쳤다. → 조선 혁명군
- 만주 사변이 일어났다. → 한·중 연합 작전

01

(가)에 들어갈 내용으로 가장 적절한 것은? [2점]

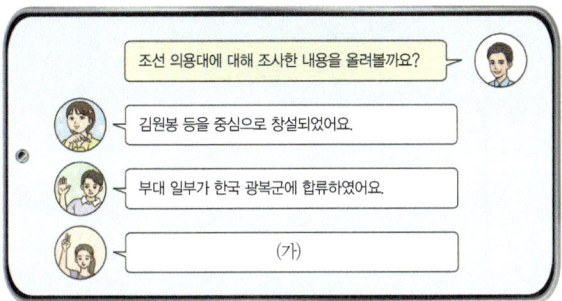

① 청산리 대첩에서 활약하였어요.
② 연통제와 교통국을 운영하였어요.
③ 자유시 참변으로 큰 타격을 입었어요.
④ 중국 관내에서 결성된 최초의 한인 무장 조직이었어요.

02

(가)에 들어갈 전투로 옳은 것은? [1점]

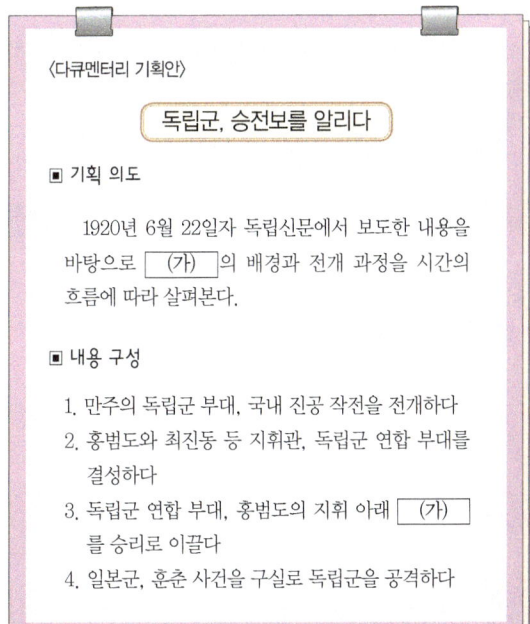

① 봉오동 전투   ② 쌍성보 전투
③ 우금치 전투   ④ 청산리 전투

03

(가)~(다)를 일어난 순서대로 옳게 나열한 것은? [3점]

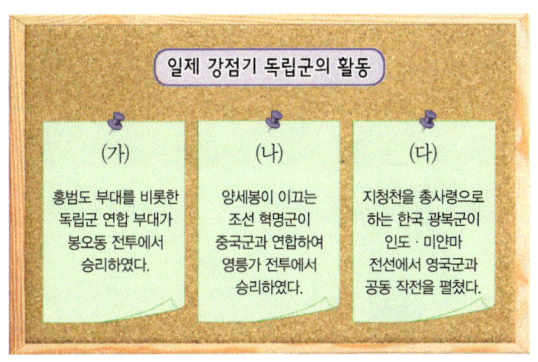

① (가) – (나) – (다)
② (가) – (다) – (나)
③ (나) – (가) – (다)
④ (다) – (나) – (가)

04

(가)에 들어갈 군사 조직으로 옳은 것은? [2점]

① 대한 독립군   ② 북로 군정서
③ 조선 의용대   ④ 조선 혁명군

05

(가)에 들어갈 전투로 옳은 것은? [1점]

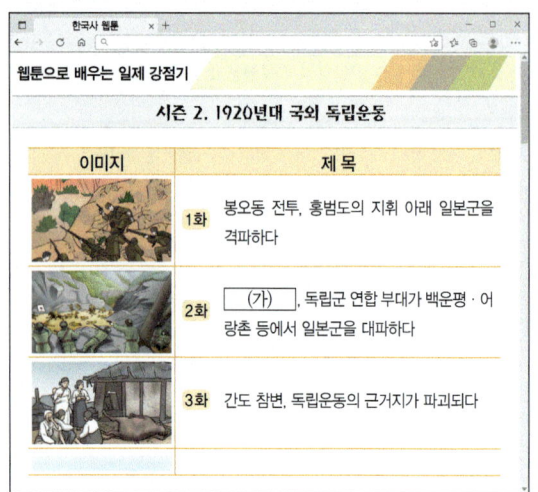

① 영릉가 전투
② 청산리 전투
③ 흥경성 전투
④ 대전자령 전투

06

(가)에 들어갈 무장 투쟁 단체로 옳은 것은? [3점]

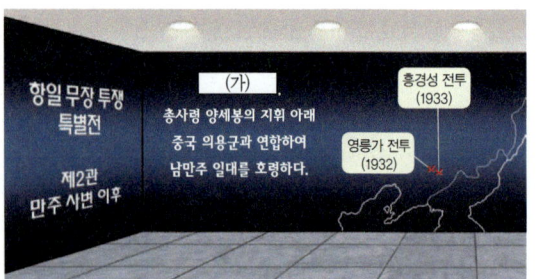

① 의열단
② 북로 군정서
③ 조선 혁명군
④ 한국 광복군

07

(가) 군대에 대한 설명으로 옳은 것은? [2점]

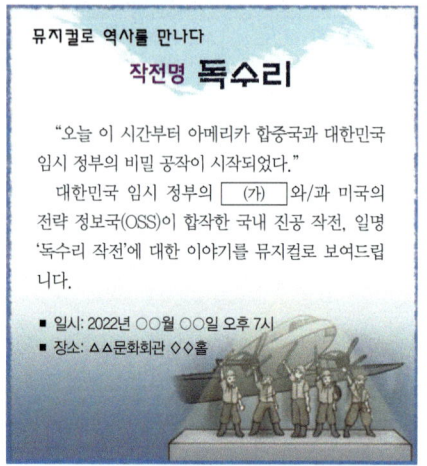

① 고종의 밀지를 받아 조직되었다.
② 조선 혁명 선언을 활동 지침으로 삼았다.
③ 지청천을 총사령관으로 하여 창설되었다.
④ 영릉가 전투에서 한중 연합 작전을 전개하였다.

08

(가)에 해당하는 군사 조직으로 옳은 것은? [1점]

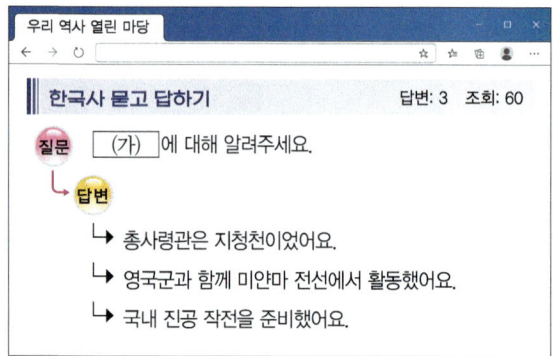

① 북로 군정서
② 조선 의용대
③ 조선 혁명군
④ 한국 광복군

09

(가)에 해당하는 인물로 옳은 것은? [2점]

> 봉오동 전투를 승리로 이끈 (가) 장군의 유해가 대한민국 특별수송기로 카자흐스탄에서 돌아오고 있습니다. 우리나라 공군 전투기 6대가 안전하게 호위하고 있습니다.

①  김좌진

②  양세봉

③  지청천

④  홍범도

10

밑줄 그은 '합의'가 이루어진 배경으로 옳은 것은? [3점]

> 이 자료는 지청천이 이끄는 한국 독립군이 중국 항일군과 합의한 내용입니다. 이를 바탕으로 한중 연합 작전이 전개되어 쌍성보 전투와 대전자령 전투에서 일본군에 큰 승리를 거두었습니다.

> 첫째, 한중 양군은 최악의 상황이 오더라도 장기간 항전할 것을 맹세한다.
>
> 둘째, 중동 철도를 경계선으로 서부 전선은 중국 측이 맡고, 동부 전선은 한국 측이 맡는다.
>
> 셋째, 전시에 후방의 전투 훈련은 한국 측이 맡고, 한국군에 필요한 군수품 등은 중국 측이 공급한다.

① 만주 사변이 일어났다.
② 카이로 회담이 개최되었다.
③ 태평양 전쟁이 발발하였다.
④ 조선 건국 준비 위원회가 결성되었다.

기출테마 45 실력 양성 및 사회적 민족 운동

외우는 핵심 키워드

실력 양성 운동

물산 장려 운동	• 배경: 회사령 철폐, 관세 철폐 • 발족: 조만식이 조선 물산 장려회 평양 개최(1920) • 구호: '내 살림 내 것으로', '조선 사람 조선 것' • 전개: 근검 절약, 생활 개선, 금주·금연 운동 • 결과: 일제 탄압과 사회주의 계열 방해
민립 대학 설립 운동	• 배경: 총독부의 대학 설립 요구 묵살 • 발족: 이상재가 조선 민립 대학 기성회 조직(1922) • 구호: '한민족 1천만이 한 사람 1원씩' • 전개: 조선 민립 대학 기성회 중심 모금 운동 전개 • 결과: 일제의 경성 제국 대학 설립으로 무마
문맹 퇴치 운동	• 문자 보급 운동: 조선일보 주도, '아는 것이 힘, 배워야 산다' • 브나로드 운동: 동아일보사 주도, '배우자 가르치자 다 함께 브나로드'

사회적 민족 운동

농민 운동	• 전남 신안군 암태도 소작쟁의(1923)
노동 운동	• 원산 총파업(1929): 1920년대 최대의 파업투쟁, 라이징 선 석유 회사의 조선인 구타 사건, 국외 노동 단체의 격려 전문 • 평양 고무 공장 파업(1931): 강주룡의 을밀대 고공 농성
여성 운동	• 조직: 근우회(1927), 신간회 자매 단체 • 의의: 김활란 중심의 여성계 민족 유일당 조직 • 활동: 여성 노동자의 권익 옹호와 생활 개선
소년 운동	• 조직: 방정환의 천도교 소년회(1921) • 활동: '어린이'라는 말을 만듦, 어린이날 제정, 잡지 어린이 발행
형평 운동	• 목적: 백정에 대한 사회적 차별 철폐 • 조직: 이학찬이 진주에서 조선 형평사 창립(1923)

외우는 빈출 선지

• 평양에서 시작하여 전국으로 확산하였다. → 물산 장려 운동
• 어린이날 제정에 기여하였다. → 방정환
• 조선 형평사의 주도로 전개되었다. → 형평 운동
• 근우회의 후원으로 확산되었어요. → 여성 운동
• 조선 사람 조선 것이라는 구호를 내세웠다. → 물산 장려 운동
• 백정에 대한 사회적 차별 철폐를 주장하였다. → 형평 운동
• 평양 을밀대 지붕에서 고공 농성을 벌였다. → 강주룡

01

(가)에 들어갈 민족 운동으로 옳은 것은? [1점]

① 새마을 운동   ② 브나로드 운동
③ 문자 보급 운동   ④ 물산 장려 운동

02

학생들이 공통으로 이야기하는 민족 운동으로 옳은 것은? [1점]

① 새마을 운동
② 국채 보상 운동
③ 물산 장려 운동
④ 민립 대학 설립 운동

03

(가)에 들어갈 운동으로 옳은 것은? [2점]

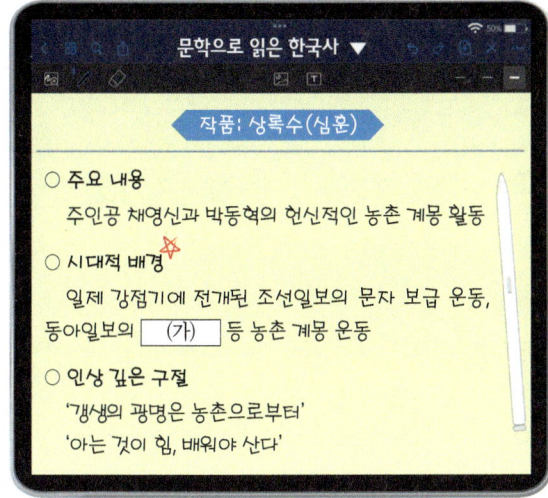

① 형평 운동
② 브나로드 운동
③ 국채 보상 운동
④ 물산 장려 운동

04

(가)에 들어갈 민족 운동으로 옳은 것은? [2점]

① 브나로드 운동
② 물산 장려 운동
③ 국채 보상 운동
④ 민립 대학 설립 운동

05

다음 퀴즈의 정답으로 옳은 것은? [1점]

① 근우회
② 보안회
③ 송죽회
④ 색동회

06

(가)에 해당하는 인물로 옳은 것은? [2점]

①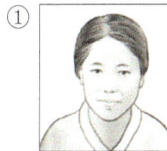
강주룡

②
남자현

③
유관순

④
윤희순

07

학생들이 공통으로 이야기하는 민족 운동으로 옳은 것은? [2점]

① 브나로드 운동
② 문자 보급 운동
③ 물산 장려 운동
④ 민립 대학 설립 운동

08

(가)에 들어갈 내용으로 적절한 것은? [1점]

① 서유견문
② 어린이날
③ 진단 학회
④ 통리기무아문

09

다음 자료의 민족 운동에 대한 설명으로 옳은 것은? [2점]

> 물산 장려에 대한 운동의 새로운 풍조가 시작된 이래로 …… 반드시 토산으로 원료를 삼아 학생모, 중절모 등을 제조하는 것이 좋겠다. …… 현재 인도에서는 간디캡이 크게 유행한다는데 간디 씨가 발명, 제조한 순 인도산의 재료로 순 인도인이 만든 모자라고 한다.

① 대한매일신보의 후원을 받았다.
② 평양에서 시작하여 전국으로 확산하였다.
③ 황국 중앙 총상회를 중심으로 전개되었다.
④ 독립문 건립을 위한 모금 활동이 추진되었다.

10

다음 기사에 보도된 민족 운동에 대한 설명으로 옳은 것은? [2점]

① 6·3 시위
② 새마을 운동
③ 원산 총파업
④ 제주 4·3 사건

기출테마 46 사회주의 운동과 민족 문화 수호 운동

외우는 핵심 키워드

신간회
- **회장** : 이상재
- **방향** : 민족 유일당 운동의 일환
- **결성** : 조선 민흥회(비타협적 민족주의) + 정우회(사회주의) 연합
- **활동** : 광주 학생 항일 운동 때 진상 조사단 파견
- **강령** : 민족의 단결, 정치·경제적 각성 촉진, 기회주의자 배격

한글 연구

조선어 연구회 (1921)	• 최현배, 이윤재가 국문 연구소(주시경) 계승 • 한글 보급 운동 : 잡지 한글 간행, 가갸날 제정, 조선어 강습회 개최
조선어 학회 (1931)	• 최현배, 이윤재 주도로 조선어 연구회 개편 • 한글 맞춤법 통일안과 표준어 제정 • 우리말 큰 사전 편찬 시도 • 조선어 학회 사건(1942)으로 해산

문예 활동

문학	1910년대	• 이광수의 무정 • 최남선의 해에게서 소년에게
	1920년대	• 창조, 폐허, 백조 등 잡지 간행 • 카프(KAPF)의 신경향파 문학 대두
	1930년대 이후	• **친일 문학** : 이광수, 최남선 • **저항 문학** : 한용운, 이육사, 윤동주
예술	미술	이중섭 : 한국 근대 서양 화가, 소 그림
	연극	토월회(1923) : 신극 운동
	영화	• 이인직의 원각사(1908) : 최초의 서양식 극장, 은세계·치악산 등 신극 공연 • 나운규의 아리랑(1926) : 단성사 개봉

한국사 연구

민족주의 사학	• **박은식** : 국혼 강조, 대한민국 임시 정부 2대 대통령, 한국통사, 한국독립운동지혈사, 유교구신론 • **신채호** : 낭가 사상 강조, 조선상고사, 조선사연구초, 독사신론, 이순신전, 을지문덕전 • **정인보, 안재홍, 문일평** : 조선학 운동, 여유당전서 간행
사회·경제 사학	**백남운** : 식민 사학의 정체성론 비판, 조선사회경제사, 조선봉건사회경제사
실증 사학	**이병도, 손진태** : 진단 학회 조직, 한국사의 실증적 연구

종교 활동

천도교	• 잡지 개벽, 신여성 등 간행 • 천도교 소년회의 소년 운동 • 기관지 만세보 발간
개신교	• 배재 학당, 이화 학당 설립 • 신사 참배 거부 운동(1930)
천주교	• 잡지 경향, 기관지 경향신문 발행 • 만주에서 의민단 조직
대종교	• 나철 창시, 단군 숭배 • 중광단 조직 → 북로 군정서 개편 → 청산리 대첩 참여 • 천도교와 더불어 양대 민족 종교 형성
불교	• 사찰령 폐지 운동 • 조선 불교 유신회 조직 • 한용운의 월간지 유심 발행
원불교	• 박중빈 창시(1916) • 불교의 현대화·생활화 주창 • 민족 역량 배양과 남녀평등 • 허례허식의 폐지 등 생활 개선 및 새생활 운동

외우는 빈출 선지

- 광주 학생 항일 운동에 진상 조사단을 파견하였다. → **신간회**
- 조선말 큰사전 편찬을 주도하였다. → **최현배, 이윤재**
- 잡지 개벽을 창간하였다. → **천도교**
- 중광단 결성을 주도하였다. → **대종교**
- 기관지로 만세보를 발간하였다. → **천도교**
- 토월회를 결성하여 신극 운동을 펼쳤다. → **박승희, 김기진**
- 국문 연구소 위원으로 국문법을 정리하였다. → **주시경**
- 원불교를 창시하고 새생활 운동을 전개하였다. → **박중빈**
- 일제의 침략 과정을 다룬 한국통사를 저술하였다. → **박은식**
- 한글 맞춤법 통일안을 제정하였다. → **최현배, 이윤재**

01

(가) 단체의 활동으로 옳은 것은? [2점]

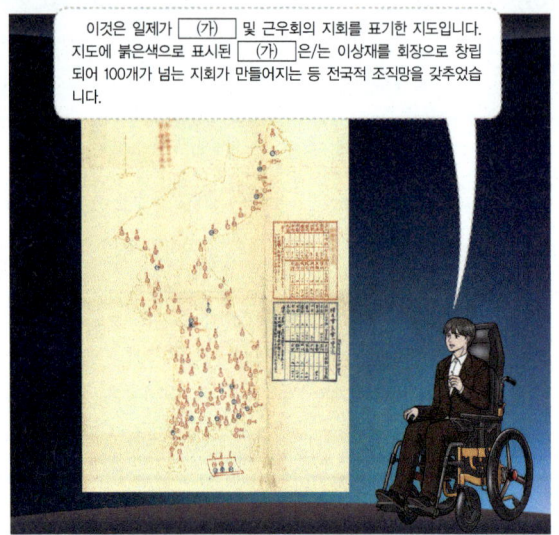

① 고종 강제 퇴위 반대 운동을 전개하였다.
② 신흥 강습소를 세워 독립군을 양성하였다.
③ 일제의 황무지 개간권 요구를 철회시켰다.
④ 광주 학생 항일 운동에 진상 조사단을 파견하였다.

02

밑줄 그은 '나'로 옳은 것은? [2점]

① 김원봉　　② 신채호
③ 이육사　　④ 한용운

03

(가) 민족 운동에 대한 설명으로 옳은 것은? [2점]

① 대한매일신보의 지원을 받았다.
② 통감부의 탄압으로 실패하였다.
③ 순종의 인산일을 계기로 일어났다.
④ 신간회에서 진상 조사단을 파견하였다.

04

(가)에 해당하는 인물로 옳은 것은? [2점]

①  심훈
②  윤동주
③  이육사
④  한용운

05

밑줄 그은 '이 운동'에 대한 설명으로 옳은 것은? [2점]

① 순종의 인산일에 일어났다.
② 통감부의 탄압으로 실패하였다.
③ 국민 대표 회의 개최의 배경이 되었다.
④ 신간회에서 진상 조사단을 파견하였다.

06

(가)에 들어갈 종교로 옳은 것은? [1점]

① 대종교   ② 원불교
③ 천도교   ④ 천주교

07

(가)에 들어갈 단체로 옳은 것은? [1점]

특별 기획전

한글, 민족을 지키다

이윤재, 최현배 등을 중심으로 우리말과 글을 지키기 위하여 노력한 (가) 의 자료를 특별 전시합니다. 일제의 탄압 속에서도 지켜낸 한글의 소중함을 느끼고 한글 수호에 앞장선 사람들을 기억하는 자리가 되기를 바랍니다.

- 기간: 2022년 ○○월 ○○일~○○월 ○○일
- 장소: △△ 박물관 특별 전시실
- 주요 전시 자료

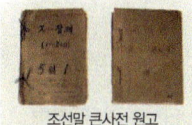 

조선말 큰사전 원고   한글 맞춤법 통일안

① 토월회
② 독립 협회
③ 대한 자강회
④ 조선어 학회

08

(가)에 해당하는 인물로 옳은 것은? [1점]

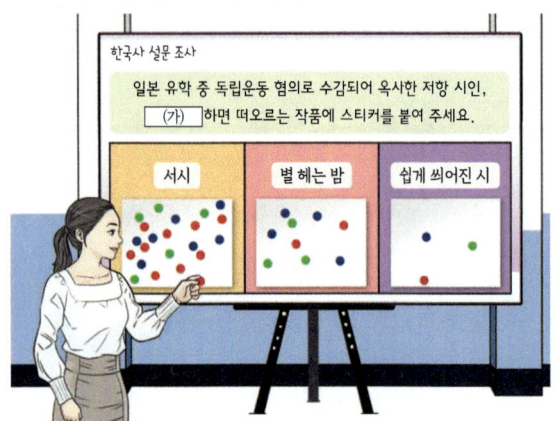

 ① 심훈

 ② 윤동주

 ③ 이육사

 ④ 한용운

09

다음 가상 뉴스의 (가)에 들어갈 단체로 옳은 것은? [2점]

① 보안회
② 신간회
③ 진단 학회
④ 조선 형평사

10

밑줄 그은 '영화'의 제목으로 옳은 것은? [2점]

① 미몽
② 아리랑
③ 자유 만세
④ 시집 가는 날

| 문제편 |

PART 6
현대 사회의 발전

기출테마 47 대한민국 정부 수립과 6·25 전쟁

기출테마 48 민주화 운동과 항쟁

기출테마 49 이승만 정부 ~ 노태우 정부

기출테마 50 김영삼 정부 ~ 현 정부

기출테마 47 대한민국 정부 수립과 6·25 전쟁

외우는 핵심 키워드

대한민국 정부 수립 과정

조선 건국 준비 위원회 (1945. 8)	• 여운형, 안재홍 중심의 좌우 연합 • 건국 치안대 조직, 식량 대책 위원회 설치, 전국 지부 확장 • 조선 인민 공화국 선포(1945. 9)
남북 분단	카이로 회담(1943. 11) → 얄타 회담(1945. 2) → 포츠담 선언(1945. 7)
모스크바 3국 외상 회의 (1945. 12)	• 미·소 공동 위원회 설치 협의 • 최고 5년 동안 4개국의 신탁 통치 결정 • 좌·우 세력의 대립, 반탁 운동 확산
제1차 미·소 공동 위원회 (1946. 3)	• 서울(덕수궁 석조전) 개최 • 참여 단체 놓고 대립 후 결렬
이승만의 정읍 발언 (1946. 6)	남한만의 단독 정부 수립 주장
좌우 합작 운동 (1946~1947)	• 여운형, 김규식이 좌우 합작 위원회 결성 • 좌우 합작 7원칙 발표(1946. 10)
유엔 총회 상정	제2차 미·소 공동 위원회 결렬 → 유엔 총회의 인구 비례에 따른 총선거 실시 결의(1947. 11) → 유엔 한국 임시 위원단 내한(1948. 1) → 소련의 위원단 입북 거부 → 유엔 소총회의 남한 총선거 실시 결정(1948. 2)
남북 협상 (1948. 4)	• 김구·김규식 주도, 평양에서 개최된 남북 대표자 연석 회의 참석 • 단독 정부 수립 반대와 통일 정부 구성 협의
대한민국 정부 수립 (1948. 8)	5·10 총선거 실시(1948. 5) → 헌법 제정·공포(1948. 7) → 대한민국 정부 수립

건국 전후의 사회적 혼란

제주도 4·3 사건 (1948~1954)	• 제주도에서 무장대와 토벌대 간의 무력 충돌 • 남한만의 단독 선거 반대 • 진압 과정에서 무고한 주민 희생 • 제주 4·3 사건 특별법 제정(2000)
여수·순천 10·19 사건 (1948)	여수 주둔 군인들이 제주 4·3 사건 진압을 거부하고 순천까지 무력 점거

6·25 전쟁

배경	• 남한에서 미군 철수 • 미국의 애치슨 선언(1950. 1)
경과	전쟁 발발(1950. 6. 25) → 서울 함락(1950. 6. 28) → 한강 대교 폭파(1950. 6. 28) → 낙동강 전선 후퇴(1950. 7) → 인천 상륙 작전(1950. 9. 15) → 서울 수복(1950. 9. 28) → 중공군 개입(1950. 10. 25) → 압록강 초산까지 전진(1950. 10. 26) → 흥남 철수(1950. 12) → 서울 철수(1951. 1. 4) → 서울 재수복(1951. 3. 14) → 정전 회담(1951. 6. 23) → 정전 협정 체결(1953. 7. 27)

외우는 빈출 선지

- 5·10 총선거가 실시되었다. → 1948. 5
- 조선 건국 준비 위원회가 결성되었다. → 1945. 8
- 흥남 철수 전개 → 1950. 12
- 발췌 개헌안 통과 → 1952. 7
- 인천 상륙 작전 개시 → 1950. 9
- 유엔 한국 임시 위원단 내한 → 1948. 1
- 제1차 미소 공동 위원회가 열렸다. → 1946. 3
- 평양에서 남북 협상이 진행되었다. → 1948. 4
- 모스크바 3국 외상 회의가 개최되었다. → 1945. 12
- 좌우 합작 위원회 결성 → 여운형, 김규식
- 애치슨 선언이 발표되었다. → 1950. 1
- 여수·순천 10·19 사건이 일어났다. → 1948. 10
- 남북 협상을 추진하였다. → 김구
- 조선 건국 준비 위원회를 결성하였다. → 여운형

01

(가) 전쟁 중에 있었던 사실로 옳은 것은? [2점]

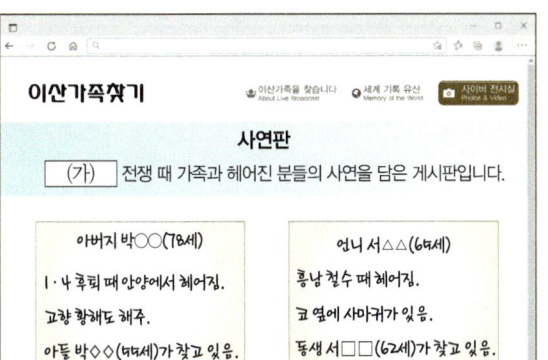

① 5·10 총선거가 실시되었다.
② 인천 상륙 작전이 전개되었다.
③ 국민 대표 회의가 개최되었다.
④ 조선 건국 준비 위원회가 결성되었다.

02

밑줄 그은 ⊙이 발표된 시기를 연표에서 옳게 고른 것은? [3점]

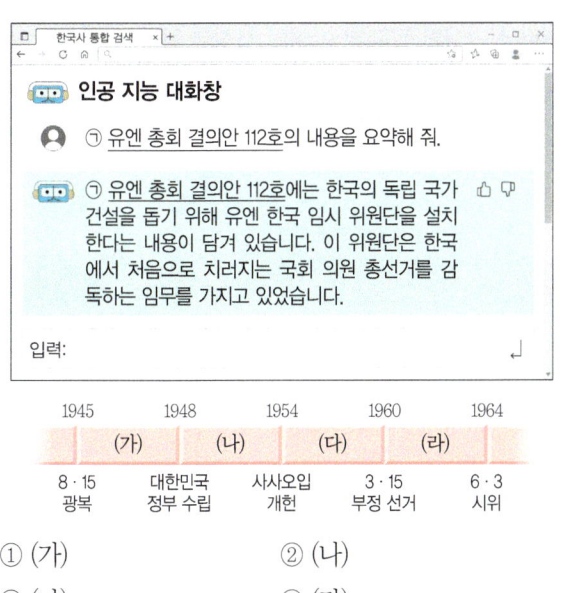

① (가) ② (나)
③ (다) ④ (라)

03

밑줄 그은 '이 회의'가 개최된 시기를 연표에서 옳게 고른 것은? [3점]

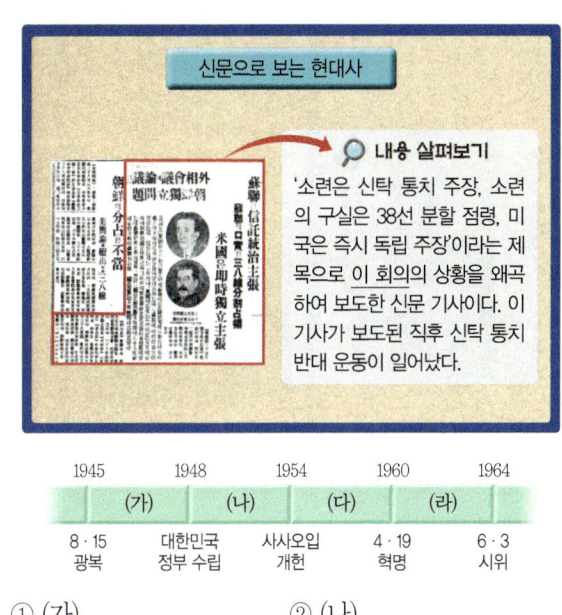

① (가) ② (나)
③ (다) ④ (라)

04

(가)에 들어갈 사건으로 옳은 것은? [2점]

영상 속 역사

학생들이 제작한 영상의 배경이 된 (가) 은/는 미군정기에 시작되어 이승만 정부 수립 이후까지 지속되었습니다. 당시에 남한만의 단독 정부 수립에 반대하는 무장대와 토벌대 간의 무력 충돌과 그 진압 과정에서 많은 주민이 희생되었습니다.

① 6·3 시위
② 제주 4·3 사건
③ 2·28 민주 운동
④ 5·16 군사 정변

05

(가) 전쟁 중에 있었던 사실로 옳지 <u>않은</u> 것은? [2점]

① 흥남 철수 전개
② 발췌 개헌안 통과
③ 인천 상륙 작전 개시
④ 반민족 행위 처벌법 제정

06

(가)에 들어갈 단체로 옳은 것은? [2점]

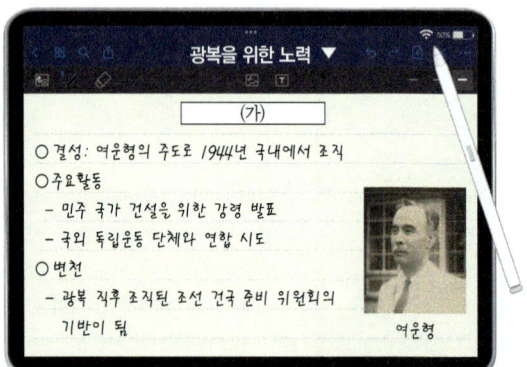

① 독립 의군부
② 민족 혁명당
③ 조선 의용대
④ 조선 건국 동맹

07

다음 사진전에 전시될 사진으로 적절하지 <u>않은</u> 것은? [2점]

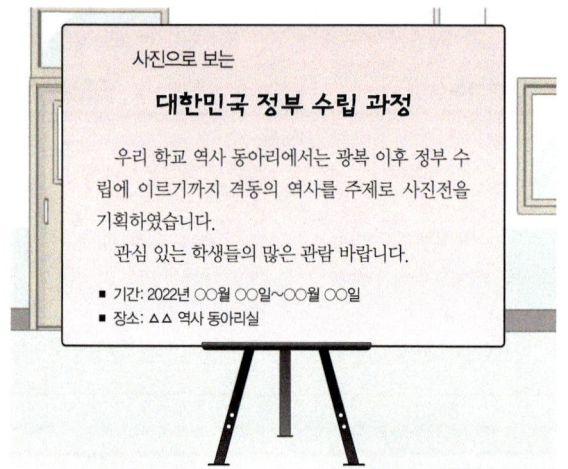

①  5·10 총선거 실시

②  6·10 만세 운동 전개

③  좌우 합작 위원회 활동

④  제1차 미소 공동 위원회 개최

08

다음 성명서가 발표된 이후의 사실로 옳은 것은? [2점]

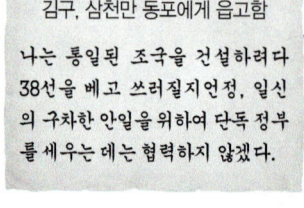

① 한인 애국단이 결성되었다.
② 제1차 미소 공동 위원회가 열렸다.
③ 평양에서 남북 협상이 진행되었다.
④ 모스크바 3국 외상 회의가 개최되었다.

09

(가)에 들어갈 내용으로 옳은 것은? [3점]

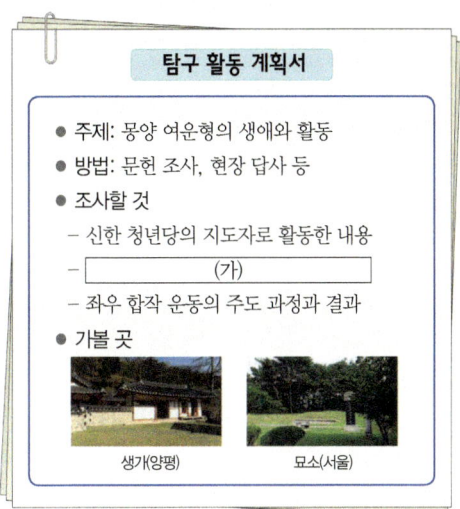

① 헤이그 특사로 파견된 배경
② 암태도 소작 쟁의에 참여한 계기
③ 한국독립운동지혈사의 저술 이유
④ 조선 건국 준비 위원회의 결성 목적

10

밑줄 그은 '선거'가 실시된 시기를 연표에서 옳게 고른 것은? [2점]

① (가)   ② (나)
③ (다)   ④ (라)

기출테마 48 민주화 운동과 항쟁

외우는 핵심 키워드

이승만 정부 : 4·19 혁명(1960)

- **전개** : 자유당 정권의 3·15 부정 선거(3. 15) → 마산 의거 유혈 진압(3. 15) → 김주열 학생 시신 발견(4. 11) → 대규모 시위, 비상계엄 선포(4. 19) → 대학 교수단 시국 선언문 발표(4. 25) → 이승만 대통령 하야(4. 26)
- **수습** : 허정 과도 정부 수립 → 제3차 개헌(내각 책임제 + 양원제) → 장면 내각 수립

박정희 정부 : 유신 체제 항거

3·1 민주 구국 선언 (1976)	• 재야 정치인들과 가톨릭 신부, 개신교 목사, 대학 교수 등이 발표 • 긴급 조치 철폐 요구
부·마 민주 항쟁 (1979)	YH 무역 사건 → 야당 총재 김영삼 국회의원직 제명 → 부마 민주 항쟁(유신 철폐, 독재 타도) → 10·26 사태(박정희 대통령 서거)

신군부 : 5·18 민주화 운동(1980)

- **전개** : 신군부의 12·12 군사반란(1979) → 신군부의 비상계엄 확대(5. 17) → 계엄군의 무차별 진압과 시민군의 저항(5. 18)
- **결과** : 국가 보위 비상 대책 위원회 구성(1980. 5) → 전두환 정부 성립(1980. 8)
- 유네스코 세계 기록 유산 등재(2011)

전두환 정부 : 6월 민주 항쟁(1987)

- **전개** : 대통령 직선제 요구 → 박종철 고문 치사(1. 14) → 4·13 호헌 조치(직선제 개헌 거부) → 이한열 사망(6. 9) → 6·10 국민 대회 및 민주 항쟁(호헌 철폐, 독재 타도)
- **결과** : 노태우의 6·29 민주화 선언 → 제9차 개헌(5년 단임, 대통령 직선제)

외우는 빈출 선지

- 긴급 조치 철폐를 요구하였다. → **3·1 민주 구국 선언**
- 시민군이 자발적으로 조직되었다. → **5·18 민주화 운동**
- 장면 내각이 출범하는 배경이 되었다. → **4·19 혁명**
- 시위 도중 대학생 이한열이 희생되었다. → **6월 민주 항쟁**
- 유신 체제가 붕괴하는 계기가 되었다. → **부·마 민주 항쟁**
- 3·15 부정 선거에 항의하여 일어났다. → **4·19 혁명**
- 5년 단임의 대통령 직선제 개헌을 이끌어냈다. → **6월 민주 항쟁**
- 신군부의 무력 진압에 저항하였다. → **5·18 민주화 운동**
- 대통령 직선제 개헌을 이끌어 냈다. → **6월 민주항쟁**
- 양원제 국회가 출현하는 결과를 가져왔다. → **4·19 혁명**
- 박종철과 이한열 등의 희생으로 확산되었다. → **6월 민주 항쟁**
- 부마 민주 항쟁에 참여하는 학생 → **박정희 정부**
- 굴욕적인 한일 국교 정상화에 반대하였다. → **6·3 시위**
- 신군부의 비상계엄 확대가 원인이 되어 발생하였다. → **5·18 민주화 운동**

01

다음 자료에 나타난 민주화 운동에 대한 설명으로 옳은 것은? [3점]

> 대통령은 지난 4월 13일 반민주적인 현행 헌법의 호헌과 그 헌법에 따라 선출될 차기 대통령에게 권력을 이양하겠다고 발표하였다. 그 후 4·13 호헌 조치에 대한 국민의 항의는 전국을 휩쓸었다. …… 이제 우리는 호헌 반대 운동을 하나로 결집시켜 나가야 한다는 데 뜻을 모아 민주 헌법 쟁취 국민 운동 본부 설립을 선언하는 바이다. 이를 통하여 우리는 대통령 직선제를 비롯하여, 국민이 주인이 되는 민주 사회를 건설하는 길로 나아가고자 한다.

① 긴급 조치 철폐를 요구하였다.
② 시민군이 자발적으로 조직되었다.
③ 장면 내각이 출범하는 배경이 되었다.
④ 시위 도중 대학생 이한열이 희생되었다.

02

(가)에 들어갈 민주화 운동으로 옳은 것은? [1점]

> 계엄군과 광주 시민들이 대치하고 있는 전남도청 앞 금남로에 도착하였습니다. (가) 당시 이곳에서 계엄군의 집단 발포로 많은 사상자가 발생하였습니다.

① 4·19 혁명
② 6월 민주 항쟁
③ 부마 민주 항쟁
④ 5·18 민주화 운동

03

(가) 민중화 운동에 대한 설명으로 옳은 것은? [2점]

① 유신 체제가 붕괴하는 계기가 되었다.
② 3·15 부정 선거에 항의하여 일어났다.
③ 5년 단임의 대통령 직선제 개헌을 이끌어냈다.
④ 전개 과정에서 시민군이 자발적으로 조직되었다.

04

다음 가상 일기에 나타난 민주화 운동에 대한 설명으로 옳은 것은? [2점]

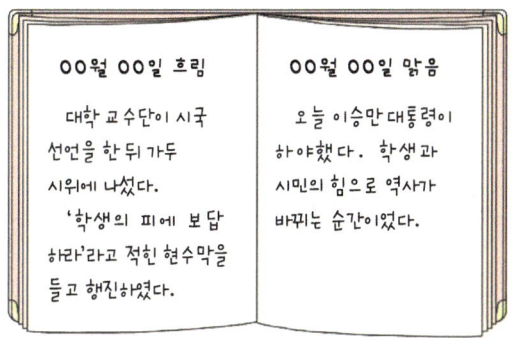

① 신군부의 무력 진압에 저항하였다.
② 대통령 직선제 개헌을 이끌어 냈다.
③ 유신 체제가 붕괴하는 계기가 되었다.
④ 3·15 부정 선거에 항의하여 일어났다.

05

(가)에 들어갈 내용으로 옳은 것은? [1점]

① 4·19 혁명
② 부마 민주 항쟁
③ 6월 민주 항쟁
④ 5·18 민주화 운동

06

밑줄 그은 '이 민주화 운동'에 대한 설명으로 옳은 것은? [3점]

① 유신 체제가 붕괴되는 계기가 되었다.
② 양원제 국회가 출현하는 결과를 가져왔다.
③ 박종철과 이한열 등의 희생으로 확산되었다.
④ 전개 과정에서 시민군이 자발적으로 조직되었다.

07

밑줄 그은 '정부' 시기에 볼 수 있는 사회 모습으로 가장 적절한 것은? [2점]

① 부마 민주 항쟁에 참여하는 학생
② 서울 올림픽 대회 개막식을 관람하는 시민
③ 금융 실명제 시행 속보를 시청하는 회사원
④ 반민족 행위 특별 조사 위원회에 체포되는 친일 행위자

08

(가)에 들어갈 민주화 운동으로 옳은 것은? [1점]

① 4·19 혁명
② 6월 민주 항쟁
③ 부마 민주 항쟁
④ 5·18 민주화 운동

09

밑줄 그은 '민주화 운동'에 대한 설명으로 옳은 것은? [2점]

① 대통령 직선제 개헌을 이끌어 냈다.
② 3·15 부정 선거에 항의하여 일어났다.
③ 굴욕적인 한일 국교 정상화에 반대하였다.
④ 신군부의 비상계엄 확대가 원인이 되어 발생하였다.

10

(가)에 들어갈 민주화 운동으로 옳은 것은? [2점]

① 4·19 혁명
② 6월 민주 항쟁
③ 부마 민주 항쟁
④ 5·18 민주화 운동

기출테마 49 이승만 정부 ~ 노태우 정부

외우는 핵심 키워드

이승만 정부

정치
- 국회 프락치 사건(1949)
- 반민 특위 습격 사건(1949)
- 발췌 개헌(1952)
- 사사오입 개헌(1954)
- 진보당 사건(1958)
- 보안법 파동(1958)
- 경향신문 폐간(1959)
- 4 · 19 혁명(1960)

경제
- 한 · 미 원조 협정 체결(1948)
- 삼백 산업(제분 · 제당 · 면방직) 발달
- 농지 개혁법(1949)
- 귀속 재산 처리법 제정(1949)

교육
- 초등학교 의무 교육 실시
- 문맹국민 완전퇴치 5개년 계획 수립
- 미 6-3-3 학제 교육법 제정

박정희 정부

정치
- 5 · 16 군사 정변(1961)
- 한 · 일 회담(1962) → 6 · 3 시위(1964) → 한 · 일 협정(1965)
- 서독에 광부 파견(1963)
- 베트남 파병(1964~1973) → 브라운 각서
- 대통령 연임 3선 개헌(1969)
- 유신 선포 및 유신 헌법 제정(1972)
- 긴급 조치 9호 발동(1974)
- 민청학련 사건(1974)
- YH 무역 사건 → 부마 민주 항쟁(1979)
- 10 · 26 사태로 대통령 시해(1979)

경제
- 경제 개발 5개년 계획 수립
- 새마을 운동 시작(1970)
- 경부 고속 도로 개통(1970)
- 포항 제철소 1기 설비 준공(1973)
- 수출 100억 달러 달성(1977)
- 제1 · 2차 석유 파동

교육
- 국민 교육 헌장 선포(1968)
- 중학교 입시제도 폐지 및 무시험 추첨제 실시(1969)
- 고교 평준화 제도(1974)

통일 정책
- 8 · 15 선언(1970)
- 남북 적십자 회담(1971)
- 7 · 4 남북 공동 성명 발표(1972) → 남북 조절 위원회 설치
- 6 · 23 평화 통일 외교 정책 선언(1973)
- 상호 불가침 협정 체결(1974)

전두환 정부

정치
- 12 · 12 군사 반란(1979)
- 비상 계엄령 확대 → 5 · 18 민주화 운동(1980)
- 김대중 내란 음모 사건(1980)
- 삼청 교육대 설치(1980)
- 언론 통폐합 및 언론 기본법 제정(1980)
- 6월 민주 항쟁(1987) → 6 · 29 민주화 선언(노태우)

경제
- 3저 호황(저유가, 저달러, 저금리)으로 물가 안정, 수출 증가
- 최저 임금법 제정(1986)

사회 · 교육
- 통행금지 해제, 교복 자율화
- 해외여행 자유화
- 프로 야구 6개 구단 출범
- 과외 전면 금지 및 본고사 폐지
- 대학 졸업 정원제
- 중학교 의무 교육 최초 실시

통일 정책
- 최초의 남북 이산가족 고향 방문(1985)

노태우 정부(1988~1993)

- 3당 합당, 5공 청문회 개최
- 88 서울 올림픽 대회 개최
- 북방 외교 : 소련, 중국 등 공산국가와 수교
- 남북한 유엔 동시 가입
- 7 · 7 선언, 한민족 공동체 통일 방안
- 한반도 비핵화 공동 선언
- 남북 기본 합의서 채택
- 경실련 창립, 남녀 고용 평등법 제정

외우는 빈출 선지

- 미국과 브라운 각서에 합의하였다. → 박정희 정부
- 경부 고속 도로가 준공되었다. → 박정희 정부
- 농지 개혁법이 제정되었다. → 이승만 정부
- 최초로 100억 달러 수출이 달성되었다. → 박정희 정부
- 7 · 4 남북 공동 성명을 발표하였다. → 박정희 정부
- 제1차 경제 개발 5개년 계획이 수립되었다. → 박정희 정부
- 저금리 · 저유가 · 저달러의 3저 호황이 되었다. → 전두환 정부
- 제2차 경제 개발 5개년 계획이 실시되었다. → 박정희 정부
- 새마을 운동을 시작하였다. → 박정희 정부
- 삼청 교육대가 운영되었다. → 전두환 정부
- 반민족 행위 처벌법이 제정되었다. → 이승만 정부
- 베트남 전쟁에 파병되는 군인 → 박정희 정부
- 야간 통행 금지 해제 조치에 환호하는 시민 → 전두환 정부
- 반민족 행위 특별 조사 위원회로 연행되는 친일 행위자 → 이승만 정부
- 최초로 남북 간 이산가족 상봉을 성사시켰다. → 전두환 정부
- 남북 조절 위원회가 설치되었다. → 박정희 정부
- 3선 개헌안이 통과되었다. → 박정희 정부
- 남북 기본 합의서를 교환하였다. → 노태우 정부
- 남북한이 유엔에 동시 가입하였다. → 노태우 정부
- 서울 올림픽 대회가 개최되었다. → 노태우 정부
- 한반도 비핵화 공동 선언 → 노태우 정부

01

(가)에 들어갈 내용으로 적절한 것은? [2점]

주제: ○○○ 정부의 통일 노력
- 북방 외교를 통해 사회주의 국가들과 국교를 수립하였어.
- 남북한 유엔 동시 가입을 성사시켰어.
- (가)

① 남북 기본 합의서를 교환하였어.
② 미국과 브라운 각서에 합의하였어.
③ 7·4 남북 공동 성명을 발표하였어.
④ 6·15 남북 공동 선언을 채택하였어.

02

(가) 정부 시기에 있었던 사실로 옳은 것은? [2점]

① 농지 개혁법이 제정되었다.
② 최초로 100억 달러 수출이 달성되었다.
③ 경제 협력 개발 기구(OECD) 가입이 이루어졌다.
④ 국제 통화 기금(IMF)의 구제 금융 자금이 조기 상환되었다.

03

다음 가상 뉴스에서 보도하는 사건이 일어난 정부 시기의 사실로 옳은 것은? [2점]

① 농지 개혁법을 제정하였다.
② 경부 고속 도로를 개통하였다.
③ 경제 협력 개발 기구(OECD)에 가입하였다.
④ 미국과 자유 무역 협정(FTA)을 체결하였다.

04

다음 뉴스가 보도된 정부 시기의 통일 노력으로 옳은 것은? [3점]

① 금강산 관광 사업을 시작하였다.
② 남북한이 유엔에 동시 가입하였다.
③ 7·4 남북 공동 성명을 발표하였다.
④ 최초로 남북 정상 회담을 개최하였다.

05

(가) 정부 시기에 있었던 사실로 옳은 것은? [2점]

① 농지 개혁법이 제정되었다.
② 경부 고속 도로를 준공하였다.
③ 금융 실명제를 전면 실시하였다.
④ 경제 협력 개발 기구 (OECD)에 가입하였다.

07

(가) 정부 시기에 있었던 사실로 옳은 것은? [2점]

① 3저 호황으로 수출이 증가하였다.
② 제2차 경제 개발 5개년 계획이 실시되었다.
③ 경제 협력 개발 기구(OECD)에 가입하였다.
④ 미국과 자유 무역 협정(FTA)을 체결하였다.

06

(가) 정부 시기의 경제 상황으로 옳은 것은? [2점]

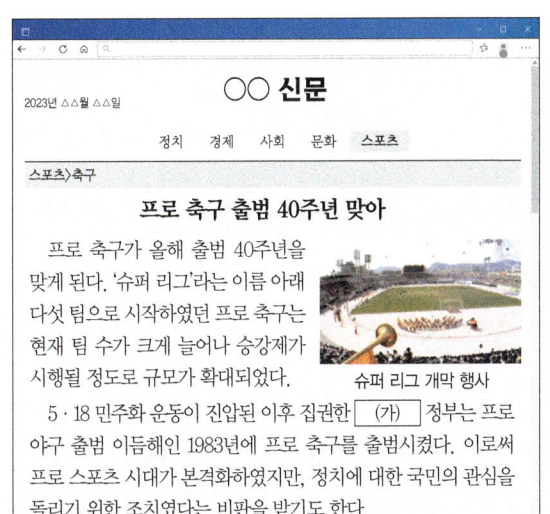

① 제1차 경제 개발 5개년 계획이 수립되었다.
② 경제 협력 개발 기구(OECD)에 가입하였다.
③ 저금리·저유가·저달러의 3저 호황이 있었다.
④ 미국과의 자유 무역 협정(FTA)이 체결되었다.

08

(가) 정부 시기에 있었던 사실로 옳은 것은? [2점]

① 새마을 운동을 시작하였다.
② 금융 실명제를 전면 실시하였다.
③ G20 정상 회의를 서울에서 개최하였다.
④ 미국과 자유 무역 협정(FTA)을 체결하였다.

09

다음 연설문을 발표한 정부 시기의 경제 상황으로 옳은 것은? [3점]

> 우리 민족의 숙원이던 경부 간 고속 도로의 완전 개통을 보게 된 것을 국민 여러분들과 더불어 경축해 마지않는 바입니다. 이 길은 총 연장 428km로 우리나라의 리(里) 수로 따지면 천 리 하고도 약 칠십 리가 더 되는데, 장장 천릿길을 이제부터는 자동차로 4시간 반이면 달릴 수 있게 됐습니다. …… 이 고속 도로가 앞으로 우리나라 국민 경제의 발전과 산업 근대화에 여러 가지 큰 공헌을 하리라고 믿습니다.

① 서울에서 G20 정상 회의가 개최되었다.
② 한미 자유 무역 협정(FTA)이 체결되었다.
③ 제2차 경제 개발 5개년 계획이 추진되었다.
④ 경제 협력 개발 기구(OECD)에 가입하였다.

10

(가) 시기에 있었던 사실로 옳은 것은? [3점]

① 개성 공단 조성에 합의하였다.
② 남북 기본 합의서가 채택되었다.
③ 남북 조절 위원회가 설치되었다.
④ 6·15 남북 공동 선언이 발표되었다.

기출테마 50 김영삼 정부~현 정부

외우는 핵심 키워드

김영삼 정부(1993~1998)
- 경제 협력 개발 기구(OECD) 가입
- 금융 실명제 실시
- 외환 위기로 국제 통화 기금(IMF) 지원 요청
- 지방 자치제 전면 실시
- 역사 바로 세우기 운동
- 민노총 창립
- 민족 공동체 통일 방안, 제네바 합의

김대중 정부(1998~2003)
- 금 모으기 운동 → 외환 위기 극복 → 국제 통화 기금(IMF) 채무 조기 상환
- 2002 한·일 월드컵 대회 개최
- 노사정 위원회 구성
- 국민 기초 생활 보장법 제정
- 베를린 선언, 햇볕 정책
- 소 떼 방북(정주영), 금강산 해로 관광 사업
- 남북 정상 회담 최초 개최 → 6·15 남북 공동 선언
- 개성 공단 건설 및 경의선 복원 사업 합의
- 금강산 육로 관광 추진

노무현 정부(2003~2008)
- 행정 수도 이전 시작
- 경부 고속 철도(KTX) 개통
- 한·미 자유 무역 협정(FTA) 체결
- 한·칠레 자유 무역 협정(FTA) 체결
- 호주제 폐지, 가족 관계 등록부 마련
- 진실·화해를 위한 과거사 정리 위원회 출범
- 노인 장기 요양 보험법 제정
- 개성 공단 착공, 금강산 육로 관광 시작
- 제2차 남북 정상 회담 → 10·4 남북 공동 선언

이명박 정부(2008~2013)
- 한·미 자유 무역 협정(FTA) 발효
- G20 서울 정상 회의 개최
- 다문화 가족 지원법 시행

문재인 정부(2017~2022)
- 제23회 평창 동계 올림픽 개최
- 판문점 남북 정상 회담
- 공직자 재산 등록 의무화

외우는 빈출 선지

- 6·15 남북 공동 선언을 채택하였다. → 김대중 정부
- 조선 총독부 건물이 철거되었다. → 김영삼 정부
- 서울에서 G20 정상 회의가 열렸다. → 이명박 정부
- 이라크에 자이툰 부대가 파병되었다. → 노무현 정부
- 한일 월드컵 축구 대회가 개최되었다. → 김대중 정부
- 경제 협력 개발 기구 (OECD)에 가입하였다. → 김영삼 정부
- 미국과 자유 무역 협정(FTA)을 체결하였다. → 노무현 정부
- 국제 통화 기금(IMF)의 구제 금융 자금을 조기 상환하였다. → 김대중 정부
- 세계 무역 기구(WTO)에 가입하였다. → 김영삼 정부
- 개성 공단이 건설되었다. → 노무현 정부
- 금강산 관광 사업을 시작하였다. → 김대중 정부
- 최초로 남북 정상 회담을 개최하였다. → 김대중 정부
- 금융 실명제가 전면 실시되었다. → 김영삼 정부
- 칠레와 자유 무역 협정(FTA)이 체결되었다. → 노무현 정부
- 국민 기초 생활 보장법이 제정되었다. → 김대중 정부
- 평창 동계 올림픽 개최 → 문재인 정부
- 아시아·태평양 경제 협력체(APEC) 정상 회의 개최 → 노무현 정부

01

(가) 정부 시기에 있었던 사실로 옳은 것은? [2점]

이 우표는 (가) 대통령의 노벨 평화상 수상을 기념하여 발행되었습니다. 그는 민주주의와 인권, 그리고 특히 북한과의 평화와 화해를 위해 노력한 업적을 인정받아 이 상을 수상하였습니다.

① 남북한이 유엔에 동시 가입하였다.
② 6·15 남북 공동 선언이 발표되었다.
③ 한반도 비핵화 공동 선언이 채택되었다.
④ 남북 이산가족 상봉이 최초로 성사되었다.

02

(가) 정부 시기에 볼 수 있는 모습으로 가장 적절한 것은? [2점]

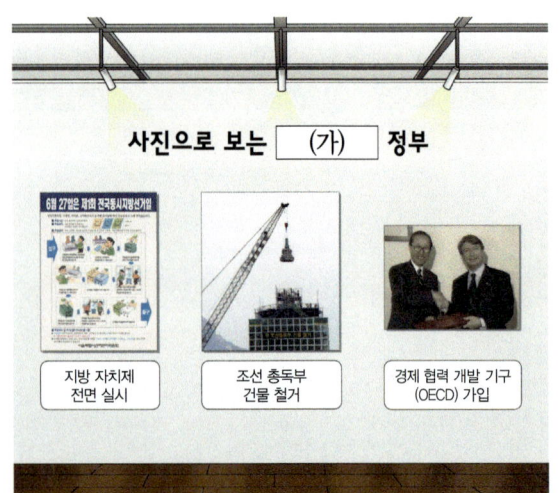

① 베트남 전쟁에 파병되는 군인
② 금융 실명제 실시 속보를 시청하는 은행원
③ 야간 통행 금지 해제 조치에 환호하는 시민
④ 반민족 행위 특별 조사 위원회로 연행되는 친일 행위자

03

(가)에 들어갈 내용으로 옳은 것은? [2점]

① 남북 기본 합의서
② 7·4 남북 공동 성명
③ 10·4 남북 정상 선언
④ 한반도 비핵화 공동 선언

04

(가) 정부 시기의 경제 상황으로 옳은 것은? [2점]

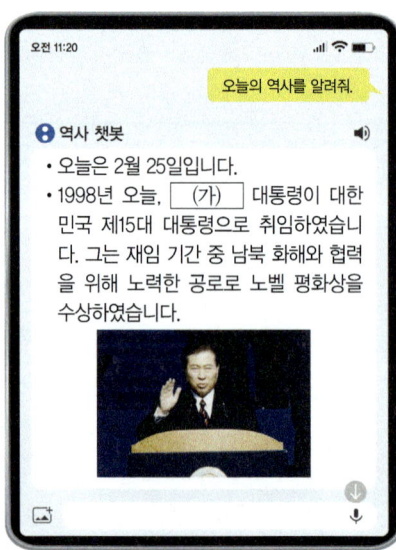

① 최초로 수출 100억 달러를 달성하였다.
② 경제 협력 개발 기구 (OECD)에 가입하였다.
③ 미국과 자유 무역 협정(FTA)을 체결하였다.
④ 국제 통화 기금(IMF)의 구제 금융 자금을 조기 상환하였다.

05

다음 연설이 있었던 정부 시기의 경제 상황으로 옳은 것은? [2점]

① 경부 고속 도로를 준공하였다.
② 3저 호황으로 수출이 증가하였다.
③ 제1차 경제 개발 5개년 계획을 추진하였다.
④ 경제 협력 개발 기구(OECD)에 가입하였다.

06

밑줄 그은 '정부'의 통일 노력으로 옳은 것은? [2점]

① 남북 기본 합의서를 채택하였다.
② 남북한이 유엔에 동시 가입하였다.
③ 6·15 남북 공동 선언을 발표하였다.
④ 최초로 남북 간 이산가족 상봉을 성사시켰다.

07

밑줄 그은 '정부' 시기에 있었던 사실로 옳은 것은? [3점]

① 삼청 교육대가 운영되었다.
② 조선 총독부 건물이 철거되었다.
③ 반민족 행위 처벌법이 제정되었다.
④ 서울에서 G20 정상 회의가 개최되었다.

08

밑줄 그은 '이 회담' 이후에 있었던 사실로 옳은 것은? [2점]

① 개성 공단이 건설되었다.
② 남북 조절 위원회가 설치되었다.
③ 남북한이 유엔에 동시 가입하였다.
④ 남북 이산가족 상봉이 최초로 성사되었다.

09

(가)에 들어갈 사진으로 적절한 것은? [3점]

①
경부 고속 도로 준공

②
평창 동계 올림픽 개최

③
경제 협력 개발 기구 (OECD) 가입

④
아시아·태평양 경제 협력체 (APEC) 정상 회의 개최

10

밑줄 그은 '정부'의 통일 노력으로 옳은 것은? [2점]

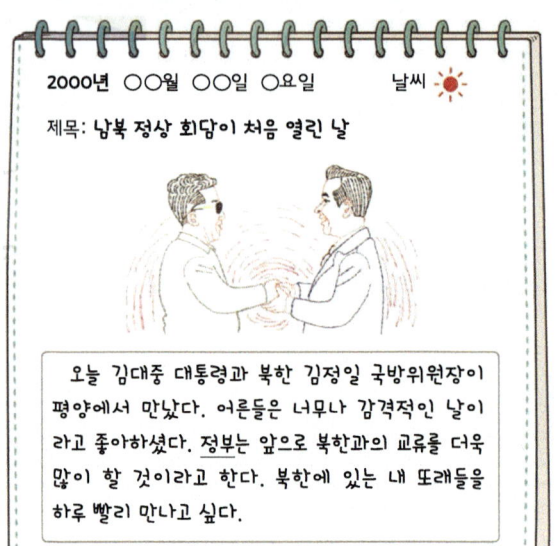

① 남북 조절 위원회를 개최하였다.
② 남북한이 유엔에 동시 가입하였다.
③ 6·15 남북 공동 선언을 발표하였다.
④ 최초로 남북 간 이산가족 상봉을 성사시켰다.

| 해설편 |

한국사능력검정시험
기출유형 500제
(기본대비)

PART **1** 고대의 성립과 발전

PART **2** 중세의 성립과 발전

PART **3** 근세의 성립과 발전

PART **4** 근대의 변화와 흐름

PART **5** 일제 강점기 독립 운동

PART **6** 현대 사회의 발전

해설편 목차

PART 1 고대의 성립과 발전

- 01 선사 시대의 생활 모습 …… 192
- 02 고조선과 초기 국가의 형성 …… 194
- 03 삼국의 성립과 발전 …… 197
- 04 삼국의 문화유산 …… 200
- 05 가야 연맹과 문화 …… 202
- 06 신라의 삼국 통일 …… 205
- 07 통일 신라의 체제 …… 207
- 08 발해의 건국과 발전 …… 209
- 09 신라 하대와 후삼국 성립 …… 212

PART 2 중세의 성립과 발전

- 10 고려의 후삼국 통일과 성립 …… 215
- 11 문벌 귀족 사회의 동요와 무신 정권 …… 218
- 12 고려의 대외 관계 …… 220
- 13 원 간섭기와 공민왕의 개혁 …… 223
- 14 고려의 경제와 사회 모습 …… 225
- 15 고려의 학문과 사상 …… 228
- 16 고려의 문화유산 …… 230
- 17 우리 지역의 역사 …… 233

PART 3 근세의 성립과 발전

- 18 조선 건국과 국가 기반 확립 …… 235
- 19 조선 전기 통치 제제 정비 …… 237
- 20 사화의 발생과 붕당 형성 …… 240
- 21 조선 전기의 대외 관계 …… 243
- 22 조선 전기의 문화와 과학 기술 …… 245
- 23 붕당 정치의 변질 + 세시 풍속 …… 248
- 24 영조 · 정조의 탕평 정치 …… 251
- 25 세도 정치기의 사회 혼란 …… 253
- 26 조선 후기 실학과 국학 …… 256
- 27 조선 후기의 사회 · 경제 모습 …… 259
- 28 조선 후기 문화의 새 경향 …… 262

PART 4 근대의 변화와 흐름

29	흥선 대원군의 정책	265
30	일본 및 서양과의 조약 체결	267
31	개화사상과 위정척사 운동	270
32	임오군란과 갑신정변	272
33	동학 농민 운동의 전개	275
34	갑오개혁과 을미개혁	277
35	독립 협회와 대한 제국	280
36	항일 의병과 애국 계몽 운동	282
37	근대 문물 및 경제 구국 운동	285
38	근대 신문 및 근대 교육	287

PART 5 일제 강점기 독립 운동

39	일제의 국권 침탈	290
40	일제의 식민 통치	292
41	1910년대 민족 운동	295
42	3·1 운동과 대한민국 임시 정부	297
43	항일 운동과 의열 투쟁	300
44	1920~1940년대 무장 독립 전쟁	302
45	실력 양성 및 사회적 민족 운동	305
46	사회주의 운동과 민족 문화 수호 운동	307

PART 6 현대 사회의 발전

47	대한민국 정부 수립과 6·25 전쟁	310
48	민주화 운동과 항쟁	312
49	이승만 정부 ~ 노태우 정부	314
50	김영삼 정부 ~ 현 정부	317

기출테마 01 선사 시대의 생활 모습

PART 1 고대의 성립과 발전

01	③	02	②	03	①	04	②
05	③	06	④	07	①	08	②
09	④	10	③

01 구석기 시대의 생활 모습

정답 ③

암기박사 동굴, 막집 거주 ⇒ 구석기 시대

정답 해설

연천 전곡리는 구석기 시대의 대표적인 유적지로, 이곳에서 뗀석기인 주먹도끼, 긁개 등이 출토되었다. 구석기 시대 사람들은 대부분 동굴에 거주하였으며 강가에 막집을 짓고 거주하기도 하였다.

오답 해설

① 철제 무기 제작 → 철기 시대
철기 시대에는 철제 갑옷 등의 철제 무기를 제작하게 되면서 더 많은 영토와 식량을 차지하기 위한 정복 활동이 전개되었다.

② 반달 돌칼 : 벼 수확 → 청동기 시대
청동기 시대에는 벼농사가 시작되었고, 반달 돌칼을 사용하여 벼를 수확하였다.

④ 가락바퀴 → 신석기 시대
신석기 시대에는 실을 뽑기 위해 가락바퀴를 처음 사용하였고, 뼈바늘로 옷을 지어 입었다. → 방추차 → 골침

핵심노트 ▶ 구석기 시대의 주요 유적지

단양 도담리 금굴, 단양 상시리 바위 그늘, 공주 석장리, 평남 상원 검은모루 동굴, 연천 전곡리, 제천 점말 동굴, 함북 웅기 굴포리, 청원 두루봉 동굴(흥수굴), 평남 덕천 승리산 동굴, 평양 만달리 동굴, 함북 종성 동관진, 단양 수양개, 제주 어음리 빌레못

02 청동기 시대의 생활 모습

정답 ②

암기박사 비파형 동검 ⇒ 청동기 시대

정답 해설

마을 내부를 방어하기 위한 환호와 지배층의 무덤인 고인돌은 청동기 시대의 유물이다. 청동기 시대에는 거푸집을 이용하여 청동 무기인 비파형 동검을 제작하였다.

오답 해설

① 우경 보급 → 신라 : 지증왕
신라 지증왕 때 소를 이용한 우경이 널리 보급되어 깊이갈이가 가능해졌다.

③ 동굴, 막집 거주 → 구석기 시대
구석기 시대에는 주로 동굴이나 강가의 막집에서 거주하였고 도구를 사용하여 사냥을 하거나 어로, 채집 생활을 하였다.

④ 가락바퀴 → 신석기 시대
신석기 시대에는 실을 뽑기 위해 가락바퀴를 처음 사용하였고, 뼈바늘로 옷을 지어 입었다. → 방추차 → 골침

핵심노트 ▶ 청동기 시대의 유물

- 무덤 : 고인돌, 돌널 무덤, 돌무지 무덤 등 당시의 무덤에서 출토
- 농기구 : 청동 농기구는 없으며, 석기·목기로 제작된 농기구가 사용됨, 반달 돌칼(추수용), 바퀴날 도끼(환상석부), 홈자귀(유구석부, 경작용), 돌괭이, 나무 쟁기 등
- 청동기 : 무기(비파형 동검 등), 제기(祭器), 공구, 거친무늬 거울, 장신구(호랑이·말 모양의 띠고리 장식, 팔찌, 비녀, 말 재갈 등)

03 신석기 시대의 생활 모습

정답 ①

암기박사 가락바퀴 : 실을 뽑는 도구 ⇒ 신석기 시대

정답 해설

빗살무늬 토기, 갈돌과 갈판은 농경과 목축이 시작된 신석기 시대의 대표적인 유물이다. 신석기 시대에는 가락바퀴를 이용하여 실을 뽑고 뼈바늘로 옷을 지어 입었다.

오답 해설

② 철제 농기구 → 철기 시대
철기 시대에는 기존의 석기나 목기 외에 쟁기, 쇠스랑 등의 철제 농기구를 이용하여 농사를 지었다.

③ 고인돌 축조 → 청동기 시대
청동기 시대에는 지배층의 무덤으로 고인돌을 축조하여 당시 계급의 분화 및 지배층의 권력을 반영하였다.

④ 거푸집 사용 → 청동기 시대
청동기 시대에는 청동 제품을 제작하던 틀인 거푸집을 사용하여 청동기를 제작하였다.

04 구석기 시대의 생활 모습

정답 ②

암기박사 동굴, 막집 거주 ⇒ 구석기 시대

정답 해설

주먹도끼는 뗀석기를 처음 사용한 구석기 시대의 대표적인 유물로, 짐승을 사냥하거나 가죽을 벗기는 등 다양한 용도로 사용되었다. 구석기 시대에는 주로 동굴이나 강가의 막집에서 거주하였고 도구를 사용하여 사냥을 하거나 어로, 채집 생활을 하였다.

오답 해설

① 우경 보급 → 신라 : 지증왕

정답 및 해설

신라 지증왕 때 소를 이용한 우경이 널리 보급되어 깊이갈이가 가능해졌다.
③ 가락바퀴 이용 → 신석기 시대
신석기 시대에는 가락바퀴(방추차)를 이용하여 실을 뽑고 뼈바늘(골침)로 옷을 지어 입었다.
④ 고인돌 축조 → 청동기 시대
청동기 시대에는 지배층의 무덤으로 고인돌을 축조하여 당시 계급의 분화 및 지배층의 권력을 반영하였다.

05 청동기 시대의 생활 모습

암기박사 반달 돌칼 : 벼 수확 ⇒ 청동기 시대   **정답** ③

정답 해설

고인돌 유적은 처음으로 금속 도구를 사용한 청동기 시대의 대표적인 문화유산이다. 청동기 시대에는 벼농사가 시작되어 반달 돌칼을 사용하여 벼 이삭을 수확하였다.

오답 해설

① 철제 농기구 → 철기 시대
철기 시대에는 기존의 석기나 목기 외에 쟁기, 쇠스랑 등의 철제 농기구를 이용하여 농사를 지었다.
② 동굴, 막집 거주 → 구석기 시대
구석기 시대에는 주로 동굴이나 강가의 막집에서 거주하였고 도구를 사용하여 사냥을 하거나 어로, 채집 생활을 하였다.
④ 빗살무늬 토기 → 신석기 시대
신석기 시대에는 빗살무늬 토기를 제작하여 식량을 저장하기 시작하였다.

06 청동기 시대의 생활 모습

암기박사 고인돌 : 지배층의 무덤 ⇒ 청동기 시대   **정답** ④

정답 해설

비파형 동검은 금속 도구를 사용하기 시작한 청동기 시대의 대표적인 유물로 거푸집을 이용하여 만들어졌다. 청동기 시대에는 지배층의 무덤으로 고인돌을 만들어 당시 계급의 분화 및 지배층의 권력을 반영하였다.

오답 해설

① 우경 보급 → 신라 : 지증왕
신라 지증왕 때 소를 이용한 우경이 널리 보급되어 깊이갈이가 가능해졌다.
② 철제 농기구 : 쟁기, 쇠스랑 → 철기 시대
철기 시대에는 기존의 석기나 목기 외에 쟁기, 쇠스랑 등의 철제 농기구를 이용하여 농사를 지었다.
③ 동굴, 막집 거주 → 구석기 시대
구석기 시대에는 주로 동굴이나 강가의 막집에서 거주하였고 도구를 사용하여 사냥을 하거나 어로, 채집 생활을 하였다.

07 신석기 시대의 생활 모습

암기박사 가락바퀴 : 실을 뽑는 도구 ⇒ 신석기 시대   **정답** ①

정답 해설

정착 생활과 농경이 시작된 것은 신석기 시대이다. 신석기 시대에는 가락바퀴를 이용하여 실을 뽑고 뼈바늘로 옷을 지어 입었다.

오답 해설

② 껴묻거리 : 오수전 → 철기 시대 ─ 부장품
철기 시대에는 무덤 껴묻거리로 오수전 등을 묻었는데, 오수전은 중국 한(漢) 무제 때 사용된 화폐로 창원 다호리 등에서 출토되었다.
③ 철제 농기구 : 쟁기, 쇠스랑 → 철기 시대
철기 시대에는 기존의 석기나 목기 외에 쟁기, 쇠스랑 등의 철제 농기구를 이용하여 농사를 지었다.
④ 청동 방울 : 의례 도구 → 청동기 시대
청동기 시대에는 청동 방울과 거울 등을 의식을 행하기 위한 의례 도구로 사용하였다. → 동령, 쌍두령, 팔주령 등

08 청동기 시대의 생활 모습

암기박사 비파형 동검 ⇒ 청동기 시대   **정답** ②

정답 해설

금속 도구를 사용하기 시작하고 권력을 가진 지배자가 처음 출현한 것은 청동기 시대이다. 청동기 시대에는 의식을 행하기 위한 의례 도구인 청동 방울, 벼를 수확하는 데 사용한 반달 돌칼 외에 청동 무기인 비파형 동검을 만들어 사용하였다.

오답 해설

① 우경 보급 → 신라 : 지증왕
신라 지증왕 때 소를 이용한 우경이 널리 보급되어 깊이갈이가 가능해졌다.
③ 가락바퀴 : 실을 뽑는 도구 → 신석기 시대
신석기 시대에 실을 뽑는 도구인 가락바퀴(방추차)가 처음 등장하였다.
④ 동굴, 막집 거주 → 구석기 시대
구석기 시대에는 주로 동굴이나 강가의 막집에서 살면서 도구를 사용하여 사냥을 하거나 어로, 채집 생활을 하였다.

09 청동기 시대의 생활 모습

암기박사 고인돌 축조 ⇒ 청동기 시대   **정답** ④

정답 해설

청동기 시대에는 벼농사가 시작되어 반달 돌칼을 이용하여 곡식을 수확하였다. 또한 지배자의 무덤으로 고인돌을 만들었다.

오답 해설

① 우경 보급 → 신라 : 지증왕
신라 지증왕 때 우경이 널리 보급되어 깊이갈이가 가능해졌다.
 → 소를 이용한 농사

② 철제 무기 사용 → 철기 시대

철기 시대에는 더 많은 식량을 차지하려고 철제 무기를 사용하게 되면서 부족 간의 전쟁이 더욱 빈번하게 일어났다.

③ 동굴, 막집 거주 → 구석기 시대

구석기 시대에는 주로 동굴이나 강가의 막집에서 살면서 도구를 사용하여 사냥을 하거나 어로, 채집 생활을 하였다.

10 구석기 시대의 생활 모습

암기박사 주먹도끼 : 짐승 사냥 ⇒ 구석기 시대

정답 ③

정답 해설

구석기 시대의 사람들은 불을 처음 사용하였고, 주로 동굴이나 강가의 막집에서 살았다. 또한 주먹도끼를 사용하여 짐승을 사냥하였다.

오답 해설

① 가락바퀴 : 실을 뽑는 도구 → 신석기 시대

신석기 시대에는 가락바퀴를 이용하여 실을 뽑고 뼈바늘로 옷을 지어 입었다.

② 반달 돌칼 : 벼 수확 → 청동기 시대

청동기 시대에는 벼농사가 시작되어 반달 돌칼을 사용하여 벼를 수확하였다.

④ 거푸집 : 세형 동검 제작 → 철기 시대

철기 시대에는 청동 제품을 제작하던 틀인 거푸집을 이용하여 세형 동검을 만들었다.

핵심노트 ▶ 구석기 시대의 도구

사냥 도구	주먹도끼, 돌팔매, 찍개, 찌르개, 슴베찌르개
조리 도구	긁개, 밀개, 자르개
공구용 도구	뚜르개, 새기개

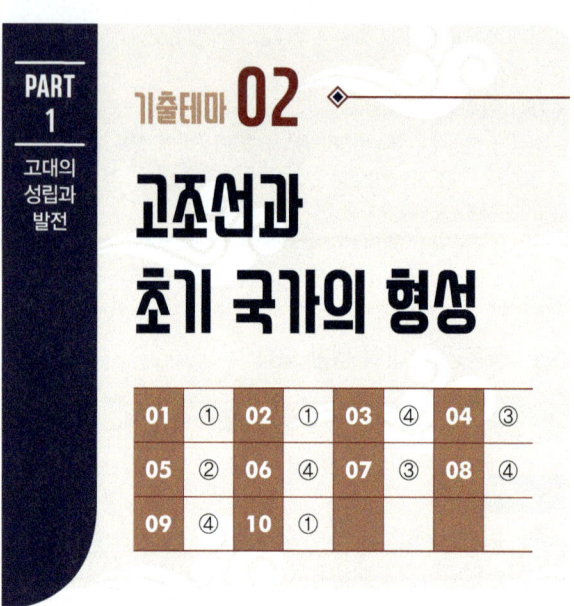

PART 1 고대의 성립과 발전

기출테마 02 고조선과 초기 국가의 형성

01	①	02	①	03	④	04	③
05	②	06	④	07	③	08	④
09	④	10	①				

01 부여의 풍속

암기박사 영고 : 제천 행사 ⇒ 부여

정답 ①

정답 해설

좋은 말이 생산되고 마가·우가 등의 여러 가들이 각각 사출도를 다스린 나라는 부여이다. 부여는 12월에 영고라는 제천 행사를 열어 하늘에 제사를 지내고 노래와 춤을 즐겼다.

오답 해설

② 소도 : 신성 지역 → 삼한

삼한에는 제사장인 천군이 의례를 주관하던 소도라고 불리는 신성 지역이 존재하였다.

③ 민며느리제 : 혼인 풍습 → 옥저

옥저에는 혼인 풍습으로 장차 며느리로 삼기 위해 어린 소녀를 데려다 키운 뒤 아들과 혼인시켜 며느리로 삼는 민며느리제가 있었다.

④ 범금 8조 : 사회 질서 유지 → 고조선

고조선은 사회 질서를 유지하기 위하여 범금 8조를 만들었는데, 이는 살인·절도 등의 죄를 다스린 만민법이었다.

02 부여의 풍속

암기박사 특산물 : 단궁, 과하마, 반어피 / 제천 행사 : 무천 / 풍습 : 책화 ⇒ 동예

정답 ①

정답 해설

단궁·과하마·반어피 등의 특산물이 유명하고, 무천이라는 제천 행사를 열었던 나라는 동예이다. 동예에는 또한 읍락 간의 경계를 중시하는 책화가 있었다.

오답 해설

② 마한 → 목지국 등 많은 소국으로 구성

삼한 중 세력이 가장 컸던 마한은 54개의 많은 소국으로 이루어

졌는데, 그 중 영도 세력이었던 목지국이 마한을 통합하고 백제로 발전하였다.

③ **부여 → 사출도, 영고, 1책 12법**
부여는 여러 加(가)들이 별도로 사출도를 다스렸고 12월에는 영고라는 제천 행사를 열었다. 또한 도둑질한 자는 훔친 것의 12배를 갚게 하는 1책 12법이 있었다.

④ **옥저 → 가족 공동묘, 민며느리제**
옥저에는 가족이 죽으면 그 뼈를 추려 가족 공동 무덤에 안치하는 매장 풍습이 있었고, 혼인을 약속하고 신랑 집에서 여자를 데려와 기른 후 성인이 되면 신부 집에 대가를 주고 며느리로 삼는 민며느리제가 있었다.

03 고조선의 생활 풍속

> **암기박사** 범금 8조 : 사회 질서 유지 ⇒ 고조선 정답 ④

정답 해설

우리 역사상 최초의 국가는 단군왕검이 세운 고조선이다. 고조선은 범금 8조를 만들어 살인·절도 등의 죄를 다스리고 사회 질서를 유지하였다.

오답 해설

① **영고 : 제천 행사 → 부여**
부여는 12월에 영고라는 제천 행사를 열어 하늘에 제사를 지내고 노래와 춤을 즐겼다.

② **민며느리제 : 혼인 풍습 → 옥저**
옥저에는 혼인 풍습으로 장차 며느리로 삼기 위해 어린 소녀를 데려다 키운 뒤 아들과 혼인시켜 며느리로 삼는 민며느리제가 있었다.

③ **책화 : 읍락 간의 경계 중시 → 동예**
동예에는 읍락 간의 경계를 중시하는 책화가 있어서, 다른 부족의 생활권을 침범하면 노비와 소·말로 변상하였다.

04 부여의 역사

> **암기박사** 만주 쑹화강 유역 ⇒ 부여 정답 ③

정답 해설

만주 쑹화강 유역에서 성장한 부여는 12월에 영고라는 제천 행사를 열었고 여러 가(加)들이 별도로 사출도를 다스렸다.

오답 해설

① **낙동강 하류 지역 → 가야**
가야는 낙동강 하류 지역에 위치한 12부족의 연맹체로, 신라와 백제의 다툼 속에서 삼국과 같은 중앙 집권적 고대 국가로 발전하지 못하고 멸망하였다.

② **함경남도와 강원 북부 → 동예**
동예는 함경남도와 강원 북부 지역에 있던 부족 국가로 명주와 삼베 따위의 방직 기술이 발달하였고 10월에 무천이라는 추수 감사제를 거행하였다.

④ **함경도 해안 지역 → 옥저**
옥저는 함경도 해안 지역에 있던 부족 국가로 해산물이 풍부하여 고구려에 소금과 어물 등의 공물을 바쳤고, 가족이 죽으면 나중에 그 뼈를 추려 가족 공동묘인 커다란 목곽에 안치하는 풍습이 있었다.

05 삼한의 사회 모습

> **암기박사** 지배자 : 신지, 읍차 ⇒ 삼한 정답 ②

정답 해설

삼한에서는 제사장인 천군이 의례를 주관하였고, 나라마다 소도라는 별읍이 있어 죄인이 이곳으로 도망치면 잡아가지 못하였다. 또한 삼한에는 대군장인 신지와 소군장인 읍차라 불린 지배자가 있었다.

오답 해설

① **영고 : 제천 행사 → 부여**
부여는 12월에 영고라는 제천 행사를 열어 하늘에 제사를 지내고 노래와 춤을 즐겼다.

③ **민며느리제 : 혼인 풍습 → 옥저**
옥저에는 혼인 풍습으로 장차 며느리로 삼기 위해 어린 소녀를 데려다 키운 뒤 아들과 혼인시켜 며느리로 삼는 민며느리제가 있었다.

④ **책화 : 읍락 간의 경계 중시 → 동예**
동예에는 읍락 간의 경계를 중시하는 책화가 있어서, 다른 부족의 생활권을 침범하면 노비와 소·말로 변상하였다.

06 옥저의 풍습

> **암기박사** 읍군·삼로, 민며느리제, 가족 공동묘 ⇒ 옥저 정답 ④

정답 해설

군장으로 읍군, 삼로 등의 지배자가 있었으며 민며느리제의 혼인 풍습이 있던 나라는 옥저이다. 옥저는 함경도 해안 지역에 있던 부족 국가로, 가족이 죽으면 그 뼈를 추려 가족 공동 무덤에 안치하는 매장 풍습이 있었다.

오답 해설

① **동예 → 함경남도와 강원도 북부**
동예는 함경남도와 강원도 북부 지역에 있던 부족 국가로 명주와 삼베 따위의 방직 기술이 발달하였고 10월에 무천이라는 추수 감사제를 거행하였다.

② **부여 → 북만주 일대**
북만주 일대에 위치한 부여는 가축의 이름을 딴 마가, 우가, 저가, 구가 등이 별도로 사출도를 다스렸다. 12월에는 영고라는 제천 행사를 열었고, 도둑질한 자는 훔친 것의 12배를 갚게 하였다.

③ **삼한 → 한반도 남부 지역**
한반도 남부에 위치했던 삼한은 신성 지역인 소도에서 의례를 주관하는 천군이라는 제사장이 존재하였으며, 5월과 10월에는 하늘에 제사를 지내는 풍습이 있었다. 또한 삼한에는 대군장인 신지와 소군장인 읍차 등의 지배자가 있었다.

07 동예의 풍속

암기박사 특산물 : 단궁, 과하마, 반어피 ⇒ 동예

정답 ③

정답 해설

제천 행사인 무천을 개최하고, 책화라는 풍속이 있던 나라는 동예이다. 동예는 함경남도와 강원도 북부 지역에 있던 부족 국가로 단궁, 과하마, 반어피 등의 특산물이 있다.

→ 10월에 거행한 추수 감사제
→ 읍락 간의 경계를 중시하여 다른 부족의 생활권을 침범하면 노비와 소·말로 변상

오답 해설

① 서옥제 : 혼인 풍습 → 고구려
고구려에는 혼인을 정한 뒤 신랑이 신부 집의 뒤꼍에 조그만 집(서옥)을 짓고 거기서 자식을 낳아 기르며, 자식이 장성하면 가족이 함께 신랑 집으로 돌아가는 서옥제라는 혼인 풍습이 있었다.

② 화랑도 : 청소년 집단 → 신라   → 데릴사위제
신라의 화랑도는 씨족 공동체의 전통을 가진 원시 청소년 집단으로, 김유신이 대표적인 화랑도 출신이다.

④ 지배층 : 마가, 우가, 저가, 구가 등 → 부여
부여는 왕 아래에 가축의 이름을 딴 마가, 우가, 저가, 구가 등의 지배층이 있었다.

08 고조선의 사회 모습

암기박사 삼국유사 ⇒ 고조선의 건국 이야기

정답 ④

정답 해설

제시된 만화에서 사람을 죽인 자, 상해를 입힌 자, 도둑질한 자에 대한 형벌을 제시한 것은 고조선의 8조법이다. 고조선의 건국 이야기는 일연이 지은 삼국유사에 실려 있다.

오답 해설

① 낙랑과 왜에 철 수출 → 변한
낙동강 유역(김해, 마산)을 중심으로 발전한 변한은 철이 많이 생산되어 낙랑과 왜에 수출하였다. → 철을 교역에서 화폐처럼 사용

② 영고 : 제천 행사 → 부여
부여는 매년 음력 12월에 영고라는 제천 행사를 열었는데, 맞이굿이라고도 하며 하늘에 제사를 지내고 노래와 춤을 즐겼다.

③ 서옥제 : 혼인 풍습 → 고구려
고구려에는 혼인을 정한 뒤 신랑이 신부 집의 뒤꼍에 조그만 집(서옥)을 짓고 거기서 자식을 낳아 기르며, 자식이 장성하면 가족이 함께 신랑 집으로 돌아가는 서옥제라는 혼인 풍습이 있었다.
→ 데릴사위제

09 고조선의 이해

암기박사 범금 8조 : 사회 질서 유지 ⇒ 고조선

정답 ④

정답 해설

청동기 문화를 바탕으로 평양성을 도읍으로 정하고 세워진 나라는 고조선이다. 고조선은 살인·절도 등의 죄를 다스리기 위해 범금 8조를 만들어 사회 질서를 유지하였다. 고조선은 한 무제의 침략으로 왕검성(평양성)이 함락되고 우거왕이 피살되어 멸망하였다.
→ 위만 조선의 마지막 왕

오답 해설

① 함경남도와 강원도 북부 → 동예
동예는 함경남도와 강원도 북부 지역에 있던 부족 국가로 명주와 삼베 따위의 방직 기술이 발달하였고 10월에 무천이라는 추수 감사제를 거행하였다.

② 북만주 일대 → 부여
부여는 북만주 일대에 세워진 나라로 진보된 제도와 조직을 갖추었으나 선비족의 침입으로 쇠퇴하여 고대 국가로 발전하지는 못했다. 12월에 영고라는 제천 행사를 열고 흰 옷을 즐겨 입었다.

③ 압록강 유역 → 고구려
고구려는 주몽이 압록강 유역의 졸본에 세운 나라로 활발한 정복 활동을 통해 고대 국가로 성장하였으며, 10월에 추수 감사제인 동맹을 거행하였다.

 핵심노트 ▶ 고조선의 범금 8조

- 살인자는 즉시 사형에 처한다.
- 남의 신체를 상해한 자는 곡물로써 보상한다.
- 남의 물건을 도둑질한 자는 소유주의 집에 잡혀 들어가 노예가 됨이 원칙이나, 자속하려는 자는 50만 전을 내놓아야 한다.

10 고조선의 이해

암기박사 8조법 : 백성 통치 ⇒ 고조선

정답 ①

정답 해설

환웅과 웅녀 사이에서 태어난 단군왕검이 아사달에 도읍을 정하고 세운 나라는 고조선이다. 고조선은 사회 질서를 유지하기 위해 8조법을 제정하여 백성을 다스렸다.

오답 해설

② 제천 행사 : 영고 → 부여
부여는 매년 음력 12월에 영고라는 제천 행사를 열어 하늘에 제사를 지내고 노래와 춤을 즐겼다.

③ 지배자 : 신지, 읍차 → 삼한
삼한에는 대군장인 신지와 소군장인 읍차 등의 지배자가 있었다.

④ 책화 : 읍락 간의 경계 중시 → 동예
동예에는 읍락 간의 경계를 중시하는 책화가 있어서, 다른 부족의 생활권을 침범하면 노비와 소·말로 변상하게 하였다.

정답 및 해설

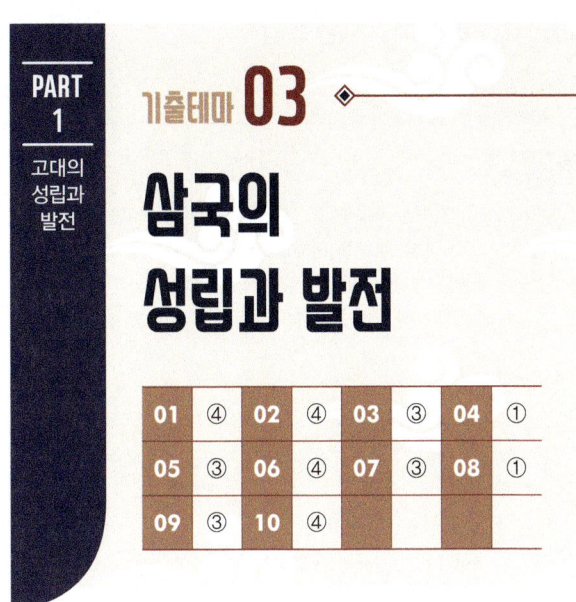

PART 1 고대의 성립과 발전

기출테마 03 삼국의 성립과 발전

01	④	02	④	03	③	04	①
05	③	06	④	07	③	08	①
09	③	10	④

01 신라 진흥왕의 업적

암기박사 북한산 순수비 건립 ⇒ 신라 진흥왕   **정답** ④

정답 해설

황룡사를 창건하고 화랑도를 국가적인 조직으로 정비한 왕은 신라 진흥왕이다. 신라 진흥왕은 백제가 점유하던 한강 하류 지역을 차지하고 북한산에 순수비를 세웠다.

오답 해설

① 주자감 설립 → 발해 문왕
　주자감은 발해의 문왕(대흠무) 때 설립된 유학 교육 기관으로, 왕족과 귀족을 대상으로 유교 경전을 교육하였다.

② 왜왕에 칠지도 하사 → 백제 근초고왕
　백제 근초고왕은 친선 외교의 목적으로 왜왕에게 칠지도를 보냈다.

③ 김흠돌의 난 진압 → 통일 신라 신문왕
　통일 신라 신문왕은 장인인 김흠돌이 반란을 일으키자 이를 진압하고 진골 귀족들을 숙청하였다.

핵심노트 ▶ 신라 진흥왕(540~576)의 업적

- 남한강 상류 지역인 단양 적성을 점령하고 단양 적성비 건립
- 백제 성왕과 연합하여 고구려가 점유하던 한강 상류 지역을 차지
- 백제가 점유하던 한강 하류 지역을 차지하고 북한산비 건립
- 고령의 대가야를 정복하는 등 낙동강 유역을 확보하고 창녕비 건립
- 원산만과 함흥평야 등을 점령하여 함경남도 진출 후 황초령비와 마운령비 건립
- 화랑도를 공인하고, 거칠부로 하여금 국사를 편찬하게 함
- 황룡사와 흥륜사를 건립하여 불교를 부흥하고, 불교 교단을 정비하여 주통·승통·군통제를 시행 ←신라 최고의 행정기관인 집사부의 전신
- 최고 정무기관으로 품주를 설치하여 국가기무와 재정을 담당하게 함

02 고구려 광개토 대왕

암기박사 신라에 침입한 왜 격퇴 ⇒ 고구려 광개토 대왕   **정답** ④

정답 해설

고구려 제19대 왕으로 거란, 숙신, 후연, 동부여 등을 정벌하고 영토를 크게 넓힌 왕은 광개토 대왕이다. 광개토 대왕은 신라 내물왕의 요청을 받아 신라에 침입한 왜를 낙동강 유역에서 격퇴하였다.

오답 해설

① 태학 설립 → 고구려 소수림왕
　고구려 소수림왕은 유학 교육 기관인 태학을 설립하여 인재를 양성하였다.

② 천리장성 축조 → 고구려 영류왕
　고구려 영류왕 때 연개소문은 대당 강경책을 추진하고, 당의 침입에 대비해 부여성에서 비사성에 이르는 천리장성을 축조하였다.

③ 평양 천도 → 고구려 장수왕
　고구려 장수왕은 수도를 국내성에서 평양으로 옮기고 백제와 신라를 압박하는 남진 정책을 펼쳤다.

핵심노트 ▶ 고구려 광개토 대왕

- 소수림왕 때의 내정 개혁을 바탕으로 북으로 숙신(여진)·비려(거란)를 정복하는 등 만주에 대한 대규모의 정복 사업 단행으로 지배권 확대
- 남쪽으로 백제의 위례성을 공격하여 임진강·한강선까지 진출 → 64성 1,400촌 점령
- 서쪽으로 선비족의 후연(모용씨)을 격파하여 요동 지역 확보 → 요동을 포함한 만주 지역 지배권 확보
- 신라에 침입한 왜를 낙동강 유역에서 토벌(400)함으로써 한반도 남부에까지 영향력 행사
- 우리나라 최초로 '영락'이라는 독자적 연호를 사용하여 중국과 대등함을 과시

03 백제 근초고왕의 업적

암기박사 평양성 공격 : 고국원왕 전사 ⇒ 백제 근초고왕   **정답** ③

정답 해설

백제의 전성기를 이끈 근초고왕은 평양성을 공격하여 고국원왕을 전사시켰고 마한의 여러 세력을 복속시켜 백제 최대의 영토를 확보하였다. 또한 남조의 동진과 수교하고 왜와 교류하였다.

오답 해설

① 사비 천도 → 백제 성왕
　백제 성왕은 웅진에서 사비로 천도하고 국호를 남부여로 변경하는 등 행정 조직을 재정비하였다.

② 22담로 → 백제 무령왕
　백제 무령왕은 지방 통제를 강화하기 위해 지방의 주요 지점에 22담로를 두고 왕족을 파견하였다.

④ 독서삼품과 → 통일 신라 원성왕
　통일 신라의 원성왕은 인재 등용을 위해 유교 경전의 이해 수준에 따라 3등급으로 구분한 독서삼품과를 실시하였다.

> **핵심노트** ▶ 백제 근초고왕(346~375)의 업적

- **활발한 영토 확장** : 고구려의 평양성을 공격하고 마한의 나머지 세력을 정복하여, 오늘날의 경기·충청·전라도와 낙동강 중류, 강원도·황해도의 일부 지역 등 백제 최대 영토 확보
- **고대 상업 세력권 형성** : 요서, 산둥, 일본 규슈 지방으로 진출해 고대 상업 세력권 형성
- **활발한 대외 활동** : 동진과 수교, 가야에 선진 문물 전파, 왜와 교류 → 칠지도 하사
- **중앙 집권 체제의 완비** : 왕권의 전제화, 부자 상속에 의한 왕위 계승이 시작됨
- 고흥으로 하여금 서기를 편찬하게 함 → 전하지 않음
- 왕인이 천자문·논어 등을 일본에 전파 → 일본 아스카 문화의 시조

04 신라 지증왕의 업적

암기박사 권농책 : 우경 장려 ⇒ 신라 지증왕 **정답 ①**

정답 해설

순장을 금지시키고 '신라국왕'이라는 호칭을 사용한 왕은 신라 지증왕이다. 신라 지증왕은 권농책으로 우경을 장려하였다.

오답 해설

② 율령 반포 → 신라 법흥왕
신라 법흥왕은 율령을 반포하고 병부와 상대등을 설치하여 통치 질서를 확립하였다.

③ 독서삼품과 실시 → 통일 신라 원성왕
통일 신라 원성왕은 독서삼품과를 실시하여 유교 경전의 이해 수준에 따라 3등급으로 구분해 인재를 등용하였다. → 상품·중품·하품

④ 화랑도 : 국가 조직 개편 → 신라 진흥왕
신라 진흥왕은 정복 활동을 강화하기 위해 화랑도를 정비하여 국가 조직으로 개편하였다. → 국선도 또는 풍월도

05 백제 성왕의 업적

암기박사 백제 성왕 + 신라 진흥왕 ⇒ 한강 유역 수복 **정답 ③**

정답 해설

부여 나성은 백제 사비 도성을 감싸는 방어 시설로, 수도를 웅진에서 사비로 옮긴 백제 성왕 때 축조되었다. 백제 성왕은 신라 진흥왕과 연합하여 고구려로부터 한강 유역을 회복하였으나, 나·제 동맹 결렬 후 신라를 공격하다 관산성 전투에서 전사하였다.

오답 해설

① 동진의 마라난타 : 불교 수용 → 백제 침류왕
백제의 침류왕은 동진의 마라난타를 통해 불교를 받아들였다.

② 고흥 : 서기 편찬 → 백제 근초고왕
백제 근초고왕은 고흥에게 역사서인 서기를 편찬하게 하였다.

④ 신라 공격 : 대야성 함락 → 백제 의자왕 → 현재 전하지 않음
백제 의자왕은 신라를 공격하여 대야성을 비롯한 40여 개의 성을 빼앗았다.

06 고구려 광개토 대왕의 업적

암기박사 연호 : 영락 ⇒ 고구려 : 광개토 대왕 **정답 ④**

정답 해설

호우명 그릇은 경주의 호우총 고분에서 출토된 청동 그릇으로, 바닥면에 신라가 고구려의 광개토 대왕을 기리는 내용을 담고 있다. 광개토 대왕은 군대를 보내 신라에 침입한 왜를 격퇴하였으며, 영락이라는 독자적 연호를 사용하여 중국과 대등함을 과시하였다.

오답 해설

① 태학 설립 → 고구려 소수림왕
고구려 소수림왕은 유학 교육 기관인 태학을 설립하여 인재를 양성하였다.

② 낙랑군 축출 → 고구려 미천왕
고구려 미천왕은 낙랑군과 대방군을 축출하여 서로는 요하, 남으로는 한강에 이르는 영토를 확장하였다.

③ 천리장성 축조 → 고구려 영류왕
고구려 영류왕 때 연개소문은 대당 강경책을 추진하고, 당의 침입에 대비해 부여성에서 비사성에 이르는 천리장성을 축조하였다.

07 신라 진흥왕의 업적

암기박사 대가야 정복 ⇒ 신라 진흥왕 **정답 ③**

정답 해설 → '순수'란 왕이 나라 안을 직접 순회하며 현지의 통치 상황을 보고받는 의례로, 이를 기념하여 세운 비를 순수비라 함

한강 유역을 차지한 뒤 북한산 순수비를 세우고, 화랑도를 국가적인 조직으로 개편한 왕은 신라의 진흥왕이다. 그는 고령의 대가야를 정복하여 낙동강 유역까지 영토를 확장하였다.

오답 해설

① 국학 설립 → 통일 신라 신문왕
통일 신라의 신문왕은 국학을 설립하여 유학 교육을 실시하고 유교 이념을 확립하였다.

② 병부 설치 → 신라 법흥왕
신라의 법흥왕은 군사 제도 정비를 위해 병부를 설치하고 중앙 집권 체제를 완비하였다.

④ 독서삼품과 실시 → 통일 신라 원성왕
통일 신라의 원성왕은 독서삼품과를 실시하여 유교 경전의 이해 수준에 따라 3등급으로 구분해 관리를 채용하였다. → 상품·중품·하품

08 고구려 소수림왕의 업적

암기박사 태학 설립 ⇒ 고구려 소수림왕 **정답 ①**

정답 해설

고구려 제17대 왕인 소수림왕은 고국원왕의 아들로 순도를 통해 불교를 수용하고 율령을 반포하여 국가의 통치 체제를 정비하였다. 또한 국립 교육 기관인 태학을 설립하여 인재를 양성하였다.

오답 해설

② 병부 설치 → 신라 법흥왕

신라의 법흥왕은 군사 제도 정비를 위해 병부를 설치하고 중앙 집권 체제를 완비하였다.

③ 화랑도 정비 → 신라 진흥왕

신라 진흥왕은 정복 활동을 강화하기 위해 화랑도를 정비하여 국가적인 조직으로 운영하였다. → 국선도 또는 풍월도

④ 웅진 천도 → 백제 문주왕

고구려 장수왕의 공격으로 백제의 수도 한성이 함락되고 개로왕이 전사하자, 문주왕이 즉위하여 한성에서 웅진으로 수도를 천도하였다.

> 핵심노트 ▶ 소수림왕의 체제 개혁
> - 율령 반포 : 국가 체제 정비
> - 불교 수용 : 신화·설화와 종교·철학으로 규합
> - 태학 설립 : 교육 기반 강화

09 신라 지증왕

암기박사 이사부 : 우산국 정벌 ⇒ 신라 지증왕

정답 ③

정답 해설

국호를 신라로 확정하고 임금의 칭호를 마립간에서 왕으로 고친 왕은 신라 지증왕이다. 신라 지증왕 때 이사부가 우산국(울릉도)을 정벌하고 그 부속 도서(독도)를 복속시켰다.

오답 해설

① 이차돈 순교 : 불교 공인 → 신라 법흥왕

신라는 이차돈의 순교 후 법흥왕이 불교를 공인하였다.

② 노비안검법 시행 → 고려 광종

고려 광종은 노비안검법을 시행하여 양인이었다가 불법으로 노비가 된 자를 조사하여 해방시켜 줌으로써 호족과 공신 세력을 견제하였다.

④ 자장 건의 : 황룡사 구층 목탑 건립 → 신라 선덕여왕

신라 선덕여왕 때 자장의 건의로 황룡사 구층 목탑이 경주에 건립되었다.

> 핵심노트 ▶ 신라 지증왕(500~514)
> - 국호를 사로국에서 신라로, 왕의 칭호를 마립간에서 왕으로 고침(503)
> - 행정 구역을 개편하여 중국식 군현제를 도입하고, 소경제를 설치 → 지방에 주·군을 설치하고 중에 군주를 파견
> - 권농책으로 우경을 시작하고(502), 시장 관리기관으로 동시전을 설치(509)
> - 이사부를 파견하여 우산국(울릉도)을 복속(512)
> - 순장을 금지하고 상복을 입도록 함 → 상복법 제정

10 고구려의 역사

암기박사 빈민 구제 : 진대법 ⇒ 고구려 : 고국천왕

정답 ④

정답 해설

무용총의 수렵도는 고구려의 문화유산이다. 고구려는 고국천왕 때 을파소의 건의로 빈민 구제를 위해 진대법을 실시하였다.

오답 해설

① 22담로 : 왕족 파견 → 백제

백제 무령왕은 지방 통제를 강화하기 위해 지방의 주요 지점에 22담로를 설치하고 왕족을 파견하였다.

② 한의 침략으로 멸망 → 고조선

고조선은 우거왕 때 한 무제의 침략으로 왕검성이 함락되어 멸망하였다. → 지금의 평양성

③ 신지 : 대군장, 읍차 : 소군장 → 삼한

삼한에는 대군장인 신지와 소군장인 읍차 등의 지배자가 있었다.

> 핵심노트 ▶ 고구려 진대법
> - 고구려 고국천왕 때 을파소의 건의로 실시된 빈민 구제 제도
> - 관곡을 대여하는 제도로서, 일반 백성들이 채무 노비로 전락하는 것을 막고자 함
> - 고려 시대의 흑창(태조)과 의창(성종), 조선 시대의 의창과 사창 등으로 계승·발전

PART 1 고대의 성립과 발전

기출테마 04 삼국의 문화유산

01	②	02	④	03	③	04	①
05	①	06	②	07	②	08	③
09	②	10	①				

01 신라의 사회 모습

> 암기박사   골품제 : 신분 제도 ⇒ 신라
> 정답 ②

정답 해설

도기 기마인물형 명기는 경주가 수도였던 신라의 문화유산이다. 신라는 혈연에 따라 사회적 제약이 가해지는 폐쇄적 신분 제도인 골품제를 실시하였으며, 골품에 따라 관직 승진에 제한을 받았다.

오답 해설

① 경당 : 지방 교육 기관 → 고구려
  경당은 고구려 장수왕 때 지방 청소년의 무예와 한학 교육을 위해 설립된 지방 교육 기관으로, 청소년에게 글과 활쏘기를 가르쳤다.
③ 진대법 : 빈민 구제 → 고구려
  고구려의 고국천왕은 을파소의 건의로 빈민을 구제하기 위한 진대법을 시행하였다.
④ 책화 : 읍락 간의 경계 → 동예
  동예에는 읍락 간의 경계를 중시하는 책화가 있어서, 다른 부족의 생활권을 침범하면 노비와 소·말로 변상하였다.

02 고구려 교육 기관

> 암기박사   태학과 경당 : 인재 양성 ⇒ 고구려
> 정답 ④

정답 해설

광개토 대왕릉비와 안악 3호분 행렬도는 국내성을 수도로 한 고구려의 문화유산이다. 고구려는 태학과 경당을 두어 인재를 양성하였는데, 태학은 소수림왕 때 설립된 국립 교육 기관이고 경당은 장수왕 때 지방 청소년의 무예와 한학 교육을 위해 설립된 지방 교육 기관이다.

오답 해설

① 독서삼품과 실시 → 통일 신라
  통일 신라의 원성왕은 인재 등용을 위해 유교 경전의 이해 수준에 따라 3등급으로 구분한 독서삼품과를 실시하였다.
② 마립간 칭호 → 신라
  신라 내물왕 때 대군장을 뜻하는 마립간이라는 왕의 칭호가 처음 사용되었다.
③ 정사암 회의 → 백제
  백제는 귀족 회의체인 정사암 회의를 개최하여 재상을 선출하는 등 국가 중대사를 논의하였다.

03 백제의 문화유산

> 암기박사   몽촌 토성 ⇒ 백제 문화유산
> 정답 ③

정답 해설

공주의 무령왕릉은 중국 남조의 영향을 받은 벽돌 무덤 양식으로 백제의 문화유산이다. 서울 송파구에 있는 몽촌 토성도 백제의 성립 초기에 만들어진 토성으로 백제의 문화유산이다.

오답 해설

① 금동 연가 7년명 여래 입상 → 고구려 문화유산
  금동 연가 7년명 여래 입상은 두꺼운 의상과 긴 얼굴 모습에서 북조 양식을 따르고 있으나, 강인한 인상과 은은한 미소에는 고구려의 독창성이 보인다.
② 천마총 장니 천마도 → 신라 문화유산
  경주 천마총에서 출토된 천마도는 장니에 그린 그림으로 신라의 힘찬 화풍을 보여 준다. *말을 탄 사람에게 진흙이 튀지 않도록 한 안장의 부속구*
④ 장군총 → 고구려 문화유산
  장군총은 만주 퉁거우 지역에 위치하고 있는 고구려의 무덤으로 들여쌓기 방식이 활용된 대표적인 돌무지무덤이다.

04 경주 분황사 모전 석탑

> 암기박사   분황사 모전 석탑 ⇒ 경주
> 정답 ①

정답 해설

경북 경주의 분황사에 있는 모전 석탑은 신라 선덕여왕 때 벽돌 모양으로 돌을 다듬어 쌓은 탑으로 현존하는 신라 석탑 중 가장 오래된 석탑이다. 기단 위 모퉁이에 화강암으로 조각한 사자상이 놓여 있다.

오답 해설

② 정림사지 오층 석탑 → 부여
  충남 부여의 정림사지에 있는 오층 석탑은 목탑의 구조와 비슷하지만 돌의 특성을 살려 전체적인 형태가 매우 우아하고 아름답다.
③ 월정사 팔각 구층 석탑 → 평창
  월정사 팔각 구층 석탑은 강원도 평창의 월정사 대웅전 앞뜰에 있는 고려 전기의 석탑으로, 당시 불교 문화 특유의 화려하고 귀족적인 면모가 잘 나타난 다각 다층 석탑이다.
④ 화엄사 사사자 삼층 석탑 → 구례
  전남 구례의 화엄사에 있는 통일 신라의 석탑으로 기단 모서리에 사자를 넣어 사자좌 위에 탑이 서 있는 독특한 형태의 석탑이다.

05 백제 문화유산

암기박사 칠지도 ⇒ 백제 문화유산

정답 ①

정답 해설

칠지도는 백제 근초고왕이 왜왕에게 친선 외교의 목적으로 하사한 칼로 백제의 문화유산이다. 칠지도에는 금으로 새긴 글씨가 새겨져 있다.

오답 해설

② 청자 상감 운학문 매병 → 고려 문화유산
  청자 상감운학문 매병은 학과 구름을 상감기법으로 새겨 넣은 대표적인 고려 시대 상감 청자 매병이다.
③ 천마총 장니 천마도 → 신라 문화유산
  경주 천마총에서 출토된 천마도는 장니에 그린 그림으로 신라의 힘찬 화풍을 보여 준다. _(말을 탄 사람에게 진흙이 튀지 않도록 한 안장의 부속구)_
④ 호우총 청동 그릇 → 신라 문화유산
  일명 호우명 그릇이라 불리는 호우총 청동 그릇은 그릇 밑바닥에 신라가 광개토대왕을 기리는 내용을 담고 있다.

06 삼국 시대의 문화유산

암기박사 논산 관촉사 석조 미륵보살 입상 ⇒ 고려 시대

정답 ②

정답 해설

관촉사 석조 미륵보살 입상은 충남 논산에 있는 고려 시대 최대의 석불입상으로 은진미륵이라고도 불리며 규모가 거대하고 인체 비례가 불균형하다.

오답 해설

① 금동 연가 7년명 여래 입상 → 고구려 문화유산
  금동 연가 7년명 여래 입상은 두꺼운 의상과 긴 얼굴 모습에서 북조 양식을 따르고 있으나, 강인한 인상과 은은한 미소에는 고구려의 독창성이 보인다.
③ 천마총 장니 천마도 → 신라 문화유산
  경주 천마총에서 출토된 천마도는 장니에 그린 그림으로 신라의 힘찬 화풍을 보여 준다. _(말을 탄 사람에게 진흙이 튀지 않도록 한 안장의 부속구)_
④ 장군총 → 고구려 문화유산
  장군총은 만주 퉁거우 지역에 위치하고 있는 고구려의 무덤으로 들여쌓기 방식이 활용된 대표적인 돌무지무덤이다.

07 백제의 역사

암기박사 22담로 설치 ⇒ 백제 무령왕

정답 ②

정답 해설

부여 능산리 절터에서 출토된 금동 대향로는 백제의 문화유산으로, 도교와 불교의 사상이 함께 표현되어 있다. 백제 무령왕은 지방 통제를 강화하기 위해 지방의 주요 지점에 22담로를 설치하고 왕족을 파견하였다.

오답 해설

① 노비안검법 실시 → 고려
  고려 광종은 노비안검법을 실시하여 양인이었다가 불법으로 노비가 된 자를 조사하여 해방시켜 줌으로써 호족과 공신 세력을 견제하였다.
③ 화백 회의 → 신라
  신라는 만장일치제인 화백 회의에서 국가의 중대사를 결정하였다.
④ 가(加): 사출도 주관 → 부여 _(4가(加)의 행정 구획)_
  부여는 여러 가(加)들이 별도로 사출도를 주관하였으며, 왕이 직접 통치하는 중앙과 합쳐 5부를 구성하였다.
  _(마가, 우가, 저가, 구가)_

08 백제의 도교 문화

암기박사 산수 무늬 벽돌 ⇒ 백제 : 도교 문화

정답 ③

정답 해설

산수무늬 벽돌은 충남 부여의 사비시대 절터에서 출토된 벽돌로, 불교적 요소와 도교적 요소를 함께 갖춘 백제의 문화유산이다. 산수 무늬의 화려한 장식은 당시 백제인들의 문화 수준과 이상적인 정신 세계를 반영한다.

오답 해설

① 천마도 → 신라 문화유산
  경주 천마총에서 출토된 천마도는 마구에 그린 그림으로 신라의 힘찬 화풍을 보여 준다.
② 청자 상감운학문 매병 → 고려 문화유산
  학과 구름을 상감기법으로 새겨 넣은 대표적인 고려 시대 상감 청자 매병이다.
④ 강서대묘 현무도 → 고구려 문화유산
  강서대묘 현무도는 도교의 영향을 받은 고구려 벽화로, 무덤의 사방을 수호하는 영물인 현무를 그린 고분벽화이다.
  (청룡, 백호, 주작, 현무를 그린 강서대묘 사신도 중의 하나)

09 호우명 그릇

암기박사 호우명 그릇 ⇒ 신라의 문화유산

정답 ②

정답 해설

호우명 그릇은 경주의 고분에서 출토된 신라의 문화유산으로, 광개토 대왕을 나타내는 글자가 새겨져 있어 신라와 고구려의 관계를 엿볼 수 있다.

오답 해설

① 금동 연가 7년명 여래 입상 → 고구려 문화유산
  금동 연가 7년명 여래 입상은 두꺼운 의상과 긴 얼굴 모습에서 북조 양식을 따르고 있으나, 강인한 인상과 은은한 미소에는 고구려의 독창성이 보인다.
③ 철제 판갑옷과 투구 → 가야 문화유산
  철제 판갑옷과 투구는 대표적인 가야의 문화유산으로, 당시 가야가 철의 나라라고 할 정도로 철이 많이 생산되었음을 알 수 있다.
④ 산수무늬 벽돌 → 백제 문화유산
  충남 부여의 사비시대 절터에서 출토된 벽돌로, 불교적 요소와 도교적 요소를 함께 갖추고 있다. 산수 무늬의 화려한 장식은 당시

백제인들의 문화 수준과 이상적인 정신세계를 반영한다.

> **핵심노트 ▶ 호우명 그릇**
>
> 호우명 그릇은 신라 호우총에서 발견된 청동 그릇으로, 고구려 광개토대왕의 이름이 새겨져 있다. 고구려 광개토대왕의 정식 묘호는 '국강상광개토경평안호태왕'이다. 이는 4세기 말에서 5세기 초 신라에 대한 고구려의 영향력을 가늠할 수 있는 유물이다.

10 익산 미륵사지 석탑

정답 ①

암기박사 익산 : 미륵사지 석탑 ⇒ 백제 : 목탑 양식

정답 해설

제시된 내용의 석탑은 현재 우리나라에서 가장 오래된 전북 익산의 미륵사지 석탑으로 목탑 양식을 계승하였다. 서동 설화의 주인공으로 알려진 백제 무왕이 삼국시대의 절 가운데 최대 규모인 익산 미륵사를 창건하였다(601).

오답 해설

② 경주 : 분황사 모전 석탑 → 신라
경북 경주의 분황사에 있는 모전 석탑은 돌을 벽돌 모양으로 다듬어 쌓아 올린 탑으로, 현존하는 신라 석탑 중 가장 오래된 석탑이다.

③ 개성 : 경천사지 십층 석탑 → 고려
고려 후기 충목왕 때 조성된 석탑으로, 원의 영향을 받아 대리석으로 제작되었다.

④ 경주 : 불국사 삼층 석탑 → 통일 신라
경북 경주의 불국사에 있는 통일 신라의 석탑으로, 내부에서 현존하는 세계 최고(最古)의 목판 인쇄물인 무구정광대다라니경이 발견되었다.

기출테마 05
가야 연맹과 문화

PART 1 고대의 성립과 발전

01	①	02	④	03	①	04	④
05	③	06	①	07	④	08	④
09	①	10	②				

01 대가야 문화유산

정답 ①

암기박사 금동관 ⇒ 대가야 문화유산

정답 해설

경북에 있는 고령 지산동 고분군은 대가야의 왕릉급 무덤으로, 이진아시왕을 시조로 후기 가야 연맹을 주도하였다. 이 무덤에서 발견된 금동관은 대가야의 문화유산으로, 신라의 관과 구별되는 독특한 형식적 특징을 보인다.

오답 해설

② 칠지도 → 백제 문화유산
칠지도는 백제 근초고왕이 왜왕에게 친선 외교의 목적으로 하사한 칼로 금으로 새긴 글씨가 새겨져 있다.

③ 성덕 대왕 신종 → 통일 신라 문화유산
성덕 대왕 신종은 봉덕사종 또는 에밀레종이라 하며 경덕왕이 아버지인 성덕왕을 기리기 위해 만든 통일 신라의 종이다.

④ 금동 연가 칠년명 여래 입상 → 고구려 문화유산
금동 연가 칠년명 여래 입상은 두꺼운 의상과 긴 얼굴 모습에서 북조 양식을 따르고 있으나, 강인한 인상과 은은한 미소에는 고구려의 독창성이 보인다.

02 금관가야의 역사

정답 ④

암기박사 구지가 : 건국 신화 ⇒ 김수로왕 : 금관가야

정답 해설

김해 대성동 고분군은 김수로왕에 의해 건국된 금관가야의 무덤이고, 구지가는 시조인 김수로왕의 건국 신화 속에 삽입된 노래이다.

오답 해설

① 서옥제 : 혼인 풍습 → 고구려
고구려에는 혼인을 정한 뒤 신랑이 신부 집의 뒤꼍에 조그만 집

(서옥)을 짓고 거기서 자식을 낳아 기르며, 자식이 장성하면 가족이 함께 신랑 집으로 돌아가는 서옥제라는 혼인 풍습이 있었다.

② 칠지도 : 왜왕에게 하사 → 백제 ┈→ 대립사위제

칠지도는 백제 근초고왕이 왜왕에게 친선 외교의 목적으로 하사한 칼로 금으로 새긴 글씨가 새겨져 있다.

③ 이차돈 : 순교한 불교인 → 신라

이차돈은 신라 법흥왕 때 불교를 전파하기 위해 스스로 순교한 불교인으로, 법흥왕은 이차돈의 순교 후 불교를 공인하였다.

03 금관가야의 역사

정답 ①

암기박사 낙랑군, 왜와 교류 ⇒ 금관가야

정답 해설

김수로에 의해 건국된 나라는 금관가야이다. 낙동강 하류에 위치한 금관가야는 철이 풍부하게 생산되었고 낙랑군, 왜와 활발히 교류하여 중계 무역으로 번성하였다.

오답 해설

② 상경 천도 → 발해

발해 문왕은 중경에서 상경으로 도읍을 옮기고 3성 6부의 중앙 관제를 마련하였다.

③ 화백 회의 → 신라

신라는 만장일치제인 화백 회의에서 국가의 중요한 일을 결정하였다.

④ 범금 8조 → 고조선

고조선은 범금 8조를 만들어 살인·절도 등의 죄를 다스리고 사회 질서를 유지하였다.

04 가야 문화유산

정답 ④

암기박사 철제 판갑옷 ⇒ 가야 문화유산

정답 해설

철제 판갑옷은 대표적인 가야의 문화유산으로, 당시 가야가 철의 나라라고 할 정도로 철이 많이 생산되었음을 알 수 있다.

오답 해설

① 호우명 그릇 → 신라 문화유산

일명 호우명 그릇이라 불리는 호우총 청동 그릇은 그릇 밑바닥에 신라가 광개토대왕을 기리는 내용을 담고 있다.

② 성덕 대왕 신종 → 통일 신라 문화유산

성덕 대왕 신종은 봉덕사종 또는 에밀레종이라 하며 경덕왕이 아버지인 성덕왕을 기리기 위해 만든 통일 신라의 종이다.

③ 칠지도 → 백제 문화유산

칠지도는 백제 근초고왕이 왜왕에게 친선 외교의 목적으로 하사한 칼로 금으로 새긴 글씨가 새겨져 있다.

05 가야의 역사

정답 ③

암기박사 낙랑과 왜에 철 수출 ⇒ 가야

정답 해설

김해 대성동 고분군, 고령 지산동 고분군, 함안 말이산 고분군은 모두 가야의 문화유산이다. 가야는 철이 많이 생산되어 낙랑과 왜에 수출하였으며 교역에서 화폐처럼 사용하였다.

오답 해설

① 22담로 설치 → 백제

백제 무령왕은 지방 통제를 강화하기 위해 지방의 주요 지점에 22담로를 두고 왕족을 파견하였다.

② 한의 침략으로 멸망 → 고조선

고조선은 우거왕 때 한 무제의 침략으로 왕검성이 함락되어 멸망하였다. ┈→ 지금의 평양성

④ 화백 회의 → 신라

신라는 만장일치제인 화백 회의에서 국가의 중요한 일을 결정하였다.

06 금관가야의 역사

정답 ①

암기박사 수로왕 : 금관가야 ⇒ 전기 가야 연맹

정답 해설

수로왕이 김해에 설립한 나라는 금관가야로, 변한 지역 12개 소국의 전기 가야 연맹을 주도하였다.

오답 해설

② 국학 : 교육 기관 → 통일 신라 신문왕

통일 신라의 신문왕은 교육 기관인 국학을 설립하여 유학 교육을 실시하고 유교 이념을 확립하였다.

③ 옥저 정복 : 동해안 진출 → 고구려 태조

고구려 태조는 활발한 정복 전쟁으로 부전 고원을 넘어 옥저를 정복하고 동해안으로 진출하였다.

④ 22담로 : 왕족 파견 → 백제 무령왕

백제 무령왕은 지방 통제를 강화하기 위해 지방의 주요 지점에 22담로를 설치하고 왕족을 파견하였다.

핵심노트 ▶ 가야 연맹

- 전기 가야 연맹 : 김수로왕의 금관가야 → 신라 법흥왕 때 멸망(532년) → 김해 대성동 고분군
- 후기 가야 연맹 : 이진아시왕의 대가야 → 신라 진흥왕 때 멸망(562년) → 고령 지산동 고분군

07 금관가야의 경제 상황

정답 ④

암기박사 낙랑과 왜 사이의 중계 무역 ⇒ 금관가야

정답 해설

김해에서 출토된 도기 기마인물형 뿔잔과 김해 대성동 고분에서 출토된 철제 판갑옷은 모두 금관가야의 문화유산이다. 김수로에 의해

건국된 금관가야는 낙랑군과 왜 사이의 중계 무역으로 번성하였다.

오답 해설

① 장시의 발달 → 조선 후기
조선 후기에는 정기 시장인 장시가 전국 각지에서 열려 1천여 곳 이상으로 확대되었다.

② 동시전 설치 → 신라 지증왕
신라 지증왕 때 시장을 감독하는 관청인 동시전이 수도 경주에 설치되었다.

③ 활구(은병) 유통 → 고려 숙종
고려 숙종 때에는 입구가 넓어 활구라고도 불린 은병이 화폐로 사용되었다. → 은 1근으로 만든 병 모양의 은화

08 금관가야의 역사

암기박사 구지가 : 건국 신화 ⇒ 김수로왕 : 금관가야   **정답** ④

정답 해설

김해 대성동 고분군은 김수로왕에 의해 건국된 금관가야의 무덤이고, 구지가는 시조인 김수로왕의 건국 신화 속에 삽입된 노래이다.

오답 해설

① 사비 천도 → 백제 성왕
백제 성왕은 웅진에서 사비로 천도하고 국호를 남부여로 변경하였다.

② 이사부 : 우산국 복속 → 신라 지증왕
신라 지증왕은 이사부를 파견하여 우산국(울릉도)을 복속하였다.

③ 장보고 : 청해진 → 통일 신라 흥덕왕
통일 신라 흥덕왕 때 장보고는 완도에 청해진을 설치하여 해적들을 소탕하고 해상 무역을 장악하였다.

09 금관가야의 경제 상황

암기박사 낙랑과 왜에 철 수출 ⇒ 김수로왕 : 금관가야   **정답** ①

정답 해설

김수로왕이 건국한 나라는 김해를 중심으로 한 금관가야이다. 금관가야는 철이 많이 생산되어 낙랑과 왜에 철을 수출하였다.

오답 해설

② 모내기법 : 전국 확산 → 조선 후기
조선 후기에는 모내기법이 전국적으로 확산하여 벼와 보리의 이모작이 성행하였다.

③ 상평창 : 물가 조절 → 고려 성종
고려 성종 때 물가 조절을 위해 개경과 서경 등에 물가 조절 기관인 상평창이 설치되었다.

④ 은병(활구) 제작 → 고려 숙종
고려 숙종 때 우리나라의 지형을 본 떠 만든 활구라고도 불린 은병을 제작하였다. → 은병의 입구가 넓어 활구라고도 불림

10 가야 문화유산

암기박사 금관, 말머리 가리개, 기마인물형 뿔잔 ⇒ 가야 문화유산
금동 대향로 ⇒ 백제 문화유산   **정답** ②

정답 해설

6개의 연맹 왕국으로 구성된 철의 왕국은 가야이다. 가야는 김해를 중심으로 한 전기의 금관가야와 고령을 중심으로 한 후기의 대가야로 구분되며, 문화유산으로는 금관, 말머리 가리개, 기마인물형 뿔잔 등이 있다. 한편 금동 대향로는 백제의 문화유산으로 부여 능산리 절터에서 출토되었다. 백제 왕실의 의례에 사용된 것으로 추정되며, 도교와 불교의 요소가 복합적으로 표현된 걸작이다.

오답 해설

① 금관 → 가야 문화유산
6세기 무렵 대가야 지역에서 출토된 문화유산으로, 가야의 뛰어난 공예기술과 예술적 안목을 보여준다.

③ 말머리 가리개 → 가야 문화유산
합천 지역의 가야 왕족 무덤에서 출토된 문화유산으로, 말의 머리를 보호하는 역할을 한다.

④ 기마인물형 뿔잔 → 가야 문화유산
국보 제275호로, 경남 김해시 대동면 덕산리에서 출토된 가야 시대의 토기이다.

핵심노트 ▶ 가야의 문화유산

가야 토기   가야 금관   철제 갑옷과 투구

말머리 가리개   기마인물형 뿔잔   용문양 금동제 허리띠

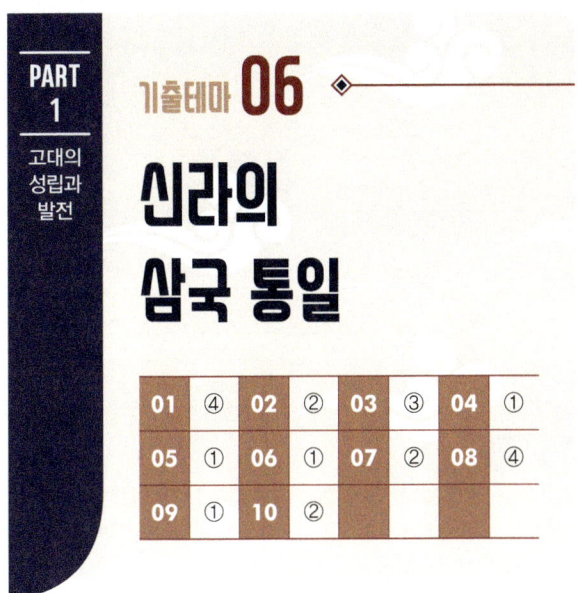

PART 1 고대의 성립과 발전

기출테마 06 신라의 삼국 통일

01	④	02	②	03	③	04	①
05	①	06	①	07	②	08	④
09	①	10	②				

01 백제 & 고구려의 멸망

암기박사 백제 멸망(660) ⇒ 고구려 멸망(668)

정답 ④

정답 해설

백제 의자왕 때 나당 연합군이 백제의 사비성을 함락하고 백제를 멸망시켰다. 이후 나당 연합군이 고구려의 평양성을 점령하여 고구려를 멸망시켰다.

오답 해설

① 대가야 정복(562) → 신라 진흥왕
신라 진흥왕은 고령의 대가야를 정복하여 낙동강 유역까지 영토를 확장하였다.

② 우산국 복속(512) → 신라 지증왕
신라 지증왕은 이사부를 파견하여 우산국(울릉도)을 복속하였다.

③ 백제 한성 함락(475) → 고구려 장수왕
고구려 장수왕은 수도를 국내성에서 평양성으로 천도한 뒤 남하 정책을 펼쳐 백제의 수도 한성을 함락하고 개로왕을 전사시켰다.

02 삼국 통일의 과정

암기박사 고구려의 원병 요청 거부(642) ⇒ 황산벌 전투(660) ⇒ 기벌포 전투(675)

정답 ②

정답 해설

(가) 고구려의 원병 요청 거부(642) : 신라의 김춘추가 백제 의자왕의 공격으로 고구려에 원병을 요청하였으나 거절당하였다.
(다) 황산벌 전투(660) : 김유신이 지휘한 신라군이 황산벌에서 계백이 이끈 백제의 결사대를 물리친 뒤 사비성으로 진출하여 백제를 멸망시켰다.
(나) 기벌포 해전(676) : 신라 문무왕은 기벌포 앞바다에서 당의 수군을 몰아내고 나·당 전쟁에서 승리하여 삼국 통일을 이룩하였다.

03 삼국의 통일 과정

암기박사 백강 전투 ⇒ 평양성 전투 ⇒ 기벌포 전투

정답 ③

정답 해설

(나) 백강 전투(663) : 백제가 멸망한 후 백제 부흥군은 왜에 원군을 요청하였으나 나·당 연합군이 백강에서 왜군을 물리쳐 백제 부흥 운동은 실패로 돌아갔다.
(가) 평양성 전투(668) : 고구려의 마지막 왕인 보장왕 때 당의 장수 계필하력이 이끄는 나·당 연합군이 고구려의 평양성을 공격하여 고구려를 멸망시켰다.
(다) 기벌포 전투(676) : 신라 문무왕은 기벌포 전투에서 당의 군대를 격퇴하고 나·당 전쟁에서 승리하여 삼국 통일을 이룩하였다.

04 삼국 통일의 과정

암기박사 고구려의 원병 요청 거부(642) ⇒ 황산벌 전투(660) ⇒ 매소성 전투(675)

정답 ①

정답 해설

(가) 고구려의 원병 요청 거부(642) : 신라의 김춘추가 백제 의자왕의 공격으로 고구려에 원병을 요청하였으나 거절당하였다.
(나) 황산벌 전투(660) : 백제 의자왕 때 계백이 이끄는 백제의 군대가 신라군에 맞서 황산벌에서 최후의 전투를 벌였다.
(다) 매소성 전투(675) : 나·당 전쟁 중 신라군이 매소성에서 20만의 당군을 격파하여 당나라 세력을 몰아내는 데 결정적인 계기를 마련하였다.

05 삼국 통일의 과정

암기박사 황산벌 전투(660) ⇒ 백강 전투(663) ⇒ 기벌포 전투(676)

정답 ①

정답 해설

(가) 황산벌 전투(660) : 백제 의자왕 때 계백이 이끄는 백제의 군대가 신라군에 맞서 황산벌에서 최후의 전투를 벌였다.
• 백강 전투(663) : 백제가 멸망한 후 백제 부흥군은 왜에 원군을 요청하였으나 나·당 연합군이 백강에서 왜군을 물리쳐 백제 부흥 운동은 실패로 돌아갔다.
(나) 기벌포 전투(676) : 신라 문무왕은 기벌포 전투에서 당의 군대를 격퇴하고 나·당 전쟁에서 승리하여 삼국 통일을 이룩하였다.

오답 해설

② 살수 대첩(612) → (가) 이전
고구려 영양왕 때 을지문덕 장군이 수나라 장수 우중문이 이끄는 30만 별동대를 살수로 유인하여 크게 물리쳤다.

③ 관산성 전투(554) → (가) 이전
신라 진흥왕이 나제 동맹을 깨고 백제가 차지한 지역을 점령하자 백제 성왕이 신라를 공격하다 관산성 전투에서 전사하였다.

④ 처인성 전투(1232) → (나) 이후
몽골의 2차 침입 때 김윤후가 처인성에서 적장 살리타를 사살하고 몽골군을 물리쳤다.

06 기벌포 전투

암기박사 나·당 전쟁 : 기벌포 전투 ⇒ 삼국 통일

정답 ①

정답 해설
고구려가 멸망한 후 당나라는 한반도의 지배 야욕을 보이며 평양에 안동도호부를 설치하였고, 신라는 고구려의 부흥 운동을 지원하였다. 이후 신라 문무왕은 매소성 전투와 기벌포 전투에서 설인귀가 이끄는 당군을 격퇴하고 나·당 전쟁에서 승리하여 삼국 통일을 이룩하였다.

오답 해설
② 동학 농민 운동 → 우금치 전투
동학 농민군은 공주 우금치에서 일본군을 상대로 항전하였으나 전봉준을 비롯한 지도자들이 체포되었다.

③ 임진왜란 → 진주성 전투
임진왜란 당시 진주 목사 김시민이 왜군에 맞서 진주성을 지켜낸 전투이다.

④ 몽골의 2차 침입 → 처인성 전투
몽골의 2차 침입 때 처인성 전투에서 김윤후가 이끄는 민병과 승병이 적장 살리타를 사살하고 몽골군을 물리쳤다.

07 신라 무열왕 김춘추

암기박사 나·당 동맹 체결 ⇒ 신라 김춘추

정답 ②

정답 해설
신라 김춘추의 원병 요청에 고구려 보장왕이 거절하자 김춘추는 중국으로 건너가 당과 나·당 동맹을 체결하였다(648). 후에 김춘추는 진골 귀족 출신으로 왕위에 올라 신라 무열왕이 되었다.

오답 해설
① 불국사 창건 → 김대성
통일 신라 경덕왕 때 김대성은 경주에 있는 불국사를 창건하여 불국토의 이상을 조화와 균형 감각으로 표현하였다.

③ 대가야 멸망 → 사다함
사다함은 신라 진흥왕 때 대가야를 멸망시키는 데 큰 공을 세운 신라 화랑이다.

④ 우산국 정복 → 이사부
신라 지증왕 때 이사부는 우산국(울릉도)을 정복하고 그 부속 도서(독도)를 복속시켰다.

08 백제 부흥 운동

암기박사 백강 전투 ⇒ 백제 부흥 운동

정답 ④

정답 해설
나·당 연합군의 공격으로 사비성이 함락되어 백제가 멸망하였다(660). 백제가 멸망한 후 백제 부흥군은 왜에 원군을 요청하였으나, 나·당 연합군이 백강에서 왜군을 물리쳐 백제 부흥 운동은 실패로 돌아갔다(663).

핵심노트 ▶ 백제 부흥 운동(660~663)
- 복신과 도침이 왕자 풍을 왕으로 추대하여 주류성(한산)에서 백제 부흥 운동 전개
- 흑치상지와 지수신은 임존성(대흥)에서 전개
- 왜에 원군을 요청하여 나·당 연합군과 백강에서 전투
- 지배층의 내분과 나·당 연합군의 공격으로 실패

09 나·당 동맹

암기박사 고구려의 원병 요청 거부(642) ⇒ 나·당 군사 동맹 체결(648) ⇒ 황산벌 전투(660)

정답 ①

정답 해설
- 고구려의 원병 요청 거부(642) : 백제 의자왕의 공격으로 대야성이 점령당하자 신라의 김춘추는 고구려를 직접 찾아가 원병을 요청하였으나 거절당하였다.

(가) 나·당 동맹(648) : 신라 김춘추의 원병 요청에 고구려가 거절하자 김춘추는 중국으로 건너가 당과 군사 동맹을 체결하고 나·당 연합군을 결성하였다.

- 황산벌 전투(660) : 김유신이 지휘한 신라군은 탄현을 공격하고 황산벌에서 계백이 이끈 백제의 결사대를 격파한 뒤 사비성으로 진출하여 백제를 멸망에 이르게 하였다.

오답 해설
② 사비 천도(538) : 백제 성왕은 웅진에서 사비로 천도하고 국호를 남부여로 변경하였다.

③ 대가야(42~562) : 김해의 금관가야가 쇠퇴한 후 고령의 대가야가 가야 연맹을 주도하였다.

④ 살수대첩(612) : 수 나라가 고구려를 침략했을 때 고구려의 을지문덕 장군이 살수에서 수의 대군을 격파하였다.

10 고구려 부흥 운동

암기박사 검모잠 ⇒ 고구려 부흥 운동

정답 ②

정답 해설
나·당 연합군에 의해 고구려가 멸망한 후 신라의 지원을 받은 검모잠이 보장왕의 서자 안승을 왕으로 추대하여 고구려 부흥 운동을 전개하였다(674).

오답 해설
① 계백 → 백제 장군
나·당 연합군에 대항하여 황산벌 전투에서 결사대를 이끈 백제의 장군으로, 이 전쟁에서 패한 백제는 멸망하였다.

③ 김유신 → 신라 장군
가야의 후손인 김유신은 신분적 한계를 뛰어넘어 삼국통일에 공을 세운 신라의 장군이다.

④ 흑치상지 → 백제 부흥 운동
백제가 멸망한 후 흑치상지 장군은 임존성(대흥)에서 소정방이 이끄는 당군을 격퇴하여 백제 부흥 운동을 전개하였다.

기출테마 07 통일 신라의 체제

PART 1 고대의 성립과 발전

01	③	02	②	03	④	04	①
05	③	06	①	07	①	08	④
09	③	10	③

01 의상의 활동

암기박사 화엄종, 부석사, 관음 신앙 ⇒ 의상

정답 ③

정답 해설

의상은 귀족 출신의 승려로 부석사를 건립하고 관음 신앙을 전파하였으며, 화엄종을 개창하여 화엄 사상을 정립하였다.

오답 해설

① 원광 → 세속 5계 저술
원광은 화랑도의 규범으로 사군이충, 사친이효, 교우이신, 임전무퇴, 살생유택의 세속 5계를 지었다.

② 원효 → 불교 대중화
원효는 무애가를 만들어 불교의 가르침을 민중에게 전하는 등 불교 대중화에 힘썼다.

④ 유정 → 임진왜란 승병
유정은 조선의 승려로서 임진왜란 당시 승병을 모집하여 왜군과 싸웠고, 임진왜란 이후 일본에 파견되어 강화를 맺고 조선인 포로 3000여 명을 인솔하여 귀국하였다.

핵심노트 ▶ 의상(625~702)

- 당에 유학하여 중국 화엄종의 제2조인 지엄의 문하에서 화엄종을 연구
- 화엄일승법계도를 저술 → 해동 화엄의 시조로서, 고려 균여에게 영향을 미침
- 화엄의 근본 도량이 된 부석사를 창건하고, 화엄 사상을 바탕으로 교단을 형성
- 모든 사상을 보다 높은 차원에서 하나로 조화시키는 원융 사상을 설파하여 통일 후 갈등 해소와 왕권 전제화에 공헌
- 아미타 신앙과 함께 현세에서 고난을 구제받고자 하는 관음 신앙을 설파

02 설총의 활동

암기박사 설총 ⇒ 이두 정리, 화왕계 저술

정답 ②

정답 해설

설총은 원효 대사의 아들로 한자의 음과 뜻을 빌려 우리말을 표기한 이두를 체계적으로 정리하였고, 신문왕에게 향락을 배격하고 경계로 삼도록 화왕계를 지어 바쳤다.

오답 해설

① 강수 → 청방인문표, 답설인귀서 집필
강수는 신라 시대의 문장가로 불교를 세외교라 하여 비판하고 도덕을 사회적 출세보다 중시하였으며 청방인문표, 답설인귀서 등을 집필하였다.

③ 의상 → 화엄종 개창
의상은 귀족 출신의 승려로 낙산사 등을 창건하고 관음 신앙을 전파하였으며, 화엄종을 개창하여 화엄일승법계도를 남겼다.

④ 혜초 → 왕오천축국전 저술
혜초는 인도와 중앙아시아를 다녀와서 그 나라의 풍물을 기록한 왕오천축국전을 저술하였다.

03 원효의 사상

암기박사 무애가 : 불교 대중화 ⇒ 원효

정답 ④

정답 해설

대승기신론소 등을 통해 모든 것이 한마음에서 나온다는 일심 사상을 주장한 인물은 원효이다. 원효는 무애가를 지어 불교의 가르침을 민중에게 전하는 등 불교 대중화에 힘썼다.

오답 해설

① 왕오천축국전 저술 → 혜초
혜초는 인도와 중앙아시아를 다녀와서 그 나라의 풍물을 기록한 왕오천축국전을 남겼다.

② 수선사 결사 제창 → 지눌
보조국사 지눌은 명리에 집착하는 무신 집권기 당시 불교계의 타락상을 비판하고 불교 개혁을 주장하며 수선사 결사를 제창하였다.

③ 황룡사 구층 목탑 건립 → 자장
신라 선덕여왕 때 자장의 건의로 황룡사 구층 목탑이 경주에 건립되었다.

04 통일 신라 신문왕의 업적

암기박사 국학 설립 ⇒ 통일 신라 신문왕

정답 ①

정답 해설

만파식적은 해룡이 된 문무왕과 천신이 된 김유신이 합심하여 대나무로 만들어 신문왕에게 보냈다는 전설의 피리이다. 통일 신라 신문왕은 국학을 설립하여 유학 교육을 실시하고 유교 이념을 확립하였다.

오답 해설

② 이사부 : 우산국 정벌 → 신라 지증왕
신라 지증왕은 이사부를 파견하여 우산국(울릉도)을 정벌하였다.

③ 연개소문 : 천리장성 축조 → 고구려 영류왕
고구려 영류왕 때 연개소문은 당의 침입에 대비하여 부여성에서 비사성에 이르는 천리장성을 축조하였다.

④ **화랑도 : 국가 조직으로 개편 → 신라 진흥왕**
화랑도는 씨족 공동체의 전통을 가진 원화가 발전한 원시 청소년 집단으로, 신라 진흥왕 때 국가 조직으로 개편되었다.

05 신라 집사부의 기능

암기박사 집사부 : 최고 정무 기구 ⇒ 신라 정답 ③

정답 해설

신라의 중앙 행정 기구인 14부 중의 하나인 집사부는 신라의 최고 정무 기구로 왕의 명령 전달과 국가 기밀을 담당하였다. 집사부 장관을 중시 또는 시중이라 불렀다.

오답 해설

① **의정부 : 재상 합의 기관 → 조선**
의정부는 조선 시대 재상 합의 기관으로 영의정, 좌의정, 우의정의 3정승이 국정을 총괄하였다.

② **정당성 : 최고 권력 기구 → 발해**
정당성은 선조성(좌상), 중대성(우상)과 함께 발해의 3성 중 하나로 최고 권력 기구이자 귀족 합의 기구이다.

④ **도병마사 : 국방 문제 담당 → 고려**
도병마사는 고려 성종 때 국방 문제를 담당하는 임시 기구로 처음 시행되었으나 원 간섭기에 도평의사사로 개편되면서 최고 상설 정무 기구로 발전하였다.

06 불국사 삼층 석탑

암기박사 불국사 삼층 석탑 ⇒ 무영탑 정답 ①

정답 해설

경주 토함산에 위치한 불국사는 통일 신라 때 김대성이 건립하였는데, 대웅전 앞뜰에는 무영탑이라고도 불리는 삼층 석탑이 자리하고 있다.

오답 해설

② **쌍봉사 철감 선사탑 → 화강석 묘탑**
쌍봉사 철감 선사탑은 전남 화순군 쌍봉사에 있는 통일 신라의 화강석 묘탑이다.

③ **이불병좌상 → 흙을 구워 만든 부처상**
발해의 수도였던 동경 용원부 유적지에서 발굴된 이불병좌상은 흙을 구워 만든 것으로, 고구려 양식을 계승하였으며 두 부처가 나란히 앉아 있는 모습을 나타낸다.

④ **성덕 대왕 신종 → 에밀레종**
성덕 대왕 신종은 봉덕사종 또는 에밀레종이라 하며 경덕왕이 아버지인 성덕왕을 기리기 위해 만든 통일 신라의 종이다.

07 통일 신라의 석탑

암기박사 무구정광대다라니경 발견 ⇒ 경주 불국사 삼층 석탑 정답 ①

정답 해설

불국사 삼층 석탑은 경북 경주의 불국사에 있는 통일 신라의 석탑으로, 탑을 보수하던 중 현존하는 세계 최고(最古)의 목판 인쇄물인 무구정광대다라니경이 발견되었다.

오답 해설

② **정림사지 오층 석탑 → 백제**
충남 부여의 정림사지에 있는 오층 석탑은 목탑의 구조와 비슷하지만 돌의 특성을 살려 전체적인 형태가 매우 우아하고 아름답다.

③ **분황사 모전 석탑 → 신라**
경북 경주의 분황사에 있는 모전 석탑은 석재를 벽돌 모양으로 만들어 쌓은 탑으로, 현존하는 신라 석탑 중 가장 오래된 석탑이다.

④ **미륵사지 석탑 → 백제** *석탑 보수 과정에서 금제 사리 봉안기가 발견됨*
전북 익산에 있는 미륵사지 석탑은 백제 시대의 석탑으로, 목탑 양식을 계승한 우리나라에서 가장 오래된 탑이다.

핵심노트 ▶ 무구정광대다라니경

국보 제126호로 목판으로 인쇄된 불경이다. 불국사 3층 석탑(석가탑)의 해체 · 복원 공사가 진행되던 1966년 탑신부 제2층에 안치된 사리함 속에서 다른 유물들과 함께 발견되었다. 출간 연대의 상한과 하한은 700년대 초 ~ 751년인데, 이는 이전까지 가장 오래된 인경으로 알려진 일본의 백만탑 다라니경(770년에 인쇄)보다 앞선 것이다.

08 최치원의 활동

암기박사 진성 여왕 : 시무책 10여 조 건의 ⇒ 최치원 정답 ④

정답 해설

신라 6두품 출신으로 당의 빈공과에 합격하여 관직에 오른 인물은 최치원이다. 그는 당 나라에서 귀국 후 진성 여왕에게 시무책 10여 조의 개혁안을 건의하였으나 수용되지는 않았다.

오답 해설

① **이두 정리, 화왕계 저술 → 설총**
설총은 원효의 아들로 한자의 음과 훈을 차용한 이두를 체계적으로 정리하였고, 신문왕에게 향락을 배격하고 경계로 삼도록 화왕계를 지어 올렸다.

② **우산국 정복 → 이사부**
신라 지증왕 때 이사부는 우산국(울릉도)을 정복하고 그 부속 도서(독도)를 복속시켰다.

③ **순교한 불교인 → 이차돈**
이차돈은 신라 법흥왕 때 불교를 전파하기 위해 스스로 순교한 불교인으로, 법흥왕은 이차돈의 순교 후 불교를 공인하였다.

핵심노트 ▶ 최치원

6두품 출신으로 당의 빈공과에 급제하고 귀국 후 진성여왕에게 개혁안 10여 조를 건의하였으나 수용되지 않았다. 골품제의 한계를 자각하고 과거 제도를 주장하였으며, 신라 하대에 반신라적 사상을 견지하여 고려 건국에 큰 영향을 끼쳤다. 작품으로 계원필경, 제왕연대력, 법장화상전, 4산 비명이 전한다.

09 장보고의 청해진

암기박사 완도 : 청해진 ⇒ 통일 신라 : 장보고

정답 ③

정답 해설

통일 신라의 장보고는 완도를 해상 무역 거점지로 삼아 청해진을 설치하였으며, 해적을 소탕하여 해상 무역로를 보호하고 당, 일본과의 국제 무역을 주도하였다.

오답 해설

① 원효 → 화쟁 사상, 무애가 저술 → 모든 논쟁을 화합으로 바꾸려는 불교 사상
   원효는 일심과 화쟁 사상을 중심으로 몸소 아미타 신앙을 전개하고 무애가를 지어 불교 대중화에 노력하였다.
② 설총 → 이두 정리, 화왕계 저술
   설총은 원효의 아들로 한자의 음과 훈을 차용한 이두를 체계적으로 정리하였고, 신문왕에게 향락을 배격하고 경계로 삼도록 화왕계를 지어 올렸다.
④ 최치원 → 진성 여왕 : 10여 조 개혁안 건의
   최치원은 신라 6두품 출신으로 당의 빈공과에 합격하여 귀국한 후 진성 여왕에게 10여 조의 개혁안을 건의하였다.

10 신라 승려 의상의 활동

암기박사 관음 신앙, 화엄종, 화엄일승법계도 ⇒ 의상

정답 ③

정답 해설

귀족 출신의 승려로 낙산사 등을 창건하고 관음 신앙을 전파하였으며, 화엄종을 개창하여 화엄일승법계도를 남긴 신라의 승려는 의상이다.

오답 해설

① 원효 → 불교 대중화
   원효는 무애가를 만들어 불교의 가르침을 민중에게 전하는 등 불교 대중화에 힘썼다.
② 일연 → 삼국유사 편찬
   일연은 단군부터 고려 말까지의 불교사를 중심으로 서술한 기사본말체 형식의 사서인 『삼국유사』를 편찬하였고 불교 관련 설화를 수록하였다.
④ 지눌 → 조계종 창시
   지눌은 조계종을 창시하여 선종을 중심으로 교종을 포용하여 선·교 일치 사상의 완성을 추구하였다.

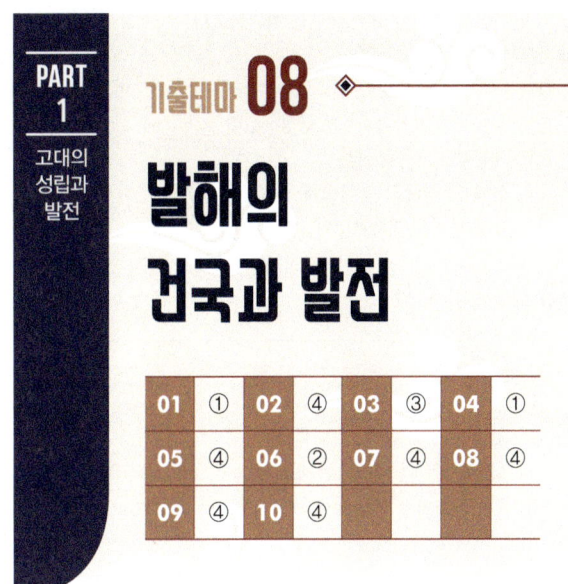

PART 1 고대의 성립과 발전

기출테마 08 발해의 건국과 발전

01	①	02	④	03	③	04	①
05	④	06	②	07	④	08	④
09	④	10	④				

01 발해의 역사

암기박사 대조영 : 동모산 건국 ⇒ 발해

정답 ①

정답 해설

발해는 선왕(대인수) 때 최대의 영토를 형성하고 중흥기를 이루어 해동성국이라 불렸다. 또한 유득공은 조선 후기의 실학자로 발해고를 저술한 인물이다. 발해는 대조영이 고구려 유민과 말갈족을 규합하여 동모산에서 건국하였다.

오답 해설

② 양만춘 : 안시성 전투 → 고구려
   당 태종이 연개소문의 정변을 빌미로 고구려에 침입하자 양만춘이 안시성 전투에서 당의 군대를 물리쳤다.
③ 집사부 : 최고 행정 기구 → 신라
   신라의 중앙 행정 기구인 14부 중의 하나인 집사부는 신라의 최고 행정 기구로 왕의 명령 전달과 국가 기밀을 담당하였다.
④ 연호 : 무태, 성책 → 후고구려
   후고구려를 건국한 궁예는 국호를 마진으로 고치고 연호를 무태라 하였다가 이듬해에 수도를 철원으로 옮기고 연호를 성책이라고 하였다.

02 발해의 역사

암기박사 지방 행정 제도 : 5경 15부 62주 ⇒ 발해

정답 ④

정답 해설

정혜 공주는 발해 문왕(대흠무)의 둘째 딸이다. 발해는 선왕(대인수) 때 최대의 영토를 형성하고 중흥기를 이루어 해동성국이라 불렸으며, 5경 15부 62주의 지방 행정 제도를 마련하였다.

오답 해설

① 양만춘 : 안시성 전투 → 고구려
   당 태종이 연개소문의 정변을 빌미로 고구려에 침입하자 양만춘

이 안시성 전투에서 당의 군대를 격퇴하였다.
② 가(加) : 사출도 주관 → 부여 〔마가, 우가, 저가, 구가〕
부여는 여러 가(加)들이 별도로 사출도를 다스렸으며, 왕이 직접 통치하는 중앙과 합쳐 5부를 구성하였다. 〔가(加)의 행정 구획〕
③ 장보고 : 청해진 → 통일 신라
통일 신라 때 장보고는 완도에 청해진을 설치하여 해적들을 소탕하고 해상 무역을 전개하였다.

03 발해의 역사

암기박사 선왕(대인수) : 해동성국 ⇒ 발해 　　　**정답** ③

정답 해설

정효 공주는 발해 제3대 왕인 문왕(대흠무)의 넷째 딸이며, 상경성에서 출토된 이불병좌상은 발해의 문화유산이다. 발해는 선왕(대인수) 때 최대의 영토를 형성하고 전성기를 이루어 해동성국이라 불렸다.

오답 해설

① 9주 5소경 설치 → 통일 신라
통일 신라는 통일 전 5주 2소경을 9주 5소경 체제로 정비하여 중앙 집권 및 지방 통제력을 강화하였다.
② 기인 제도 실시 → 고려
고려 태조는 지방 호족 세력을 통제하기 위해 지방 호족과 향리의 자제를 인질로 뽑아 중앙에 머무르게 하는 기인 제도를 실시하였다.
④ 백두산정계비 건립 → 조선
조선 숙종 때 청의 요구로 조선과 청의 경계를 정한 백두산정계비가 건립되었다.

04 발해의 문화유산

암기박사 칠지도 ⇒ 백제 문화유산 　　　**정답** ①

정답 해설

문왕(대흠무)이 당의 도읍인 장안성의 구조를 본떠 만든 상경성은 발해의 문화유산이다. 한편, 백제 근초고왕이 왜왕에게 친선 외교의 목적으로 하사한 칠지도는 백제의 문화유산으로, 칼에는 금으로 새긴 글씨가 새겨져 있다.

오답 해설

② 이불병좌상 → 발해 문화유산
흙을 구워 만든 이불병좌상은 발해의 문화유산으로, 두 부처가 나란히 앉아 있는 모습을 나타낸다.
③ 영광탑 → 발해 문화유산
중국 길림성 장백진 북서쪽 탑산에 있는 발해 시대의 누각식 전탑으로 장방형, 규형, 다각형의 벽돌로 쌓은 5층의 벽돌탑이다.
④ 정효 공주 무덤 벽화 → 발해 문화유산
정효 공주는 발해 제3대 왕인 문왕(대흠무)의 넷째 딸이며, 정효 공주 무덤 벽화는 발해의 문화유산이다.

05 발해의 문화유산

암기박사 성덕 대왕 신종 ⇒ 통일 신라 문화유산 　　　**정답** ④

정답 해설

고구려를 계승하고 중흥기 때 해동성국이라 불렸던 나라는 발해이다. 한편, 성덕 대왕 신종은 경덕왕이 아버지인 성덕왕을 기리기 위해 만든 통일 신라의 종으로 봉덕사종 또는 에밀레종이라 불린다.

오답 해설

① 치미 → 발해 문화유산
발해의 수도인 상경성에서 출토된 치미는 용마루의 양 끝에 높게 부착하던 대형 장식기와로, 고구려 문화의 영향을 받은 발해의 문화유산이다.
② 연꽃무늬 수막새 → 발해 문화유산
발해의 수도인 상경성에서 출토된 연꽃무늬 수막새는 발해의 문화유산으로 고구려의 양식을 계승하고 있다.
③ 이불병좌상 → 발해 문화유산
흙을 구워 만든 이불병좌상은 발해의 문화유산으로, 두 부처가 나란히 앉아 있는 모습을 나타낸다.

06 발해의 역사

암기박사 중앙 정치 조직 : 3성 6부 ⇒ 발해 문왕 　　　**정답** ②

정답 해설

고구려를 계승한 발해는 선왕 때 최대의 영토를 형성하고 중흥기를 이루어 해동성국이라 불렸다. 또한 문왕 때에는 당과 친선 관계를 맺고 중앙 정치 조직을 3성 6부로 정비하였다.

오답 해설

① 한의 침략으로 멸망 → 고조선
고조선은 우거왕 때 한 무제의 침략으로 왕검성이 함락되어 멸망하였다. 〔지금의 평양성〕
③ 정사암 : 국가 중대사 결정 → 백제
백제는 귀족 회의체인 정사암 회의에서 국가의 중대사를 결정하였다.
④ 화랑도 : 국가 조직 운영 → 신라
신라 진흥왕은 정복 활동을 강화하기 위해 화랑도를 정비하여 국가 조직으로 운영하였다. 〔국선도 또는 풍월도〕

핵심노트 ▶ 발해의 중앙 관제

- 3성 6부 : 3성(정당성·선조성·중대성) 6부(인·의·지·예·신부), 정당성의 장관인 대내상이 국정 총괄
- 중정대 : 관리들의 비위를 감찰하는 감찰 기관
- 문적원 : 서적의 관리 담당(도서관)
- 주자감 : 중앙의 최고 교육 기관(국립대학)으로 귀족의 자제 교육

07 발해의 역사

암기박사 장문휴 : 당의 등주 공격 ⇒ 발해 무왕(대무예)

정답 ④

정답 해설

고왕 대조영이 동모산에서 건국한 나라는 발해이다. 고왕에 이어 왕위에 오른 무왕(대무예)은 장문휴를 보내 당의 산둥반도의 등주를 공격하였다.

오답 해설

① 대마도 정벌 → 고려 창왕 / 조선 세종
  고려 창왕 때는 박위가, 조선 세종 때는 이종무가 왜구의 근거지인 대마도를 정벌하였다.

② 4군 6진 개척 → 조선 세종
  조선 세종 때 여진족을 몰아내고 최윤덕은 압록강 유역에 4군을, 김종서는 두만강 유역에 6진을 설치하여 북방 영토를 개척하였다.

③ 동북 9성 축조 → 고려 예종
  고려 예종 때 윤관은 별무반을 이끌고 여진을 정벌한 후 동북 9성을 축조하였다.

08 발해의 중앙 관제

암기박사 중앙 관제 : 3성 6부 ⇒ 발해 문왕

정답 ④

정답 해설

영광탑과 정효 공주 무덤탑은 모두 발해의 문화 유산이다. 발해는 문왕 때 3성 6부의 중앙 관제를 갖추었으며, 정당성 아래 6부를 두어 행정을 담당하게 하였다. (정당성·선조성·중대성 / 충·인·의·지·예·신)

오답 해설

① 철원 천도 → 후고구려 : 궁예
  신라 왕족 출신의 궁예가 양길을 몰아내고 후고구려를 건국한 후 송악에서 철원으로 도읍을 옮겼다.

② 살수 대첩 → 고구려 : 을지문덕
  수나라가 고구려를 2차 침입했을 때 을지문덕 장군이 수의 군대를 살수에서 크게 무찔렀다.

③ 독서삼품과 시행 → 통일 신라 : 원성왕
  통일 신라의 원성왕은 인재 선발을 위하여 관리 등용 제도인 독서삼품과를 시행하였다.

09 발해의 역사

암기박사 연호 : 인안, 대흥 ⇒ 발해

정답 ④

정답 해설

러시아 콕샤로프카의 온돌 시설과 중국 헤이룽장성의 치미는 고구려 문화의 영향을 받은 발해의 문화유산이다. 발해는 전성기에 해동성국이라고 불렸으며, 인안, 대흥이라는 독자적 연호를 사용하여 중국과 대등한 지위를 갖추었다.

오답 해설

① 상수리 제도 → 통일 신라
  통일 신라는 각 주 향리의 자제를 일정 기간 금성(경주)에서 볼모로 거주하게 하는 상수리 제도를 실시하여 지방 세력을 견제하였다.

② 9주 5소경 → 통일 신라
  통일 신라는 통일 전 5주 2소경을 9주 5소경 체제로 정비하여 중앙 집권 및 지방 통제력을 강화하였다.

③ 제가 회의 → 고구려
  제가 회의는 고구려의 귀족 회의체로, 나라의 중요한 일을 각 부의 귀족들로 구성된 회의체에서 결정하였다.

10 발해의 문화유산

암기박사 연꽃무늬 수막새 ⇒ 발해 문화유산

정답 ④

정답 해설

부처가 나란히 앉아 있는 모습을 표현한 이불병좌상과 8각의 기단 위에 볼록한 간석을 두고 연꽃을 조각한 발해 석등은 모두 발해의 문화유산이다. 이외에 발해의 수도인 상경성에서 출토된 연꽃무늬 수막새는 발해의 문화유산으로 고구려의 양식을 계승하고 있다.

오답 해설

① 칠지도 → 백제 문화유산 ─ <일본서기(日本書紀)>에 칠지도(七支刀)라 기록되어 있음
  칠지도(七支刀)는 백제 근초고왕이 왜왕에게 친선 외교의 목적으로 하사한 칼로 금으로 상감한 글씨가 새겨져 있다.

② 금관총 금관 → 신라 문화유산
  금관총 금관은 신라 금관의 전형적 형태이며 미학적으로 가장 아름다워 신라 금관의 백미로 평가된다.

③ 호우총 청동 그릇 → 신라 문화유산
  일명 호우명 그릇이라 불리는 호우총 청동 그릇은 그릇 밑바닥에 신라가 광개토대왕을 기리는 내용을 담고 있다.

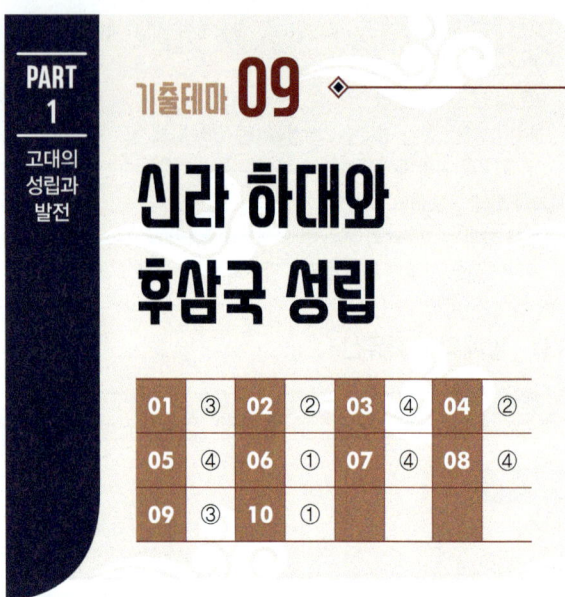

기출테마 09 신라 하대와 후삼국 성립

01	③	02	②	03	④	04	②
05	④	06	①	07	④	08	④
09	③	10	①				

01 후백제 견훤

정답 ③

암기박사 후백제 건국 ⇒ 견훤

정답 해설

아들 신검에 의해 금산사에 유폐되었다가 탈출하여 왕건에게 귀부한 인물은 견훤이다. 견훤은 전라도 호족 세력을 중심으로 백제의 부흥을 내세우며 완산주(전주)에서 후백제를 건국하였다.

오답 해설

① 훈요 10조 → 왕건
  고려 태조 왕건은 자신의 사후 후대 왕들이 지켜야 할 정책 방향을 제시한 훈요 10조를 남겼다.
② 국호 : 마진 → 궁예
  신라 왕족 출신의 궁예가 양길을 몰아내고 송악에서 후고구려를 건국한 후 국호를 마진으로 바꾸고 철원으로 천도하였다.
④ 경주 : 사심관 → 김부
  신라의 마지막 왕인 경순왕 김부가 고려 왕건에 항복한 후 경주의 사심관으로 임명되었다.
  → 고려 시대 지방에 연고가 있는 고관에게 자기의 고장을 다스리도록 임명한 특수 관직

02 신라 말의 사회 동요

정답 ②

암기박사 원종과 애노의 난, 적고적의 난 ⇒ 신라 말

정답 해설

원종과 애노의 난, 적고적의 난은 모두 신라 말에 일어난 난이다. 신라 하대 진성여왕 때 원종과 애노가 가혹한 세금 수탈에 반발하여 사벌주(상주)에서 난을 일으켰고, 붉은색 바지를 입어 적고적이라 불리는 도적들이 서남쪽에서 또한 일어났다.

오답 해설

① 백제 침류왕 → 불교 수용
  백제의 침류왕 때 동진의 마라난타를 통해 불교를 수용하였다.

③ 고구려 검모잠 → 고구려 부흥 운동
  고구려가 멸망한 후 검모잠이 보장왕의 서자 안승을 왕으로 추대하고 고구려 부흥 운동을 전개하였다.
④ 삼국의 선진 문화 → 일본 아스카 문화
  삼국은 일본에 다양한 선진 문화와 기술을 전파해 일본의 아스카 문화 형성에 영향을 미쳤다.

03 신라 하대의 사회 모습

정답 ④

암기박사 호족 : 반신라적 세력 ⇒ 신라 하대

정답 해설

혜공왕이 피살된 이후 왕위 쟁탈전이 치열했던 시기는 신라 하대이다. 이 시기에 지배층의 수탈에 저항하여 농민들이 봉기하였고 스스로를 성주, 장군이라 칭하는 반신라적 호족 세력이 등장하였다.

오답 해설

① 장용영 : 왕의 친위 부대 → 조선 시대
  조선 정조는 왕의 친위 부대인 장용영을 설치하고 한양에는 내영, 수원 화성에는 외영을 두었다.
② 의정부 : 재상 합의 기관 → 조선 시대
  의정부는 조선 시대 재상 합의 기관으로 영의정, 좌의정, 우의정의 3정승이 국정을 총괄하였다.
③ 윤관 : 별무반 → 고려 시대
  고려 숙종 때 윤관은 여진족을 정벌하기 위해 신기군, 신보군, 항마군으로 구성된 별무반을 편성하였다.

04 시대별 지배 세력

정답 ②

암기박사 호족 ⇒ 신라 말 반신라적 세력

정답 해설

신라 말 중앙 통제가 약화되고 정치 기강이 문란해지자 호족 세력이 반신라적 세력으로 성장하였다. 호족은 일정한 지역에서 정치·군사·경제적 지배권을 장악하였고, 스스로 성주 또는 장군이라 칭하기도 하였다.

오답 해설

① 성골 → 신라 왕족
  신라 김씨 왕족 중 부모가 모두 왕족인 최고의 신분으로 폐쇄적 혼인 정책(족내혼)으로 인해 진덕 여왕을 끝으로 사라졌다.
③ 권문세족 → 고려 원 간섭기 친원 세력
  고려 원 간섭기에 친원 세력이 권문세족으로 성장하면서 관료계를 장악하고 족벌 세력을 형성하였다.
④ 신진 사대부 → 조선의 건국 세력
  고려 말 성리학을 공부한 진취적 성향의 유학자들로 권문세족을 비판하고 대립하면서 조선의 건국 세력으로 성장하였다.

05 후백제 견훤

암기박사 공산 전투 승리 ⇒ 후백제 견훤

정답 ④

정답 해설

후백제를 세웠으며, 아들 신검에 의해 금산사에 유폐된 인물은 견훤이다. 후백제의 견훤은 공산 전투에서 경애왕의 요청으로 지원 온 왕건의 고려군에 승리하였다.

오답 해설

① 완도 : 청해진 → 장보고
통일 신라 때 장보고가 완도의 청해진을 중심으로 해상 무역을 전개하고 국제 무역의 거점으로 번성하였다.

② 국호 : 마진 → 궁예
신라 왕족 출신의 궁예가 양길을 몰아내고 송악에서 후고구려를 건국한 후 국호를 마진으로 바꾸고 철원으로 천도하였다.

③ 경주 : 사심관 → 김부
신라의 마지막 왕인 경순왕 김부가 고려 왕건에 항복한 후 경주의 사심관으로 임명되었다.
→ 고려 시대 지방에 연고가 있는 고관에게 자기의 고향을 다스리도록 임명한 특수 관직

06 신라 하대의 사건

암기박사 김헌창의 난(822) ⇒ 신라 하대

정답 ①

정답 해설

혜공왕이 귀족 세력에게 피살된 이후 잦은 왕위 쟁탈전으로 나라의 통치 질서가 어지러워진 것은 신라 하대의 일이다. 신라 하대 헌덕왕 때 웅천주(공주) 도독 김헌창이 아버지가 왕위 쟁탈전에서 패한 것에 대해 불만을 품고 난을 일으켰다.

오답 해설

② 이자겸의 난(1126) → 고려 인종
인종을 왕위에 올린 왕실 외척인 이자겸이 척준경과 함께 금의 사대 요구 수용을 주장하며 반란을 일으켰다.

③ 김사미 · 효심의 난(1193) → 고려 무신 집권기
김사미 · 효심의 난은 운문에서 김사미가, 초전에서 효심이 일으킨 무신 집권기 최대 규모의 농민 봉기이다.
→ 청도   → 울산

④ 망이 · 망소이의 난(1176) → 고려 무신 집권기
고려 무신 집권기 때 특수 행정 구역인 소의 주민에 대한 수탈에 저항하여 망이 · 망소이가 공주 명학소에서 난을 일으켰다.

핵심노트 ▶ 신라의 시대 구분

- 상대(박혁거세~진덕여왕) : BC 57~AD 654년, 성골 왕, 상대등이 수상, 고대 국가 완성기
- 중대(태종 무열왕~혜공왕) : 654~780년, 진골 왕, 집사부 시중이 수상, 왕권의 전성기 → 상대등 권한 약화
- 하대(선덕왕~경순왕) : 780~935년, 왕위 쟁탈전 격렬, 상대등 권한 강화, 호족의 발호 → 왕권 약화

07 신라 하대의 난

암기박사 신라 하대의 난 : 김헌창의 난 ⇒ 원종과 애노의 난 ⇒ 적고적의 난

정답 ④

정답 해설

- 김헌창의 난(822) : 신라 하대 헌덕왕 때 웅천주(공주) 도독 김헌창이 아버지가 왕위 쟁탈전에서 패한 것에 대해 불만을 품고 반란을 일으켰다.
- 원종과 애노의 난(889) : 신라 하대 진성여왕 때 중앙 정부의 기강이 극도로 문란해져 사벌주(상주)의 원종과 애노의 난을 시작으로 농민의 항쟁이 전국적으로 확산되었다.
- 적고적의 난(896) : 신라 하대 진성여왕 때 서남쪽에서 봉기한 도적들로, 붉은 바지를 입어 적고적이라 불렸다.

오답 해설

① 만적의 난 → 고려
고려 무신 집권기 때 최충헌의 사노 만적을 비롯한 노비들이 개경에서 반란을 모의하였다(1198).

② 홍경래의 난 → 조선 ▶ 평안도민
조선 순조 때 서북민에 대한 차별과 가혹한 수취에 반발하여 홍경래 등이 봉기하여 난을 일으켰다(1811).

③ 망이 · 망소이의 난 → 고려
고려 무신 집권기 때 망이 · 망소이가 가혹한 수탈에 저항하여 공주 명학소에서 난을 일으켰다(1176).

핵심노트 ▶ 원종과 애노의 난

9세기 말 진성 여왕 때에는 중앙 정부의 기강이 극도로 문란해졌으며, 지방의 조세 납부 거부로 국가 재정이 바닥이 드러났다. 그리하여 한층 더 강압적으로 조세를 징수하자 상주의 원종과 애노의 난을 시작으로 농민의 항쟁이 전국적으로 확산되었다.

08 궁예의 활동

암기박사 국호 : 태봉 ⇒ 후고구려 : 궁예

정답 ④

정답 해설

신라 왕실의 후예로 알려진 궁예는 양길을 몰아내고 송악에서 후고구려를 건국하였다. 스스로 미륵불이라 칭한 궁예는 철원으로 천도 후 국호를 태봉으로 바꾸었다.

오답 해설

① 훈요 10조 → 고려 : 태조 왕건
고려 태조 왕건은 훈요 10조에서 자신의 사후 후대 왕들이 지켜야 할 정책 방향을 제시하고 불교 숭상을 강조하였다.

② 청해진 → 통일 신라 : 장보고
통일 신라 때 장보고는 완도에 청해진을 설치하여 해적들을 소탕하고 해상 무역을 장악하였다.

③ 백제 계승 → 후백제 : 견훤
상주 지방의 호족인 견훤이 전주에서 백제 계승을 내세우며 후백제를 건국하였다.

09 후고구려의 궁예

암기박사 광평성 : 국정 총괄 ⇒ 후고구려 : 궁예

정답 ③

정답 해설

신라 왕족 출신의 궁예는 양길을 몰아내고 송악(개성)에서 후고구려를 건국한 후 국호를 마진으로 바꾸고 철원으로 천도하였다. 궁예는 국정을 총괄하는 광평성 등 각종 정치 기구를 마련하고 9관등제를 실시하였다.

오답 해설

① 독서삼품과 실시 → 통일 신라 원성왕

통일 신라의 원성왕은 독서삼품과를 실시하여 유교 경전의 이해 수준에 따라 3등급으로 구분해 인재를 등용하였다.

② 12목 설치 → 고려 성종 *상품·중품·하품*

고려 성종은 최승로의 시무 28조에 따라 전국에 12목을 설치하고 지방관을 파견하였다.

④ 천리장성 축조 → 고구려 : 연개소문 / 고려 : 강감찬

고구려의 연개소문은 당의 침입에 대비하여 그리고 고려의 강감찬은 거란의 침입에 대비하여 국경 지역에 천리장성을 쌓았다.

핵심노트 ▶ 궁예의 후고구려 건국

- 권력 투쟁에서 밀려난 신라 왕족 출신의 궁예가 초적·도적 세력을 기반으로 반신라 감정을 자극하면서 세력을 확대한 후, 양길을 몰아내고 송악(개성)에서 건국
- 한강 유역을 차지한 후 조령을 넘어 상주·영주 일대를 차지하는 등 옛 신라 땅의 절반 이상을 확보
- 국호를 마진으로 고치고(904) 철원으로 천도(905), 다시 국호를 태봉으로 변경(911)
- 골품제도를 대신할 새로운 신분 제도 모색
- 국정을 총괄하는 광평성을 비롯한 여러 관서를 설치하고, 9관등제를 실시

10 신라 하대의 역사

암기박사 김헌창의 난 ⇒ 원종과 애노의 난 ⇒ 최치원의 시무 10여 조

정답 ①

정답 해설

(가) 김헌창의 난(822) : 신라 하대 헌덕왕 때 웅천주(공주) 도독 김헌창이 아버지가 왕위 쟁탈전에서 패한 것에 대해 불만을 품고 반란을 일으켰다.

• 원종과 애노의 난(889) : 신라 하대 진성여왕 때 중앙 정부의 기강이 극도로 문란해져 사벌주(상주)의 원종과 애노의 난을 시작으로 농민의 항쟁이 전국적으로 확산되었다.

(나) 최치원의 시무 10여 조(894) : 최치원은 6두품 출신으로 당의 빈공과(賓貢科)에 급제하고 귀국 후 진성 여왕에게 시무책 10여 조를 건의하였으나 수용되지 않았다.

오답 해설

② 김흠돌의 반란 → 신라 중대 : 신문왕

신문왕의 장인인 김흠돌이 파진찬 흥원(興元)과 대아찬 진공(眞功) 등과 함께 반란을 일으켰으나, 신문왕은 이를 진압하고 귀족 세력을 숙청하여 전제 왕권을 강화하였다(681).

③ 이사부 : 우산국 정벌 → 신라 상대 : 지증왕

신라 지증왕 때 이사부가 우산국(울릉도)을 정벌하고 그 부속 도서(독도)를 복속시켰다(512).

④ 을지문덕 : 살수대첩 → 고구려 영양왕

고구려 영양왕 때 수 양제(煬帝)가 113만 대군을 이끌고 고구려를 침입했으나 을지문덕이 고구려가 살수에서 수의 대군을 격파하였다(612).

핵심노트 ▶ 신라 하대의 정치적 변동

- **왕위 쟁탈전의 전개** : 진골 귀족들은 경제 기반을 확대하여 사병을 거느렸으며, 이러한 군사력과 경제력을 토대로 왕위 쟁탈전 전개 → *진골 귀족 내부의 분열을 의미하여, 이로 인해 신라 하대 155년 간 20명의 왕이 교체됨*
- **왕권의 약화** : 왕권이 약화되고 귀족 연합적인 정치가 운영되었으며, 집사부 시중보다 상대등의 권력이 다시 강대해짐 → *상대등 중심의 족당 정치 전개*
- **지방 통제력의 약화** : 김헌창의 난(822)은 중앙 정부의 지방 통제력이 더욱 약화되는 계기로 작용
- **새로운 세력의 성장** : 골품제로 정치적 출세가 제한된 6두품 세력과 반독립적 지방 호족 세력이 결탁하여 성장함

기출테마 10 고려의 후삼국 통일과 성립

PART 2 중세의 성립과 발전

01	③	02	②	03	①	04	③
05	③	06	③	07	④	08	③
09	③	10	①				

01 고려 태조의 업적

정답 ③

🔖 **암기박사** 사심관 제도 시행 ⇒ 고려 태조

정답 해설

후삼국을 통일하고 개태사를 창건한 왕은 고려 태조 왕건이다. 고려 태조는 지방의 호족 세력을 통제하기 위해 사심관 제도를 시행하였다. → 고려 시대 지방에 연고가 있는 고관에게 자기의 고장을 다스리도록 임명한 특수 관직

오답 해설

① 과거제 도입 → 고려 광종
  고려 광종은 인재를 등용하기 위해 후주인 쌍기의 건의를 받아들여 과거제를 도입하였다.
② 농사직설 편찬 → 조선 세종
  조선 세종 때 정초 등이 우리 풍토에 맞는 농법을 소개한 농사직설을 편찬하였다.
④ 북한산 순수비 건립 → 신라 진흥왕
  신라 진흥왕은 백제가 점유하던 한강 하류 지역을 차지하고 북한산 순수비를 건립하였다.

02 후삼국 통일 과정

정답 ②

🔖 **암기박사** 후백제 건국(900) ⇒ 고창 전투(930) ⇒ 신라 멸망(935)

정답 해설

(가) 후백제 건국(900) : 견훤이 전라도 지역의 군사력과 호족 세력을 중심으로 백제의 부흥을 내세우며 완산주(전주)에서 후백제를 건국하였다.

(다) 고창 전투(930) : 고려 태조 왕건이 고창 전투에서 견훤의 후백제 군을 상대로 승리하였다.

(나) 신라 멸망(935) : 신라의 마지막 왕인 경순왕 김부가 고려 태조 왕건에 항복하였다.

03 고려 태조의 업적

정답 ①

🔖 **암기박사** 흑창 설치 ⇒ 고려 태조(왕건)

정답 해설

발해 유민을 받아들이고 후백제 견훤을 포용한 왕은 고려 태조 왕건이다. 고려 태조는 고구려의 진대법을 계승한 춘대추납의 빈민 구제 기관인 흑창을 설치하여 민생 안정을 도모하였다.

오답 해설

② 강화도 천도 → 고려 고종
  고려 고종 때 몽골의 무리한 조공 요구와 내정 간섭에 반발한 최우가 다루가치를 사살하고 강화도로 도읍을 옮겨 장기 항전을 준비하였다.
③ 과거제 실시 → 고려 광종
  고려 광종은 인재를 등용하기 위해 후주인 쌍기의 건의를 받아들여 과거제를 처음 실시하였다.
④ 전민변정도감 설치 → 고려 공민왕
  고려 공민왕은 전민변정도감을 설치하고 신돈을 책임자로 임명하여 권문세족을 견제하고 개혁을 이끌었다.

04 고려 성종의 업적

정답 ③

🔖 **암기박사** 국자감 정비, 건원중보 발행, 최승로의 시무 28조 수용 ⇒ 고려 성종

정답 해설 → 뒷면에 동국(東國)이라는 글자가 새겨져 있음

국자감을 정비하고 건원중보를 발행하였으며 최승로의 시무 28조를 수용한 고려의 왕은 성종이다.

오답 해설

① 광종 → 과거제, 노비안검법
  고려 광종은 쌍기의 건의를 받아들여 과거제를 시행하였으며, 노비안검법을 시행하여 노비를 양인으로 회복시켰다.
② 문종 → 사학 발달, 경정 전시과
  고려 문종 때는 사학이 발달하여 최충이 최초의 사학인 9재 학당을 설립하였고, 토지가 부족하게 되자 현직 관리에게만 지급하는 경정 전시과를 시행하였다.
④ 예종 → 양현고 설치, 동북 9성 축조
  고려 예종 때 관학 진흥을 목적으로 국자감 내에 교육 장학 재단인 양현고가 설치되었고, 윤관은 별무반을 이끌고 여진을 정벌한 후 동북 9성을 축조하였다.

핵심노트 ▶ 고려 성종의 업적

- 최승로의 시무 28조 수용
- 2성 6부 체제 확립
- 중추원, 삼사 설치
- 도병마사, 식목도감 설치
- 12목 설치, 지방관 파견
- 향리 제도 확립
- 국자감 개칭, 향교 설치
- 의창, 상평창 설치
- 건원중보 주조

05 후삼국 통일 과정

암기박사 후백제 건국(900) ⇒ 고창 전투(930) ⇒ 신라 항복(935)

정답 ③

정답 해설

(가) **후백제 건국(900)** : 견훤이 전라도 지역의 군사력과 호족 세력을 중심으로 백제의 부흥을 내세우며 완산주(전주)에서 후백제를 건국하였다.

• **고창 전투(930)** : 고려 태조 왕건이 고창 전투에서 견훤의 후백제군을 상대로 승리하였다.

(나) **신라 항복(935)** : 신라의 마지막 왕인 경순왕 김부가 고려 태조 왕건에 항복하였다.

오답 해설

① **연개소문 : 천리장성 축조(647) → (가) 이전**
고구려 영류왕 때 연개소문은 대당 강경책을 추진하고, 당의 침입에 대비해 부여성에서 비사성에 이르는 천리장성을 쌓았다.

② **최영 : 요동 정벌 추진(1388) → (나) 이후**
고려 우왕 때 명이 원의 쌍성총관부 관할 지역을 직속령으로 하기 위해 철령위 설치를 통보하자 최영 장군이 요동 정벌을 추진하였다.

④ **이순신 : 명량 대첩(1597) → (나) 이후**
정유재란 당시 이순신이 명량의 울돌목에서 13척의 배로 일본 수군을 물리쳤다.

06 후삼국 통일 과정

암기박사 고려 건국(918) ⇒ 고창 전투(930) ⇒ 일리천 전투(936)

정답 ③

정답 해설

(나) **고려 건국(918)** : 송악의 호족 출신인 왕건이 왕위에서 궁예를 축출하고 고려를 건국하였다.

(가) **고창 전투(930)** : 고려 태조 왕건이 고창 전투에서 견훤의 후백제군을 상대로 승리하였다.

(다) **일리천 전투(936)** : 견훤의 장남인 신검이 일리천에서 고려군에게 패하여 후백제는 멸망하게 되었다.

07 고려의 군사 행정 구역

암기박사 양계 : 군사 행정 구역 ⇒ 고려

정답 ④

정답 해설

공주 명학소의 망이 · 망소이가 가혹한 수탈에 저항하여 난을 일으킨 것은 고려 무신 집권기 때의 일이다. 고려 시대에는 군사 행정 구역으로 양계를 두었는데, 양계는 북방 국경 지대의 군사 중심지인 동계와 북계를 말한다. → 병마사 파견

오답 해설

① **전국 8도 → 조선**
조선 태종은 전국을 8도로 나누고 각 도에 관찰사를 보내어 관할 고을의 수령을 감독하였다.

② **22담로 : 왕족 파견 → 백제**
백제 무령왕은 지방 통제를 강화하기 위해 지방의 주요 지점에 22담로를 설치하고 왕족을 파견하였다.

③ **5소경 → 통일 신라**
통일 신라 신문왕은 통일 전 2소경을 5소경 체제로 정비하여 지방 통제력을 강화하였다.

08 고려 성종의 업적

암기박사 12목 설치 ⇒ 고려 성종

정답 ③

정답 해설

최승로의 시무 28조를 수용하고 2성 6부로 중앙 통치 조직을 정비한 고려 제6대 왕은 성종이다. 고려 성종은 최승로의 시무 28조에 따라 지방에 12목을 설치하고 지방관을 파견하였다.

오답 해설

① **녹읍 폐지 : 관료전 지급 → 통일 신라 신문왕**
통일 신라 신문왕 때 귀족의 경제 기반이었던 녹읍을 폐지하고 수조권을 부여하는 관료전을 지급하였다. → 토지로부터 조세를 거둘 수 있는 권리

② **대마도 정벌 → 고려 창왕 / 조선 세종**
고려 창왕 때는 박위가, 조선 세종 때는 이종무가 왜구의 근거지인 대마도를 정벌하였다.

④ **북한산 순수비 건립 → 신라 진흥왕**
신라 진흥왕 때 백제가 점유하던 한강 하류 지역을 점령하고 북한산 순수비를 건립하였다.
→ '순수'란 왕이 나라 안을 직접 순회하여 현지의 통치 상황을 보고받는 의례로, 이를 기념하여 세운 비를 순수비라 함

09 고려 광종의 업적

정답 ③

암기박사 노비안검법 ⇒ 고려 광종

정답 해설

광덕, 준풍 등의 독자적인 연호를 사용하고, 쌍기의 건의를 받아들여 과거 제도를 시행한 왕은 고려 광종이다. 고려 광종은 노비안검법을 실시하여 양인이었다가 불법으로 노비가 된 자를 조사하여 해방시켜 줌으로써, 호족·공신 세력을 약화시키고 왕권을 강화하였다.

오답 해설

① 훈요 10조 → 고려 태조
  고려 태조 왕건은 자신의 사후 후대 왕들이 지켜야 할 정책 방향을 제시한 훈요 10조를 남겼다.

② 교정도감 설치 → 최충헌
  교정도감은 고려 무신 집권기 때 최충헌이 설치한 최고의 정치 기구이다. ←수장: 교정별감

④ 12목 설치 → 고려 성종
  고려 성종은 최승로의 시무 28조에 따라 전국에 12목을 설치하고 지방관을 파견하였다.

핵심노트 ▶ 고려 광종의 업적

- **개혁 주도 세력 강화** : 개국 공신 계열의 훈신 등을 숙청하고 군소 호족과 신진 관료 중용
- **군사 기반 마련** : 내군을 장위부로 개편하여 시위군을 강화
- **칭제 건원** : 국왕을 황제라 칭하고 광덕·준풍 등 독자적 연호를 사용, 개경을 황도라 함
- **노비안검법 실시**(광종 7, 956) : 양인이었다가 불법으로 노비가 된 자를 조사하여 해방시켜 줌으로써, 호족·공신 세력을 약화시키고 국가 재정 수입 기반을 확대
- **과거 제도의 실시**(958) : 후주인 쌍기의 건의로 실시, 유학을 익힌 신진 인사를 등용해 호족 세력을 누르고 신구 세력의 교체를 도모
- **백관의 공복 제정**(960) : 지배층의 위계질서 확립을 목적으로 제정, 4등급으로 구분
- **주현공부법** : 국가 수입 증대와 지방 호족 통제를 위해 주현 단위로 공물과 부역의 양을 정함 ←혜거를 최초의 국사로, 탄문을 왕사로 임명
- **불교의 장려** : 왕사·국사 제도 제정(963), 불교 통합 정책

10 고려 시대 중앙 정치 조직

정답 ①

암기박사 고려 : 관리의 부정과 비리 감찰 ⇒ 어사대

정답 해설

고려 시대의 중앙 정치 기구로 관리들의 비리를 감찰하고 정치의 잘잘못을 논의한 것은 어사대이다. 이 기구의 관원은 중서문하성의 낭사와 함께 대간으로 불렸다.

오답 해설

② 조선 : 국정 총괄 → 의정부
  의정부는 조선 시대 재상 합의 기관으로 영의정, 좌의정, 우의정의 3정승이 국정을 총괄하였다.

③ 고려 : 군사 기밀과 왕명 출납 → 중추원
  중추원은 고려 시대에 군사 기밀을 담당하고 왕명을 출납하는 정치 기구로, 중추원의 추신은 중서문하성의 재신과 함께 도병마사에 참여하여 국방과 군사에 관한 문제를 논의하였다.

④ 고려 : 국방 문제 담당 임시 기구 → 도병마사
  도병마사는 고려 성종 때 국방 문제를 담당하는 임시 기구로 처음 시행되었으나 원 간섭기에 도평의사사로 개편되면서 최고 상설 정무 기구로 발전하였다.

핵심노트 ▶ 고려 시대 중앙 정치 조직

- **2성 6부** : 2성(중서문하성, 상서성), 6부(이·병·호·형·예·공부)
- **중추원** : 추밀(군사 기밀)과 승선(왕명 출납)
- **어사대** : 관리의 비위 감찰, 서경권 행사
- **삼사** : 화폐와 곡식의 출납 및 회계
- **도병마사** : 국방 문제 담당, 도평의사사로 개편
- **식목도감** : 법의 제정 및 의식 관장

기출테마 11. 문벌 귀족 사회의 동요와 무신 정권

PART 2 중세의 성립과 발전

01	②	02	②	03	③	04	③
05	①	06	④	07	②	08	③
09	③	10	①				

01 이자겸의 난

암기박사 귀주대첩 ⇒ 이자겸의 난 ⇒ 무신정변   **정답** ②

정답 해설

- **귀주대첩(1019)** : 고려 현종 때 10만 대군의 소배압이 이끄는 거란의 3차 침입에 맞서 강감찬이 귀주대첩에서 대승을 거두었다.

- **이자겸의 난(1126)** : 인종을 왕위에 올린 왕실 외척인 이자겸이 척준경과 함께 금의 사대 요구 수용을 주장하며 반란을 일으켰다.

- **무신정변(1170)** : 왕이 보현원에 행차하였을 때, 정중부와 이의방을 비롯한 무신들이 다수의 문신을 제거하고 권력을 장악하였다.

02 망이·망소이의 난

암기박사 망이·망소이의 난(1176) ⇒ 고려 무신 집권기   **정답** ②

정답 해설

고려 무신 집권기 때 망이·망소이가 가혹한 수탈에 저항하여 공주 명학소에서 난을 일으켰다(1176).

핵심노트 ▶ 고려 무신 집권기 대표적 민란

- 망이·망소이의 난(1176)
- 전주 관노의 난(1182)
- 김사미·효심의 난(1193)
- 만적의 난(1198)
- 진주 노비의 난(1200)

03 만적의 난

암기박사 무신정변 ⇒ 만적의 난 ⇒ 공민왕 즉위   **정답** ③

정답 해설

- **무신정변(1170)** : 고려 의종이 문신들만 우대하고 무신들을 천대하자 정중부 등의 무신들이 정변을 일으켜 정권을 장악하였다.

- **만적의 난(1198)** : 고려 무신 집권기 때 개경에서 최충헌의 사노 만적이 신분 해방을 외치며 반란을 모의하였다.

- **공민왕 즉위(1351)** : 고려 원간섭기 때 반원의 기치를 내걸고 개혁군주 공민왕이 고려의 제31대 왕으로 즉위하였다.

04 묘청의 서경 천도 운동

암기박사 묘청 : 서경 천도 운동(1135) ⇒ 고려 인종   **정답** ③

정답 해설

고려 인종 때 묘청의 서경파가 풍수지리설에 근거하여 서경 천도와 칭제 건원, 금국 정벌을 주장하였으나, 김부식 등이 이끈 관군에 의해 진압되었다.

오답 해설

① **이괄의 난(1624) → 조선 인조**
인조반정 후 공신 책봉에 불만을 품은 이괄이 난을 일으켜 한양이 점령되자 인조는 공주의 공산성으로 피란하였다.

② **김흠돌의 난(681) → 통일 신라 신문왕**
통일 신라 신문왕은 장인인 김흠돌이 반란을 일으키자 이를 진압하고 진골 귀족들을 숙청하였다.

④ **위화도 회군(1388) → 고려 우왕**
고려 우왕 때 이성계가 요동 정벌을 위해 파견되었으나 4불가론을 들어 이를 반대하고 위화도에서 회군하였다.

핵심노트 ▶ 묘청의 서경 천도 운동(1135)

- 이자겸의 난 이후 칭제 건원, 금국 정벌, 서경 천도 등을 두고 보수와 개혁 세력 간 대립 발생
- 서경 천도를 추진하여 서경에 대화궁을 건축, 칭제 건원과 금국 정벌 주장
- 서경에서 국호를 대위국, 연호를 천개, 군대를 천견충의군이라 하며 난을 일으킴
- 김부식이 이끈 관군의 공격으로 약 1년 만에 진압
- 서경의 분사 제도 및 삼경제 폐지
- 문신 우대·무신 멸시 풍조, 귀족 사회의 보수화 등 문벌 귀족 사회의 모순 심화 → 무신정변

05 무신정변

암기박사 묘청의 난 ⇒ 무신정변 ⇒ 만적의 난   **정답** ①

정답 해설

- **묘청의 난(1135)** : 고려 인종 때 묘청이 풍수지리설에 근거하여 서경 천도를 주장하며 난을 일으키자 김부식이 관군을 이끌고 이를 진압하였다.

- **(가) 무신정변(1170)** : 고려 의종이 문신들만 우대하고 무신들을 천대하자 정중부 등의 무신들이 정변을 일으켜 정권을 장악하였다.

• 만적의 난(1198) : 고려 무신 집권기 때 개경에서 최충헌의 사노 만적이 신분 해방을 외치며 반란을 모의하였다.

오답 해설

② 최무선 : 진포대첩(1380) → 만적의 난 이후
  고려 우왕 때 최무선이 새로 제작한 화약과 화포를 사용하여 진포에 침입한 왜구를 물리쳤다.

③ 강감찬 : 귀주대첩(1019) → 묘청의 난 이전
  고려 현종 때 10만 대군의 소배압이 이끄는 거란의 3차 침입에 맞서 강감찬이 귀주대첩에서 대승을 거두었다.

④ 배중손 : 삼별초(1271) → 만적의 난 이후
  배중손의 삼별초가 개경환도에 반대하여 진도에서 용장성을 쌓고 저항했으나 여·몽 연합군의 공격으로 함락되었다.

06 무신정변 이후의 사건

암기박사 망이·망소이의 난(1176) ⇒ 무신정변 이후   정답 ④

정답 해설

왕이 보현원에 행차하였을 때, 정중부와 이의방을 비롯한 무신들이 다수의 문신을 제거하고 권력을 장악하는 무신정변이 발발하였다(1170). 이후 고려 무신 집권기 때 망이·망소이가 가혹한 수탈에 저항하여 공주 명학소에서 봉기하였다(1176).

오답 해설

① 김헌창의 난(822) → 무신정변 이전
  신라 하대 헌덕왕 때 웅천주(공주) 도독 김헌창이 아버지가 왕위 쟁탈전에서 패한 것에 대해 불만을 품고 난을 일으켰다.

② 장문휴의 등주 공격(732) → 무신정변 이전
  발해 무왕 때 장문휴의 수군이 당의 등주를 공격하여 당과 대립하였다.

③ 최치원의 시무 10조(894) → 무신정변 이전
  신라 하대 진성 여왕 때 6두품 출신으로 당의 빈공과에 급제하고 귀국한 최치원은 시무 10여 조를 건의하였으나 수용되지 않았다.

07 교정도감

암기박사 고려 무신 집권기 : 최고 권력 기구 ⇒ 최충헌 : 교정도감   정답 ②

정답 해설

교정도감은 고려 무신 집권기 때 최충헌이 설치한 최고의 권력 기구로 인재 천거, 조세 징수, 감찰, 재판 등을 수행하였다.

오답 해설

① 중방 → 무신 최고 회의 기구
  중방은 고려 시대 2군 6위의 상장군·대장군 등이 모여 군사 문제를 논의하는 무신들의 최고 회의 기구이다.

③ 도병마사 → 국방 문제 담당 임시 기구
  도병마사는 고려 성종 때 국방 문제를 담당하는 임시 기구로 처음 시행되었으나 원 간섭기에 도평의사사로 개편되면서 최고 상설 정무 기구로 발전하였다.

④ 식목도감 → 법제와 격식 논의 기구
  식목도감은 고려 시대에 각종 법제와 격식에 관한 문제를 논의하고 국가 중요 의식을 관장하였다.

08 김부식의 업적

암기박사 묘청의 난 진압, 삼국사기 편찬 ⇒ 김부식   정답 ③

정답 해설

고려 인종 때 현존하는 우리나라 최고(最古)의 역사서인 삼국사기를 편찬한 인물은 김부식이다. 김부식은 고려의 유학자이자 정치가로, 서경에서 묘청이 난을 일으키자 이를 평정하였다.

오답 해설

① 양규 → 흥화진 전투
  고려 현종 때 강조의 정변을 구실로 강동 6주를 넘겨줄 것을 요구하며 거란이 2차 침입을 시도하자 양규가 흥화진 전투에서 항전하였다.

② 일연 → 삼국유사 저술
  고려 충렬왕 때 일연은 단군부터 고려 말까지의 불교사를 중심으로 고대의 민간 설화 등이 수록되어 있는 삼국유사를 저술하였다.

④ 이제현 → 만권당 설립
  고려 충선왕 때 이제현은 학문 교류를 위해 원의 연경에 독서당인 만권당을 설립하여 성리학 전파에 이바지하였다.

09 고려 무신 집권기의 사건

암기박사 무신 정변(1170) ⇒ 만적의 난(1198) ⇒ 충주성 전투(1253)   정답 ③

정답 해설

• 무신 정변(1170) : 고려 의종이 문신들만 우대하고 무신들을 천대하자 정중부 등의 무신들이 정변을 일으켜 정권을 장악하였다.

(가) 만적의 난(1198) : 고려 무신 집권기 때 최충헌의 사노 만적을 비롯한 노비들이 개경에서 봉기를 모의하였다.

• 충주성 전투(1253) : 몽골의 5차 침입 때 김윤후가 이끄는 민병과 관노는 충주성 전투에서 몽골군을 물리쳤다.

오답 해설

① 이자겸의 난(1126) → 무신 정변 이전
  인종을 왕위에 올리면서 왕실 외척인 이자겸이 금의 사대 요구 수용을 주장하며 난을 일으켰다.

② 묘청의 난(1135) → 무신 정변 이전
  고려 인종 때 묘청이 풍수지리설에 근거하여 서경 천도를 주장하며 난을 일으켰다. ▶지금의 평양

④ 귀주 대첩(1019) → 무신 정변 이전
  10만 대군의 소배압이 이끄는 거란의 3차 침입에 맞서 강감찬은 귀주에서 큰 승리를 거두었다.

10 묘청의 난

정답 ①

암기박사 서경 천도, 금국 정벌 ⇒ 고려 : 묘청의 난

정답 해설

고려 인종 때 묘청의 서경파가 풍수지리설에 근거하여 서경 천도와 금국 정벌을 주장하며 난을 일으켰으나, 김부식이 이끈 관군의 공격으로 약 1년 만에 진압되었다(1135). → 지금의 평양

오답 해설

② 김흠돌의 난(681) → 통일 신라
  신문왕의 장인인 김흠돌이 파진찬 흥원과 대아찬 진공 등과 함께 반란을 일으켰으나, 신문왕은 이를 진압하고 귀족 세력을 숙청하여 전제 왕권을 강화하였다.

③ 홍경래의 난(1811) → 조선 → 서북민
  조선 순조 때 서북민에 대한 차별과 가혹한 수취에 반발하여 홍경래 등이 봉기하여 난을 일으켰다.

④ 원종과 애노의 난(889) → 통일 신라
  통일 신라 진성여왕 때 중앙 정부의 기강이 극도로 문란해져 사벌주(상주)의 원종과 애노의 난을 시작으로 농민의 항쟁이 전국적으로 확산되었다.

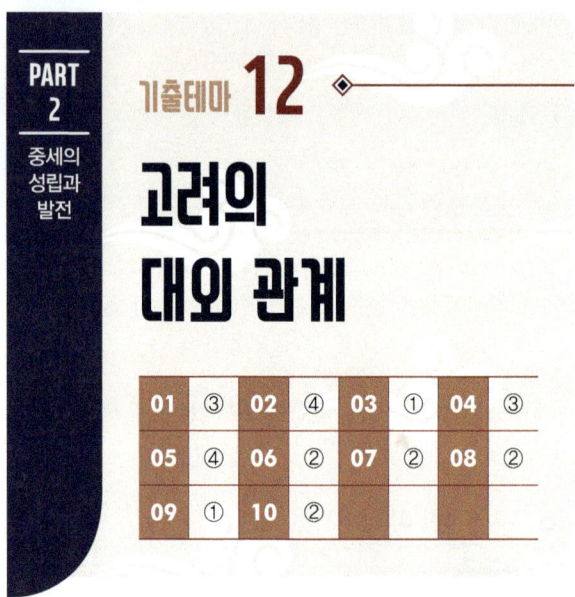

PART 2 중세의 성립과 발전

기출테마 12 고려의 대외 관계

01	③	02	④	03	①	04	③
05	④	06	②	07	②	08	②
09	①	10	②				

01 고려의 대몽 항쟁

정답 ③

암기박사 김윤후 : 처인성 전투 ⇒ 고려 vs 몽골

정답 해설

고려가 불교의 힘으로 외적을 물리치고자 팔만대장경을 제작한 것은 몽골이 침입한 시기이다. 몽골의 2차 침입 때 김윤후가 처인성 전투에서 적장 살리타를 사살하고 몽골군을 물리쳤다.

오답 해설

① 송시열 : 북벌 → 조선 효종
  병자호란 이후 효종이 즉위하자 송시열은 조선을 도운 명에 대한 의리를 내세우며 청에 당한 치욕을 갚자는 북벌을 주장하였다.

② 허준 : 동의보감 → 조선 광해군
  조선 광해군 때 허준은 전통 한의학을 체계적으로 정리한 동의보감을 저술하여 의료 지식의 민간 보급에 기여하였다.

④ 망이·망소이의 난 → 고려 무신 집권기
  고려 무신 집권기 때 망이·망소이가 가혹한 수탈에 저항하여 공주 명학소에서 봉기하였다.

핵심노트 ▶ 몽골의 침입과 대몽 항전

- **1차 침입**(1231) : 몽골 사신 저고여 일행이 귀국하던 길에 피살되자 이를 구실로 침입
- **2차 침입**(1232) : 최우가 다루가치를 사살하고 강화도로 천도하여 방비를 강화, 처인성 전투에서 살리타가 김윤후 이끄는 민병과 승병에 의해 사살
- **3차 침입**(1235~1239) : 안성의 죽주산성에서 민병이 승리, 속장경과 황룡사 9층탑 소실, 팔만대장경 조판 착수
- **4차 침입**(1247~1248) : 침입 후 원 황제의 사망으로 철수
- **5차 침입**(1253~1254) : 충주성에서 김윤후가 이끄는 민병과 관노의 승리
- **6차 침입**(1254~1259) : 6년간의 전투로 20여만 명이 포로가 되는 등 최대의 피해가 발생

02 고려의 대몽 항쟁

암기박사 김윤후 : 처인성 전투 ⇒ 고려 vs 몽골

정답 ④

정답 해설

고려 무신 집권기 때 사신 저고여의 피살을 구실로 몽골이 침입하자 고려 조정은 강화도로 도읍을 옮겨 장기 항전을 준비하였다. 이후 몽골의 2차 침입 때 김윤후가 처인성에서 부곡민과 함께 적장 살리타를 사살하고 몽골군을 물리쳤다.

오답 해설

① 양헌수 : 병인양요 → 조선 vs 프랑스
프랑스가 병인박해 때의 프랑스 신부 처형을 구실로 병인양요를 일으키자, 양헌수 부대가 강화도 정족산성에서 적군을 물리쳤다.

② 이순신 : 명량 대첩 → 조선 vs 일본
정유재란 당시 이순신이 명량의 울돌목에서 13척의 배로 일본 수군을 대파하였다.

③ 을지문덕 : 살수 대첩 → 고구려 vs 수나라
고구려 영양왕 때 을지문덕 장군이 수나라 우중문의 30만 별동대를 살수로 유인하여 크게 물리쳤다.

03 고려의 대외 관계

암기박사 윤관 : 동북 9성 축조 ⇒ 고려 vs 여진

정답 ①

정답 해설

고려 숙종 때 윤관은 여진족을 정벌하기 위해 기병 중심의 별무반 편성을 건의하였다. 이후 고려 예종 때 윤관은 별무반을 이끌고 여진을 정벌한 후 동북 9성을 축조하였다.

오답 해설

② 서희 : 외교 담판 → 고려 vs 거란
고려 성종 때 거란이 침입하자 서희는 소손녕과 외교 담판을 통해 강동 6주를 확보하였다.

③ 최무선 : 진포 대첩 → 고려 vs 일본
고려 우왕 때 최무선이 만든 화약과 화포를 실전에서 처음으로 사용하여 진포에서 왜구를 물리쳤다.

④ 김윤후 : 충주성 전투 → 고려 vs 몽골
몽골의 5차 침입 때 김윤후가 이끄는 민병과 관노는 충주성 전투에서 몽골군을 물리쳤다.

04 고려와 거란의 전쟁

암기박사 강감찬 : 귀주 대첩 ⇒ 고려 vs 거란

정답 ③

정답 해설

고려 현종 때 10만 대군의 소배압이 이끄는 거란의 3차 침입에 맞서 강감찬이 귀주대첩에서 대승을 거두었다.

오답 해설

① 김종서 : 6진 개척 → 조선 vs 여진
조선 세종 때 여진족을 몰아내고 김종서가 두만강 일대에 6진을 개척하였다.

② 윤관 : 동북 9성 축조 → 고려 vs 여진
고려 예종 때 윤관은 별무반을 이끌고 여진을 정벌한 후 동북 9성을 축조하였다.

④ 김윤후 : 충주성 전투 → 고려 vs 몽골
몽골의 5차 침입 때 김윤후가 이끄는 민병과 관노는 충주성 전투에서 몽골군을 물리쳤다.

핵심노트 ▶ 거란의 침입

구분	원인	결과
1차 침입 (성종 993)	송과의 단절 요구, 정안국의 존재	서희의 외교 담판 → 강동 6주 획득
2차 침입 (현종 1010)	강조의 정변	양규의 흥화진 전투
3차 침입 (현종 1018)	현종의 입조 및 강동 6주 반환 거부	강감찬의 흥화진 전투 & 귀주대첩

05 삼별초의 대몽항쟁

암기박사 최씨 무신 정권의 군사적 기반 ⇒ 삼별초

정답 ④

정답 해설

진도 용장성은 고려 정부가 몽골과 강화를 맺고 개경으로 환도하자 강화도에서 옮겨온 삼별초가 쌓은 성이다. 수도의 치안 유지를 담당하던 야별초에 신의군을 합쳐 편성한 삼별초는 최씨 무신 정권의 군사적 기반이었다.

오답 해설

① 쌍성총관부 공격 → 유인우, 이자춘
고려 공민왕 때 유인우, 이자춘 등이 쌍성총관부를 공격하여 원에 빼앗긴 철령 이북의 땅을 수복하였다.

② 백강 전투 → 백제 부흥군
백제 부흥군은 왜에 원군을 요청하였으나 나 · 당 연합군의 공격에 왜의 수군이 백강 전투에서 패배하여 백제 부흥 운동은 실패로 돌아갔다.

③ 신기군, 신보군, 항마군 → 별무반
고려 숙종 때 윤관은 여진족을 정벌하기 위해 신기군, 신보군, 항마군으로 구성된 별무반을 편성하였다.

06 고려의 대외 관계

암기박사 김윤후 : 처인성 전투 ⇒ 고려 vs 몽골

정답 ②

정답 해설

고려 무신 집권기 때 사신 저고여의 피살을 구실로 몽골이 침입하자 고려 조정은 강화도로 도읍을 옮겨 장기 항전을 준비하였다. 이후 몽골의 2차 침입 때 김윤후가 처인성에서 적장 살리타를 사살하고 몽골군을 물리쳤다.

오답 해설

① 윤관 : 별무반 편성 → 고려 vs 여진

고려 숙종 때 윤관은 여진족을 정벌하기 위해 신기군, 신보군, 항마군으로 구성된 별무반 편성을 건의하였다.

③ 을지문덕 : 살수대첩 → 고구려 vs 수

고구려 영양왕 때 을지문덕 장군이 수나라 우중문의 30만 별동대를 살수로 유인하여 크게 물리쳤다.

④ 서희 : 외교 담판 → 고려 vs 거란

고려 성종 때 거란이 침입하자 서희는 소손녕과 외교 담판을 통해 강동 6주를 획득하였다.

07 여진에 대한 고려의 대응

암기박사 친선 외교(현종) ⇒ 윤관의 별무반(숙종) ⇒ 사대 외교(인종)

정답 해설

- 친선 외교(현종) : 여진과의 사신 왕래를 통해 비교적 평화로운 관계를 유지하였다.

(가) 윤관의 별무반(숙종) : 고려 숙종 때 윤관은 여진족을 정벌하기 위해 별무반 설치를 건의하였다.

- 사대 외교(인종) : 여진이 금을 건국하고 송을 멸망시켜 강성해지자 고려 인종 때 이자겸은 금의 사대 요구를 수용할 것을 주장하였다.

오답 해설

① 박위 : 대마도 정벌(1389) → 고려 창왕

고려 창왕 때 박위가 왜구의 근거지인 대마도를 정벌하였다.

③ 처인성 전투(1232) → 고려 고종

몽골의 2차 침입 때 김윤후가 처인성에서 적장 살리타를 사살하고 몽골군을 물리쳤다.

④ 군사 동맹(648) → 신라 선덕여왕

신라의 김춘추가 백제 의자왕의 공격으로 고구려에 원병을 요청하였으나 거절당하자 당으로 건너가 군사 동맹을 체결하였다.

08 고려의 대외 관계

암기박사 귀주대첩(1019) ⇒ 동북 9성 축조(1107) ⇒ 충주성 전투(1253)

정답 ②

정답 해설

(가) 귀주대첩(1019) : 고려 현종 때 10만 대군의 소배압이 이끄는 거란의 3차 침입에 맞서 강감찬은 귀주에서 크게 승리하였다.

- 동북 9성 축조(1107) : 고려 예종 때 윤관은 별무반을 이끌고 여진을 정벌한 후 동북 9성을 축조하였다.

(나) 충주성 전투(1253) : 몽골의 5차 침입 때 김윤후가 이끄는 민병과 관노는 충주성 전투에서 몽골군을 물리쳤다.

오답 해설

① 서희 : 강동 6주 획득(993) → (가) 이전

고려 성종 때 거란이 침입하자 서희는 소손녕과 외교 담판을 통해 강동 6주를 획득하였다.

③ 박위 : 쓰시마섬 토벌(1389) → (나) 이후

고려 창왕 때 박위가 왜구의 근거지인 쓰시마섬을 토벌하였다.

④ 최무선 : 진포대첩(1380) → (나) 이후

고려 우왕 때 최무선은 화약과 화포 제작을 위해 화통도감을 설치하고 화포를 사용하여 진포에서 왜구를 격퇴하였다.

09 거란의 침입

암기박사 외교담판(993) ⇒ 흥화진 전투(1011) ⇒ 귀주대첩(1019)

정답 ①

정답 해설

(가) 외교 담판(993) : 고려 성종 때 거란이 침입하자 서희는 소손녕과 외교 담판을 통해 강동 6주를 획득하였다.

(나) 흥화진 전투(1011) : 고려 현종 때 강조의 정변을 구실로 강동 6주를 넘겨줄 것을 요구하며 거란이 2차 침입을 시도하자 양규가 흥화진 전투에서 항전하였다.

(다) 귀주대첩(1019) : 고려 현종 때 10만 대군의 소배압이 이끄는 거란의 3차 침입에 맞서 강감찬은 귀주에서 크게 승리하였다.

10 윤관의 별무반

암기박사 여진 정벌 : 동북 9성 축조 ⇒ 윤관 : 별무반

정답 ②

정답 해설

고려 숙종 때 여진을 정벌하기 위해 윤관의 건의로 별무반이 조직되었다(1104). 이후 고려 예종 때 윤관이 별무반을 이끌고 여진을 정벌하여 동북 9성을 축조하였다(1107).

오답 해설

① 강동 6주 획득 → 서희

거란의 1차 침입 때 서희는 소손녕과의 외교 담판을 통해 강동 6주를 획득하였다.

③ 쓰시마 섬 정벌 → 고려 창왕 / 조선 세종

고려 창왕 때는 박위가, 조선 세종 때는 이종무가 왜구의 근거지인 대마도를 정벌하였다.

④ 쌍성총관부 수복 → 유인우

고려 공민왕 때 유인우는 쌍성총관부를 공격하여 원에 빼앗긴 철령 이북의 땅을 수복하였다.

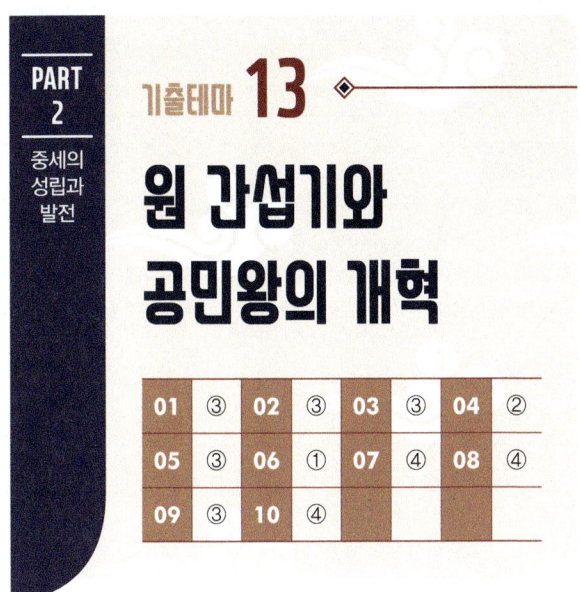

01 고려 공민왕의 업적

암기박사 쌍성총관부 공격 ⇒ 고려 공민왕

정답 ③

정답 해설
원 나라가 고려의 내정을 간섭하기 위해 세운 정동행성 이문소를 폐지한 왕은 공민왕이다. 공민왕은 유인우, 이자춘 등으로 하여금 쌍성총관부를 공격하여 원에 빼앗긴 철령 이북의 땅을 수복하였다.

오답 해설
① 12목 설치 → 고려 성종
 고려 성종은 최승로의 시무 28조에 따라 전국에 12목을 설치하고 지방관을 파견하였다.
② 해동통보 발행 → 고려 숙종
 고려 숙종은 화폐 유통의 촉진을 도모하기 위해 주전도감에서 해동통보를 발행하였으나 널리 사용되지는 못하였다.
④ 노비안검법 실시 → 고려 광종
 고려 광종은 노비안검법을 실시하여 양인이었다가 불법으로 노비가 된 자를 조사하여 해방시켜 주었다.

02 고려 공민왕 재위 기간의 사실

암기박사 쌍성총관부 공격 : 철령 이북 수복 ⇒ 고려 공민왕

정답 ③

정답 해설
기철 등 친원파를 제거하고 정동행성 이문소를 폐지한 왕은 고려 공민왕이다. 고려 공민왕 때 유인우, 이자춘 등이 쌍성총관부를 공격하여 원에 빼앗긴 철령 이북의 땅을 수복하였다.

오답 해설
① 동북 9성 축조 → 고려 예종
 고려 예종 때 윤관은 별무반을 이끌고 여진을 정벌한 후 동북 9성을 축조하였다.

② 독서삼품과 실시 → 통일 신라 원성왕
 통일 신라의 원성왕은 인재 등용을 위해 유교 경전의 이해 수준에 따라 3등급으로 구분한 독서삼품과를 실시하였다.
④ 백두산정계비 건립 → 조선 숙종
 조선 숙종 때 청의 요구로 조선과 청의 경계를 정한 백두산정계비가 건립되었다.

03 고려 원 간섭기

암기박사 황룡사 구층 목탑 건립 ⇒ 신라 선덕여왕

정답 ③

정답 해설
발립을 쓴 관리의 모습과 변발과 호복을 한 무사의 모습은 고려 원 간섭기 때의 모습이다. 한편, 황룡사 구층 목탑이 건립된 것은 신라 선덕여왕 때의 일이다.

오답 해설
① 응방 설치 → 원 간섭기
 원 간섭기에는 원에 조공할 매의 사육을 담당하던 관청인 응방을 두었다.
② 공녀 징발 → 원 간섭기
 원 간섭기에는 원의 공녀 요구가 심각한 사회 문제를 초래하자 결혼도감을 설치하여 공녀를 징발하였다.
④ 권문세족 → 원 간섭기
 원 간섭기에는 친원 세력인 권문세족이 권력을 장악하고 높은 관직을 독점하였다.

04 원 간섭기

암기박사 정동행성 설치(1280) ⇒ 원 간섭기

정답 ②

정답 해설
중서문하성과 상서성이 첨의부로, 6부가 4사로, 중추원(추밀원)이 밀직사로, 어사대가 감찰사로 격하된 것은 원 간섭기 때의 일이다. 원 간섭기인 고려 충렬왕 때 원의 요청에 따라 일본 원정에 참여하기 위해 정동행성이 설치되었다.

오답 해설
① 별무반 편성(1104) → 고려 숙종
 고려 숙종 때 윤관의 건의로 여진 정벌을 위해 별무반이 편성되었다.
③ 6조 직계제 실시(1414) → 조선 태종
 조선 태종 때 처음으로 6조 직계제를 실시하여 의정부의 권한을 약화시키고 왕권을 강화하였다.
④ 김흠돌의 난(681) → 통일 신라 신문왕
 통일 신라 신문왕은 장인인 김흠돌이 반란을 일으키자 이를 진압하고 진골 귀족들을 숙청하였다.

05 원 간섭기의 생활 모습

정답 ③

암기박사 상품 작물 : 고추 재배 ⇒ 조선 후기

정답 해설

농민들이 고추, 담배 등 시장에서 판매하기 위한 상품 작물을 재배한 것은 조선 후기이다.

오답 해설

① 변발과 호복 유행 → 원 간섭기
　고려 원 간섭기에는 지배층을 중심으로 몽골풍의 변발과 호복이 유행하였다.
② 증류 소주 제조 → 원 간섭기
　고려 원 간섭기에는 몽골로부터 증류 방식으로 소주를 제조하는 방법이 전해졌다.
④ 철릭 복장 → 원 간섭기
　고려 원 간섭기에는 몽골로부터 아랫도리에 주름을 잡은 철릭이 들어와 왕이나 문무관들의 복장으로 사용되었다.

06 공민왕의 개혁 정책

정답 ①

암기박사 수원 화성 축조 ⇒ 조선 정조

정답 해설

노국 대장 공주는 원나라와의 정략 결혼으로 혼인하게 된 공민왕의 왕비이다. 공민왕은 원의 간섭에서 벗어나 왕권 강화를 위한 일련의 개혁 정치를 펼쳤다. 한편, 수원 화성을 축조한 것은 조선 정조 때의 일이다.

오답 해설

② 쌍성총관부 공격 → 고려 공민왕
　고려 공민왕 때 유인우, 이자춘 등이 쌍성총관부를 공격하여 원에 빼앗긴 철령 이북의 땅을 되찾았다.
③ 친원 세력 숙청 → 고려 공민왕
　고려 공민왕은 반원 자주 정책으로 기철 등 친원 세력을 숙청하였다.
④ 정방 폐지 → 고려 공민왕
　고려 공민왕 때 인사 행정을 담당하여 신진 사대부의 등용을 억제하였던 정방이 폐지되었다.

핵심노트 ▶ 공민왕의 개혁 정치

반원 자주 정책	대내적 개혁 정책
• 원의 연호 폐지 • 친원파 숙청 • 정동행성 이문소 폐지 • 원 관제 폐지 • 쌍성총관부 공격으로 철령 이북 땅 수복 • 동녕부 요양 정벌 • 원(나하추)의 침입 격퇴 • 친명 정책 전개 • 몽골풍의 폐지	• 정방 혁파 • 신돈의 등용 • 전민변정도감 운영 • 국자감 → 성균관으로 개칭 • 유학 교육 강화 • 과거 제도 정비

07 고려 공민왕의 업적

정답 ④

암기박사 쌍성총관부 공격 : 철령 이북 수복 ⇒ 고려 공민왕

정답 해설

노국 대장 공주는 원나라와의 정략 결혼으로 혼인하게 된 공민왕의 왕비이다. 공민왕은 몽골식 풍습을 금지하고 기철을 비롯한 친원 세력을 제거하였으며, 신돈을 등용하여 전민변정도감을 설치하였다. 또한 쌍성총관부를 수복하여 원에 빼앗긴 철령 이북의 땅을 되찾았다.
→ 원나라가 고려를 지배하기 위해 설치한 통치 기구

오답 해설

① 균역법 시행 → 조선 영조
　조선 영조 때 농민의 부담을 덜어주기 위해 군포 2필을 부담하던 것을 1년에 군포 1필로 경감하는 균역법을 시행하였다.
② 독서삼품과 실시 → 통일 신라 원성왕
　통일 신라의 원성왕은 관리 등용 제도인 독서삼품과를 실시하여 인재를 등용하였다.
③ 삼강행실도 편찬 → 조선 세종
　조선 세종 때 모범적인 충신, 효자, 열녀를 알리기 위해 윤리서인 삼강행실도를 편찬하였다.

08 원 간섭기

정답 ④

암기박사 변발과 호복 유행 ⇒ 원 간섭기

정답 해설

• 제주도 대몽 항쟁(1273) : 삼별초가 김통정의 지휘 아래 제주도 항파두리에서 몽골과 항전하였으나 여·몽 연합군에게 진압되었다.
(가) 원 간섭기(1259~1356) : 지배층을 중심으로 몽골풍의 변발과 호복이 유행하였다.
• 쌍성총관부 공격(1356) : 고려 공민왕은 반원 자주 정책의 일환으로 쌍성총관부를 공격하고 철령 이북의 땅을 수복하였다.

오답 해설

① 별무반 편성(1104) → 원 간섭기 이전
　고려 숙종 때 윤관이 여진 정벌을 위한 특수 부대인 별무반을 편성하였다.
② 김헌창의 난(822) → 원 간섭기 이전
　신라 하대 헌덕왕 때 웅천주(공주) 도독 김헌창이 아버지가 왕위 쟁탈전에서 패한 것에 대해 불만을 품고 반란을 일으켰다.
③ 삼국사기 편찬(1145) → 원 간섭기 이전
　고려 인종 때 김부식이 현존하는 우리나라 최고(最古)의 역사서인 삼국사기를 편찬하였다.

핵심노트 ▶ 원 간섭기의 사회 변화

신분 상승의 증가	• 역관·향리·평민·부곡민·노비·환관으로서 전공을 세운 자, 몽골 귀족과 혼인한 자, 몽골어에 능숙한 자 등 • 친원 세력이 권문세족으로 성장
활발한 문물 교류	• 몽골풍의 유행 : 체두변발, 몽골식 복장, 몽골어 • 고려양 : 고려의 의복·그릇·음식 등의 풍습이 몽골에 전해짐
공녀의 공출	• 원의 공녀 요구는 심각한 사회 문제를 초래 • 결혼도감을 설치해 공녀를 공출

09 원 간섭기

암기박사 별무반 : 여진 정벌 ⇒ 고려 숙종

정답 ③

정답 해설

몽골식 변발과 발립이 유행하고 원으로부터 소주를 제조하는 방법도 전해진 시기는 고려 원 간섭기이다. 한편 여진 정벌을 위해 윤관의 건의로 별무반이 편성된 것은 원 간섭기 이전인 고려 숙종 때의 일이다.

오답 해설

① 정동행성 설치 → 원 간섭기
　정동행성은 원 간섭기인 고려 충렬왕 때 원 나라가 일본 원정을 위해 고려에 설치한 관청이었으나 내정 간섭을 위한 기구로 변질되었다.

② 권문세족 성장 → 원 간섭기
　원 간섭기에는 친원 세력이 권문세족으로 성장하면서 높은 관직을 독점하였다.

④ 결혼도감 : 공녀 징발 → 원 간섭기
　원 간섭기에는 원의 공녀 요구가 심각한 사회 문제를 초래하자 결혼도감을 설치하여 공녀를 징발하였다.

10 공민왕의 개혁 정책

암기박사 신돈 : 전민변정도감 설치 ⇒ 고려 공민왕

정답 ④

정답 해설

고려 공민왕은 신돈을 등용하여 전민변정도감을 설치하고 권문세족에게 빼앗긴 토지와 노비를 본래의 소유주에게 돌려주거나 양민으로 해방시킴으로써 권문세족을 견제하였다(1366).

핵심노트 ▶ 전민변정도감

고려 후기 권세가에게 빼앗긴 토지를 원래 주인에게 되찾아 주고 노비로 전락한 양인을 바로잡기 위해 설치된 임시 개혁 기관이다. 궁극적인 목적은 국가 재정의 궁핍을 초래한 농장의 확대를 억제하고 부정과 폐단을 개혁하는 데 있었다. 공민왕 때 신돈은 전민변정도감을 통해 의욕적으로 개혁을 추진하였으며, 민중으로부터도 큰 지지를 받았다. 그러나 개혁이 지나치게 과격하다는 점, 그리고 당시 권력자들과 이해가 상충했다는 점 등이 원인이 되어 신돈은 실각하였으며, 개혁 사업 역시 실패로 돌아갔다.

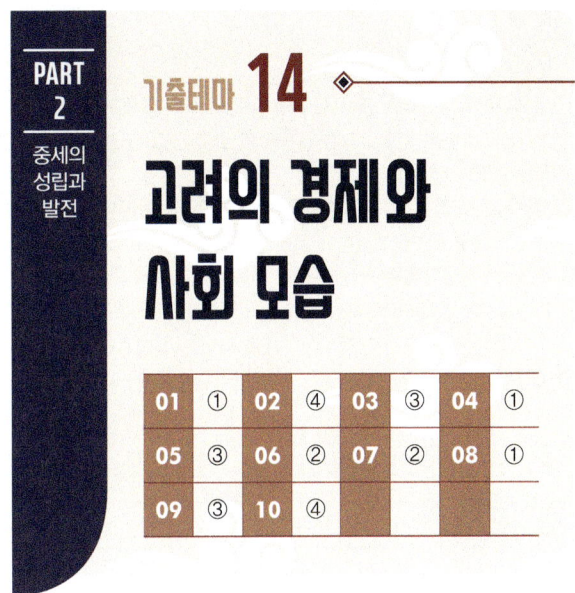

PART 2 중세의 성립과 발전

기출테마 14 고려의 경제와 사회 모습

01	①	02	④	03	③	04	①
05	③	06	②	07	②	08	①
09	③	10	④				

01 구휼기관 의창

암기박사 곡물 대여 및 무상 지급 ⇒ 의창

정답 ①

정답 해설

재해를 당하거나 생계가 어려운 백성들에게 창고에 비축해 둔 곡물을 대여하거나 무상으로 지급하는 구휼 기관은 의창이다. 의창은 고려 성종 때 흑창을 확대 개편하여 봄에 곡식을 빌려주고 가을에 갚도록 한 춘대추납의 기관이다.

오답 해설

② 최초의 근대식 인쇄소 → 박문국
　박문국은 신문 · 잡지 등의 인쇄 · 출판을 관장하던 최초의 근대식 인쇄소로 순 한문 신문인 한성순보를 발간하였다.

③ 최초의 서양식 병원 → 제중원
　제중원은 우리나라 최초의 서양식 병원으로 미국인 선교사 알렌(Allen)의 건의로 설립되었다. 제중원 → 처음 설립 시 광혜원이었다가 제중원으로 개칭

④ 조선 시대 치료기관 → 활인서
　조선 시대 도성 내의 빈민 구제와 병자 치료를 맡던 기관으로, 전염병이 발생하였을 때 병막을 설치하고 환자를 간호하며 음식과 의복 및 약 등을 배급하였다.

02 고려의 화폐

암기박사 주전도감 발행 ⇒ 해동통보

정답 ④

정답 해설

건원중보와 활구라는 은병이 화폐로 제작된 것은 고려 시대이다. 고려 숙종 때 의천의 건의로 주전도감에서 해동통보를 발행하였으나 널리 사용되지는 못하였다.

오답 해설

① 중국 춘추 전국 시대 → 명도전
　명도전은 중국 춘추 전국 시대에 연과 제에서 사용한 청동 화폐로, 중국과의 활발한 경제적 교류를 확인할 수 있다.
② 전환국 발행 → 백동화
　백동화는 개화기 때 근대식 화폐 발행 기구인 전환국에서 종래 사용하던 상평통보를 대체하기 위해 발행되었다.
③ 조선 시대 전국적 유통 → 상평통보
　상평통보는 조선 후기 숙종 때 허적·권대운 등의 주장으로 다시 주조되어 서울과 서북 일대에서 유통되었으며 이후 전국적으로 확산되었다.

03 고려의 경제 상황

암기박사 벽란도 : 국제 무역항 ⇒ 고려 시대 　　정답 ③

정답 해설

송의 대규모 사신단이 개경에 도착한 것은 고려 시대의 일이다. 고려 시대에는 예성강 어귀의 벽란도가 국제 무역항으로 번성하여 송의 상인을 비롯한 일본, 만양, 아라비아 상인과도 교역하였다.

오답 해설

① 공인 : 관청에 물품 조달 → 조선 후기
　조선 후기에는 대동법의 시행으로 공인이 관청에 물품을 조달하였다. → 관허 상인
② 모내기법 전국 확산 → 조선 후기
　조선 후기에는 모내기법이 전국적으로 확산되면서 벼와 보리의 이모작이 성행하였다.
④ 상품 작물 : 고추, 담배 → 조선 후기
　조선 후기에는 고추와 담배가 시장에서 판매하기 위한 상품 작물로 재배되었다.

04 과전법의 이해

암기박사 과전법 : 조준 건의 ⇒ 고려 공양왕 　　정답 ①

정답 해설

고려 공양왕 때 조준의 건의로 경기에 한하여 과전법이 실시되어 신진 사대부들의 경제적 기반이 확대되었다.

오답 해설

② 대동법 시행 → 조선 광해군
　조선 광해군 때 방납의 폐단을 시정하고자 이원익의 건의로 대동법이 경기도에 한하여 시행되었다.
③ 영정법 제정 → 조선 인조
　조선 인조 때 풍흉에 관계없이 전세를 1결당 4~6두로 고정하는 영정법을 제정하였다.
④ 호패법 실시 → 조선 태종
　조선 태종 때 호구의 정확한 파악을 위해 16세 이상의 남자들에게 호패를 발급하는 호패법이 실시되었다.

05 전시과 제도

암기박사 전시과 제도 ⇒ 고려 경종 　　정답 ③

정답 해설

고려 경종 때 처음 시행되었으며, 관직 복무 등에 대한 대가로 전지와 시지를 차등 지급한 토지 제도는 전시과이다.
→ 농작물을 수확할 수 있는 논이나 밭
→ 땔감을 얻을 수 있는 임야

오답 해설

① 과전법 → 고려 공양왕　　→ 토지로부터 조세를 거둘 수 있는 권리
　고려 공양왕 때 관리들에게 수조권을 지급하는 과전법을 실시하여 신진 사대부의 경제적 기반을 마련하였다.
② 납속책 → 조선 시대
　조선 시대에 정부가 부족한 국가 재정을 보충하기 위해 곡물, 돈 등을 받고 그 대가로 신분을 상승시켜 주거나 벼슬을 내린 정책이다.
④ 호포제 → 흥선 대원군
　흥선 대원군은 군정의 문란을 개혁하기 위해 호포제를 실시하고 양반에게도 군포를 부과하였다.

06 물가 조절 기구 상평창

암기박사 고려 시대 : 물가 조절 기구 ⇒ 상평창 　　정답 ②

정답 해설

고려 시대에 개경과 서경 및 12목에 설치된 물가 조절 기관은 상평창이다. 고려 성종 때 설치된 상평창은 풍년에는 곡물을 사들이고 흉년에는 곡물을 풀어 물가를 조절하는 기능을 한다.

오답 해설

① 중방 → 무신 최고 회의 기구
　중방은 고려 시대 2군 6위의 상장군·대장군 등이 모여 군사 문제를 논의하는 무신들의 최고 회의 기구이다.
③ 어사대 → 관리의 부정과 비리 감찰 기구
　어사대는 고려 시대에 관리들의 부정과 비리를 감찰하고 관리 임명에 대한 서경권을 행사하였다. → 인사 이동이나 법을 제정할 때 대간의 서명을 받는 제도 : 왕권 견제
④ 식목도감 → 법제와 격식 논의 기구
　식목도감은 고려 시대에 각종 법제와 격식에 관한 문제를 논의하고 국가 중요 의식을 관장하였다.

핵심노트 ▶ 고려 시대 사회 제도

- **의창(성종)** : 평시에 곡물을 비치하였다가 흉년에 빈민을 구제하는 춘대추납 기관
- **상평창(성종)** : 물가 조절을 위해 개경과 서경 및 각 12목에 설치
- **대비원(정종)** : 개경에 동·서 대비원을 설치하여 환자 진료 및 빈민 구휼을 담당
- **혜민국(예종)** : 의약을 전담하기 위해 예종 때 설치, 빈민에게 약을 조제해 줌
- **구제도감·구급도감** : 재해 발생 시 구제도감(예종)이나 구급도감을 임시 기관으로 설치
- **제위보(광종)** : 기금을 마련한 뒤 이자로 빈민을 구제

07 고려 시대의 경제 활동

정답 ②

암기박사 상품 작물 : 고추, 담배 ⇒ 조선 후기

정답 해설

농민들이 고추, 담배 등 시장에서 판매하기 위한 상품 작물을 재배한 것은 조선 후기이다.

오답 해설

① 벽란도 : 국제 무역 → 고려 시대
 고려 시대에는 송을 비롯한 여러 나라 상인들이 예성강 하구의 벽란도를 통해 국제 무역을 하였다.
③ 개경 : 시전 상인 → 고려 시대
 고려 시대에는 개경에 관허 상점인 시전이 설치되어 시전 상인들이 물품을 판매하였다.
④ 사원 : 종이, 기와 판매 → 고려 시대
 고려 시대에는 사원 수공업이 발달하여 사원에서 승려와 노비가 종이와 기와 등을 만들어 판매하였다.

08 고려 시대의 경제 상황

정답 ①

암기박사 전시과 제도 ⇒ 고려 경종

정답 해설

개경은 고려의 수도이며, 청자는 고려의 대표적인 문화유산이다. 고려 경종 때 전시과 제도가 실시되어 관리들에게 전지와 시지를 품계에 따라 차등 지급하였다. → 곡물을 수확할 수 있는 논이나 밭
→ 땔감을 얻을 수 있는 임야

오답 해설

② 고구마, 감자 재배 → 조선 후기
 조선 후기에는 일본에서 들여 온 고구마와 청에서 들여온 감자 등의 구황 작물이 널리 재배되었다.
③ 모내기법 전국 확산 → 조선 후기
 조선 후기에는 모내기법이 전국적으로 확산되면서 벼와 보리의 이모작이 성행하였다.
④ 동시전 : 시장 감독 → 신라
 신라 지증왕 때 시장을 감독하는 관청인 동시전이 수도 경주에 설치되었다.

핵심노트 ▶ 전시과 제도

- **전지와 시지의 차등 지급** : 관리를 18등급으로 나누어 곡물을 수취할 수 있는 일반 농지인 전지와 땔감을 얻을 수 있는 척박한 토지인 시지를 차등적으로 지급
- **수조권만을 지급** : 왕토 사상을 토대로, 지급된 토지는 소유권을 인정하지 않고 수조권만을 지급
- **수조권 분급** : 과전의 경우 1/10, 둔전·내장전·공해전의 경우 1/4, 소유가 가능한 공음전·공신전의 경우 1/2을 수취
- **수조권의 공유적 성격** : 농민으로부터 직접 수취하는 것은 불가하며, 지방관에 의해 징수되어 국가의 창고에 수송된 뒤에 이를 받아감
- **반납의 원칙** : 관직 복무와 직역에 대한 대가로 수조권만 지급한 것이므로 받은 자가 죽거나 관직에서 물러날 때는 토지를 국가에 반납 → 단, 직역 승계에 따라 세습 가능

09 고려의 사회 모습

정답 ③

암기박사 골품제 : 신분 제도 ⇒ 신라

정답 해설

신라에는 골품제라는 신분 제도가 있어서 혈연에 따라 사회적 제약이 가해지며 골품에 따라 관등 승진에 제한이 있었다. 또한 집과 수레의 크기 등 일상생활까지 규제하였다.

오답 해설

① 의창 : 빈민 구제 기관 → 고려
 고려 성종 때에 빈민 구제를 위해 봄에 곡식을 빌려주고 가을에 갚도록 하는 춘대추납의 의창이 운영되었다.
② 팔관회 : 종교행사 → 고려
 고려 시대에는 불교와 토속신앙이 어우러진 종교행사인 팔관회가 개최되었다. → 금욕과 수행을 목적으로 하며, 국가적 정기 행사로 자리 잡음
④ 호주 : 여성도 가능 → 고려
 고려 시대에는 여성이 호주가 될 수 있었다. 따라서 여성도 분가할 수 있고, 호족이나 족보에 기록할 때도 아들과 딸을 구분하지 않고 태어난 순서대로 적었다.

10 고려 시대의 경제 상황

정답 ④

암기박사 은병(활구) : 화폐 ⇒ 고려 시대

정답 해설

고려 시대에는 송을 비롯한 여러 나라 상인들이 예성강 하구의 벽란도를 통해 무역을 하였다. 고려 시대에는 활구라고 불린 은병이 화폐로 사용되었는데, 은 1근을 사용하여 우리나라의 지형을 본 떠 만들었다. → 은병의 입구가 넓어 활구라고 불림

오답 해설

① 고구마, 감자 재배 → 조선 후기
 조선 후기에는 일본에서 들여 온 고구마와 청에서 들여온 감자 등의 구황 작물이 널리 재배되었다. → 기후가 불순한 흉년에도 비교적 안전한 수확을 얻을 수 있는 작물
② 모내기법 전국 확산 → 조선 후기
 조선 후기에는 모내기법이 전국적으로 확산되면서 벼와 보리의 이모작이 성행하였다.
③ 내상, 만상의 활동 → 조선 후기
 조선 후기에는 청과의 후시 무역을 주도한 의주의 만상과 왜관을 중심으로 한 동래의 내상 등이 활발하게 활동하였다.

핵심노트 ▶ 고려의 화폐 발행

화폐를 발행하면 그 이익금을 재정에 보탤 수 있고 경제 활동을 장악할 수 있으므로, 상업 활동이 활발해지는 것과 함께 화폐 발행이 논의되었다. 그리하여 성종 때 건원중보가 제작되었으나 널리 유통되지는 못했다. 이후 숙종 때 삼한통보, 해동통보, 해동중보 등의 동전과 활구(은병)가 제작되었으나 당시의 자급자족적 경제 상황에서는 불필요했으므로 주로 다점이나 주점에서 사용되었을 뿐이며, 일반적인 거래에 있어서는 곡식이나 베가 사용되었다.

기출테마 15 고려의 학문과 사상

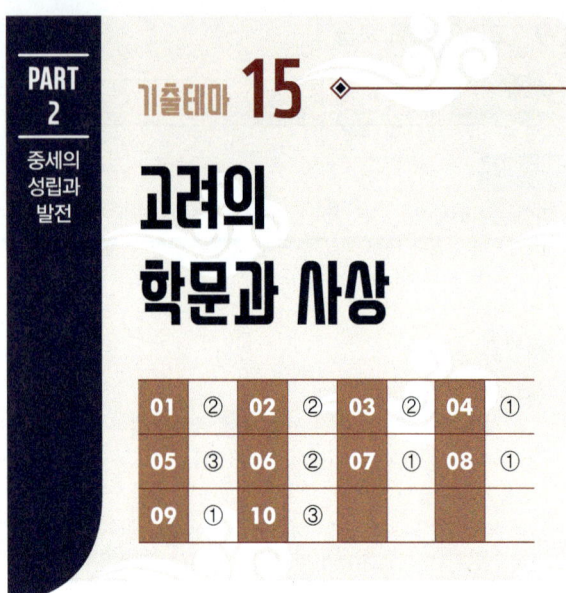

01	②	02	②	03	②	04	①
05	③	06	②	07	①	08	①
09	①	10	③				

01 삼국사기

암기박사 김부식 ⇒ 삼국사기

정답 ②

정답 해설

고려 인종 때 김부식이 왕명을 받아 현존하는 우리나라의 가장 오래된 역사서인 삼국사기를 편찬하였다. 삼국사기는 본기·열전 등으로 구성된 기전체 역사서이다.

오답 해설

① **동국통감 → 서거정**
동국통감은 조선 성종 때 서거정 등이 왕명을 받아 단군조선부터 고려 말까지의 역사를 기록하여 편찬한 역사서이다.

③ **삼국유사 → 일연**
고려 충렬왕 때 승려 일연은 단군부터 고려 말까지의 불교 관련 자료를 중심으로 삼국유사를 집필하였다.

④ **제왕운기 → 이승휴**
제왕운기는 고려 충렬왕 때 이승휴가 우리나라와 중국의 역사를 시로 적은 역사 서사시로, 우리 역사를 중국사와 대등하게 파악하였다.

핵심노트 ▶ 삼국사기(인종 23, 1145)

- 시기 : 고려 인종 때 김부식 등이 왕명을 받아 편찬
- 의의 : 현존하는 우리나라의 가장 오래된 역사서
- 사관 : 유교적 합리주의 사관에 기초하여 신라를 중심으로 서술
- 체제 : 본기·열전·지·연표 등으로 구분되어 서술된 기전체 사서
- 구성 : 총 50권으로 구성

02 일연의 삼국유사

암기박사 삼국유사 저술 ⇒ 일연

정답 ②

정답 해설

삼국유사를 저술한 인물은 승려 일연이다. 일연은 단군부터 고려 말까지의 불교사를 중심으로 기사본말체 형식의 사서인 삼국유사를 편찬하였고 불교 관련 설화를 수록하였다.

오답 해설

① **도선 → 풍수지리설 도입**
신라 하대 승려 도선은 중국에서 유행한 풍수지리설을 도입하였다.

③ **의상 → 화엄종 개창**
의상은 귀족 출신의 승려로 낙산사 등을 창건하고 관음 신앙을 전파하였으며, 화엄종을 개창하여 화엄일승법계도를 남겼다.

④ **지눌 → 조계종 창시**
지눌은 조계종을 창시하여 선종을 중심으로 교종을 포용하여 선·교 일치 사상의 완성을 추구하였다.

03 고려의 교육 기관

암기박사 경당 : 지방 교육 기관 ⇒ 고구려

정답 ②

정답 해설

경당은 장수왕 때 지방 청년의 무예와 한학 교육을 위해 설립된 지방 교육 기관으로 청소년에게 글과 활쏘기를 가르쳤다.

오답 해설

① **국자감 : 최고 국립 교육 기관 → 고려**
국자감은 고려 시대에 유학 교육을 위해 개경에 설치된 최고 국립 교육 기관이다.

③ **사학 12도 : 사립 교육 기관 → 고려**
고려 시대에는 최초의 사학인 최충의 9재 학당(문헌공도)을 비롯하여 사립 교육 기관인 사학 12도가 번성하였다.

④ **향교 : 국립 지방 교육 기관 → 고려~조선**
향교는 고려와 조선 시대에 있었던 국립 지방 교육 기관으로 유학 교육을 담당하였다.

04 최충의 활동

암기박사 9재 학당 설립 ⇒ 최충

정답 ①

정답 해설

고려의 문신 최충은 지공거가 되어 과거를 주관하였으며, 사립학교인 9재 학당(문헌공도)을 열어 후진 양성에 힘썼다.

오답 해설

② **삼국유사 집필 → 일연**
고려 충렬왕 때 일연은 단군부터 고려 말까지의 불교사를 중심으로 고대의 민간 설화 등이 수록되어 있는 삼국유사를 집필하였다.

③ **제왕운기 저술 → 이승휴**
제왕운기는 고려 충렬왕 때 이승휴가 우리나라와 중국의 역사를 시로 적은 역사 서사시로, 우리 역사를 중국사와 대등하게 파악하였다.

④ **시무 28조 작성 → 최승로**
고려 성종 때 최승로는 시무 28조를 작성하여 통치 체제를 정비하고 유교 정치 이념을 확립하였다.

05 보조국사 지눌

정답 ③

암기박사 수선사 결사 제창 ⇒ 보조국사 지눌

정답 해설

보조국사 지눌은 명리에 집착하는 무신 집권기 당시 불교계의 타락상을 비판하고 불교 개혁을 주장하며 수선사 결사를 제창하였다.

오답 해설

① 무애가 저술 → 원효
  원효는 무애가를 지어 불교의 가르침을 민중에게 전하는 등 불교 대중화에 힘썼다.
② 천태종 개창 → 의천
  대각국사 의천은 불교 교단을 통합하기 위해 국청사에서 해동 천태종을 개창하였다.
④ 왕오천축국전 저술 → 혜초
  혜초는 인도와 중앙아시아를 다녀와서 그 나라의 풍물을 기록한 왕오천축국전을 남겼다.

06 대각국사 의천

정답 ②

암기박사 해동 천태종 개창 ⇒ 대각국사 의천

정답 해설

고려 문종의 넷째 아들로 송에서 불교를 배우고 돌아와 해동 천태종을 개창한 인물은 대각국사 의천이다. 그는 교종을 중심으로 선종을 통합하기 위해 국청사를 창건하고, 교관겸수를 내세워 이론 연마와 실천을 함께 중시하였다.

오답 해설

① 원효 → 불교 대중화
  원효는 무애가를 만들어 불교의 가르침을 민중에게 전하는 등 불교 대중화에 힘썼다.
③ 지눌 → 조계종 창시 ← 선정과 지혜를 같이 닦아야 한다는 것
  보조국사 지눌은 조계종을 창시하고 수선사 결사 운동을 통해 정혜쌍수와 돈오점수를 주장하였다.
④ 혜심 → 유불 일치설 ← 인간의 마음이 곧 부처의 마음임을 깨닫고 그 뒤에 깨달음을 꾸준히 실천하는 것
  진각국사 혜심은 유불 일치설을 주장하고 심성의 도야를 강조하였다.

07 고려의 교육 기관

정답 ①

암기박사 국자감(고려 전기) ⇒ 9재 학당(고려 중기) ⇒ 성균관(고려 후기)

정답 해설

(가) 국자감 : 성종(고려 전기)
  고려 성종 때 인재를 양성하기 위해 국립대학인 국자감이 처음 설치되었다.
(나) 9재 학당 : 문종(고려 중기)
  고려 문종 때 최충은 사립학교인 9재 학당(문헌공도)을 세워 후진 양성에 힘썼다.

(다) 성균관 : 공민왕(고려 후기)
  고려 공민왕 때 국자감이 성균관으로 개칭되고 순수 유학 교육 기관으로 정비되어 유학 교육이 강화되었다.

08 보조국사 지눌

정답 ①

암기박사 정혜결사 조직, 정혜쌍수 주장 ⇒ 보조국사 지눌

정답 해설

정혜결사를 조직하였으며, 선과 교를 함께 닦아야 한다는 정혜쌍수를 주장한 인물은 보조국사 지눌이다. 조계종을 창시한 보조국사 지눌은 불교 개혁 운동을 전개하고 그 수행 방법으로 돈오점수를 주장하였다. ← 선정과 지혜를 같이 닦아야 한다는 것
← 인간의 마음이 곧 부처의 마음임을 깨닫고 그 뒤에 깨달음을 꾸준히 실천하는 것

오답 해설

② 백련사 결사 주도 → 요세
  원묘국사 요세는 강진 만덕사(백련사)에서 법화 신앙을 중심으로 백련결사를 조직하고 불교 정화 운동을 전개하였다.
③ 왕오천축국전 저술 → 혜초
  혜초는 인도와 중앙아시아를 다녀와서 그 나라의 풍물을 기록한 왕오천축국전을 남겼다.
④ 무애가 : 불교 대중화 → 원효
  원효는 일심과 화쟁 사상을 중심으로 몸소 아미타 신앙을 전개하고 무애가를 지어 불교 대중화에 힘썼다.
  ← 모든 논쟁을 화합으로 바꾸려는 불교 사상

핵심노트 ▶ 보조국사 지눌(1158~1210)

- **선・교 일치 사상의 완성** : 조계종을 창시해 선종을 중심으로 교종을 포용하여 선・교 일치 사상의 완성 추구 → 최씨 무신 정권의 후원으로 조계종 발달
- **정혜쌍수** : 선정과 지혜를 같이 닦아야 한다는 것으로, 선과 교학이 근본에 있어 둘이 아니라는 사상 체계를 말함 → 철저한 수행을 선도
- **돈오점수** : 인간의 마음이 곧 부처의 마음임을 깨닫고(돈오) 그 뒤에 깨달음을 꾸준히 실천하는 것(점수)를 말함 → 꾸준한 수행으로 깨달음의 확인을 아울러 강조
- **수선사 결사 운동** : 명리에 집착하는 무신 집권기 당시 불교계의 타락상을 비판하고 승려 본연의 자세로 돌아가 독경과 선 수행 등에 고루 힘쓰자는 개혁 운동, 송광사를 중심으로 전개

09 삼국사기

정답 ①

암기박사 삼국사기 편찬 ⇒ 고려 인종 : 김부식

정답 해설

고려 인종 때 묘청이 서경 천도 운동을 전개하며 반란을 일으켰으나 김부식이 이끄는 관군이 약 1년여 만에 진압하였다. 김부식은 인종의 명을 받아 현존하는 우리나라 최고(最古)의 역사서인 삼국사기를 편찬하였다(1145).

오답 해설

② 금국 정벌 주장 → 묘청
  고려 인종 때 묘청의 서경파가 풍수지리설에 근거하여 서경 천도와 칭제 건원, 금국 정벌을 주장하였다.
③ 화약 무기 개발 → 최무선
  고려 우왕 때 최무선은 화통도감을 설치하여 화약 무기를 개발하고 화포를 제작하였다.

④ 고려에 성리학 최초 소개 → 안향

고려 충렬왕 때 안향이 원으로부터 고려에 성리학을 최초로 소개하였다.

10 고려의 국립 교육 기관 국자감

> **암기박사** 고려 : 국립 교육 기관 ⇒ 국자감
> **정답** ③

정답 해설

고려 성종 때 유학과 기술 교육을 담당하던 고려 최고의 교육 기관은 국자감이다. 개경에 설립되었으며 후에 조선 시대 최고의 교육 기관인 성균관으로 이어졌다.

오답 해설

① 경당 → 고구려 : 지방 교육 기관
경당은 고구려 장수왕 때 지방 청소년의 무예·한학 교육을 위해 설치된 지방 교육 기관으로, 청소년에게 글과 활쏘기를 가르쳤다.

② 향교 → 조선 : 지방의 국립 중등 교육 기관
향교는 조선 시대 지방의 국립 중등 교육 기관으로, 중앙에서 교수와 훈도가 파견되어 지방 관리와 서민의 자제들을 교육하였다.

④ 주자감 → 발해 : 유학 교육 기관
주자감은 발해의 문왕(대흠무) 때 설립된 유학 교육 기관으로, 왕족과 귀족을 대상으로 유교 경전을 교육하였다.

핵심노트 ▶ 고려의 교육 제도

관학	• 국자감 : 개경에 국립대학인 국자감(국학)을 설치 • 향교 : 지방에 국립 중등교육기관인 향교가 설치되어, 지방 관리와 서민자제들의 교육 및 제사 기능을 수행 → 기술학부는 없고 유학만 교육
사학	사학 12도 : 문헌공도(최충), 홍문공도(정배걸), 광헌공도(노단), 남산도(김상빈), 정경공도(황영), 서원도(김무체), 문충공도(은정), 양신공도(김의진), 충평공도(유감), 정헌공도(문정), 서시랑도(서석), 귀산도(설립자 미상)

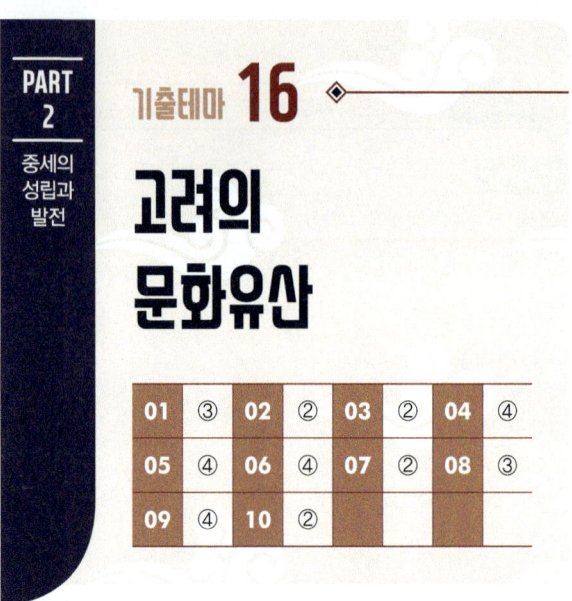

PART 2 중세의 성립과 발전

기출테마 16 고려의 문화유산

01	③	02	②	03	②	04	④
05	④	06	④	07	②	08	③
09	④	10	②				

01 평창 월정사 팔각 구층 석탑

> **암기박사** 평창 월정사 팔각 구층 석탑 ⇒ 고려 전기
> **정답** ③

정답 해설

송의 영향을 받아 각이 많고 층이 여러 개인 탑으로, 청동으로 만든 풍경과 금동 머리 장식이 있는 고려 전기의 대표적 석탑은 평창 월정사 팔각 구층 석탑이다.

오답 해설

① 여주 고달사지 승탑 → 고려 초
통일 신라 말 또는 고려 초에 건립된 것으로 추정되는 화강석 승탑으로 기단부, 탑신부, 옥개석 등을 모두 갖춘 전형적인 팔각원당형 승탑이다.

② 원주 법천사지 지광 국사 탑 → 고려 전기
고려 시대의 승려 지광국사 해린을 기리기 위한 고려 전기의 탑으로, 4각의 평면을 기본으로 하며 장식이 정교하고 혼란스럽지 않다.

④ 개성 경천사지 십층 석탑 → 고려 후기
고려 후기 충목왕 때 개성의 경천사지에 조성된 석탑으로 원의 영향을 받아 기존의 신라계 석탑과는 양식을 달리하는 가장 특이하고 정련한 기교를 보이는 탑이다.

02 안동 봉정사 극락전

> **암기박사** 현존하는 가장 오래된 목조 건축물 ⇒ 안동 봉정사 극락전
> **정답** ②

정답 해설

봉정사 극락전은 경북 안동시에 있는 고려 시대 주심포 양식의 건축물로, 우리나라에 남아 있는 가장 오래된 목조 건축물이다.

오답 해설

① 강화 : 전등사 대웅전 → 조선 시대

전등사 대웅전은 강화도에 있는 조선 중기의 불전으로, 정면 3칸 측면 3칸의 겹처마 팔작지붕 양식이며 처마 밑 네 귀퉁이에 나부상이 지붕을 받치고 있는 것이 특색이다.

③ 보은 : 법주사 팔상전 → 조선 시대

충북 보은군 법주사에 있는 조선 시대의 목조 건물로, 현존하는 유일한 목탑이다. 석가모니의 일생을 여덟 폭의 그림으로 나누어 그린 팔상도가 있어 팔상전이라고 한다.

④ 구례 : 화엄사 각황전 → 조선 시대

구례 화엄사의 각황전은 조선 숙종 때 계파대사가 중건한 중층의 대불전으로 현존하는 중층의 불전 중 규모가 가장 크다.

03 영주 부석사 무량수전

암기박사 영주 부석사 무량수전 ⇒ 고려 시대

정답 ②

정답 해설

무량수전은 경북 영주시 부석사에 있는 고려 중기의 건물로, 배흘림기둥과 주심포 양식의 신라 양식을 계승한 고려 시대 목조 건축물이다. → 신라 문무왕 때 의상대사가 창건

오답 해설

① 경주 불국사 대웅전 → 조선 시대

경북 경주시 불국사에 있는 조선 후기의 불전으로, 정면 5칸 측면 5칸의 다포식 팔작지붕 목조 건물이다.

③ 김제 금산사 미륵전 → 조선 시대

전북 김제시 금산사에 있는 조선 시대의 목조 건물로, 겉모양이 3층으로 된 한국의 유일한 법당이며 내부는 통층이다.

④ 보은 법주사 팔상전 → 조선 시대

충북 보은군 법주사에 있는 조선 후기의 목조 건물로, 현존하는 유일한 목탑이다. 석가모니의 일생을 여덟 폭의 그림으로 나누어 그린 팔상도가 있어 팔상전이라고 한다.

04 고려 문화유산

암기박사 청자 상감 운학문 매병 ⇒ 고려 문화유산

정답 ④

정답 해설

태조 왕건이 세운 국가는 고려이며 수월관음도, 팔만대장경판, 부석사 무량수전은 고려 시대의 대표적인 문화유산이다. 또한 청자 상감 운학문 매병은 학과 구름을 상감기법으로 새겨 넣은 대표적인 고려 시대의 문화유산이다.

오답 해설

① 산수무늬 벽돌 → 백제 문화유산

충남 부여의 사비시대 절터에서 출토된 벽돌로, 불교적 요소와 도교적 요소를 함께 갖추고 있다. 산수 무늬의 화려한 장식은 당시 백제인들의 문화 수준과 이상적인 정신세계를 반영한다.

② 도기 바퀴장식 뿔잔 → 가야 문화유산

수레바퀴 형상을 본 떠 만든 가야 시대의 상형 토기로, 그 당시에 이미 우차 또는 마차가 있었음을 알 수 있는 차륜식 토기이다.

③ 황남대총 금관 → 신라 문화유산

경주 황남동 미추왕릉 지구의 신라 무덤인 황남대총에서 출토된 금관으로 화려함이 돋보이는 전형적인 신라 금관이다.

05 고려 시대의 목조 건축물

암기박사 부석사 무량수전 ⇒ 고려 문화유산

정답 ④

정답 해설

수덕사 대웅전, 봉정사 극락전과 함께 부석사 무량수전은 고려 시대의 목조 건축물이다. 경북 영주에 있는 부석사 무량수전은 경북 영주에 위치하고 있으며 배흘림기둥과 주심포 양식이 특징이다.

오답 해설

① 종묘 정전 → 조선 문화유산

종묘 정전은 조선 시대 역대 국왕과 왕비의 신주가 모셔져 있는 사당으로, 왕이 국가와 백성의 안위를 기원하기 위해 문무백관과 함께 정기적으로 제사에 참여한 공간이다.

② 경복궁 근정전 → 조선 문화유산

서울 종로에 위치한 경복궁 근정전은 조선왕실을 상징하는 건축물로, 태조 이성계가 한양으로 도읍을 천도하면서 경복궁과 함께 처음 지어졌고 이후 임진왜란 때 불탄 것을 흥선 대원군이 중건하였다.

③ 보은 법주사 팔상전 → 조선 문화유산

충북 보은군 법주사에 있는 조선 후기의 목조 건물로, 현존하는 유일한 목탑이다. 석가모니의 일생을 여덟 폭의 그림으로 나누어 그린 팔상도가 있어 팔상전이라고 한다.

06 고려 시대 문화유산

암기박사 경천사지 십층 석탑 : 원의 영향 ⇒ 고려 문화유산

정답 ④

정답 해설

고려 후기 충목왕 때 개성의 경천사지에 조성된 석탑이다. 원의 영향을 받은 대리석 석탑으로, 목조 건축물을 연상하게 하는 다채로운 조각들이 섬세하게 새겨져 있다.

오답 해설

① 경주 불국사 삼층 석탑 → 통일 신라 문화유산

경북 경주의 불국사에 있는 통일 신라의 석탑으로, 내부에서 현존하는 세계 최고(最古)의 목판 인쇄물인 무구정광대다라니경이 발견되었다.

② 분황사 모전 석탑 → 신라 문화유산

경북 경주의 분황사에 있는 모전 석탑은 석재를 벽돌 모양으로 만들어 쌓은 탑으로, 현존하는 신라 석탑 중 가장 오래된 석탑이다.

③ 장백 영광탑 → 발해 문화유산

중국 길림성 장백진 북서쪽 탑산에 있는 발해 시대의 누각식 전탑으로 장방형, 규형, 다각형의 벽돌로 쌓은 5층의 벽돌탑이다.

07 고려 나전칠기

암기박사 조개껍질을 박아 넣어 장식한 칠기 ⇒ 나전 칠기

정답 ②

정답 해설

나전 칠기는 옻칠한 그릇이나 가구의 표면 위에 광채 나는 야광채나 전복조개 등의 껍질을 여러 가지 문양으로 박아 넣어 장식한 칠기이다. 나전 칠기는 불화, 청자와 함께 고려를 대표하는 문화유산이다.

오답 해설

① 금동 천문도 → 천문도
경남 양산시 통도사에 소장되어 있는 천문도로, 조선 효종 때 천문 관측을 위해 별자리를 새긴 동제 원판 천문도이다.

③ 청동 은입사 포류수금문 정병 → 고려청자
청동에 은입사 기법으로 물가의 버드나무와 물새 등을 표현한 고려 시대의 정병이다.

④ 분청사기 철화 넝쿨무늬 항아리 → 분청사기
백토를 입힌 뒤 산화철 안료를 이용해 넝쿨무늬를 그리는 철화 기법을 사용한 조선 시대 분청사기이다.

08 월정사 팔각 구층 석탑

암기박사 월정사 팔각 구층 석탑 ⇒ 평창

정답 ③

정답 해설

강원도 평창에 있는 고려 시대의 다각 다층 탑은 월정사 팔각 구층 석탑이다. 송의 영향을 받은 고려 전기의 석탑으로, 당시 불교문화 특유의 화려하고 귀족적인 면모가 잘 나타난 다각 다층 석탑이다.

오답 해설

① 불국사 다보탑 → 경주
경북 경주의 불국사에 있는 다보탑은 신라 경덕왕 때 김대성이 건립한 석탑으로, 한국의 석탑 중 일반형을 따르지 않고 특이한 형태를 가진 걸작이다.

② 신륵사 다층 전탑 → 여주
경기도 여주시 신륵사에 있는 현존 유일의 고려 시대 전탑으로, 이중 기단을 두고 그 위에 삼단의 계단을 쌓은 뒤 흙벽돌로 여러 층의 탑신부를 올렸다.

④ 화엄사 사사자 삼층 석탑 → 구례
전남 구례의 화엄사에 있는 통일 신라의 석탑으로 기단 모서리에 사자를 넣어 사자좌 위에 탑이 서 있는 독특한 형태의 석탑이다.

09 고려 상감 청자

암기박사 청자 상감 모란문 표주박 모양 주전자 ⇒ 상감 청자

정답 ④

정답 해설

청자 상감 모란문 표주박 모양 주전자는 표주박 모양을 하고 있는 고려 시대 상감 청자로, 세련된 유선형의 완벽한 비례의 아름다움까지 조화시킨 청자 주전자이다.

오답 해설

① 기마 인물형 토기 → 토기
기마 인물형 토기는 경주 금령총에서 출토된 신라 시대의 유물로 당시의 복식, 무기, 공예 등을 파악할 수 있다.

② 백자 철화 끈무늬 병 → 백자
철화 기법으로 끈무늬를 표현한 조선 중기의 백자 병으로 단정하고 유연한 곡선과 안정감을 준다.

③ 청자 참외모양 병 → 순수 청자
참외 모양을 본뜬 고려 시대의 청자 병으로 맑고 투명한 비취색 순수 청자이다.

핵심노트 ▶ 시대별 자기의 변천

> 순수 청자(11세기) → 상감 청자(12세기) → 분청사기(15세기 전후) → 순수 백자(16세기) → 청화 백자(17~18세기)

10 고려 시대의 문화유산

암기박사 안동 이천동 마애 여래 입상 ⇒ 고려 시대

정답 ②

정답 해설

안동 이천동 마애 여래 입상은 고려 시대의 불상으로, 원래 연미사가 있었다고 전해지는 곳에 위치하며 근래에 제비원이라는 암자가 새로 들어와 '제비원 석불'이라고도 불린다.

오답 해설

① 이불 병좌상 → 발해
이불병좌상은 흙을 구워 만든 것으로, 두 부처가 나란히 앉아 있는 모습을 나타낸다. 발해의 수도였던 동경 용원부 유적지에서 발굴되었으며, 고구려 양식을 계승하였다.

③ 석굴암 본존불상 → 통일 신라
석굴암 본존불상은 통일 신라 시대에 건립된 석굴암 경내에 있는 불상으로, 균형미가 뛰어나고 조각의 최고 경지를 보여 준다.

④ 서산 용현리 마애여래삼존상 → 백제
서산 용현리 마애여래삼존상은 충남 서산시 운산면 용현리에 있는 백제 시대의 불상으로 흔히 '백제의 미소'로 널리 알려져 있다.

정답 및 해설

PART 2 중세의 성립과 발전

기출테마 17 우리 지역의 역사

01	④	02	④	03	④	04	④
05	③	06	①	07	④	08	③
09	②	10	④				

01 충주 지역의 역사

암기박사
- 선사시대 : 조동리 유적
- 삼국시대 : 고구려비
- 고려시대 : 덕흥창
- 조선시대 : 탄금대 전투
⇒ 충주

정답 ④

정답 해설

- **조동리 유적(선사시대)** : 조동리 유적은 충북 충주시 동량면 조동리의 조돈마을에 위치한 선사시대의 대규모 마을 유적으로 빗살무늬 토기 등이 다량 출토되었다.
- **고구려비(삼국시대)** : 남한 지역에서 유일하게 발견된 고구려비가 충주에 위치해 있다.
- **덕흥창(고려시대)** : 충청도와 경상도의 세곡 운송을 담당한 덕흥창이 충주에 설치되었다.
- **탄금대(조선 시대)** : 임진왜란 때 신립이 충주의 탄금대에서 왜군에 맞서 싸웠다.

02 부산 지역의 역사

암기박사 송상현 : 동래성 전투 ⇒ 부산

정답 ④

정답 해설

동삼동 패총 전시관, 초량 왜관, 임시 수도 기념관, 민주 공원은 모두 부산을 대표하는 문화 유적지이다. 임진왜란 때 송상현 부사가 동래성 전투에서 분전하였으나 왜구에 의해 함락되자 순절하였다.

오답 해설

① 이봉창 의거 → 도쿄
한인 애국단 소속의 이봉창은 도쿄에서 일왕의 행렬에 폭탄을 투척하였다.

② 망이·망소이의 난 → 공주
고려 무신 집권기 때 망이·망소이가 가혹한 수탈에 저항하여 공주 명학소에서 난을 일으켰다.

③ 장보고 : 청해진 → 완도
통일 신라 때 장보고는 완도에 청해진을 설치하여 해적들을 소탕하고 해상 무역을 장악하였다.

03 인천 지역의 역사

암기박사 인천 향교, 개항 박물관, 제물포 구락부 ⇒ 인천

정답 ④

정답 해설

- **인천 향교** : 유학을 교육하기 위해 지방에 세운 조선 시대 교육 기관이다.
- **개항 박물관** : 개항기 인천의 모습과 근대 문화를 학습할 수 있는 역사 박물관이다.
- **제물포 구락부** : 구락부는 클럽의 일본식 음역어로, 개항기 인천에 거주하던 외국인의 사교장으로 지어졌으며 해방 후 미군 장교 클럽으로 이용되기도 하였다.

04 진주 지역의 역사

암기박사 진주성 전투, 임술 농민 봉기, 조선 형평사 ⇒ 진주

정답 ④

정답 해설

진주는 고려 시대 12목 중의 하나로, 임진왜란 때 김시민 장군이 왜군에 맞서 싸운 장소이다. 또한 진주는 조선 후기에 유계춘의 주도로 임술 농민 봉기가 발발한 곳이며, 일제 강점기 때 이학찬을 중심으로 백정들이 조선 형평사 창립 대회를 개최하고 형평 운동을 전개한 곳이기도 하다.

05 개경 지역의 역사

암기박사 만적의 난 ⇒ 개경(지금의 개성)

정답 ③

정답 해설

고려의 수도였던 개경에는 공민왕릉, 첨성대, 만월대, 성균관, 선죽교 등의 문화유산이 있다. 고려 무신 집권기 때 최충헌의 사노 만적을 비롯한 노비들이 신분 해방을 도모하며 개경에서 반란을 모의하였다(1198).

오답 해설

① 묘청의 난 → 서경(지금의 평양)
고려 인종 때 묘청이 풍수지리설에 근거하여 서경으로 수도를 옮기고 금나라를 정벌하자고 주장하며 난을 일으켰다.

② 쌍성총관부 설치 → 화주(지금의 함경남도 영흥)
원나라가 고려의 내정 간섭을 위해 화주에 쌍성총관부를 설치하고 철령 이북의 땅을 직속령으로 편입시켰다.

④ 삼별초 : 최후의 항쟁 → 제주도
고려 정부의 개경 환도에 반발하여 삼별초가 강화도와 진도에 이어 제주도에서 항쟁하였으나 여·몽 연합군에 의해 진압되었다.

06 대구 지역의 역사

암기박사 신문왕의 천도 계획, 공산 전투, 국채 보상 운동, 2·28 민주 운동 ⇒ 대구

정답 ①

정답 해설

- **신문왕의 천도 계획(689)** : 통일 신라의 신문왕은 금성(경주)에 기반을 둔 진골 귀족세력을 견제하고 왕권을 강화하기 위해 달구벌(대구)로 천도하려는 계획을 세웠으나 실행하지는 못했다.
- **공산 전투(927)** : 고려의 왕건이 후백제의 견훤과 공산에서 치열하게 전투를 벌였으나, 신숭겸이 전사하는 등 고려군이 크게 패하였다. → 대구 팔공산
- **국채 보상 운동(1907)** : 김광제 등을 중심으로 대구에서 개최한 국민 대회에서 국채 보상 운동이 시작되었다.
- **2·28 민주 운동(1960)** : 이승만 정부가 학생들이 야당의 선거 유세장에 가지 못하도록 일요일에 등교 조치한 것에 대해 대구 시내 고등학생들이 시위를 벌였다.

07 전주 지역의 역사

암기박사 정림사지 오층 석탑 ⇒ 부여

정답 ④

정답 해설

→ 당나라 장수 소정방이 백제를 정복한 후 백제를 정벌한 기념탑'이라는 글귀가 새겨져 있음

국보 제9호인 정림사지 오층 석탑은 충남 부여에 위치한 탑으로, 목탑의 구조와 비슷하지만 돌의 특성을 살려 전체적인 형태가 매우 우아하고 아름다운 백제의 석탑이다.

오답 해설

① **견훤 : 후백제 → 전주**
견훤은 전라도 지방의 군사력과 호족 세력을 중심으로 완산주(전주)에서 후백제를 건국하였다.

② **동학 농민군 : 화약 체결 → 전주**
동학 농민 운동의 봉기로 청·일군이 개입하자 정부는 농민군에 휴전을 제의해 전주 화약을 맺었다. → 화목하게 지내자는 약속

③ **경기전 : 태조 이성계 어진 → 전주**
경기전은 태조 이성계의 어진을 모신 사당으로 전북 전주시 완산구에 있다.

08 부산 지역의 역사

암기박사 내상 활동, 송상현 순절, 초량 왜관, 2002 아시아 경기 대회 ⇒ 부산

정답 ③

정답 해설

- **내상의 활동 근거지** : 부산 동래의 내상은 주로 왜관을 중심으로 일본과의 해상 무역을 주도하였다.
- **송상현 부사 순절** : 임진왜란 때 송상현 부사가 동래성 전투에서 분전하였으나 부산 일대가 왜구에 의해 함락되자 순절하였다.
- **초량 왜관** : 조선 시대 왜인과의 교역을 위해 부산 초량에 설치된 상관이다.
- **2002년 아시아 경기 대회** : 김대중 정부 시기인 2002년에 아시아 경기 대회가 부산에서 개최되었다.

09 공주 지역의 역사

암기박사 송산리 고분군, 석장리 유적, 우금치 ⇒ 공주

정답 ②

정답 해설

- **무령왕릉 → 공주 송산리 고분군**
공주 송산리 고분군에 있는 무령왕릉은 중국 남조의 영향을 받은 벽돌 무덤 양식으로, 무덤의 주인을 알 수 있는 묘지석이 출토되었다.
- **구석기 시대의 유적지 → 공주 석장리**
공주 석장리는 구석기 시대의 유적지로서 개 모양의 석상 및 고래·멧돼지·새 등을 새긴 조각과 그림(선각화)이 발견되었다.
- **동학 농민 운동 → 공주 우금치 전투**
동학 농민군은 공주 우금치에서 관군과 민보군, 일본군을 상대로 항전하였으나 전봉준을 비롯한 지도자들은 전라도 순창에서 체포되고 동학 농민 운동은 실패로 끝났다.

10 충주 지역의 역사

암기박사 중원 고구려비, 충주성 전투, 탄금대 전투 ⇒ 충주

정답 ④

정답 해설

- **장수왕의 중원 고구려비** : 중원 고구려비는 고구려 장수왕이 한강 유역을 장악하고 충주에 세운 비로 신라를 동이, 신라 왕을 매금왕이라 표기하여 자국 중심의 천하관을 보여주고 있다.
- **김윤후의 충주성 전투** : 고려 시대에 몽골의 5차 침입 때 김윤후가 이끄는 민병과 관노는 충주성에서 몽골군을 물리쳤다.
- **신립의 탄금대 전투** : 임진왜란 때 부산에 상륙한 왜군이 파죽지세로 쳐들어오자 도순변사 신립이 충주 탄금대에서 배수진을 치고 항전하였다.

기출테마 18 조선 건국과 국가 기반 확립

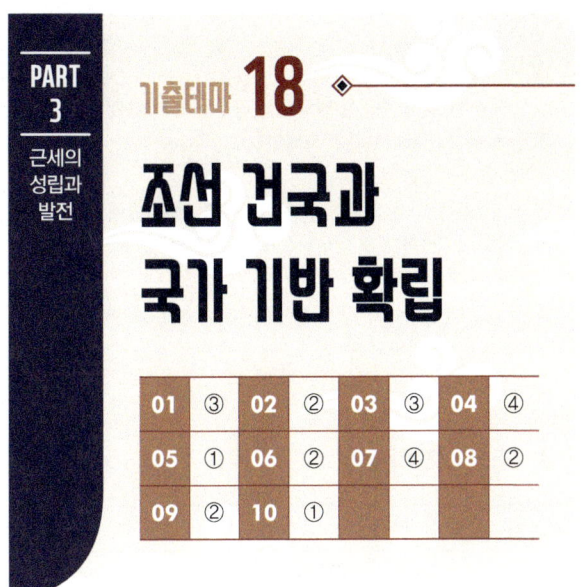

01	③	02	②	03	③	04	④
05	①	06	②	07	④	08	②
09	②	10	①				

01 이성계의 활동

암기박사 위화도 회군 ⇒ 이성계

정답 ③

정답 해설

고려 말 황산 대첩에서 왜구를 무찌르고, 위화도 회군으로 권력을 장악한 인물은 이성계이다. 이성계는 이후 한양으로 수도를 천도한 후 조선을 건국하였다.

오답 해설

① 권율 → 행주 대첩(1593)
  임진왜란 때 권율이 왜군에 대항하여 행주산성을 지켜낸 싸움으로, 부녀자들까지 동원되어 돌을 날랐다는 이야기로 유명하다.

② 양규 → 흥화진 전투(1011)
  고려 현종 때 강조의 정변을 구실로 강동 6주를 넘겨줄 것을 요구하며 거란이 2차 침입을 시도하자 양규가 흥화진 전투에서 항전하였다.

④ 강감찬 → 귀주 대첩(1019)
  고려 현종 때 10만 대군의 소배압이 이끄는 거란의 3차 침입에 맞서 강감찬이 귀주 대첩에서 대승을 거두었다.

02 조선 태종 재위 시기의 사실

암기박사 호패법 시행 ⇒ 조선 태종

정답 ②

정답 해설

두 차례 왕자의 난으로 즉위한 왕은 조선 태종 이방원이다. 조선 태종 때 호구의 정확한 파악을 위해 16세 이상의 남자들에게 호패를 발급하는 호패법이 시행되었다.

오답 해설

① 현량과 실시 → 조선 중종
  조선 중종 때 조광조는 천거제의 일종인 현량과를 실시하여 신진

사림을 등용하고자 하였다.

③ 경국대전 반포 → 조선 성종
  조선 성종은 조선의 기본 법전인 경국대전을 반포하고 통치 체제를 정비하였다.

④ 5군영 체제 완성 → 조선 숙종
  조선 숙종 때 궁궐 수비를 담당하는 기병으로 구성된 금위영을 설치하여 5군영 체제를 완성하였다.

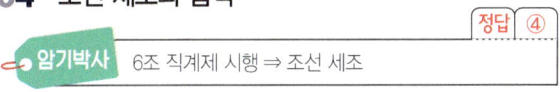
훈련도감 → 총융청 → 수어청 → 어영청 → 금위영

03 조선의 건국

암기박사 과전법 제정(1391) ⇒ 한양 천도(1394)

정답 ③

정답 해설

고려 말 공양왕 때 과전법을 시행하여 신진 사대부들의 경제적 기반을 확대하고 농민의 지지를 확보하였다. 이후 위화도에서 회군하여 정권을 잡은 이성계가 국호를 조선으로 바꾸고 수도를 한양으로 천도하였다.

오답 해설

① 쌍성총관부 설치(1258) → 고려 고종
  고려 고종 때 원나라가 고려의 내정 간섭을 위해 화주에 쌍성총관부를 설치하고 철령 이북의 땅을 직속령으로 편입시켰다.

② 위화도 회군(1388) → 고려 우왕
  고려 우왕 때 이성계가 요동 정벌을 위해 파견되었으나 4불가론을 들어 이를 반대하고 위화도에서 회군하였다.

④ 화랑도 : 국가 조직으로 개편(576) → 신라 진흥왕
  화랑도는 씨족 공동체의 전통을 가진 원화가 발전한 원시 청소년 집단으로, 신라 진흥왕 때 국가 조직으로 개편되었다.

04 조선 세조의 업적

암기박사 6조 직계제 시행 ⇒ 조선 세조

정답 ④

정답 해설

집현전을 폐지하고 경연을 정지하였으며 노산군(단종)을 귀향 보낸 왕은 수양대군인 조선 세조이다. 조선 세조는 왕권 강화를 위해 태종 때 처음 시행했던 6조 직계제를 부활하여 시행하였다.

오답 해설

① 시헌력 도입 → 조선 인조
  조선 인조 때 김육은 청으로부터 시헌력 도입을 주장하였는데, 시헌력은 서양의 수치와 계산 방법이 채택된 숭정역법을 교정한 것이다.

② 탕평책 실시 → 조선 영조
  조선 영조는 붕당 간 정쟁의 폐단을 막고자 탕평책을 실시하였다.

③ 한양 천도 → 조선 태조
  위화도에서 회군한 태조 이성계는 최영을 제거한 후 국호를 조선으로 바꾸고 한양으로 천도하였다.

05 조선 태종의 업적

암기박사 6조 직계제, 호패법, 계미자, 신문고 ⇒ 조선 태종

정답 ①

정답 해설

두 차례 왕자의 난으로 즉위한 조선 태종(이방원)은 6조 직계제를 처음 실시하여 왕권을 강화하였으며, 16세 이상의 남자들에게 호패를 발급하였다. 또한 금속 활자인 계미자를 주조하였으며, 백성의 억울함을 풀어 주기 위해 창덕궁에 신문고를 처음 설치하였다.

오답 해설

② 계유정난, 직전법 실시 → 조선 세조
계유정난을 통해 단종을 폐위하고 왕위에 오른 세조는 수신전, 휼양전 등의 명목으로 세습되던 토지를 폐지하고 현직 관리에게만 전지를 주는 직전법을 시행하였다.

③ 조광조 등용, 비변사 신설 → 조선 중종
중종반정을 통해 연산군을 몰아내고 왕위에 오른 중종은 조광조를 등용하여 개혁 정책을 추진하였고, 삼포왜란을 계기로 국방 문제를 논의하기 위해 비변사를 신설하였다.

④ 탕평책, 균역법 시행 → 조선 영조
조선 영조는 붕당 간 정쟁의 폐단을 막고자 탕평책을 추진하였으며, 군포 2필을 부담하던 것을 1년에 군포 1필로 경감하는 균역법을 시행하였다.

06 조선 성종의 업적

암기박사 경국대전 완성 ⇒ 조선 성종

정답 ②

정답 해설

국가의 의례를 정비한 국조오례의를 편찬한 것은 조선 성종 때의 일이다. 조선 성종은 통치 체제를 정비하기 위하여 조선의 기본 법전인 경국대전을 완성하였다.

오답 해설

① 훈민정음 창제 → 조선 세종
조선 세종은 집현전 학자들과 독창적인 문자인 훈민정음을 창제하였다.

③ 초계문신제 시행 → 조선 정조
조선 정조는 초계문신제를 시행하여 젊은 문신들을 재교육하고 시험을 통해 승진시켰다.

④ 위화도 회군 → 고려 우왕
고려 우왕 때 이성계가 요동 정벌을 위해 파견되었으나 4불가론을 들어 요동 정벌을 반대하고 위화도 회군을 단행하였다.

07 세조 재위 기간의 사실

암기박사 6조 직계제 부활 ⇒ 조선 세조

정답 ④

정답 해설

계유정난으로 정권을 잡고 왕위에 오른 조선의 왕은 세조이다. 세조는 집현전을 폐지하고 현직 관리에게만 수조권을 지급하는 직전법을 시행하였다. 또한 왕권 강화를 위해 6조 직계제를 부활시켰다.
→ 토지로부터 조세를 거둘 수 있는 권리

오답 해설

① 계미자 주조 → 조선 태종
조선 태종 때 활자 주조를 담당하는 관청인 주자소에서 조선 최초의 금속 활자인 계미자가 주조되었다.

② 균역법 실시 → 조선 영조
조선 영조는 백성들의 군역 부담을 줄이기 위해 1년에 군포 2필을 부담하던 것을 1필로 경감하는 균역법을 실시하였다.

③ 기묘사화 → 조선 중종
→ 중종반정의 공신 대다수가 거짓 공훈으로 공신에 올랐다고 조광조가 삭제를 요구한 것
조선 중종 때 조광조가 반정 공신의 위훈 삭제를 주장하였으나 훈구 세력이 주초위왕의 모략을 꾸며 조광조 일파를 제거하는 기묘사화가 일어났다.
→ 주(走)와 초(肖)를 합치면 조(趙)가 되므로, 조씨 성을 가진 사람(조광조)이 왕이 된다는 뜻

08 조선 세조의 정책

암기박사 직전법 시행 ⇒ 조선 세조

정답 ②

정답 해설

계유정난으로 정권을 잡고 단종을 폐위시킨 왕은 조선 세조이다. 세조는 왕권 강화를 위해 6조 직계제를 부활시켰으며, 집현전을 폐지하고 경연을 중지시켰다. 또한 과전이 부족해지자 현직 관리에게만 수조권을 지급하는 직전법을 시행하였다.
→ 토지로부터 조세를 거둘 수 있는 권리

오답 해설

① 삼별초 조직 → 고려 최우
고려 무신 집권기 때 최우는 좌·우별초와 신의군으로 삼별초를 조직하여 몽골의 침입에 대비하였다.

③ 한양 천도 → 조선 태조
위화도에서 회군한 조선 태조 이성계는 최영을 제거한 후 국호를 조선으로 바꾸고 한양으로 천도하였다.

④ 훈민정음 창제 → 조선 세종
조선 세종은 집현전 학자들과 독창적인 문자인 훈민정음을 창제하였다.

09 조선 태종의 업적

암기박사 호패법 시행 ⇒ 조선 태종

정답 ②

정답 해설

두 차례 왕자의 난을 통해 집권한 조선 제3대 왕은 태종으로, 왕권 강화를 위해 6조 직계제를 실시하였다. 또한 조선 태종 때 호구의 정확한 파악을 위해 16세 이상의 남자들에게 호패를 발급하는 호패법이 시행되었다.

오답 해설

① 직전법 제정 → 조선 세조
→ 토지로부터 조세를 거둘 수 있는 권리
조선 세조는 과전이 부족해지자 현직 관리에게만 수조권을 지급하는 직전법을 제정하였다.

③ 장용영 설치 → 조선 정조
조선 정조는 왕의 친위 부대인 장용영을 설치하고 한양에는 내영, 수원 화성에는 외영을 두었다.

④ 척화비 건립 → 흥선 대원군
병인양요와 신미양요의 결과 흥선 대원군은 척화교서를 내리고

전국 각지에 척화비를 건립하였다.

핵심노트 ▶ 조선 태종의 업적

- **국왕 중심의 통치 체제 정비**: 의정부 권한의 약화, 육조 직계제 채택, 사병 혁파, 언론·언관의 억제, 외척과 종친 견제
- **경제 기반의 안정**: 호패법 실시, 양전 사업 실시, 유향소 폐지, 노비변정도감 설치
- **억불숭유**: 사원 정리, 사원전 몰수, 서얼 차대법, 삼가 금지법
- **기타 업적**: 신문고 설치, 주자소 설치, 아악서 설치, 사섬서 설치, 5부 학당 설치

10 세종대왕의 업적

정답 ①

암기박사 4군 6진 개척 ⇒ 세종대왕

정답 해설

집현전 학자들과 독창적인 문자인 훈민정음을 창제하고 우리 풍토에 맞는 농법을 기록한 농사직설을 편찬한 왕은 세종대왕이다. 세종대왕은 최윤덕과 김종서를 보내 여진을 정벌하고 압록강과 두만강 일대에 4군 6진을 개척하여 오늘날의 국경선을 확정하였다.

오답 해설

② **경국대전 완성 → 성종**
경국대전은 조선 사회의 통치 방향과 이념을 제시한 조선의 기본 법전으로, 세조 때 편찬에 착수한 후 성종 때 완성되었다.

③ **김정호 : 대동여지도 → 철종**
대동여지도는 조선 철종 때 김정호가 제작한 우리나라 대축척 지도로, 산맥·하천·포구·도로망의 표시가 정밀해지고 거리를 알 수 있도록 10리마다 눈금을 표시하였다.

④ **백두산정계비 건립 → 숙종**
숙종은 청의 요구로 조선과 청의 경계를 정한 백두산정계비를 세워, 동쪽으로 토문강과 서쪽으로 압록강을 경계로 삼았다.

핵심노트 ▶ 4군 6진 개척(세종)

- **4군(압록강 유역)**: 최윤덕 → 여연·우예·자성·무창
- **6진(두만강 유역)**: 김종서 → 온성·종성·경원·부령·회령·경흥

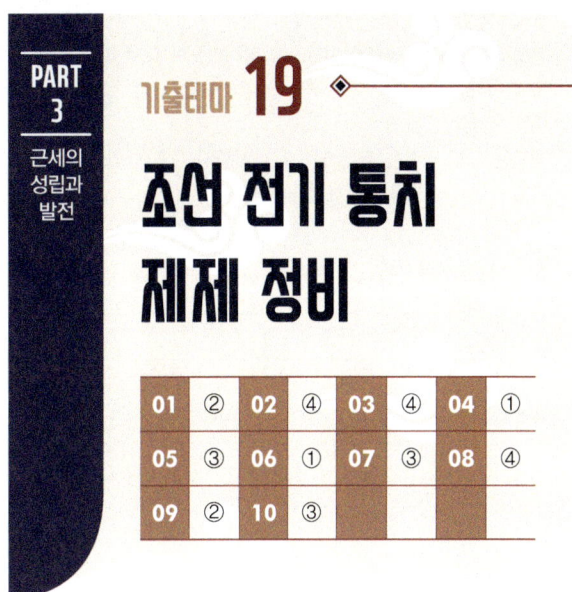

PART 3 근세의 성립과 발전

기출테마 19 조선 전기 통치 체제 정비

01	②	02	④	03	④	04	①
05	③	06	①	07	③	08	④
09	②	10	③				

01 조선의 통치 기구

정답 ②

암기박사 국왕 직속의 사법 기관 ⇒ 의금부

정답 해설

조선 시대에 왕명을 받아 반역 사건과 강상죄에 대한 처결을 담당한 사법 기구는 의금부이다. 의금부는 국왕 직속의 사법 기관으로 반역죄, 강상죄 등을 범한 중죄인을 다스렸다.

오답 해설

① **사헌부 → 감찰 탄핵 기관**
사헌부는 감찰 탄핵 기관으로 사간원과 함께 대간을 구성하여 서경권을 행사하였다.

③ **춘추관 → 역사서 편찬과 보관**
춘추관은 역사서를 편찬하고 실록을 보관 및 관리하는 업무를 관장하였다.

④ **홍문관 → 왕의 자문과 경연 주관**
홍문관은 사헌부, 사간원과 함께 삼사를 구성하였으며, 왕의 자문과 경서와 사서를 강론하는 경연을 주관하였다.

02 홍문관의 기능

정답 ④

암기박사 왕의 정책 자문과 경연 담당 ⇒ 홍문관

정답 해설

홍문관은 조선 성종 때 집현전을 계승하여 설치된 학술·언론 기관으로 '옥당'이라는 별칭이 있다. 사헌부, 사간원과 함께 삼사로 불렸으며, 왕의 정책 자문과 경연을 담당하였습니다.

오답 해설

① **수원 화성 : 외영 → 장용영**
조선 정조는 왕의 친위 부대인 장용영을 설치하고 한양에는 내영, 수원 화성에는 외영을 두었다.

② 수도의 행정과 치안 담당 → 한성부
한성부는 수도의 행정과 치안을 담당하였으며 토지 및 가옥 소송도 관여하였다.
③ 재정의 출납과 회계 관장 → 호조
호조는 왕의 명령을 집행하는 행정 기관인 육조 중의 하나로, 재정의 출납과 회계를 관장하였다.

03 사헌부의 역할

암기박사 사헌부, 사간원, 홍문관 ⇒ 삼사   **정답** ④

정답 해설

대사헌을 수장으로 주로 관리들의 부정을 감찰하는 기관은 사헌부이다. 사헌부는 사간원, 홍문관과 함께 삼사로 불렸으며, 5품 이하 관리의 임명 과정에서 서경권을 행사하였다.
→ 인사 이동이나 법률 제정 등에서 대간의 서명을 받는 제도

오답 해설

① 왕명 출납 관장 → 승정원
승정원은 조선 시대 국왕의 비서 기관으로, 왕명의 출납을 관장하였다.
② 수도의 행정과 치안 담당 → 한성부
한성부는 조선 시대 수도의 행정과 치안을 담당하던 관아로, 장은 정2품의 판윤이다.
③ 외국어 통역 업무 → 사역원
사역원은 조선 시대 외국에 가는 사신의 외국어 통역 업무를 담당하던 교육기관이다.

04 서원의 기능

암기박사 성리학 교육 기관 : 제사 + 교육 ⇒ 서원   **정답** ①

정답 해설

교육과 제사를 함께 담당하는 성리학 교육 기관은 서원이다. 유네스코 세계 유산에 등재된 서원은 조선 시대의 사립 교육 기관으로, 중종 때 주세붕이 설립한 백운동 서원이 시초이다.

오답 해설

② 향교 → 지방 국립 중등 교육 기관
향교는 조선 시대 지방의 국립 중등 교육 기관으로, 중앙에서 교수와 훈도가 파견되어 지방 관리와 서민의 자제들을 교육하였다.
③ 성균관 → 조선 최고의 교육 기관
성균관은 조선 시대 최고의 교육 기관으로, 교육과 학문 연구를 통해 유교적 지식을 갖춘 관료를 양성하였다.
④ 4부 학당 → 중앙 관립 교육 기관
조선 시대에는 수도 한양에 중앙 관립 교육 기관인 4부 학당을 두어 유학 경전을 교육하였다.

05 삼봉 정도전

암기박사 조선경국전, 불씨잡변 ⇒ 삼봉 정도전   **정답** ③

정답 해설

조선의 통치 기준과 운영 원칙을 제시한 조선경국전을 저술한 조선의 개국 공신은 삼봉 정도전이다. 그는 재상 중심의 정치를 주장하였으며, 불씨잡변을 지어 불교 교리를 비판하고 성리학을 통치 이념으로 확립하였다.

오답 해설

① 기호학파의 대가 → 율곡 이이
강릉 오죽헌에서 태어난 율곡 이이는 기호학파의 대가로, 공물을 쌀로 걷는 수미법과 왜구의 침공에 대비한 10만 양병설을 주장하였다. 저서로는 동호문답, 성학집요 등이 있다.
② 노론의 영수 → 우암 송시열
노론의 영수인 우암 송시열은 효종에게 장문의 상소를 올려 명에 대한 의리와 북벌론을 주장하였고, 예송논쟁에서 자의대비의 복상 문제로 남인의 허목과 대립하였다.
④ 고려의 마지막 충신 → 포은 정몽주
포은 정몽주는 절개와 의리를 지킨 고려의 마지막 충신으로 이방원 세력에 의해 개경의 선죽교에서 피살되었다.

06 조선 시대 교육 기관

암기박사 경당 : 지방 교육 기관 ⇒ 고구려   **정답** ①

정답 해설

책을 읽고 활쏘기를 익히는 경당은 고구려 장수왕 때 설치된 지방 교육 기관으로, 청소년의 무예와 한학 교육을 위해 설치되었다.

오답 해설

② 4부 학당 : 중등 교육 → 조선 시대
조선 시대에는 수도 한양에 설치된 중앙 관립 교육 기관인 4부 학당에서 중등 교육을 담당하였다.
③ 성균관 : 최고의 교육 기관 → 조선 시대
성균관은 조선 시대 최고의 교육 기관으로, 교육과 학문 연구를 통해 유교적 지식을 갖춘 관료를 양성하였다.
④ 사림 : 서원 설립 → 조선 시대 → 조선 중기에 성리학을 바탕으로 정치를 주도한 양반 지배층
서원은 조선 시대 사림이 세운 사립 교육 기관으로, 선현에 대한 제사와 양반 자제 교육을 담당하였다.
→ 중종 때 주세붕이 설립한 백운동 서원이 시초

핵심노트 ▶ 조선 시대의 교육 기관

관학 국립 교육 기관	• 고등 교육 기관 : 국립대학인 성균관 • 중등 교육 기관 : 중앙의 4부 학당(4학)과 지방의 향교
사학 사립 교육 기관	• 서원 : 향음주례, 향촌 교화 • 서당 : 초등 교육을 담당한 사립 교육 기관

07 승정원의 기능

정답 ③

암기박사 왕명의 출납 담당 ⇒ 승정원

정답 해설

조선의 중앙 정치 기구 중의 하나로 왕명의 출납을 담당한 기구는 승정원이다. 승정원은 왕의 비서 기관으로 도승지를 포함한 6명의 승지로 구성되어 있다. → 도승지, 좌승지, 우승지, 좌부승지, 우부승지, 동부승지

오답 해설

① 왕에 대한 간쟁 → 사간원
사간원은 대사간을 수장으로 하는 언관으로서, 왕에 대한 간쟁과 논박을 담당하였다.

② 감찰 탄핵 기관 → 사헌부 → 인사 이동이나 법률 제정 등에서 대간의 서명을 받는 제도 : 왕권 견제
사헌부는 감찰 탄핵 기관으로 사간원과 함께 대간을 구성하여 서경권을 행사하였다.

④ 왕의 자문과 경연 주관 → 홍문관
홍문관은 사헌부, 사간원과 함께 삼사를 구성하였으며, 왕의 자문과 경연을 주관하였다.

핵심노트 ▶ 조선의 중앙 관제

의정부	최고 관부, 삼정승이 국정 총괄
승정원	왕명을 출납하는 비서 기관
의금부	국가의 큰 죄인을 다스리는 기관
사헌부	감찰 탄핵 기관
사간원	언관으로서 왕에 대한 간쟁
홍문관	경연 관장, 문필·학술 기관, 고문 역할
한성부	수도의 행정과 치안 담당
춘추관	역사서 편찬과 보관 담당
예문관	국왕의 교서 관리
성균관	최고 교육 기관(국립대학)

08 홍문관의 기능

정답 ④

암기박사 서적 관리 및 왕의 자문 ⇒ 조선 : 홍문관

정답 해설

궁궐 내의 서적을 관리하고 왕의 각종 자문에 응하는 기구는 홍문관이다. 홍문관은 조선 성종 때 집현전을 계승하여 설치된 학술·언론 기관으로 사헌부, 사간원과 함께 삼사로 불렸다.

오답 해설

① 승정원 → 조선 : 왕명 출납 및 비서 기관
승정원은 국왕의 직속 기관으로 왕명의 출납을 맡은 왕의 비서 기관이다.

② 어사대 → 고려 : 관리의 부정과 비리 감찰
어사대는 정치의 잘잘못을 논하고 관리들의 비리를 감찰하였으며, 관리 임명에 대한 서경권을 행사하였다. → 인사 이동이나 법률 제정 등에서 대간의 서명을 받는 제도 : 왕권 견제

③ 집사부 → 신라 : 최고 정무 기구
집사부는 신라 진덕 여왕 때 설치된 최고 정무 기구로 그 아래 14부를 두어 행정 업무를 분담하였다. → 집사부의 시중이 수상 역할

09 조선 최고의 교육 기관 성균관

정답 ②

암기박사 조선 최고 교육 기관 ⇒ 성균관

정답 해설

소과에 합격한 생원, 진사 등에게 지원 자격이 주어졌던 조선 시대 최고의 교육 기관은 성균관이다. 성균관은 교육과 학문 연구를 통해 유교적 지식을 갖춘 관료를 양성하였다.

오답 해설

① 향교 → 지방 국립 중등 교육 기관
향교는 조선 시대 지방의 국립 중등 교육 기관으로, 중앙에서 교수와 훈도가 파견되어 지방 관리와 서민의 자제들을 교육하였다.

③ 육영 공원 → 최초의 근대식 관립 학교
최초의 근대식 관립 학교인 육영 공원은 미국인 헐버트와 길모어 등을 교사로 초빙하여 상류층의 자제들에게 근대 학문을 가르쳤다.

④ 4부 학당 → 중앙 관립 교육 기관
조선 시대에는 수도 한양에 중앙 관립 교육 기관인 4부 학당을 두어 유학 경전을 교육하였다.

10 퇴계 이황

정답 ③

암기박사 성학십도 : 군주의 도(道) ⇒ 퇴계 이황

정답 해설

도산 서원은 조선 시대의 대표적인 성리학자인 퇴계 이황의 학덕을 기리기 위해 제자들이 건립한 서원이다. 이황은 풍기 군수, 성균관 대사성 등의 관직을 역임하였으며 예안 향약을 만들었다. 또한 군주의 도(道)를 도식으로 설명한 성학십도를 저술하여 군주 스스로가 성학을 따를 것을 제시하였다.

오답 해설

① 거중기 설계 → 정약용
조선 정조 때 정약용은 기기도설을 참고하여 거중기를 설계하였고, 수원 화성 축조 시 거중기와 활차를 이용한 서양식 건축 기술을 도입하였다.

② 대마도 정벌 → 이종무
조선 세종 때 이종무의 지휘 아래 경상·전라·충청도에서 징발된 정벌군이 왜구의 소굴인 대마도를 정벌하였다.

④ 대동여지도 제작 → 김정호
대동여지도는 조선 철종 때 김정호가 제작한 우리나라 대축척 지도로, 산맥·하천·포구·도로망의 표시가 정밀해지고 거리를 알 수 있도록 10리마다 눈금을 표시하였다.

핵심노트 ▶ 이황(李滉, 1501~1570)

- 성향 : 도덕적 행위의 근거로서 인간의 심성을 중시, 근본적·이상주의적인 성격, 주리 철학을 확립, 16세기 정통 사림의 사상적 연원
- 저서 : 〈주자서절요〉, 〈성학십도〉, 〈전습록변〉 등
- 학파 : 김성일·유성룡 등의 제자에 의해 영남학파 형성
- 영향 : 위정척사론에 영향, 임진왜란 이후 일본 성리학 발전에 영향 → 제자 강항이 활약

기출테마 20 사화의 발생과 붕당 형성

PART 3 근세의 성립과 발전

01	①	02	④	03	③	04	④
05	④	06	②	07	④	08	①
09	③	10	③				

01 기묘사화의 원인

암기박사 조광조 : 위훈 삭제 ⇒ 기묘사화

정답 ①

정답 해설

조선 중종 때 조광조는 천거제의 일종인 현량과를 실시하여 신진 사림을 등용하고자 하였다. 그러나 이러한 조광조의 급격한 개혁은 훈구 세력이 주초위왕의 모략을 꾸며 조광조 일파를 제거하는 기묘사화의 원인이 되었다. → 주(走)와 초(肖)를 합치면 조(趙)가 되므로, 조씨 성을 가진 사람(조광조)이 왕이 된다는 뜻

오답 해설

② 칠정산 편찬 → 조선 세종
  조선 세종 때 한양을 기준으로 천체 운동을 계산한 역법서인 칠정산이 편찬되었다.
③ 경국대전 반포 → 조선 성종
  조선 성종은 조선의 기본 법전인 경국대전을 반포하고 통치 체제를 정비하였다.
④ 위화도 회군 → 고려 우왕
  고려 우왕 때 이성계가 요동 정벌을 위해 파견되었으나 4불가론을 들어 이를 반대하고 위화도에서 회군하였다.

02 사림의 성장과 붕당 정치

암기박사 기묘사화 ⇒ 기해예송 ⇒ 기사환국

정답 ④

정답 해설
→ 중종반정의 공신 대다수가 거짓 공훈으로 공신에 올랐다고 조광조가 삭제를 요구한 것

(다) 기묘사화(1519) : 조선 중종 때 위훈 삭제 등 조광조의 급격한 개혁에 훈구 세력이 주초위왕의 모략을 꾸며 조광조 일파를 제거하였다. → 주(走)와 초(肖)를 합치면 조(趙)가 되므로, 조씨 성을 가진 사람(조광조)이 왕이 된다는 뜻

(나) 기해예송(1659) : 조선 현종 때 효종이 죽은 후 자의 대비의 상복 입는 기간을 두고 서인은 기년복을 남인은 삼년복을 주장하는 예송이 발생하였다. → 예절에 관한 논쟁

(가) 기사환국(1689) : 조선 숙종 때 희빈 장씨 소생의 원자 책봉 문제를 둘러싸고 환국이 발생하여 인현 왕후가 폐위되고 남인이 권력을 차지하였다.

03 무오사화

암기박사 김종직 : 조의제문 ⇒ 무오사화

정답 ③

정답 해설
→ 항우에게 왕위를 빼앗기고 죽은 초나라 의제를 기리는 내용을 통해 단종에게서 왕위를 빼앗은 세조를 비난한 글

연산군 때에 김종직이 지은 조의제문을 김일손이 사초(史草)에 올린 일이 발단이 되어 김일손 등이 처형되는 무오사화가 발생하였다(1498).

오답 해설

① 경신환국(1680) : 조선 숙종 때 서인이 허적의 서자 허견 등이 역모를 꾀했다 고변하여 허적과 윤휴 등 남인들이 대거 축출되었다.
② 기해예송(1659) : 조선 현종 때 효종의 사망 시 자의 대비의 상복 입는 기간을 두고 서인은 기년복을 남인은 삼년복을 주장하는 예송이 발생하였다. → 예절에 관한 논쟁
④ 신유박해(1801) : 조선 순조 때 천주교에 대한 탄압으로 이가환, 이승훈 등 3백여 명이 처형되고 정약용이 강진으로 유배되었다.

04 조광조의 개혁 정치

암기박사 소격서 폐지 건의 ⇒ 조광조

정답 ④

정답 해설
→ 중종반정의 공신 대다수가 거짓 공훈으로 공신에 올랐다 하여 그들의 관직을 박탈하려 함

조선 중종 때 천거제의 일종인 현량과의 실시를 건의하고, 위훈 삭제가 원인이 되어 발생한 기묘사화로 관직에서 물러난 인물은 조광조이다. 조광조는 국가적 제사를 주관하기 위해 설치된 도교 기관인 소격서의 폐지를 건의하였다.

오답 해설

① 발해고 저술 → 유득공
  발해고는 조선 후기 실학자 유득공이 저술한 역사서로 발해를 북국, 신라를 남국으로 칭하며 남북국이라는 용어를 처음 사용하였다.
② 대동여지도 제작 → 김정호
  김정호는 우리나라 대축척 지도인 대동여지도를 제작하였는데, 산맥·하천·포구·도로망의 표시가 정밀해지고 거리를 알 수 있도록 10리마다 눈금을 표시하였다.
③ 백운동 서원 건립 → 주세붕
  조선 중종 때 풍기 군수 주세붕은 안향의 봉사를 위해 최초의 서원인 백운동 서원을 건립하였다.

핵심노트 ▶ 조광조의 개혁 정치

- **현량과(천거과) 실시** : 천거제의 일종인 현량과를 통해 사림을 대거 등용
- **위훈 삭제** : 중종 반정의 공신 대다수가 거짓 공훈으로 공신에 올랐다 하여 그들의 관직을 박탈하려 함 → 훈구 세력의 불만을 야기해 기묘사화 발생
- **이조 전랑권 형성** : 이조 · 병조의 전랑에게 인사권과 후임자 추천권 부여
- 도학 정치를 위한 성학군주론 주장 → 경연 및 언론 활성화를 주장
- 공납제의 폐단을 지적하고 대공수미법 주장
- 균전론을 내세워 토지소유의 조정(분배)과 1/10세를 제시
- 향촌 자치를 위해 향약의 전국적 시행을 추진
- 불교 · 도교 행사 금지 : 승과제도 및 소격서 폐지
- 주자가례를 장려하고 유교 윤리 · 의례의 보급을 추진
- 소학의 교육과 보급운동을 전개 → 이를 통해 유교적 가치를 강조하고 지주전호제를 옹호
- 언문청을 설치하여 한글 보급
- 유향소 철폐를 주장

05 을사사화

암기박사 왕실 외척 간의 권력 다툼 ⇒ 을사사화(1545) **정답** ④

정답 해설

명종을 옹립한 소윤파 윤원로 · 윤원형 형제가 인종의 외척 세력인 대윤파 윤임 등을 제거하면서 왕실 외척 간의 권력 다툼인 을사사화가 발생했다.

오답 해설

① **경신환국(1680)** : 조선 숙종 때 서인이 허적의 서자 허견 등이 역모를 꾀했다 고변하여 허적과 윤휴 등 남인들이 대거 축출되었다.
② **기해예송(1659)** : 조선 현종 때 효종의 사망 시 자의 대비의 상복 입는 기간을 두고 서인은 기년복을 남인은 삼년복을 주장하는 예송이 발생하였다. → 예절에 관한 논쟁
③ **병인박해(1866)** : 천주교에 대한 최대의 박해로 흥선 대원군은 프랑스 베르뇌 신부 등 8천여 명을 처형하였다.

06 동인과 서인의 붕당

암기박사 기묘사화 ⇒ 동인과 서인의 붕당 ⇒ 기해예송 **정답** ②

정답 해설

(가) **기묘사화(1519)** : 조선 중종 때 위훈 삭제 등 조광조의 급격한 개혁에 훈구 세력이 주초위왕의 모략을 꾸며 조광조 일파를 제거하였다.

- **동인과 서인의 붕당(1575)** : 조선 선조 때 언론 삼사 요직의 인사권과 추천권을 가진 이조 전랑 임명을 둘러싸고 김효원과 심의겸이 대립하여 사림이 동인과 서인으로 붕당되었다.

(나) **기해예송(1659)** : 조선 현종 때 효종의 사망 시 자의 대비의 상복 입는 기간을 두고 서인은 기년복을 남인은 삼년복을 주장하는 예송이 발생하였다. → 예절에 관한 논쟁

오답 해설

① **갑신정변(1884) → (나) 이후**
김옥균을 중심으로 한 급진개화파가 우정총국 개국 축하연을 이용해 사대당 요인을 살해하고 개화당 정부를 수립하였으나, 청의 무력 개입으로 3일 만에 실패로 끝났다.
③ **탕평비 건립(1724) → (나) 이후**
조선 영조는 붕당의 폐해를 경계하기 위해 성균관 입구에 탕평비를 건립하였다.
④ **제1차 왕자의 난(1398) → (가) 이전**
조선 태조 때 왕위 계승을 둘러싸고 제1차 왕자의 난이 발생하여 정도전이 이방원(태종)에 의해 피살되었다.

07 인조반정

암기박사 인조반정(1623) ⇒ 광해군 폐위 **정답** ④

정답 해설

조선 인조는 서인의 주도 하에 인목대비를 유폐하고 영창대군을 살해한 광해군을 폐위시키고 정권을 장악하였다.

오답 해설

① **경신환국 → 1689년**
조선 숙종 때 서인이 허적의 서자 허견 등이 역모를 꾀했다 고변하여 허적과 윤휴 등 남인들이 대거 축출되었다.
② **무오사화 → 1498년** → 항우에게 왕위를 빼앗기고 죽은 초나라 의제를 기리는 내용을 통해 단종에게서 왕위를 빼앗은 세조를 비난한 글
조선 연산군 때 김종직이 지은 조의제문을 사초에 올린 일이 발단이 되어 김일손 등이 처형되었다. → 사관이 매일 기록한 역사 편찬의 자료
③ **신유박해 → 1801년**
조선 순조 때 천주교에 대한 탄압으로 이가환, 이승훈 등 3백여 명이 처형되고 정약용이 강진으로 유배되었다.

핵심노트 ▶ 광해군의 정치와 인조반정

- **중립 외교** : 명과 후금 사이에서 중립 외교 전개, 전후 복구 사업 추진
- **북인의 독점** : 광해군의 지지 세력인 북인은 서인과 남인 등을 배제
- **인조반정(1623)** : 인목대비 유폐, 영창대군 살해, 재정 악화, 민심 이탈 등을 계기로 발발한 인조반정으로 몰락

08 기묘사화의 원인

암기박사 조광조 : 위훈 삭제 ⇒ 기묘사화 **정답** ①

정답 해설
→ 중종반정의 공신 대다수가 거짓 공훈으로 공신에 올랐다고 조광조가 삭제를 요구한 것

조선 중종 때 위훈 삭제 등 조광조가 주장한 개혁에 대한 반발로 일어난 사건은 기묘사화이다. 기묘사화 당시 훈구파는 주초위왕의 모략을 꾸며 조광조 등 사림파 대부분을 제거하였다(1519).
→ 주(走)와 초(肖)를 합치면 조(趙)가 되므로, 조씨 성을 가진 사람(조광조)이 왕이 된다는 뜻

오답 해설

② **신유박해 → 천주교 박해**
조선 순조 때 천주교에 대한 탄압으로 이가환, 이승훈 등 3백여 명이 처형되고 정약용이 강진으로 유배되었다(1801).
③ **인조반정 → 광해군 폐위**
조선 인조는 서인의 주도 하에 인목대비를 유폐하고 영창대군을 살해한 광해군을 폐위시키고 정권을 장악하였다(1623).
④ **임오군란 → 구식 군대의 차별**
신식 군대인 별기군과의 차별을 받던 구식 군대가 임오군란을 일

으켜 포도청과 의금부를 습격하고 일본 공사관을 불태웠다(1882).

핵심노트 ▶ 거란의 침입

무오사화 (연산군, 1498)	사초에 올린 김종직의 조의제문이 발단 → 김일손 등의 사림파 몰락
갑자사화 (연산군, 1504)	연산군이 친모 윤씨의 폐비사건을 보복 → 일부 훈구파와 사림파의 피해
기묘사화 (중종, 1519)	위훈 삭제 등 조광조의 급격한 개혁에 대한 반발 → 주초위왕의 모략으로 조광조 등 사림파 몰락
을사사화 (명종, 1545)	명종을 옹립한 유원형의 소윤파와 인종의 외척 세력인 윤임의 대윤파간 대립 → 윤임의 대윤파가 축출됨

09 인조반정

암기박사 곽재우 의병 (선조) ⇒ 인조반정(광해군) ⇒ 북벌론(효종)

정답 ③

정답 해설

- **곽재우 의병(선조)** : 조선 선조 때 임진왜란이 발발하자 홍의 장군 곽재우가 경상도 의령에서 최초로 의병을 일으켰다.

- (가) **인조반정(광해군)** : 조선 인조 때 서인이 인조반정을 일으켜 광해군을 유배 보내고 인조를 왕위에 올렸다.

- **북벌론(효종)** : 조선 효종은 조선을 도운 명에 대한 의리를 내세우며 청에 당한 치욕을 갚자는 북벌을 추진하였다.

오답 해설

① 묘청 : 서경 천도 운동 → 고려 인종
　고려 인종 때 묘청이 풍수지리설에 근거하여 서경으로 수도를 옮기고 금나라를 정벌하자고 주장하였다.
② 이성계 : 위화도 회군 → 고려 우왕
　고려 우왕 때 이성계가 요동 정벌을 위해 파견되었으나 4불가론을 들어 요동 정벌을 반대하고 위화도에서 회군하였다.
④ 이종무 : 대마도 정벌 → 조선 세종
　조선 세종 때 대일 강경책의 일환으로 이종무가 왜구의 근거지인 대마도를 정벌하였다.

10 조광조의 업적

암기박사 현량과 실시 : 신진 사림 등용 ⇒ 조광조

정답 ③

정답 해설

조선 중종 때 사림의 중심 인물로 도학 정치를 추구하고 소격서 폐지를 주장한 사람은 조광조이다. 조광조는 천거제의 일종인 현량과를 실시하여 신진 사림을 등용하고자 하였다.

오답 해설

① 성학집요 저술 → 이이
　성학집요는 이이가 사서(四書)와 육경(六經)에 있는 도(道)의 개략을 뽑아 간략하게 정리하여 선조에게 바친 책으로, 군주가 수양해야 할 덕목이 제시되어 있다.

② 백운동 서원 건립 → 주세붕
　조선 중종 때 풍기 군수 주세붕은 안향의 봉사를 위해 최초의 서원인 백운동 서원을 건립하였다.
④ 시헌력 도입 → 김육
　조선 인조 때 김육은 청으로부터 시헌력 도입을 주장하였는데, 시헌력은 서양의 수치와 계산 방법이 채택된 숭정역법을 교정한 것이다.

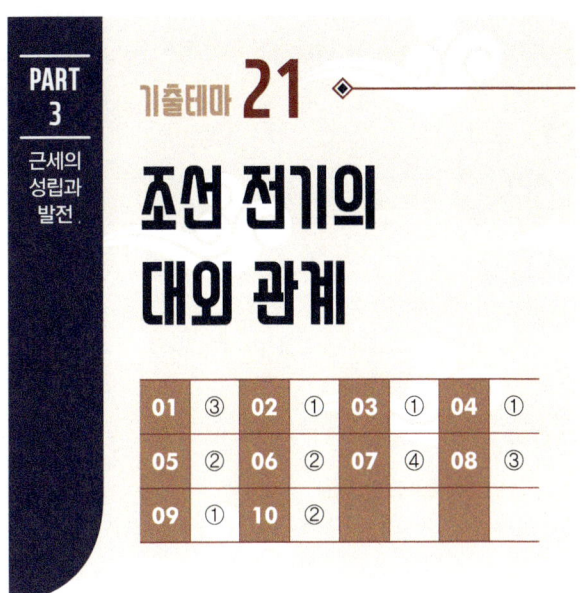

PART 3 근세의 성립과 발전
기출테마 21 조선 전기의 대외 관계

01	③	02	①	03	①	04	①
05	②	06	②	07	④	08	③
09	①	10	②

01 임진왜란

암기박사 임진왜란 ⇒ 의령 : 곽재우

정답 ③

정답 해설

적군의 보급로를 끊고 전라도의 곡창 지대를 지킬 수 있었던 김시민의 진주성 전투는 임진왜란 때 벌어진 전투이다. 임진왜란 당시 홍의장군 곽재우가 경상도 의령에서 최초로 의병을 일으켰다.

오답 해설

① 김상용 순절 → 병자호란
조선 인조 때 김상용은 병자호란이 발발하여 봉림대군과 인평대군을 수행해 강화도에 피난을 하였으나 청에 의해 강화성이 함락되자 순절하였다.

② 한성근 : 문수산성 항전 → 병인양요
병인박해 때의 프랑스 신부 처형을 구실로 병인양요가 발발하자 한성근 부대가 프랑스 군대에 맞서 강화도 문수산성에서 항전하였다.

④ 계백의 결사대 → 황산벌 전투
백제 의자왕 때 계백이 이끄는 결사대가 신라군에 맞서 황산벌에서 최후의 항전을 벌였다.

02 임진왜란 중의 사실

암기박사 권율 : 행주 대첩 ⇒ 임진왜란

정답 ①

정답 해설

부산진 첨사 정발과 조선군이 부산진성 전투에서 조총을 앞세운 일본군의 침략에 맞서 싸운 것은 임진왜란 때의 일이다. 임진왜란 당시 권율이 백성들과 함께 행주산성에서 왜군에 승리하였다.

오답 해설

② 어재연 : 광성보 전투 → 신미양요

미국이 제너럴셔먼호 사건을 구실로 강화도를 공격하여 신미양요가 발발하자, 어재연 부대가 강화도 초지진의 광성보에서 항전하였다.

③ 이종무 : 쓰시마섬 정벌 → 대일 강경책
조선 세종 때 대일 강경책의 일환으로 이종무가 왜구의 소굴인 쓰시마섬을 정벌하였다.

④ 인조 : 남한산성 피란 → 병자호란
조선 인조 때 청이 병자호란을 일으키자 인조는 남한산성으로 피란하였으나 결국 삼전도에서 굴욕적인 강화를 맺었다.

03 병자호란 이후의 사실

암기박사 병자호란 ⇒ 조선 효종 : 북벌론

정답 ①

정답 해설

병자호란 때 인조는 결국 삼전도에서 굴욕적인 강화를 맺었고 소현세자와 봉림 대군(효종) 등이 청에 인질로 끌려갔다. 이후 효종이 즉위하고 조선을 도운 명에 대한 의리를 내세우며 청에 당한 치욕을 갚자는 북벌론이 전개되었다(1649).

오답 해설

② 4군 6진 개척 → 조선 세종
조선 세종 때 여진족을 몰아내고 최윤덕은 압록강 유역에 4군을, 김종서는 두만강 유역에 6진을 설치하여 북방 영토를 개척하였다.

③ 삼포 왜란 → 조선 중종
조선 중종 때 정부의 통제에 반발하여 부산포·제포·염포의 3포에 거주하고 있던 왜인들이 대마도의 지원을 받아 3포 왜란을 일으켰다.

④ 정동행성 설치 → 고려 충렬왕
원 간섭기인 고려 충렬왕 때 원 나라가 일본 원정을 위해 고려에 정동행성을 설치하였으나 내정 간섭을 위한 기구로 변질되었다.

핵심노트 ▶ 북벌론

- 의미 : 오랑캐에게 당한 수치를 씻고, 조선을 도운 명에 대한 의리를 지킴
- 형식적 외교 : 군신 관계를 맺은 후 청에 사대하는 형식의 외교를 추진하나, 내심으로는 은밀하게 국방에 힘을 기울이면서 청에 대한 북벌을 준비
- 실질적 배경 : 왕권 강화와 서인 정권 유지를 위한 수단
- 북벌론 초기 : 효종은 청에 반대하는 송시열·송준길·이완 등을 중용하여 군대를 양성(어영청 등)하고 성곽을 수리
- 북벌론 후기 : 숙종 때 윤휴를 중심으로 북벌의 움직임이 제기됨
- 경과 : 효종의 요절 등으로 북벌은 큰 성과를 거두지 못하고 쇠퇴하다 18세기 후반부터 청의 선진 문물을 배우자는 북학론이 대두

04 병자호란

암기박사 인조반정(광해군) ⇒ 병자호란(인조) ⇒ 북벌론(효종)

정답 ①

정답 해설

- 인조반정(1623) : 조선 광해군 때 서인이 인조반정을 일으켜 광해군을 유배 보내고 인조를 왕위에 올렸다.

- (가) 병자호란(1636) : 조선 인조 때 청이 군신 관계를 요구하며 병자호란을 일으키자 인조는 남한산성으로 피난하여 청과 항전을 벌

였다.

- **북벌론(1649)** : 조선 효종은 조선을 도운 명에 대한 의리를 내세우며 청에 당한 치욕을 갚자는 북벌을 추진하였다.

오답 해설

② 4군 6진 개척 → 조선 세종
조선 세종 때 여진족을 몰아내고 최윤덕은 압록강 유역에 4군을, 김종서는 두만강 유역에 6진을 설치하여 북방 영토를 개척하였다.

③ 훈련도감 창설 → 조선 선조
조선 선조 때 임진왜란이 발발하자 왜군의 조총에 대응하고 국방력을 강화하기 위해 삼수병으로 구성된 훈련도감이 창설되었다.

④ 외규장각 도서 약탈 → 조선 고종
조선 고종 때 병인양요가 발발하자 프랑스군의 강화도 공격으로 의궤를 비롯한 외규장각 도서가 약탈당하였다.

05 임진왜란

정답 ②

암기박사 임경업 : 백마산성 전투 ⇒ 병자호란

정답 해설

김시민의 진주성 전투, 이순신의 한산도 대첩, 송상현의 동래성 전투는 모두 임진왜란 때 벌어진 전투이다. 한편, 임경업 장군이 청나라 군사의 침입을 막기 위해 민병대를 훈련시키고 백마산성에서 항전한 것은 병자호란 때의 일이다.

오답 해설

① 조헌 : 금산 전투 → 임진왜란
임진왜란 때 조헌은 전라도로 향하는 왜군을 막기 위해 금산 전투에서 의병을 이끌고 활약하였다.

③ 곽재우 : 정암진 전투 → 임진왜란
임진왜란 때 홍의 장군 곽재우가 경상도 의령에서 최초로 의병을 일으킨 후 정암진 전투에서 항전하였다.

④ 신립 : 탄금대 전투 → 임진왜란
임진왜란 당시 왜군이 파죽지세로 쳐들어오자 도순변사 신립이 충주 탄금대에서 배수의 진을 치고 왜군에 항전하였다.

06 조선의 대외 관계

정답 ②

암기박사 사르후 전투(광해군) ⇒ 병자호란(인조) ⇒ 나선정벌(효종)

정답 해설

(가) **사르후 전투(1619)** : 조선 광해군 때 명의 요청으로 강홍립 부대가 사르후 전투에 참전하였으나, 명과 후금 사이에서 중립 외교를 펼쳤다.

(다) **병자호란(1637)** : 조선 인조 때 청이 군신 관계를 요구하며 침입하자 인조는 남한산성으로 피난하였지만 결국 삼전도(지금의 송파)에서 항복하고 굴욕적인 강화를 맺었다.

(나) **나선 정벌(1654, 1658)** : 조선 효종 때 러시아의 남하로 청과 러시아 간 국경 충돌이 발생하자, 청의 요청으로 두 차례에 걸쳐 나선 정벌에 조총 부대를 파견하였다.

07 훈련도감

정답 ④

암기박사 훈련도감 설치 ⇒ 임진왜란

정답 해설

네덜란드 출신의 박연이 소속되어 서양의 화포 기술을 전수한 부대는 훈련도감이다. 임진왜란 중에 설치된 훈련도감은 포수, 사수, 살수의 삼수병으로 구성되었다.

오답 해설

① 9서당 편성 → 통일 신라 신문왕
통일 신라의 신문왕은 통일 전 1서당 6정에서 통일 후 9서당(중앙군) 10정(지방군)으로 군사조직을 확대 편성하였다.

② 별기군 창설 → 조선 고종
조선 고종은 일본과 강화도 조약을 체결한 이후 개화 정책의 일환으로 신식 군대 양성을 위해 무위영 아래 별기군을 창설하였다.

③ 삼별초 조직 → 고려 무신 집권기
고려 무신 집권기 때 최우는 좌·우별초와 신의군으로 구성된 삼별초를 조직하여 몽골의 침입에 대비하였다.

08 병자호란의 결과

정답 ③

암기박사 병자호란 ⇒ 인조 : 삼전도 굴욕

정답 해설

병자호란 당시 인조는 남한산성으로 피신하여 청과 항전하였지만, 결국 삼전도에서 청과 굴욕적인 군신 관계의 강화를 맺는다(1636).

오답 해설

① 김시민 : 진주 대첩 → 임진왜란
임진왜란 당시 진주 목사 김시민의 지휘 아래 조선군은 왜군에 맞서 진주성에서 항전하였다.

② 윤관 : 별무반 → 여진족 정벌
고려 예종 때 윤관이 별무반을 이끌고 여진을 정벌하고 동북 9성을 축조하였다.

④ 이여송 : 명의 지원군 → 임진왜란 ← 일본이 명을 침략하고자 하니 조선은 길을 열어달라는 의미
임진왜란 때 일본의 정명가도에 대한 자위책으로 이여송이 이끄는 명의 지원군이 파병되었다.

핵심노트 ▶ 병자호란(인조 14, 1636)

- 후금은 세력을 계속 확장하여 국호를 청으로 바꾸고 심양을 수도로 건국
- 인조의 계속적인 반청 정책 → 최명길, 이귀 : 외교적 교섭
- 청의 군신 관계 요구에 대해 주화론과 주전론이 대립 → 김상헌, 윤집, 오달제, 홍익한 : 청과 전쟁 불사
- 대세가 주전론으로 기울자 청은 다시 대군을 이끌고 침입
- 인조는 남한산성으로 피난, 45일간 항전하다 주화파 최명길 등과 함께 삼전도에서 굴욕적인 강화를 맺음
- 조선은 청과 군신 관계를 맺고, 명과의 외교를 단절
- 두 왕자와 강경 척화론자(김상헌, 홍익한·윤집·오달제의 삼학사)들이 인질로 잡혀감

09 병자호란 이후의 사실

정답 ①

> 암기박사 송시열 : 북벌론 ⇒ 병자호란 이후

정답 해설

제시된 사료는 병자호란으로 인조가 세 번 절하고 아홉 번 머리를 조아리는 삼전도의 굴욕이다(1637). 병자호란 이후 효종 때 송시열은 조선을 도운 명에 대한 의리를 내세우며 청에 당한 치욕을 갚자는 북벌 운동을 주도하였다.

오답 해설

② 조광조 : 위훈 삭제 → 병자호란 이전 *기묘사화의 원인*

   조선 중종 때 조광조는 중종반정의 공신 대다수가 거짓 공훈으로 공신에 올랐다고 위훈 삭제를 주장하였다(1519).

③ 인조반정 : 광해군 폐위 → 병자호란 이전

   조선 광해군 때 서인이 인조반정을 일으켜 광해군이 폐위되고 인조를 왕위에 올렸다(1623).

④ 임진왜란 : 곽재우 → 병자호란 이전

   조선 선조 때 임진왜란이 발발하자 홍의 장군 곽재우가 경상도 의령에서 최초로 의병을 일으켰다(1592).

10 임진왜란

정답 ②

> 암기박사 정문부 : 길주 전투 ⇒ 임진왜란

정답 해설

징비록은 조선 선조 때 유성룡이 임진왜란 동안 경험한 전쟁의 참상을 기록한 책이다. 임진왜란 때 전직 관료 출신인 정문부가 의병을 모아 길주 전투에서 왜군을 격퇴하였다.

오답 해설

① 이종무 : 쓰시마 섬 토벌 → 조선 세종

   조선 세종 때 대일 강경책의 일환으로 이종무가 왜구의 소굴인 쓰시마 섬(대마도)을 토벌하였다(1419).

③ 배중손 : 삼별초 → 고려 무신 집권기

   고려 무신 집권기 때 강화도에 반몽정권을 수립한 배중손은 삼별초를 이끌고 몽골군과 싸웠다(1271).

④ 최영 : 홍건적 격퇴 → 고려 공민왕

   홍건적의 2차 침입 때 개경이 함락되자 공민왕은 복주(안동)로 피란하였고 최영이 군대를 지휘하여 홍건적을 물리쳤다(1361).

PART 3 근세의 성립과 발전

기출테마 22
조선 전기의 문화와 과학 기술

01	①	02	①	03	②	04	③
05	④	06	①	07	①	08	①
09	④	10	④				

01 조선 세종의 업적

정답 ①

> 암기박사 칠정산 편찬 ⇒ 조선 세종

정답 해설

훈민정음(해례본)은 세종대왕이 훈민정음을 창제한 목적과 훈민정음의 음가 및 제작 원리를 담고 있다. 조선 세종 때 한양을 기준으로 천체 운동을 계산한 역법서인 칠정산을 편찬하였다.

오답 해설

② 악학궤범 완성 → 조선 성종

   조선 성종 때 성현이 음악의 원리와 역사·악기·무용·의상 및 소도구까지 망라하여 음악 이론을 집대성한 악학궤범을 완성하였다.

③ 혼일강리 역대국도지도 제작 → 조선 태종

   조선 태종 때 권근·김사형·이회 등에 의해 현존하는 동양 최고(最古)의 세계 지도인 혼일강리 역대국도지도가 제작되었다.

④ 관촉사 석조 미륵보살 입상 건립 → 고려 광종

   고려 광종 때 건립된 관촉사 석조 미륵보살 입상은 충남 논산에 있는 고려 시대 최대의 석불입상으로 은진미륵이라고도 불리며 규모가 거대하고 인체 비례가 불균형하다.

핵심노트 ▶ 세종(1418~1450)의 문화 발전

- 활자 주조 : 경자자, 갑인자, 병진자, 경오자
- 한글 서적 : 용비어천가, 동국정운, 석보상절, 월인천강지곡
- 고려사, 육전등록, 치평요람, 역대병요, 팔도지리지, 효행록, 삼강행실도, 농사직설, 칠정산 내외편, 사시찬요, 총통등록, 의방유취, 향약집성방, 향약채취월령, 태산요록
- 관습도감 설치 : 박연으로 하여금 아악·당악·향악을 정리하게 함
- 불교 정책 : 5교 양종을 선교 양종으로 통합, 궁중에 내불당 건립
- 역법 개정 : 원의 수시력과 명의 대통력을 참고로 하여 칠정산 내편을 만들고 아라비아 회회력을 참조하여 칠정산 외편을 만듦 → *독자성*
- 과학 기구 발명 : 측우기, 자격루(물시계), 앙부일구(해시계), 혼천의(천체 운행 측정기)

245

02 원각사지 십층 석탑

암기박사 대리석 축조 ⇒ 서울 원각사지 십층 석탑

정답 ①

정답 해설

대리석으로 축조되었고 화려한 조각이 특징인 탑은 서울 원각사지 십층 석탑이다. 국보 제2호인 원각사지 십층 석탑은 조선 세조 때 건립된 석탑으로, 원나라 탑 양식의 영향을 받았다.

오답 해설

② 평창 월정사 팔각 구층 석탑 → 고려 전기
월정사 팔각 구층 석탑은 강원도 평창의 월정사 대웅전 앞뜰에 있는 고려 전기의 석탑으로, 당시 불교 문화 특유의 화려하고 귀족적인 면모가 잘 나타난 다각 다층 석탑이다.

③ 경주 불국사 삼층 석탑 → 통일 신라
경북 경주의 불국사에 있는 통일 신라의 석탑으로, 내부에서 현존하는 세계 최고(最古)의 목판 인쇄물인 무구정광대다라니경이 발견되었다.

④ 익산 미륵사지 석탑 → 백제
전북 익산에 있는 미륵사지 석탑은 백제 시대의 석탑으로, 목탑 양식을 계승한 우리나라에서 가장 오래된 탑이다.

03 분청사기

암기박사 분청사기 음각어문 편병 ⇒ 조선 전기

정답 ②

정답 해설

그릇 표면에 백토를 분칠하고 장식한 도자기는 고려 말부터 조선 전기까지 주로 제작된 분청사기이다. 분청사기 음각어문 편병은 음각 기법을 통해 물고기 무늬를 새긴 조선 전기 분청사기이다.

오답 해설

① 청자 상감 운학문 매병 → 고려
학과 구름을 상감기법으로 새겨 넣은 대표적인 고려 시대 상감 청자 매병이다.

③ 백자 달항아리 → 조선 후기
온화한 순백색과 부드러운 곡선, 넉넉하고 꾸밈없는 형태를 고루 갖춘 조선 후기의 백자 항아리로, 몸통의 접합부가 비교적 완전하고 전체적인 비례에 안정감이 있다.

④ 백자 청화 운룡문호 → 조선 후기
운룡문을 시문하여 제작한 조선 후기 청화백자 항아리로 용의 얼굴과 비늘은 윤곽선을 그린 후 채색을 가하는 기법을 사용하였다.

04 삼강행실도

암기박사 효자, 충신, 열녀의 행적을 담은 윤리서 ⇒ 삼강행실도

정답 ③

정답 해설

삼강행실도는 조선 세종 때 3가지 마땅한 도리인 효자, 충신, 열녀 등의 행적을 그림으로 그리고 설명한 윤리서이다.

오답 해설

① 전통 한의학 체계적 정리 → 동의보감
조선 광해군 때 허준은 전통 한의학을 체계적으로 정리한 동의보감을 간행하여 의료 지식의 민간 보급에 기여하였다.

② 지방관의 도리 → 목민심서
정약용은 지방 행정의 개혁 및 목민관(지방관)의 도리에 대하여 쓴 목민심서를 저술하였다.

④ 조선의 헌법 → 조선경국전
정도전은 조선의 헌법이라고 할 수 있는 조선경국전을 편찬하여 재상 중심의 정치 운영을 주장하였다.

05 조선왕조실록

암기박사 조선왕조실록 ⇒ 조선 왕조의 역사서

정답 ④

정답 해설

조선 태조 때부터 철종에 이르는 470여 년간의 역사를 역대 왕 별로 기록한 역사서는 조선왕조실록이다. 조선왕조실록은 왕의 사후 사초와 시정기 등을 바탕으로 춘추관에서 편찬되었으며, 방대한 규모와 내용의 정확성을 인정받아 유네스코 세계 기록 유산에 등재되었다.

→ 사관이 매일 기록한 역사 편찬의 자료

→ 조선 시대 춘추관에서 각 관서들의 업무 기록을 종합하여 편찬한 국정 기록물

오답 해설

① 경국대전 → 조선의 기본 법전
경국대전은 조선 세조 때 편찬을 시작하여 성종 때 완성한 조선의 기본 법전으로 조선 사회의 통치 방향과 이념을 제시하였다.

② 허준 : 동의보감 → 의학서
조선 광해군 때 허준은 전통 한의학을 체계적으로 정리한 동의보감을 간행하여 의료 지식의 민간 보급에 기여하였다.

③ 정약용 : 목민심서 → 지방관의 도리
정약용은 지방 행정의 개혁 및 목민관(지방관)의 도리에 대하여 쓴 목민심서를 저술하였다.

06 해시계 앙부일구

암기박사 앙부일구 ⇒ 해시계

정답 ④

정답 해설

앙부일구는 조선 세종 때 시간을 측정하기 위해 제작한 해시계로 시간과 계절에 따른 해 그림자의 변화를 이용하였다. 앙부일구를 통해 동지나 하지와 같은 절기도 알 수 있다.

오답 해설

① 자격루 → 물시계
조선 세종의 명을 받아 장영실이 제작한 자격루는 자동으로 시간을 알려 주는 장치를 갖춘 물시계이다.

② 측우기 → 강우량 측정기
측우기는 조선 세종 때 장영실이 제작한 강우량 측정기로 서울과 각 도의 군현에 설치되어 전국 각지의 강우량을 측정하였다.

③ 혼천의 → 천체 운행 측정기
혼천의는 천체의 운행을 관측하고 측정하는 기구로 조선 세종 때 장영실이 제작한 이후 조선 후기 실학자 홍대용이 서구 문물의 영향을 받아 더 과학적으로 제작하였다.

07 조선 세종 재위 기간의 사실

암기박사 장영실 : 자격루 ⇒ 조선 세종

정답 ①

정답 해설

정초, 변효문 등이 조선 세종의 명을 받아 편찬한 농서는 농사직설이다. 조선 세종 때 노비 출신의 과학자 장영실이 물시계인 자격루를 제작하였다.

오답 해설

② 최무선 : 화통도감 → 고려 우왕
  고려 우왕 때 최무선은 화통도감을 설치하여 화약 무기를 개발하고 화포를 제작하였다.
③ 일연 : 삼국유사 → 고려 충렬왕
  고려 충렬왕 때 승려 일연은 단군부터 고려 말까지의 불교 관련 자료를 중심으로 삼국유사를 집필하였다.
④ 백두산정계비 건립 → 조선 숙종
  조선 숙종 때 청의 요구로 조선과 청의 경계를 정한 백두산정계비가 건립되었다.

08 허준의 동의보감

암기박사 동의보감 : 전통 의학을 집대성한 의학서 ⇒ 허준

정답 ①

정답 해설

동의보감은 광해군 때 허준이 전통 의학을 집대성하여 편찬한 의학서로 의료 지식의 민간 보급에 기여하였으며, 2009년에 유네스코 세계 기록 유산으로 등재되었다.

오답 해설

② 목민심서 : 목민관의 도리 → 정약용
  정약용은 지방 행정의 개혁 및 지방관(목민관)의 도리에 대하여 쓴 목민심서를 저술하였다.
③ 열하일기 : 청의 문물 소개 → 박지원
  연암 박지원은 연행사를 따라 청에 다녀온 후 열하일기를 집필하여 청의 문물을 소개하고 이를 수용할 것을 주장하였다.
④ 향약집성방 : 의학서 → 조선 세종
  조선 전기 세종 때 우리 풍토에 알맞은 약재 개발과 1천여 종의 병명 및 치료 방법을 정리한 향약집성방이 간행되었다.

09 칠정산내편

암기박사 칠정산내편 ⇒ 역법서

정답 ④

정답 해설

조선 세종 때 중국의 역법을 사용하다 보니 차이가 있어 우리 실정에 맞는 역법서인 칠정산내편을 만들었다. 칠정산 내편은 정인지, 정초 등이 중국의 수시력과 아라비아의 회회력을 참고하여 편찬한 역법서로, 한양을 기준으로 천체 운동을 정확하게 계산하였다.

오답 해설

① 강희맹 : 금양잡록 → 농서

금양잡록은 조선 성종 때 강희맹이 자신과 금양(안양) 지방 농민들의 경험을 바탕으로 저술한 농서이다.
② 정초 : 농사직설 → 농서
  농사직설은 조선 세종 때 정초 등이 우리 풍토에 맞는 농법을 소개한 농서이다.
③ 설순 : 삼강행실도 → 윤리서
  삼강행실도는 조선 세종 때 설순 등이 편찬한 윤리서로, 모범적인 충신 · 효자 · 열녀 등의 행적을 그림으로 그리고 설명하였다.

> **핵심노트** ▶ 역법 발전 과정
> - 통일 신라 ~ 고려 초기 : 당의 선명력
> - 고려 후기 : 원의 수시력
> - 고려 말기 : 명의 대통력
> - 조선 초기 : 독자적인 칠정산(세종)
> - 조선 중기 : 서양식 태음력(효종 이후)
> - 을미개혁 : 서양의 태양력

10 안견의 몽유도원도

암기박사 안견 ⇒ 몽유도원도

정답 ④

정답 해설

조선 전기를 대표하는 그림으로 안평대군이 꿈에서 본 이상 세계에 대한 이야기를 듣고 안견이 그린 그림은 몽유도원도이다. 자연스러운 현실 세계와 환상적인 이상 세계를 웅장하면서도 능숙하게 처리하고, 대각선적인 운동감을 활용하여 구현한 걸작이다.

오답 해설

① 무동도 → 김홍도
  김홍도의 무동도는 악사들의 장단에 맞추어 춤을 추는 무동(舞童)의 춤사위를 익살과 해학으로 화폭에 담고 있다.
② 세한도 → 김정희
  세한도는 화가가 아닌 선비가 그린 문인화의 대표작으로, 조선 후기의 학자 추사 김정희가 제주도에서 유배 생활 중에 제자 이상적이 청에서 귀한 책들을 구해다 준 것에 대한 답례로 그려준 작품이다.
③ 인왕제색도 → 정선
  인왕제색도는 조선 후기 진경산수화의 대가 겸재 정선의 작품으로, 비가 내린 뒤의 인왕산의 분위기를 적묵법으로 진하고 묵직하게 표현한 산수화이다.

PART 3 근세의 성립과 발전

기출테마 23 붕당 정치의 변질 + 세시 풍속

01	④	02	④	03	①	04	③
05	④	06	②	07	③	08	①
09	②	10	②				

01 정월 대보름의 세시 풍속

정답 ④

> 암기박사 : 음력 1월 15일 ⇒ 정월 대보름

정답 해설

정월 대보름은 음력 1월 15일로 땅콩, 호두, 밤 등의 부럼을 깨물어 먹거나 쌀, 조, 수수, 팥, 콩 등을 섞은 오곡밥을 지어 먹는다. 또한 들판에서 달집태우기를 하며 액운을 물리치고 건강과 풍년을 기원한다.

오답 해설

① **양력 12월 22일 경 → 동지**
동지는 일 년 중 밤이 가장 긴 날로 양력 12월 22일 경이며, 민가에서는 잡귀잡신의 침입을 막기 위해 새알심을 넣은 팥죽을 쑤어 먹었다.

② **음력 8월 15일 → 추석**
추석은 음력 8월 15일로 한가위, 중추절 등으로 불리며, 햅쌀로 송편을 빚고 햇과일 등의 음식을 장만하여 차례를 지낸다.

③ **음력 3월 3일 → 삼짇날**
삼짇날은 음력 3월 3일로 답청절이라고 하는데, 진달래가 피는 봄이면 찹쌀가루로 빚은 전 위에 진달래꽃을 올려 화전을 부쳐 먹고, 여자 아이들은 각시풀 같은 풀을 가지고 풀각시 놀이를 하였다.

02 사림의 성장과 붕당 정치

정답 ④

> 암기박사 : 기묘사화 ⇒ 기해예송 ⇒ 기사환국

정답 해설

(다) **기묘사화(1519)** : 조선 중종 때 위훈 삭제 등 조광조의 급격한 개혁에 훈구 세력이 주초위왕의 모략을 꾸며 조광조 일파를 제거하였다.
→ 중종반정의 공신 대다수가 거짓 공훈으로 공신에 올랐다고 조광조가 삭제를 요구한 것
→ 주(走)와 초(肖)를 합치면 조(趙)가 되므로, 조씨 성을 가진 사람(조광조)이 왕이 된다는 뜻

(나) **기해예송(1659)** : 조선 현종 때 효종이 죽은 후 자의 대비의 상복 입는 기간을 두고 서인은 기년복을 남인은 삼년복을 주장하는 예송이 발생하였다.
→ 예절에 관한 논쟁

(가) **기사환국(1689)** : 조선 숙종 때 희빈 장씨 소생의 원자 책봉 문제를 둘러싸고 환국이 발생하여 인현 왕후가 폐위되고 남인이 권력을 차지하였다.

03 단오의 세시 풍속

정답 ①

> 암기박사 : 음력 5월 5일 ⇒ 단오

정답 해설

단오는 음력 5월 5일로 수레바퀴 모양의 떡살로 문양을 내는 수리취떡을 해먹고, 여자는 창포물에 머리를 감고 그네를 뛰며 남자는 씨름을 하였다.

오답 해설

② **양력 12월 22일 무렵 → 동지**
동지는 일 년 중 밤이 가장 긴 날로 양력 12월 22일 경이며, 민가에서는 잡귀잡신의 침입을 막기 위해 새알심을 넣은 팥죽을 쑤어 먹었다.

③ **음력 8월 15일 → 추석**
추석은 음력 8월 15일로 한가위, 중추절 등으로 불리며, 햅쌀로 송편을 빚고 햇과일 등의 음식을 장만하여 차례를 지낸다.

④ **양력 4월 5일 무렵 → 한식**
한식은 동지로부터 105일째 되는 날로, 양력으로 4월 5일 무렵이다. 설날, 단오, 추석과 함께 4대 명절의 하나이며 일정 기간 불의 사용을 금하고 찬 음식을 먹는다.

04 경신환국

정답 ③

> 암기박사 : 기해예송(1659) ⇒ 경신환국(1680) ⇒ 탕평비 건립(1742)

정답 해설

(가) **기해예송(1659)** : 조선 현종 때 효종이 죽자 자의 대비의 상복 입는 기간을 두고 남인은 삼년복을 서인은 기년복을 주장하는 예송이 발생하였다.
→ 예절에 관한 논쟁

• **경신환국(1680)** : 조선 숙종 때 서인이 허적의 서자 허견 등이 역모를 꾀했다 고변하여 허적과 윤휴 등 남인들이 대거 축출되었다.

(나) **탕평비 건립(1742)** : 조선 영조는 붕당 정치의 폐해를 경계하기 위해 성균관 입구에 탕평비를 건립하였다.

오답 해설

① **비변사 폐지(1865) → (나) 이후**
세도 정치기에 비변사가 외척 세력의 권력 기반으로 변질되자 흥선 대원군이 비변사를 폐지하였다.

② **훈련도감 설치(1594) → (가) 이전**
임진왜란 때 왜군의 조총에 대응하고 국방력을 강화하기 위해 삼수병으로 구성된 훈련도감이 설치되었다.

248

④ <u>무오사화(1498) → (가) 이전</u>

조선 연산군 때 김종직이 지은 조의제문을 사초에 올린 일이 발단이 되어 김일손 등이 처형되었다.

05 정월 대보름의 세시 풍속

정답 ④

암기박사 음력 1월 15일 ⇒ 정월 대보름

정답 해설

정월 대보름은 음력 1월 15일로 땅콩, 호두, 밤 등의 부럼을 깨물어 먹거나 쌀, 조, 수수, 팥, 콩 등을 섞은 오곡밥을 지어 먹는다. 또한 들판에 쥐불을 놓으며 풍년을 기원하는 쥐불놀이, 만월을 보고 소원을 빌거나 농사일을 점치는 달맞이 풍속도 있다.

오답 해설

① <u>양력 12월 22일 경 → 동지</u>

동지는 일 년 중 밤이 가장 긴 날로 양력 12월 22일 경이며, 민가에서는 잡귀잡신의 침입을 막기 위해 새알심을 넣은 팥죽을 쑤어 먹었다.

② <u>음력 8월 15일 → 추석</u>

추석은 음력 8월 15일로 한가위, 중추절 등으로 불리며, 햅쌀로 송편을 빚고 햇과일 등의 음식을 장만하여 차례를 지낸다.

③ <u>음력 3월 3일 → 삼짇날</u>

삼짇날은 음력 3월 3일로 답청절이라고 하는데, 진달래가 피는 봄이면 찹쌀가루로 빚은 전 위에 진달래꽃을 올려 화전을 부쳐 먹고, 여자 아이들은 각시풀 같은 풀을 가지고 풀각시 놀이를 하였다.

06 추석의 세시 풍속

정답 ②

암기박사 음력 8월 15일 명절 ⇒ 추석

정답 해설

추석은 음력 8월 15일로 가배, 중추절, 한가위 등으로 불리며, 햅쌀로 송편을 빚고 햇과일 등의 음식을 장만하여 차례를 지낸다.

오답 해설

① <u>음력 5월 5일 → 단오</u>

단옷날은 음력 5월 5일로 수레바퀴 모양의 떡살로 문양을 내는 수리취떡을 해먹고, 여자는 창포물에 머리를 감고 그네를 뛰며 남자는 씨름을 한다.

③ <u>양력 4월 5일 무렵 → 한식</u>

한식은 동지로부터 105일째 되는 날로, 양력으로 4월 5일 무렵이다. 설날, 단오, 추석과 함께 4대 명절의 하나이며 일정 기간 불의 사용을 금하고 찬 음식을 먹는다.

④ <u>음력 1월 15일 → 정월 대보름</u>

정월 대보름은 음력 1월 15일로 땅콩, 호두, 밤 등의 부럼을 깨물어 먹거나 쌀, 조, 수수, 팥, 콩 등을 섞은 오곡밥을 지어 먹는다.

07 경신환국

정답 ③

암기박사 기해예송(현종) ⇒ 경신환국(숙종) ⇒ 탕평비 건립(영조)

정답 해설

- **기해예송(현종)** : 조선 현종 때 자의 대비의 복상 문제를 둘러싸고 남인은 삼년복을 서인은 기년복을 주장하였다(1659).

- (가) **경신환국(숙종)** : 조선 숙종 때 서인이 허적의 서자 허견 등이 역모를 꾀했다 고변하여 허적과 윤휴 등 남인들이 대거 축출되었다(1680).

- **탕평비 건립(영조)** : 조선 영조는 붕당 정치의 폐해를 경계하기 위해 성균관 입구에 탕평비를 건립하였다(1742).

오답 해설

① <u>무오사화 → 연산군</u>

연산군 때 김종직이 지은 조의제문을 김일손이 사초에 올린 일을 문제 삼아 유자광·윤필상 등의 훈구파가 김일손·김굉필 등의 사림파를 제거한 무오사화가 발생하였다(1498).

② <u>병자호란 → 인조</u>

조선 인조 때 청이 군신 관계를 요구하며 병자호란을 일으키자 인조는 남한산성으로 피난하였지만 결국 삼전도에서 굴욕적인 강화를 맺는다(1636).

④ <u>임술 농민 봉기 → 철종</u>

조선 철종 때 삼정의 문란과 백낙신의 탐학이 발단이 되어 진주 지역 농민들이 몰락 양반 유계춘의 지휘 아래 임술 농민 봉기를 일으켰다(1862).

핵심노트 ▶ 조선 숙종의 환국 정치

경신환국 (1680)	서인이 허적(남인)의 서자 허견 등이 역모를 꾀했다 고발하여 남인을 대거 숙청 → 서인 집권
기사환국 (1689)	숙종이 희빈 장씨 소생인 연령군(경종)의 세자 책봉에 반대하는 서인을 유배·사사하고, 인현왕후를 폐비시킴 → 남인 재집권
갑술환국 (1694)	폐비 민씨 복위 운동을 저지하려던 남인이 실권하고 서인이 집권 → 서인 재집권

08 예송 논쟁

정답 ①

암기박사 인조반정(광해군) ⇒ 예송 논쟁(현종) ⇒ 탕평비 건립(영조)

정답 해설

(가) **인조반정(광해군)** : 조선 광해군 때 서인이 인조반정을 일으켜 광해군을 유배 보내고 인조를 왕위에 올렸다.

- **예송 논쟁(현종)** : 조선 현종 때에는 효종과 효종비의 사망 시 자의 대비의 복상 문제를 둘러싸고 서인과 남인 사이에 두 차례에 걸쳐 예송이 발생하였다.

(나) 탕평비 건립(영조) : 조선 영조는 붕당 정치의 폐해를 경계하기 위해 성균관 입구에 탕평비를 건립하였다.

오답 해설

② 3포 왜란 → 조선 중종
조선 중종 때 정부의 통제에 반발하여 부산포·제포·염포의 3포에 거주하고 있던 왜인들이 대마도의 지원을 받아 3포 왜란을 일으켰다.

③ 경국대전 완성 → 조선 성종
조선 성종 때 완성된 경국대전은 조선 사회의 통치 방향과 이념을 제시한 조선의 기본 법전이다.

④ 정동행성 설치 → 고려 충렬왕
정동행성은 원 간섭기인 고려 충렬왕 때 원 나라가 일본 원정을 위해 고려에 설치한 관청이었으나 내정 간섭을 위한 기구로 변질되었다.

핵심노트 ▶ 예송 논쟁의 전개

- 제1차 예송 논쟁(기해예송, 1659) : 효종 사망 시 자의 대비의 복제를 두고 송시열·송준길 등 서인은 왕사동례의 1년설을, 윤휴·허목·허적 등 남인은 왕사부동례의 3년설을 주장 → 서인의 주장 수용
- 제2차 예송 논쟁(갑인예송, 1674) : 효종 비의 사망 시 서인은 9개월, 남인은 1년을 주장 → 남인의 주장 수용

09 예송 논쟁

암기박사 기해예송, 갑인예송 ⇒ 예송 논쟁

정답 ②

정답 해설

현종 때 있었던 두 차례의 예송 논쟁은 기해예송과 갑인예송이다. 한편, 조선 중종 때 위훈 삭제 등 조광조의 급격한 개혁에 반발하여 훈구파가 주초위왕의 모략을 꾸며 조광조 일파를 축출한 것은 기묘사화이다(1519).

오답 해설

①·③·④ 현종 : 복상 문제 → 예송 논쟁
현종 때에는 효종과 효종비의 사망 시 자의 대비의 복상 문제를 둘러싸고 서인과 남인 사이에 두 차례에 걸쳐 예송이 전개되었다.
→ 기해예송, 갑인예송

10 동지의 세시 풍속

암기박사 새알심 넣은 팥죽 ⇒ 동지

정답 ②

정답 해설

1년 중 밤이 가장 길고 낮이 가장 짧은 날은 동지이다. 동지는 양력 12월 22일 경이며, 민가에서는 잡귀잡신의 침입을 막기 위해 새알심을 넣은 팥죽을 쑤어 먹었다.

오답 해설

① 수리취떡, 창포물, 씨름 → 단오
단오는 음력 5월 5일로 수레바퀴 모양의 떡살로 문양을 내는 수리취떡을 해먹고, 여자는 창포물에 머리를 감고 그네를 뛰며 남자는 씨름을 한다.

③ 한가위, 송편, 차례 → 추석
추석은 음력 8월 15일로 한가위, 중추절 등으로 불리며, 햅쌀로 송편을 빚고 햇과일 등의 음식을 장만하여 차례를 지낸다.

④ 찬 음식 먹기 → 한식
한식은 동지로부터 105일째 되는 날로, 양력으로 4월 5일 무렵이다. 설날, 단오, 추석과 함께 4대 명절의 하나이며 일정 기간 불의 사용을 금하고 찬 음식을 먹는다.

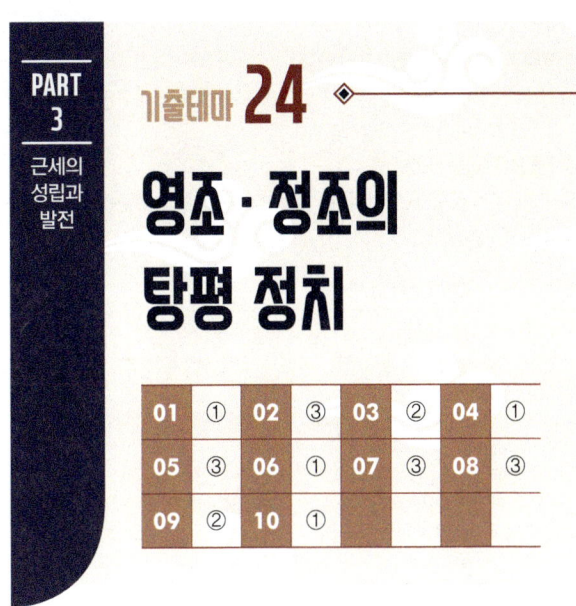

PART 3 근세의 성립과 발전

기출테마 24 영조·정조의 탕평 정치

01	①	02	③	03	②	04	①
05	③	06	①	07	③	08	③
09	②	10	①				

01 정조 재위 기간의 모습

암기박사 수원 화성 축조 ⇒ 조선 정조

정답 ①

정답 해설

금난전권 폐지, 장용영 설치 등 부국강병에 힘쓴 왕은 조선 정조이다. 정조 재위 기간에 정치적·군사적 기능을 부여하고 정치적 이상을 실현하기 위해 수원 화성이 축조되었다.

오답 해설

② 만적의 난 → 고려 무신 집권기
고려 무신 집권기 때 개경에서 최충헌의 사노 만적이 신분 해방을 외치며 반란을 모의하였다.

③ 원산 총파업 → 일제 강점기
원산 총파업은 원산 노동 연합회의 소속 노동자와 일반 노동자들이 합세하여 노동 조건 개선을 요구하며 전개한 1920년대 최대의 파업 투쟁이다.

④ 외규장각 도서 약탈 → 조선 고종
조선 고종 때 병인양요가 발발하자 프랑스군의 강화도 공격으로 의궤를 비롯한 외규장각 도서가 약탈당하였다.

02 조선 정조의 업적

암기박사 초계문신제 실시 ⇒ 조선 정조

정답 ③

정답 해설

아버지인 사도 세자의 무덤에 참배한 왕은 조선 정조이다. 조선 정조는 초계문신제를 실시하여 젊은 문신들을 재교육하고 시험을 통해 승진시켰다.

오답 해설

① 삼국사기 편찬 → 고려 인종
고려 인종 때 김부식이 왕명을 받아 현존하는 우리나라 최고의 역사서인 삼국사기를 편찬하였다.

② 훈민정음 창제 → 조선 세종
조선 세종은 집현전 학자들과 독창적인 문자인 훈민정음을 창제하였다.

④ 통리기무아문 설치 → 조선 고종
조선 고종은 통리기무아문을 설치하고 그 아래 12사를 두어 신문물 수용과 부국강병 도모 등의 개화 정책을 추진하였다.

03 조선 영조의 업적

암기박사 균역법 실시 ⇒ 조선 영조

정답 ②

정답 해설

탕평비를 세우면서 탕평 의지를 강하게 드러낸 왕은 조선 영조이다. 조선 영조는 농민의 부담을 덜어주기 위해 군포 2필을 부담하던 것을 1년에 군포 1필로 경감하는 균역법을 실시하였다.

오답 해설

① 규장각 설치 → 조선 정조
조선 정조 때 왕실 도서관이자 학술과 정책을 연구하는 기관으로 규장각을 설치하였고, 서얼 출신 인재들을 규장각 검서관으로 기용하였다. ← 규장각 각신의 보좌, 문서 필사 등의 업무를 맡은 관리

③ 비변사 폐지 → 조선 고종
조선 고종 때 흥선 대원군은 비변사가 외척 세력의 권력 기반으로 변질되자 비변사를 폐지하고 의정부의 기능을 회복시켰다.

④ 훈민정음 창제 → 조선 세종
조선 세종은 집현전 학자들과 독창적인 문자인 훈민정음을 창제하였다.

04 조선 영조의 업적

암기박사 장용영 설치 ⇒ 조선 정조

정답 ①

정답 해설

정약용이 설계한 배다리를 건너 아버지인 사도 세자의 묘에 참배하러 가는 왕은 조선 정조이다. 조선 정조는 왕의 친위 부대인 장용영을 설치하고 한양에는 내영, 수원 화성에는 외영을 두었다.

오답 해설

② 당백전 발행 → 조선 고종
조선 고종 때 흥선 대원군은 경복궁 중건에 필요한 재원 마련을 위해 당백전을 발행하였다.

③ 속대전 편찬 → 조선 영조
조선 영조는 경국대전 시행 이후에 공포된 법령 중에서 시행할 만한 법령을 추려 속대전을 편찬하고 통치 체제를 정비하였다.

④ 훈민정음 반포 → 조선 세종
조선 세종은 집현전 학자들과 독창적인 문자인 훈민정음을 창제한 후 반포하였다.

05 수원 화성

암기박사 거중기 : 수원 화성 축조 ⇒ 조선 정조

정답 ③

정답 해설

조선 정조 때 정약용이 기기도설을 참고하여 설계한 거중기 등을 활용하여 수원 화성이 축조되었다.

오답 해설

① 공산성 → 백제의 도성
  공주 공산성은 백제의 수도인 웅진을 방어하기 위해 축조된 산성으로 사비로 천도될 때까지의 궁궐터가 남아 있다.

② 전주성 → 후백제의 도성
  견훤이 후백제를 건국할 때 세운 궁터로 전해져오며, 동학 농민 운동 당시 농민군이 관군과 싸워 점령한 곳이기도 하다.

④ 한양 도성 → 조선 시대의 도성
  한양 도성은 정도전 등이 설계한 조선 시대의 도성으로, 한성부 도심의 경계를 표시하고 외부의 침입을 방어하기 위해 축조되었다.

06 조선 정조의 정책

암기박사 장용영 : 왕의 친위 부대 ⇒ 조선 정조

정답 ①

정답 해설

사도 세자의 아들이자 혜경궁 홍씨가 어머니인 왕은 조선 정조이다. 그는 왕의 친위 부대인 장용영을 창설하여 한양에는 내영, 수원 화성에는 외영을 두었다.

오답 해설

② 전시과 시행 → 고려 경종
  고려 경종 때에 전시과 제도를 시행하여 관등에 따라 관리에게 토지를 차등 지급하였다.

③ 경복궁 중건 → 흥선 대원군
  흥선 대원군은 임진왜란 때 불 탄 경복궁을 중건하여 왕실의 권위를 회복하였다.

④ 경국대전 완성 → 조선 성종
  조선 성종 때 통치 체제를 정비하기 위하여 조선의 기본 법전인 경국대전을 완성하였다.

07 조선 정조의 정책

암기박사 장용영 : 왕의 친위 부대 ⇒ 조선 정조

정답 ③

정답 해설

사도 세자의 아들이자 혜경궁 홍씨가 어머니인 왕은 조선 정조이다. 그는 왕의 친위 부대인 장용영을 창설하여 한양에는 내영, 수원 화성에는 외영을 두었다.

오답 해설

① 경복궁 중건 → 흥선 대원군
  흥선 대원군은 임진왜란 때 불 탄 경복궁을 중건하여 왕실의 권위를 회복하였다.

② 이종무 : 대마도 정벌 → 조선 세종
  조선 세종 때 대일 강경책의 일환으로 이종무가 왜구의 소굴인 대마도(쓰시마 섬)를 정벌하였다.

④ 탕평비 건립 → 조선 영조
  조선 영조는 붕당 정치의 폐해를 경계하기 위해 성균관 입구에 탕평비를 건립하였다.

핵심노트 ▶ 조선 정조의 업적

- **탕평 정치** : 진붕과 위붕의 구분, 남인(시파) 중용
- **왕권 강화** : 능력 인사 중용, 규장각의 설치·강화, 서얼 등용, 초계문신제 시행, 장용영 설치
- **수원 화성 건설** : 정치적·군사적 기능 부여, 정치적 이상 실현, 화성 행차
- **수령의 권한 강화** : 수령이 군현 단위의 향약을 직접 주관, 지방 사족의 향촌 지배력 억제, 국가의 통치력 강화
- **문물·제도 정비** : 민생 안정과 서얼·노비의 차별 완화, 청과 서양의 문물 수용, 실학 장려, 신해통공, 문체 반정 운동
- **편찬** : 대전통편, 추관지·탁지지, 동문휘고, 증보문헌비고, 무예도보통지, 제언절목, 규장전운, 홍재전서·일득록
- **활자** : 정리자, 한구자, 생생자(목판) 등 주조

08 조선 정조의 업적

암기박사 농사직설 편찬 ⇒ 조선 세종

정답 ③

정답 해설

사도 세자는 정조의 아버지이고 혜경궁 홍씨는 정조의 어머니이다. 한편, 농사직설은 조선 세종 때 편찬되었는데, 중국의 농업 기술을 수용하면서 우리의 실정에 맞는 독자적인 농법을 정리하였다.

오답 해설

① 장용영 설치 → 조선 정조
  조선 정조는 왕의 친위 부대인 장용영을 창설하여 한양에는 내영, 수원 화성에는 외영을 두었다.

② 금난전권 폐지 → 조선 정조
  조선 정조는 신해통공을 통해 육의전을 제외한 시전 상인들의 금난전권을 폐지하였다.

④ 초계문신제 실시 → 조선 정조
  조선 정조는 신진 인물이나 중·하급 관리 가운데 능력 있는 자들을 재교육시키고 시험을 통해 승진시키는 초계문신제를 실시하였다.

09 조선 영조의 업적

암기박사 탕평비 건립, 속대전 편찬 ⇒ 조선 영조

정답 ②

정답 해설

붕당 정치의 폐해를 경계하기 위해 성균관 입구에 탕평비를 건립한 왕은 조선 영조이다. 영조는 경국대전 시행 이후에 공포된 법령 중에서 시행할 만한 법령을 추려 속대전을 편찬하였다.

오답 해설

① 비변사 혁파 → 흥선 대원군
  흥선 대원군은 왕권 강화의 일환으로 비변사를 혁파하고 의정부

의 기능을 회복시켰다.

③ 나선 정벌 → 조선 효종
효종은 러시아의 남하로 청과 러시아 간 국경 충돌이 발생하자 청의 원병 요청으로 나선 정벌을 추진하였다.

④ 백두산정계비 건립 → 조선 숙종
조선 숙종은 청의 요구로 조선과 청의 경계를 정한 백두산정계비를 세워, 동쪽으로 토문강과 서쪽으로 압록강을 경계로 삼았다.

핵심노트 ▶ 조선 영조의 업적

- **완론 탕평** : 각 붕당의 타협적 인물들 등용
- **탕평파 육성** : 탕평파를 육성하고 탕평비를 건립
- **산림 부정, 서원 정리** : 붕당의 뿌리를 제거하기 위해 공론의 주재자로 인식되던 산림을 부정, 붕당의 본거지인 서원 대폭 정리
- **이조 전랑 권한 약화** : 붕당의 이익을 대변하던 이조 전랑의 권한을 약화
- **균역법** : 군역 부담 경감을 위해 군포를 2필에서 1필로 경감
- **가혹한 형벌 폐지** : 심한 고문, 형벌 등 폐지
- **서적 간행** : 속오례의, 속대전, 동국문헌비고 등
- **준천사 설치** : 서울 성내의 치산치수를 위해 설치

10 정조의 정책

암기박사 장용영 : 국왕의 친위 부대 ⇒ 정조

정답 ①

정답 해설

조선 제22대 왕으로 아버지인 사도 세자의 묘를 참배하러 가기 위해 만안교를 만든 왕은 정조이다. 정조는 국왕의 친위 부대인 장용영을 창설하여 한양에는 내영, 수원 화성에는 외영을 두었다.

오답 해설

② 집현전 설치 → 세종
세종은 왕실의 학술 및 정책 연구 기관인 집현전을 설치하여 인재를 육성하고 편찬 사업을 추진하였다.

③ 척화비 건립 → 흥선 대원군
병인양요와 신미양요의 결과 흥선 대원군은 척화교서를 내리고 전국 각지에 척화비(斥和碑)를 건립하였다.

④ 경국대전 반포 → 성종
조선의 기본 법전인 경국대전은 세조 때 편찬을 착수하여 성종 때 완성·반포하였다.

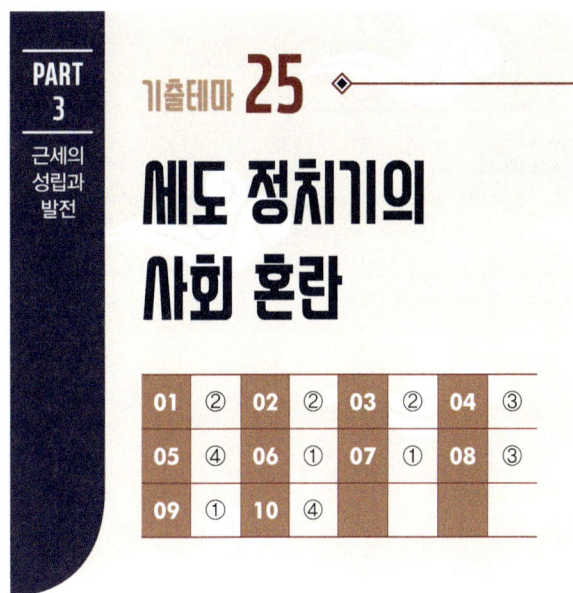

PART 3 근세의 성립과 발전

기출테마 25
세도 정치기의 사회 혼란

01	②	02	②	03	②	04	③
05	④	06	①	07	①	08	③
09	①	10	④				

01 홍경래의 난

암기박사 서북 지역민에 대한 차별 ⇒ 홍경래의 난

정답 ②

정답 해설

세도 정치기에 몰락 양반 홍경래가 광산 노동자들과 함께 정주성 등을 점령하였으나 5개월 만에 평정되었다. 홍경래의 난은 서북 지역민에 대한 차별에 반발하여 일어났다.

오답 해설

① 집강소 설치 → 동학 농민 운동
동학 농민 운동 당시 정부와 농민군 사이에 전주 화약이 성립된 후 전라도 일대에 농민 자치 기구인 집강소가 설치되었다.

③ 흥선 대원군 재집권 → 임오군란
신식 군대인 별기군과 차별을 받던 구식 군대가 임오군란을 일으키자 흥선 대원군이 일시적으로 재집권하였다.

④ 안핵사 : 박규수 파견 → 임술 농민 봉기
삼정의 문란과 백낙신의 탐학으로 임술 농민 봉기가 발발하자 사태 수습을 위해 박규수가 안핵사로 파견되었다.

핵심노트 ▶ 홍경래의 난(순조, 1811)

- **의의** : 세도 정치기 당시 농민 봉기의 선구
- **중심 세력** : 몰락 양반인 홍경래의 지휘 하에 광산 노동자들이 중심적으로 참여하였고, 영세 농민 · 중소 상인 · 유랑인 · 잔반 등 다양한 세력이 합세
- **원인**
  - 서북인(평안도민)에 대한 차별 및 가혹한 수취
  - 서울 특권 상인 등의 이권 보호를 위해 평안도 지역 상공인과 광산 경영인을 탄압 · 차별하고 상공업 활동을 억압
  - 세도 정치로 인한 관기 문란, 계속되는 가뭄 · 흉작으로 인한 민심 이반
- **경과** : 가산 다복동에서 발발하여 한때 청천강 이북의 7개 고을을 점령하였으나 5개월 만에 평정
- **영향** : 이후 각지의 농민 봉기 발생에 영향을 미침

02 임술 농민 봉기

암기박사 임술 농민 봉기 ⇒ 안핵사 : 박규수 파견

정답 ②

정답 해설

세도 정치기에 경상 우병사 백낙신의 수탈에 저항하여 몰락 양반인 유계춘을 중심으로 진주 지역 농민들이 일으킨 사건은 임술 농민 봉기이다. 정부는 이를 해결하기 위해 박규수를 안핵사로 파견하였고, 삼정이정청이 설치되는 계기가 되었다.

오답 해설

① 청군의 개입 → 임오군란, 갑신정변
임오군란 때는 명성황후 일파가 청에 군대를 요청하여 군란을 진압하였고, 갑신정변 때는 청의 무력 개입으로 3일 만에 실패로 끝났다.

③ 조선 형평사 → 형평 운동
이학찬을 중심으로 진주에서 조선 형평사를 조직하고 백정에 대한 사회적 차별 철폐를 목적으로 형평 운동이 전개되었다.

④ 서북 지역민에 대한 차별 → 홍경래의 난
조선 순조 때 서북 지역민에 대한 차별과 가혹한 수취에 반발하여 홍경래 등이 봉기하여 난을 일으켰다. → 평안도민

03 임술 농민 봉기

암기박사 임술 농민 봉기 ⇒ 박규수 : 삼정이정청 설치

정답 ②

정답 해설

백낙신의 탐학이 발단이 되어 진주 지역 농민들이 유계춘의 지휘 아래 일으킨 사건은 임술 농민 봉기이다. 정부는 이를 해결하기 위해 박규수를 파견하였고, 삼정이정청이 설치되는 계기가 되었다.

오답 해설

① 김부식 진압 → 묘청의 난
묘청이 풍수지리설에 근거하여 서경 천도를 주장하며 난을 일으키자 김부식이 관군을 이끌고 이를 진압하였다.

③ 서북인에 대한 차별 → 홍경래의 난
조선 순조 때 서북인에 대한 차별과 가혹한 수취에 반발하여 홍경래 등이 봉기하여 난을 일으켰다. → 평안도민

④ 흥선 대원군 재집권 → 임오군란
신식 군대인 별기군과 차별을 받던 구식 군대가 임오군란을 일으키자 흥선 대원군이 일시적으로 재집권하였다.

04 홍경래의 난

암기박사 서북 지역민에 대한 차별 ⇒ 홍경래의 난

정답 ③

정답 해설

세도 정치기에 몰락 양반 홍경래가 광산 노동자들과 함께 정주성 등을 점령하였으나 5개월 만에 평정되었다. 홍경래의 난은 서북 지역민에 대한 차별에 반발하여 일어났다.

오답 해설

① 제폭구민, 보국안민 → 동학 농민 운동 → 폭도를 제거하고 백성을 구함 나라 일을 돕고 백성을 편안하게 함
제폭구민과 보국안민을 기치로 부패한 정치를 개혁하고 외세에 맞서 싸우기 위해 봉기한 사건은 동학 농민 운동이다.

② 한성 조약 체결 → 갑신정변
청의 무력 개입으로 실패한 갑신정변의 결과 조선과 일본 사이에는 한성 조약이 체결되었다.

④ 선혜청과 일본 공사관 공격 → 임오군란
신식 군대인 별기군과의 차별을 받던 구식 군대가 임오군란을 일으켜 선혜청과 일본 공사관을 공격하였다.

05 세도 정치기의 사회상

암기박사 삼정의 문란 ⇒ 세도 정치기

정답 ④

정답 해설

세도 정치기에는 수령·아전들의 수탈이 심하였고, 전정·군정·환곡의 삼정이 문란하여 농민의 불만이 극에 달하였다.

오답 해설

① 과전법 → 수조권 지급 → 토지로부터 조세를 거둘 수 있는 권리
고려 공양왕 때 관리들에게 수조권을 지급하는 과전법을 실시하여 신진 사대부의 경제적 기반을 마련하였다.

② 조선 형평사 → 형평 운동
이학찬을 중심으로 진주에서 조선 형평사를 조직하고 백정에 대한 사회적 차별 철폐를 목적으로 형평 운동이 전개되었다.

③ 전민변정도감 → 권문세족 견제
고려 공민왕 때 신돈이 전민변정도감의 책임자로 임명되어 권문세족을 견제하고 개혁을 이끌었다.

06 비변사의 변천

암기박사 임진왜란 : 국정 총괄 최고 기구 ⇒ 비변사

정답 ①

정답 해설

비변사는 본래 외적의 침입에 대비하고자 설치한 임시 군사 회의 기구였으나, 명종 때 을묘왜변을 계기로 상설 기구화 되어 군사 문제를 처리하였다. 비변사는 선조 때 임진왜란을 거치면서 조직과 기능이 확대되어 국정을 총괄하는 최고 기구가 되었으나, 그 영향으로 왕권이 약화되고 의정부와 육조 중심의 행정 체계도 유명무실해졌다.

오답 해설

② 사헌부 → 감찰 탄핵 기관 → 인사 이동이나 법률 제정 등에서 대간의 서명을 받는 제도 : 왕권 견제
사헌부는 감찰 탄핵 기관으로 사간원과 함께 대간을 구성하여 서경권을 행사하였다.

③ 의금부 → 국왕 직속 사법 기관
의금부는 국왕 직속의 사법 기관으로 반역죄, 강상죄 등을 범한 중죄인을 다스렸다.

④ 홍문관 → 왕의 자문과 경연 주관
홍문관은 사헌부, 사간원과 함께 삼사를 구성하였으며, 왕의 자문과 경연을 주관하였다.

07 동학 사상

암기박사: 시천주, 인내천 ⇒ 최제우 : 동학

정답 ①

정답 해설
최제우가 창시한 동학은 동경대전을 경전으로 삼아 마음속에 한울님을 모시는 시천주와 사람이 곧 하늘이라는 인내천 사상을 강조하였다.

오답 해설
② 나철 창시 → 대종교
  나철은 대종교를 창시하고 단군 숭배 사상을 전파하여 민족 의식을 고취하였다.
③ 박중빈 창시 → 원불교
  박중빈은 원불교를 창시하고 현대화와 생활화를 주장한 새생활 운동을 전개하였다.
④ 청 : 서학 → 천주교   *(조선시대에 주자학에 반대되거나 위배되는 학문을 일컬음)*
  천주교는 17세기 청에 다녀온 사신들에 의해 서학으로 소개되었으나 조선 후기에 사학으로 몰려 많은 박해를 받았다.

핵심노트 ▶ 동학의 성격
- 성리학, 불교, 서학 등을 배척하면서도 교리에는 유·불·선의 주요 내용과 장점을 종합
- 샤머니즘, 주문과 부적 등 민간 신앙 요소도 결합되어 있으며, 현세구복적 성격
- 시천주, 사인여천, 인내천 사상을 강조해 인간 평등을 반영
- 운수 사상과 혁명 사상(조선 왕조를 부정함)을 담고 있음
- 혁명적·반제국주의적 성격을 띠며, 사회 모순을 극복하고 외세의 침략을 막아내자는 주장을 전개
- 반봉건적 성격을 토대로 반상의 철폐, 노비 제도 폐지, 여성과 어린이의 인격 존중 등을 강조

08 천주교의 전래

암기박사: 청 : 서학 ⇒ 천주교

정답 ③

정답 해설
이승훈은 신유박해 때 처형당한 천주교 신자이다. 천주교는 청에 다녀온 사신들에 의해 초기에는 서학으로 소개되었다.

오답 해설
① 중광단 : 항일 무장 단체 → 대종교
  대종교의 지도자들은 항일 무장 단체인 중광단 결성을 주도하였고, 3·1 만세 운동 직후 북로 군정서로 개편하여 청산리 대첩에 참여하였다.
② 기관지 : 만세보 → 천도교
  천도교의 후원을 받아 오세창이 발간한 만세보는 천도교의 기관지로 민중 계몽에 힘쓰고 일진회의 국민신보에 대항하였다.
④ 경전 : 동경대전 → 동학
  동학은 최제우가 지은 동경대전과 포고용 가사집인 용담유사를 기본 경전으로 삼았다.

핵심노트 ▶ 천주교의 전래 및 확장
- 17세기에 베이징을 방문하고 돌아온 사신들이 서학(학문적 대상)으로 소개
- 남인 계열의 실학자들이 천주교 서적인 『천주실의』를 읽고 신앙생활
- 이승훈이 영세를 받고 돌아와 활발한 신앙 활동 전개

09 병인양요의 원인

암기박사: 병인박해 ⇒ 프랑스 : 병인양요

정답 ①

정답 해설
양헌수 장군이 정족산성에서 프랑스군과 벌인 전투는 병인양요이다. 병인양요는 프랑스가 병인박해로 천주교 선교사와 신자들이 처형된 것을 구실로 강화도를 공격하면서 발발하였다(1866).

오답 해설
② 영국 : 러시아의 남하 견제 → 거문도 사건
  갑신정변 이후 조·러 수호 통상 조약이 체결되자 영국은 러시아의 남하를 견제하기 위해 거문도를 불법으로 점령하였다.
③ 흥선 대원군 : 통상 거부 → 오페르트 도굴 사건
  독일 상인 오페르트가 통상을 거부당하자 충청남도 덕산에 있는 남연군의 묘를 도굴하다가 발각되었다.
④ 서인 : 친명 배금 정책 → 정묘호란, 병자호란   *(흥선 대원군의 아버지)*
  서인들은 인조반정을 통해 인조를 왕으로 봉하고 친명 배금 정책을 추진하였고, 이는 정묘호란과 병자호란이 발발하는 원인이 되었다.

핵심노트 ▶ 병인양요(1866)
- 프랑스는 병인박해 때의 프랑스 신부 처형을 구실로 로즈 제독이 이끄는 7척의 군함을 파병하여 강화도 침략
- 대원군의 굳은 항전 의지와 양헌수·한성근 부대의 항전으로 문수산성과 정족산성에서 프랑스 군을 격퇴
- 프랑스는 철군 시 문화재에 불을 지르고 외규장각에 보관된 유물 360여 점을 약탈. 이 중 도서 300여 권은 2011년에 반환됨

10 홍경래의 난

암기박사: 서북 지역민에 대한 차별 ⇒ 홍경래의 난

정답 ④

정답 해설
가산 다복동에서 봉기하여 선천, 정주 등 청천강 이북의 7개 고을을 점령했던 거사는 홍경래의 난이다. 홍경래의 난은 서북 지역민에 대한 차별에 반발하여 일어났다(1811).   *→ 평안도민*

오답 해설
① 어재연 : 광성보 전투 → 신미양요
  미국이 제너럴셔먼호 사건을 구실로 강화도를 공격하여 신미양요가 발발하자, 어재연 부대가 강화도 초지진의 광성보에서 결사 항전하였다(1871).
② 서경 천도, 금국 정벌 → 묘청의 난
  고려 인종 때 묘청의 서경파가 풍수지리설에 근거하여 서경 천도와 금국 정벌을 주장하였다(1135).

③ 임오군란 → 제물포 조약

구식 군대의 차별로 일어난 임오군란으로 조선은 일본 공사관 경비병의 주둔을 인정한 제물포 조약을 체결하였다(1882).

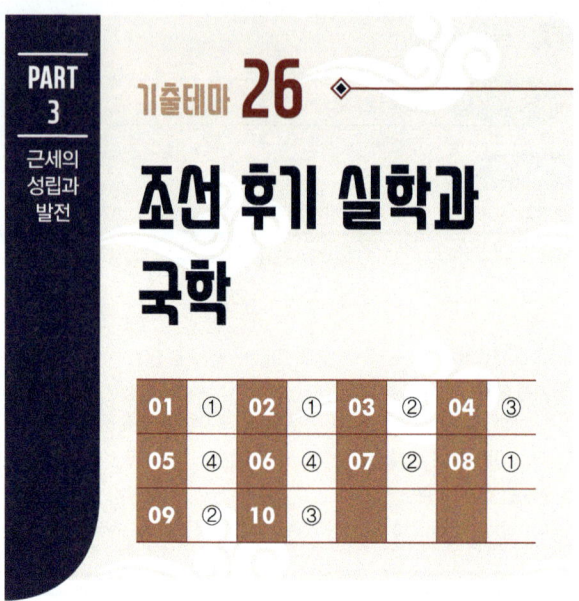

기출테마 26 조선 후기 실학과 국학

01	①	02	①	03	②	04	③
05	④	06	④	07	②	08	①
09	②	10	③				

01 추사 김정희

암기박사 금석학, 추사체, 세한도 ⇒ 추사 김정희

정답 ①

정답 해설

추사 김정희는 금석학을 연구하여 북한산비가 진흥왕 순수비임을 고증하였고, 독창적인 서체인 추사체를 창안하였다. 또한 제주도에서 유배 생활을 할 때 제자 이상적이 청에서 귀한 책들을 구해다 준 것에 대한 답례로 세한도를 그려 주었다.

오답 해설

② 열하일기, 양반전 → 박지원

연암 박지원은 조선 후기의 실학자로 청에 다녀온 후 열하일기를 집필하여 청의 문물을 소개하였고, 양반전을 지어 양반의 허례와 무능을 풍자하였다.

③ 노론의 영수 → 송시열

우암 송시열은 노론의 영수로 주자 중심의 성리학을 절대화 하고, 명에 대한 의리를 강조하여 북벌론을 주장하였다.

④ 발해고 저술 → 유득공

발해고는 조선 후기 실학자 유득공이 저술한 역사서로 발해를 북국, 신라를 남국으로 칭하며 남북국이라는 용어를 처음 사용하였다.

02 다산 정약용

암기박사 거중기 설계 ⇒ 다산 정약용

정답 ①

정답 해설

목민심서를 저술한 인물은 조선 후기의 실학자 다산 정약용이다. 조선 정조 때 정약용은 기기도설을 참고하여 거중기를 설계하였고 이후 수원 화성 축조에 이용하였다.

오답 해설

② **몽유도원도 → 안견**
몽유도원도는 조선 세종 때 안견이 안평대군의 꿈 이야기를 듣고 표현한 그림으로 자연스러운 현실 세계와 환상적인 이상 세계를 웅장하면서도 능숙하게 처리하였다.

③ **동의보감 → 허준**
조선 광해군 때 허준은 전통 한의학을 체계적으로 정리한 동의보감을 완성하여 의료 지식의 민간 보급에 기여하였다.

④ **열하일기 → 박지원**
연암 박지원은 연행사를 따라 청에 다녀온 후 열하일기를 집필하여 청의 문물을 소개하고 이를 수용할 것을 주장하였다.

> **핵심노트 ▶ 다산 정약용(1762~1836)**
> - 이익의 실학사상을 계승하면서 실학을 집대성
> - 정조 때 벼슬길에 올랐으나 신유박해 때에 전라도 강진에 유배
> - 500여 권의 저술을 여유당전서로 남김
> - **3부작(1표 2서)** : 목민심서, 경세유표, 흠흠신서
> - **3논설** : 전론, 원목, 탕론
> - **기예론** : 농업 기술과 공업 기술을 논의
> - **여전론** : 토지 제도의 개혁론으로 처음에는 여전론을, 후에 정전론을 주장

03 홍대용의 활동

암기박사 지전설 주장 ⇒ 홍대용 　　**정답** ②

정답 해설

조선 후기의 북학파 실학자인 홍대용은 의산문답을 통해 지전설과 무한 우주론을 주장하며 중국 중심의 세계관을 비판하였다.

오답 해설

① **추사체 창안 → 김정희**
김정희는 굳센 기운과 다양한 조형성을 가진 독자적 필체인 추사체를 창안하였다.

③ **사상 의학 정립 → 이제마**
이제마는 사람의 체질을 태양인, 태음인, 소양인, 소음인으로 구분하고 체질에 따라 처방을 달리해야 한다는 사상 의학을 정립하였다.

④ **대동여지도 제작 → 김정호**
김정호는 우리나라 대축척 지도인 대동여지도를 제작하였는데, 산맥·하천·포구·도로망의 표시가 정밀해지고 거리를 알 수 있도록 10리마다 눈금을 표시하였다.

04 연암 박지원

암기박사 열하일기, 양반전 ⇒ 연암 박지원 　　**정답** ③

정답 해설

연암 박지원은 조선 후기의 실학자로 연행사의 일원으로 청에 다녀온 후 열하일기를 집필하여 청의 선진 문물 도입을 주장하였고, 양반전을 지어 양반의 허례와 무능을 비판하였다.

오답 해설

① **기호학파의 대가 → 율곡 이이**
강릉 오죽헌에서 태어난 율곡 이이는 기호학파의 대가로, 공물을 쌀로 걷는 수미법과 왜구의 침공에 대비한 10만 양병설을 주장하였다. 저서로는 동호문답, 성학집요 등이 있다.

② **추사체 창안 → 추사 김정희**
김정희는 조선 후기의 서화가이자 문인으로 추사체라는 독창적인 글씨를 창안하였으며, 세한도라는 문인화를 그렸다. 또한 금석과안록에서 북한산비가 진흥왕 순수비임을 밝혔다.

④ **노론의 영수 → 우암 송시열**
노론의 영수인 우암 송시열은 효종에게 장문의 상소를 올려 명에 대한 의리와 북벌론을 주장하였고, 예송논쟁에서 자의대비의 복상 문제로 남인의 허목과 대립하였다.

05 유형원의 반계수록

암기박사 유형원 : 반계수록 ⇒ 균전론 제시 　　**정답** ③

정답 해설

조선의 실학자 유형원은 사회 개혁을 뒷받침할 학문 연구를 위해 전북 부안에 내려가 반계수록을 저술하였다. 또한 신분에 따른 토지의 차등 분배를 주장한 균전론을 제안하였다.

오답 해설

① **성호사설 저술 → 이익**
이익은 성호사설을 저술하여 우리 역사의 체계화를 주장하고, 유형원의 실학 사상을 계승하여 성호학파를 형성하였다.

② **북학의 저술 → 박제가**
초정 박제가는 청에 다녀온 후 북학의를 저술하고 청의 제도와 문물을 소개하였다.

④ **의산문답 저술 → 홍대용**
조선 후기의 실학자 홍대용은 의산문답을 통해 지전설과 무한 우주론을 주장하며 중국 중심의 세계관을 비판하였다.

06 담헌 홍대용

암기박사 지전설과 무한우주론 주장 ⇒ 담헌 홍대용 　　**정답** ④

정답 해설

조선 후기 지전설과 무한우주론을 주장한 과학 사상가이자 실학자는 담헌 홍대용이다. 그는 의산문답을 통해 중국 중심의 세계관을 비판하였다.

오답 해설

① **북학의 : 절약보다 소비 권장 → 박제가**
박제가는 청에 다녀온 후 북학의를 저술하고 재물을 우물에 비유하여 절약보다 소비를 권장하였다.

② **칠정산 : 역법서 → 이순지**
이순지는 조선 세종 때 한양을 기준으로 천체 운동을 계산한 역법서인 칠정산을 저술하였다.

③ **측우기, 자격루, 앙부일구 제작 → 장영실**
장영실은 조선 세종 때 활동하던 노비 출신의 과학자로 강우량 측

정기인 측우기, 물시계인 자격루 그리고 해시계인 앙부일구 등을 제작하였다.

핵심노트 ▶ 담헌 홍대용(1731~1783)
- 토지 개혁론으로 균전론 주장 : 1호당 평균 2결씩의 농지를 배분
- 임하경륜(부국론) : 기술 혁신, 신분제 개혁 주장, 병농일치의 군대 조직, 교육 기회의 균등 강조, 성리학의 극복이 부국강병의 근본이라 주장
- 의산문답 : 김석문의 지구 회전설을 계승해 지전설을 주장하여 화이관 비판 → 지전설 : 김석문, 홍대용, 이익, 정약용 등
- 저술 : 임하경륜, 의산문답, 연기 등이 담헌서에 전해짐, 수학 관계 저술로 주해수용이 있음

07 대동여지도

암기박사 김정호 : 대동여지도 ⇒ 총 22첩의 목판본 | **정답** ②

정답 해설

김정호가 제작한 총 22첩의 목판본 지도는 대동여지도이다. 10리마다 눈금을 표시하였고 역참·봉수 등의 주요 시설물을 기호로 표기하였다.

오답 해설

① 최초로 100리 척 적용 → 동국지도
  동국지도는 조선 영조 때 정상기가 제작한 지도로 최초로 100리 척의 축적 개념이 적용되었다.
③ 서양식 세계 지도 → 곤여만국전도
  천주교의 전도를 위해 중국에 온 이탈리아 선교사 마테오 리치가 제작한 세계 지도를 조선 선조 때 이광정이 전하였다.
④ 우리나라에서 제작된 현존 최고(最古)의 세계 지도 → 혼일강리역대국도지도
  혼일강리역대국도지도는 우리나라에서 제작된 현존 최고(最古)의 세계 지도로 조선 태종 때 권근, 김사형, 이회 등에 의해 제작되었다.

핵심노트 ▶ 대동여지도
- 철종 12년(1861) 김정호가 제작한 우리나라 대축척 지도로, 산맥·하천·포구·도로망의 표시가 정밀해지고 거리를 알 수 있도록 10리마다 눈금을 표시
- 전도를 22첩으로 나누어 각 첩을 책처럼 접을 수 있게 만든 분첩절첩식 지도로서, 목판으로 인쇄

08 유형원의 균전제

암기박사 균전제 : 토지의 차등 분배 ⇒ 유형원 | **정답** ①

정답 해설

조선의 실학자 유형원은 사회 개혁을 뒷받침할 학문 연구를 위해 전북 부안에 내려가 반계수록을 저술하였다. 또한 신분에 따른 토지의 차등 분배를 주장한 균전제의 실시를 제안하였다.

오답 해설

② 정혜결사 제창 → 보조국사 지눌
  보조국사 지눌은 불교의 수행에 있어 정과 혜를 함께 수행하여야 한다는 정혜결사를 제창하고 불교 개혁에 앞장섰다.

③ 훈련도감 창설 → 유성룡
  조선 선조 때 유성룡은 임진왜란 중 왜군의 조총에 대응하고 국방력을 강화하기 위해 훈련도감을 창설하였다.
④ 전민변정도감 설치 → 신돈
  고려 공민왕 때 신돈은 전민변정도감을 설치하고 권문세족에게 빼앗긴 토지와 노비를 본래의 소유주에게 돌려주거나 양민으로 해방시켰다.

핵심노트 ▶ 유형원의 균전론
- 주나라 정전법의 영향을 받아 자영농 육성을 위한 토지 제도의 개혁을 주장
- 관리·선비·농민에게 토지의 차등적 재분배를 주장
- 토지 국유제 원칙에서 토지 매매 금지와 대토지 소유 방지를 주장
- 자영농 육성을 통한 병농일치의 군사 제도, 사농일치의 교육 제도 확립을 주장

09 연암 박지원

암기박사 열하일기 저술 ⇒ 연암 박지원 | **정답** ②

정답 해설

양반전과 허생전을 저술하고 수레와 선박의 이용 등을 강조한 인물은 조선 후기의 실학자 연암 박지원이다. 박지원은 연행사를 따라 청에 다녀온 후 열하일기를 저술하여 청의 문물을 소개하고 이를 수용할 것을 주장하였다.

오답 해설

① 몽유도원도 → 안견
  몽유도원도는 조선 세종 때 안견이 안평대군의 꿈 이야기를 듣고 표현한 그림으로 자연스러운 현실 세계와 환상적인 이상 세계를 웅장하면서도 능숙하게 처리하였다.
③ 사상 의학 정립 → 이제마
  이제마는 사람의 체질을 태양인, 태음인, 소양인, 소음인으로 구분하고 체질에 따라 처방을 달리해야 한다는 사상 의학을 정립하였다.
④ 대동여지도 → 김정호
  대동여지도는 조선 철종 때 김정호가 제작한 우리나라 대축척 지도로, 산맥·하천·포구·도로망의 표시가 정밀해지고 거리를 알 수 있도록 10리마다 눈금을 표시하였다.

핵심노트 ▶ 연암 박지원
- 열하일기 : 청에 다녀와 문물을 소개하고 이를 수용할 것을 주장
- 농업 관련 저술 : 과농소초와 한민명전의 등에서 영농 방법의 혁신, 상업적 농업의 장려, 수리 시설의 확충 등을 통한 농업 생산력 증대에 관심
- 한전론의 중요성을 강조하면서 농업 생산력의 향상에 관심을 가짐
- 상공업의 진흥을 강조하면서 수레와 선박의 이용, 화폐 유통의 필요성 등을 주장
- 양반 문벌제도 비판 : 양반전, 허생전, 호질을 통해 양반 사회의 모순과 부조리, 비생산성을 비판

10 다산 정약용

암기박사 여전론 주장, 목민심서 저술 ⇒ 정약용

정답 ③

정답 해설

마을 단위로 농민이 함께 경작하고 세금을 제외한 나머지 생산물을 일한 양에 따라 분배하자는 여전론을 주장한 인물은 다산 정약용이다. 조선 후기의 실학자 정약용은 지방 행정의 개혁 및 목민관(지방관)의 도리에 대하여 쓴 목민심서를 저술하였다.

오답 해설

① 동학 창시 → 최제우
 최제우는 세도 정치기인 철종 때 동학을 창시하고 인내천 사상을 바탕으로 인간의 존엄성과 평등을 강조하였다.

② 추사체 창안 → 김정희
 김정희는 굳센 기운과 다양한 조형성을 가진 독자적 필체인 추사체를 창안하였다.

④ 사상 의학 확립 → 이제마
 이제마는 사람의 체질을 태양인, 태음인, 소양인, 소음인으로 구분하고 체질에 따라 처방을 달리해야 한다는 사상 의학을 확립하였다.

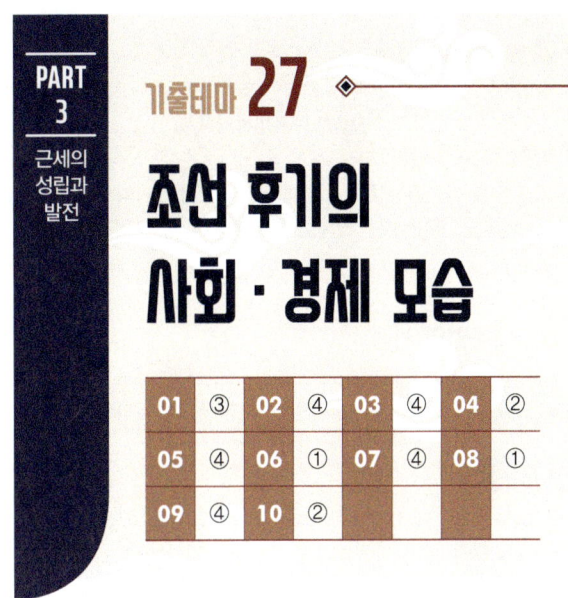

PART 3 근세의 성립과 발전

기출테마 27 조선 후기의 사회·경제 모습

01	③	02	④	03	④	04	②
05	④	06	①	07	④	08	①
09	④	10	②				

01 조선 후기의 사회 모습

암기박사 삼별초 ⇒ 고려 무신 집권기

정답 ③

정답 해설

조선 후기 정조 때 전라도 진산 사람 윤지충이 서학을 믿어 어머니의 신주를 불태운 일로 처형당하는 신해박해가 일어났다. 한편, 최우가 좌·우별초와 신의군으로 구성된 삼별초를 조직하여 몽골의 침입에 대비한 것은 고려 무신 집권기 때의 일이다.

오답 해설

① 정감록 유포 → 조선 후기
 조선 후기에는 비기·도참과 같은 예언 사상이 유행하였고, 왕조 교체를 예언하는 정감록이 유포되었다.

② 판소리 공연 → 조선 후기
 조선 후기에는 춘향가와 흥보가 등 장시에서 소리꾼들의 판소리 공연이 크게 성행하였다.

④ 상평통보 유통 → 조선 후기
 조선 후기에는 상업의 발달로 물품 구입이나 세금 납부 등에 상평통보를 사용하였다.

02 조선 후기의 경제 상황

암기박사 공인 : 관청에 물품 조달 ⇒ 조선 후기

정답 ④

정답 해설

연암 박지원은 조선 후기의 실학자로 청에 다녀온 후 열하일기를 집필하여 청의 문물을 소개하였다. 조선 후기에는 대동법의 시행으로 관청에 물품을 조달하는 공인이 활동하였다.

오답 해설

① 동시전 : 시장 감독 → 신라
 신라 지증왕 때 시장을 감독하는 관청인 동시전이 수도 경주에 설

치되었다.
② 솔빈부 : 말 수출 → 발해
  솔빈부는 발해의 지방 행정 구역인 15부 중의 하나로, 그 지역의 특산물인 말이 주요 수출품으로 유명하였다.
③ 벽란도 : 국제 무역항 → 고려
  고려 시대에는 예성강 어귀의 벽란도가 국제 무역항으로 번성하여 송의 상인을 비롯한 일본, 만양, 아라비아 상인과도 교역하였다.

03 대동법의 시행

암기박사 특산물 대신 쌀, 베 등으로 납부 ⇒ 대동법

정답 ④

정답 해설

대동법은 광해군 때 경기도에서 처음 시행되었으며, 효종 때에는 김육이 충청도 지역까지 대동법의 확대 실시를 건의하였다. 공납의 폐단을 해결할 목적으로 시행한 대동법은 특산물 대신 쌀, 베 등으로 납부하게 하였다.

오답 해설

① 군포 납부액 1필로 경감 → 균역법
  조선 영조 때 농민의 부담을 덜어주기 위해 군포 2필을 부담하던 것을 1년에 군포 1필로 경감하는 균역법을 시행하였다.
② 양반에게도 군포 부과 → 호포제
  흥선 대원군은 군정의 문란을 개혁하기 위해 호포제를 실시하고 양반에게도 군포를 부과하였다.
③ 토지 1결당 4~6두로 고정 → 영정법
  조선 인조 때 영정법을 실시하여 풍흉에 관계없이 토지 1결당 4~6두로 전세를 고정하였다.

04 균역법의 이해

암기박사 군포 : 2필에서 1필로 경감 ⇒ 균역법

정답 ②

정답 해설

백성들의 군역 부담을 줄이기 위해 군포 납부액을 2필에서 1필로 줄인 것은 조선 영조 때 제정된 균역법이다. 균역법의 제정으로 부족해진 군포를 메우기 위해 어장세나 소금세 등의 잡세를 부과하였다.

오답 해설

① 수조권 지급 → 과전법 ← 토지로부터 조세를 거둘 수 있는 권리
  고려 공양왕 때 관리들에게 수조권을 지급하는 과전법을 실시하여 신진 사대부의 경제적 기반을 마련하였다.
③ 쌀, 베, 동전으로 납부 → 대동법
  광해군 때 공납의 폐단을 시정하고자 특산물 대신 쌀, 베, 동전 등으로 납부하게 하는 대동법을 시행하였다.
④ 토지 1결당 4~6두 부과 → 영정법
  조선 인조 때 영정법을 실시하여 풍흉에 관계없이 토지 1결당 4~6두로 전세를 고정하였다.

05 조선 후기의 경제 상황

암기박사 벽란도 : 국제 무역 ⇒ 고려 시대

정답 ④

정답 해설

상평통보가 전국적으로 유통된 것은 조선 후기이다. 한편, 벽란도에서 송의 상인을 비롯한 일본, 만양, 아라비아 상인과 활발한 국제 무역이 이루어진 것은 고려 시대이다.

오답 해설

① 장시 발달 : 보부상 → 조선 후기
  조선 후기에는 정기 시장인 장시가 전국 각지에서 열렸고, 보부상들이 장시를 돌아다니며 상업 활동을 하였다.
② 공인 : 관청에 물품 조달 → 조선 후기
  조선 후기에는 대동법이 실시되면서 관청에 물품을 조달하는 공인이 활동하였다.
③ 송상 : 송방 설치 → 조선 후기
  조선 후기에 개성의 송상이 전국 각지에 송방이라는 지점을 설치하고 청과 일본 사이의 중계 무역으로 부를 축적하였다.

06 조선 후기의 사회 모습

암기박사 녹읍 지급 ⇒ 신라~고려 초

정답 ①

정답 해설

← 나라의 재정을 보충하기 위하여 부유층에게 돈이나 곡식을 받고 팔았던 명예직 임명장

공명첩을 발행하고 상품 작물인 담배를 재배한 것은 조선 후기의 일이다. 한편, 귀족이 국가로부터 녹읍을 지급받은 것은 신라에서 고려 초기까지이다.

오답 해설

② 고구마 : 구황 작물 재배 → 조선 후기
  조선 후기에는 일본에서 들여 온 고구마와 같은 구황 작물이 널리 재배되었다. ← 기후가 불순한 흉년에도 비교적 안전한 수확을 얻을 수 있는 작물
③ 공인 : 관청에 물품 조달 → 조선 후기
  조선 후기에는 대동법의 시행으로 관청에 필요한 물품을 조달하는 공인이 등장하였다. ← 관허 상인
④ 만상 : 대청무역 → 조선 후기
  조선 후기에는 상업의 발달로 만상 등의 상인이 대청 무역으로 부를 축적하였다.

07 조선 후기의 사회 모습

암기박사 팔관회 : 종교행사 ⇒ 고려 시대

정답 ④

정답 해설

세책점에서 상평통보를 사용하여 한글 소설인 춘향전을 대여한 것은 조선 후기의 일이다. 한편, 불교와 토속신앙이 어우러진 종교행사인 팔관회가 개최된 것은 고려 시대이다.

오답 해설

① 민화 : 까치와 호랑이 → 조선 후기
  조선 후기에는 까치와 호랑이 민화와 같이 민중의 미적 감각을 잘

나타낸 민화가 유행하였다.
②·③ 탈춤, 판소리 공연 → 조선 후기
　조선 후기에는 양반의 위선을 풍자한 탈춤과 춘향가, 흥보가 등의 판소리와 같은 서민 문화가 크게 유행하였다.

08 균역법의 이해

암기박사 군포를 절반으로 줄인 제도 ⇒ 영조 : 균역법

정답 ①

정답 해설
양민의 부담을 덜고자 군포를 절반으로 줄이는 제도는 조선 영조 때 시행된 균역법이다. 균역법의 시행으로 부족해진 군포를 메우기 위해 어장세나 소금세 등의 잡세를 부과하였다.

오답 해설
② 특산물 대신 쌀, 베, 동전으로 납부 → 광해군 : 대동법
　광해군 때 공납의 폐단을 시정하고자 특산물 대신 쌀, 베, 동전 등으로 납부하게 하는 대동법을 시행하였다.
③ 토지 1결당 4~6두 부과 → 인조 : 영정법
　조선 인조 때 영정법을 실시하여 풍흉에 관계없이 토지 1결당 4~6두로 전세를 고정하였다.
④ 현직 관리에게만 지급 → 세조 : 직전법
　조선 세조 때 과전이 부족해지자 직전법을 시행하여 현직 관리에게만 수조권을 지급하였다.
　　↳ 토지로부터 조세를 거둘 수 있는 권리

핵심노트 ▶ 균역법의 재정 보충 대책
- **결작** : 감소된 재정을 보충하기 위해 지주에게 결작을 부과 → 토지 1결당 미곡 2두
- **선무군관포** : 일부 상층 양인에게 선무군관이란 칭호를 주고 군포 1필 부과
- **잡세** : 어장세·염세·선박세 등

09 조선 후기의 사회 모습

암기박사 이승휴 : 제왕운기 ⇒ 고려 시대

정답 ④

정답 해설
조선 후기에는 책 읽는 솜씨가 뛰어난 전기수(傳奇叟)가 장시에서 임경업전 등의 한글 소설을 읽어주었다. 한편 제왕운기는 고려 충렬왕 때 이승휴가 우리나라와 중국의 역사를 시로 적은 역사 서사시로 단군의 건국 이야기를 담고 있다.

오답 해설
① 중인 : 시사 조직 → 조선 후기
　조선 후기에는 중인들이 시사를 조직해 활발한 문예 활동을 전개하였다.
② 춘향가 판소리 → 조선 후기
　조선 후기에는 춘향가와 같은 판소리 및 탈춤 등의 서민 문화가 크게 성행하였다.
③ 사설시조 → 조선 후기
　조선 후기에는 서민들을 중심으로 기존의 시조 형식에서 벗어난 사설시조가 유행하였다.

10 조선 후기의 경제 상황

암기박사 벽란도 : 국제 무역항 ⇒ 고려 시대

정답 ②

정답 해설
벽란도는 고려 시대의 국제 무역항으로 중국의 송 상인과 교역하였고 그 외 일본, 만양, 아라비아 상인이 내왕하는 등 활발한 대외 무역이 이루어졌다.

오답 해설
① 내상 : 일본과의 무역 주도 → 조선 후기
　조선 후기에는 왜관을 중심으로 한 동래의 내상이 일본과의 무역을 주도하였다.
③ 공인 : 관청에 물품 조달 → 조선 후기
　조선 후기에는 대동법이 실시되면서 관청에 물품을 조달하는 공인(貢人)이 활동하였다.
④ 장시의 발달 → 조선 후기
　조선 후기에는 정기 시장인 장시가 전국적으로 확대되어 1천여 곳의 시장이 열렸다.

기출테마 28 조선 후기 문화의 새 경향

01	③	02	①	03	③	04	①
05	④	06	②	07	②	08	④
09	②	10	④				

01 혜원 신윤복

정답 ③

암기박사 단오풍정 ⇒ 혜원 신윤복

정답 해설

단오풍정은 조선 후기의 대표적인 풍속 화가 혜원 신윤복이 그린 작품으로, 단옷날 여인들이 몸을 씻고 그네를 타며 즐거운 시간을 보내는 모습을 표현하고 있다.

오답 해설

① 노상알현도 → 김득신
  노상알현도는 김홍도의 제자 김득신이 그린 작품으로, 길에서 우연히 만난 양반과 상민 부부의 모습을 통해 조선 사회의 신분질서를 엿볼 수 있다.

② 고사관수도 → 강희안
  고사관수도는 조선 전기의 사대부 화가 인재 강희안의 작품으로, 깎아지른 듯한 절벽을 배경으로 바위 위에 양팔을 모아 턱을 괸 채 수면을 바라보는 선비의 모습을 묘사하였다.

④ 논갈이 → 김홍도
  논갈이는 조선 후기의 대표적인 풍속화가 김홍도의 작품으로 소에 쟁기를 달고 논을 가는 농부들의 모습을 소탈하고 익살스럽게 표현하였다.

핵심노트 ▶ 조선 후기 풍속화가 비교

- 김홍도 : 소탈하고 익살스럽고 정감 어린 필치의 풍속화로 유명 → 전원 화가
- 김득신 : 김홍도의 제자이며, 궁인 화가로 풍속화에 능했음 → 궁정 화가
- 신윤복 : 간결하고 소탈한 김홍도에 비해 섬세하고 세련된 필치를 구사 → 도회지 화가

02 단원 김홍도

정답 ①

암기박사 서당 ⇒ 단원 김홍도

정답 해설

서당도는 조선 후기의 대표적인 풍속화가인 단원 김홍도의 작품으로, 쪼그리고 돌아앉아 훌쩍이는 학동과 방건을 쓰고 유생의 옷차림을 한 훈장을 소탈하고 익살스러운 필치로 표현하였다.

오답 해설

② 고사관수도 → 강희안
  조선 전기의 사대부 화가 인재 강희안의 작품으로, 깎아지른 듯한 절벽을 배경으로 바위 위에 양팔을 모아 턱을 괸 채 수면을 바라보는 선비의 모습을 묘사하였다.

③ 세한도 → 김정희
  세한도는 화가가 아닌 선비가 그린 문인화의 대표작으로, 조선 후기의 학자 추사 김정희가 제주도에서 유배 생활 중에 제자 이상적이 청에서 귀한 책들을 구해다 준 것에 대한 답례로 그려준 작품이다.

④ 인왕제색도 → 정선
  인왕제색도는 조선 후기 진경산수화의 대가 겸재 정선의 작품으로, 비가 내린 뒤의 인왕산의 분위기를 적묵법으로 진하고 묵직하게 표현한 산수화이다.

03 김홍도의 풍속화

정답 ③

암기박사 무동 ⇒ 김홍도

정답 해설

김홍도는 서민들의 생활 모습을 생생하게 묘사한 대표적인 조선 후기 풍속화가이다. 김홍도의 무동은 악사들의 장단에 맞추어 춤을 추는 무동의 춤사위를 익살과 해학으로 화폭에 담고 있다.

오답 해설

① 고사관수도 → 강희안
  조선 전기의 사대부 화가 인재 강희안의 작품으로, 깎아지른 듯한 절벽을 배경으로 바위 위에 양팔을 모아 턱을 괸 채 수면을 바라보는 선비의 모습을 묘사하였다.

② 아집도대련 → 작자 미상
  고려 시대 문벌귀족의 생활상을 표현한 그림으로, 고려 문인 관료들의 이상적인 삶을 잘 나타내고 있다.

④ 월하정인 → 신윤복
  월하정인은 조선 후기의 대표적인 풍속화가 혜원 신윤복이 그린 작품으로, 늦은 밤 인적이 드문 뒷골목에서 남녀 간의 연애를 소재로 한 그림이다.

04 경복궁의 역사

정답 ①

암기박사 정전 : 근정전 ⇒ 경복궁

정답 해설

광화문은 경복궁의 정문이며 근정전은 경복궁의 정전이다. → 왕이 나와서 조회를 하던 궁전

경복궁

근정전은 조선왕실을 상징하는 건축물로, 태조 이성계가 한양으로 도읍을 천도하면서 경복궁과 함께 처음 지어졌다.

오답 해설

② 경복궁 → 임진왜란 때 소실
경복궁은 임진왜란 때 불타 소실된 것을 흥선 대원군이 왕실의 위엄을 높이고 국가 위신의 제고를 위해 중건하였다.

③ 수원 화성 → 조선 정조 때 축조
조선 정조의 명에 의해 축조된 수원 화성은 정치적·군사적 기능을 부여하고 정치적 이상을 실현하기 위해 건설되었다.

④ 종묘 → 역대 왕과 왕비의 신주
종묘는 조선 시대 역대 국왕과 왕비의 신주가 모셔져 있는 사당으로, 왕이 국가와 백성의 안위를 기원하기 위해 문무백관과 함께 정기적으로 제사에 참여한 공간이다.

05 혜원 신윤복

암기박사 월하정인 ⇒ 혜원 신윤복 정답 ④

정답 해설

월하정인은 조선 후기의 대표적인 풍속 화가 혜원 신윤복이 그린 작품으로, 늦은 밤 인적이 드문 뒷골목에서 남녀 간의 연애를 소재로 한 그림이다.

오답 해설

① 씨름도 → 김홍도
씨름도는 조선 후기의 대표적인 풍속화가인 단원 김홍도가 그린 그림으로, 씨름을 하는 사람들을 중심으로 구경꾼들의 모습을 실감나게 묘사한 작품이다.

② 노상알현도 → 김득신
노상알현도는 김홍도의 제자 김득신이 그린 작품으로, 길에서 우연히 만난 양반과 상민 부부의 모습을 통해 조선 사회의 신분질서를 엿볼 수 있다.

③ 고사관수도 → 강희안
조선 전기의 사대부 화가 인재 강희안의 작품으로, 깎아지른 듯한 절벽을 배경으로 바위 위에 양팔을 모아 턱을 괸 채 수면을 바라보는 선비의 모습을 묘사하였다.

06 겸재 정선

암기박사 인왕제색도 ⇒ 겸재 정선 정답 ②

정답 해설

인왕제색도는 조선 후기 진경산수화의 대가 겸재 정선의 작품으로, 비가 내린 뒤의 인왕산의 분위기를 적묵법으로 진하고 묵직하게 표현한 산수화이다.

오답 해설

① 영통동구도 → 강세황
영통동구도는 조선 후기의 화가 강세황이 그린 작품으로, 원근법과 명암법 등 서양화 기법을 반영하여 더욱 실감나게 표현하였다.

③ 세한도 → 김정희
세한도는 화가가 아닌 선비가 그린 문인화의 대표작으로, 조선 후기의 학자 추사 김정희가 제주도에서 유배 생활 중에 제자 이상적이 청에서 귀한 책들을 구해다 준 것에 대한 답례로 그려준 작품이다.

④ 몽유도원도 → 안견
몽유도원도는 조선 전기 세종 때 안견이 안평대군의 꿈 이야기를 듣고 표현한 그림으로, 자연스러운 현실 세계와 환상적인 이상 세계를 웅장하면서도 능숙하게 처리하였다.

07 법주사 팔상전

암기박사 법주사 팔상전 ⇒ 보은 정답 ②

정답 해설

충북 보은군에 소재한 조선 후기의 건축물은 국보 제55호인 법주사 팔상전이다. 법주사 팔상전은 우리나라에 남아 있는 가장 오래된 5층 목탑으로, 내부에는 석가모니의 생애를 여덟 장면으로 그린 팔상도가 있다.

오답 해설

① 금산사 미륵전 → 김제
금산사 미륵전은 전북 김제시 금산사에 있는 조선 시대의 목조 건물로, 겉모양이 3층으로 된 한국의 유일한 법당이며 내부는 통층이다.

③ 봉정사 극락전 → 안동
봉정사 극락전은 경북 안동시 봉정사에 있는 고려 시대 주심포 양식의 건축물로, 현존하는 가장 오래된 목조 건축물이다.

④ 부석사 무량수전 → 영주 ← 신라 문무왕 때 의상대사가 창건
부석사 무량수전은 경북 영주시 부석사에 있는 고려 중기의 건물로, 배흘림기둥과 주심포 양식의 신라 양식을 계승한 고려 시대 목조 건축물이다.

08 창경궁의 역사

암기박사 일제 : 동물원과 식물원 설치 ⇒ 창경궁 정답 ④

정답 해설

조선 시대에 창덕궁과 함께 동궐로 불린 궁은 창경궁이다. 창경궁의 처음 이름은 수강궁으로 세종이 생존한 상왕인 태종을 모시기 위해 지은 궁이었으나, 일제에 의해 창경원으로 격하되고 동물원과 식물원 등이 설치되었다.

오답 해설

① 흥선 대원군 중건 → 경복궁
경복궁은 태조 이성계가 한양으로 도읍을 천도하면서 처음 지어졌고, 임진왜란 당시 불타 소실된 것을 흥선 대원군이 중건하였다.

② 유사시 피난용 궁궐 → 경희궁
경희궁의 처음 이름은 경덕궁으로 유사시 왕이 본궁을 떠나 피난하는 이궁으로 지어졌으나, 여러 왕이 정사를 보았기 때문에 동궐인 창덕궁에 대해 서궐이라 불렸다.

③ 고종이 환궁한 곳 → 덕수궁

덕수궁은 고종이 아관파천 이후에 환궁한 곳으로, 원래 명칭은 경운궁이었으나 순종이 즉위하면서 태상황이 된 고종이 궁호를 덕수궁으로 바꾸었다.

핵심노트 ▶ 한국의 고궁

- **경복궁** : 사적 제117호로 서울 종로구 세종로 1번지에 위치한다. 조선시대 궁궐 중 가장 중심이 되는 곳으로 태조 3년(1394) 한양으로 수도를 옮긴 후 세웠다.
- **창덕궁** : 조선시대 궁궐 가운데 하나로 태종 5년(1405)에 세워졌다. 당시 종묘· 사직과 더불어 정궁인 경복궁이 있었으므로, 이 궁은 하나의 별궁으로 만들었다.
- **창경궁** : 조선시대 궁궐로 태종이 거처하던 수강궁터에 지어진 건물이다.
- **덕수궁** : 경운궁으로 불리다가, 고종황제가 1907년 왕위를 순종황제에게 물려준 뒤에 이곳에서 계속 머물게 되면서 고종황제의 장수를 빈다는 뜻의 덕수궁으로 고쳐 부르게 되었다.
- **경희궁** : 원종의 집터에 세워진 조선후기의 대표적인 이궁이다. 광해군 8년(1616)에 세워진 경희궁은 원래 경덕궁 이었으나 영조 36년(1760)에 이름이 바뀌었다.

09 조선 후기 진경 산수화

암기박사 정선 : 인왕제색도 ⇒ 조선 후기

정답 ②

정답 해설

우리나라 산천을 소재로 한 조선 후기 진경 산수화의 대표적인 화가는 겸재 정선으로, 그가 그린 인왕제색도는 비가 내린 뒤의 인왕산의 분위기를 적묵법으로 진하고 묵직하게 표현하였다.

오답 해설

① **수렵도 → 고구려**
  중국 지안의 무용총에는 당시 고구려의 생활상을 담은 수렵도 등의 벽화가 남아 있다.
③ **안견 : 몽유도원도 → 조선 전기**
  몽유도원도는 조선 세종 때 안견이 안평대군의 꿈 이야기를 듣고 표현한 그림으로 자연스러운 현실 세계와 환상적인 이상 세계를 웅장하면서도 능숙하게 처리하였다.
④ **강희안 : 고사관수도 → 조선 전기**
  고사관수도는 조선 전기의 사대부 화가 인재 강희안의 작품으로, 깎아지른 듯한 절벽을 배경으로 바위 위에 양팔을 모아 턱을 괸 채 수면을 바라보는 선비의 모습을 묘사하였다.

핵심노트 ▶ 겸재 정선

- 18세기 진경산수화의 세계를 개척
- 서울 근교와 강원도의 명승지들을 두루 답사하여 사실적으로 그림
- 대표작 : 인왕제색도, 금강전도, 여산초당도, 입암도 등

10 창덕궁의 역사

암기박사 조선 태종 때 지은 이궁 ⇒ 창덕궁

정답 ④

정답 해설

조선 태종 때 이궁(離宮)으로 세워진 궁은 창덕궁으로, 태종이 한양 재천도를 위하여 건립하였으며 현재 유네스코 세계문화유산에 등재되어 있다. 주요 건물로는 인정전, 돈화문 등이 있고 건축사에 있어 조선 시대 궁궐의 한 전형을 보여 준다. 후원의 조경은 우리나라의 대표적인 왕실 정원으로서 가치가 높다.

오답 해설

① **흥선 대원군 중건 → 경복궁**
  경복궁은 태조 이성계가 한양으로 도읍을 천도하면서 처음 지어졌고, 임진왜란 당시 불타 소실된 것을 흥선 대원군이 중건하였다. → 일제가 경복궁 내에 조선 총독부 청사 건립
② **유사시 피난용 궁궐 → 경희궁**
  경희궁의 처음 이름은 경덕궁으로 유사시 왕이 본궁을 떠나 피난하는 이궁(離宮)으로 지어졌으나, 여러 왕이 정사를 보았기 때문에 동궐인 창덕궁에 대해 서궐이라 불렀다.
③ **고종 : 아관파천 이후 환궁 → 덕수궁**
  덕수궁은 고종이 아관파천 이후에 환궁한 곳으로, 원래 명칭은 경운궁이었으나 순종이 즉위하면서 태상황이 된 고종이 궁호를 덕수궁으로 바꾸었다.

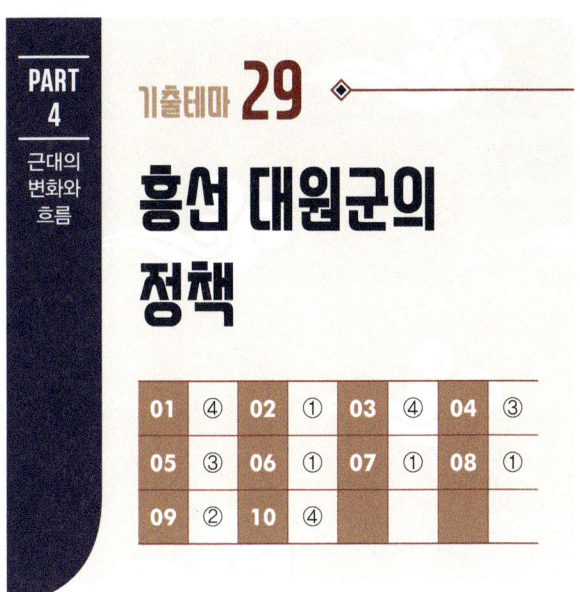

01 신미양요 이후의 사실

암기박사 신미양요(1871) ⇒ 척화비 건립

정답 ④

정답 해설
미국이 제너럴셔먼호 사건을 구실로 강화도를 공격하여 신미양요가 발발하자 어재연 부대가 광성보에서 항전하였다. 신미양요의 결과 흥선 대원군은 척화교서를 내리고 종로를 비롯한 전국 각지에 척화비를 건립하였다.

오답 해설
① 병인박해(1866) → 신미양요 이전
  천주교에 대한 최대의 박해로 흥선 대원군은 프랑스 베르뇌 신부 등 8천여 명을 처형하였다.
② 집현전 설치(1420) → 신미양요 이전
  조선 세종 때 학문 연구 기관인 집현전이 설치되어 인재를 육성하고 편찬 사업을 추진하였다.
③ 천리장성 축조(631~647 / 1033~1044) → 신미양요 이전
  고구려 영류왕 때 당의 침입에 대비하여, 그리고 고려 덕종 때 거란의 침입에 대비하여 천리장성이 축조되었다.

02 흥선 대원군

암기박사 척화비 건립 ⇒ 흥선 대원군

정답 ①

정답 해설
경복궁 중건을 위해 원납전을 징수하고 당백전을 발행한 인물은 흥선 대원군이다. 병인양요와 신미양요의 결과 흥선 대원군은 척화교서를 내리고 종로와 전국 각지에 척화비를 건립하였다.

오답 해설
② 허준 : 동의보감 → 조선 광해군
  조선 광해군 때 허준은 전통 한의학을 체계적으로 정리한 동의보감을 간행하여 의료 지식의 민간 보급에 기여하였다.
③ 신해통공 실시 → 조선 정조 ▶ 명주, 종이, 어물, 모시와 베, 무명, 비단을 파는 점포
  조선 정조 때 시전 상인의 특권을 축소하는 신해통공을 실시하여 육의전을 제외한 시전 상인의 금난전권을 폐지하였다.
④ 나선 정벌 단행 → 조선 효종 ▶ 난전을 단속할 수 있는 권한
  조선 효종은 청과 러시아 간 국경 충돌로 청이 원병을 요청하자 조총 부대를 파견하여 나선 정벌을 단행하였다.

03 병인양요

암기박사 병인양요 ⇒ 양헌수 : 정족산성

정답 ④

정답 해설
프랑스군이 외규장각 의궤를 약탈해 간 것은 병인양요 때의 일이다. 병인양요가 발발하자 양헌수 부대가 정족산성에서 프랑스 군을 격퇴하였다.

오답 해설
① 제너럴셔먼호 사건 → 신미양요
  제너럴셔먼호 사건을 구실로 미국의 로저스 제독이 5척의 군함을 이끌고 강화도를 침략하였다.
② 운요호 사건 → 강화도 조약
  일본 군함 운요호가 연안을 탐색하다 강화도 초지진에서 조선 측의 포격을 받자 이를 구실로 불평등 조약인 강화도 조약이 체결되었다.
③ 흥선 대원군 : 통상 거부 → 오페르트 도굴 사건
  독일 상인 오페르트가 통상을 거부당하자 충청남도 덕산에 있는 남연군의 묘를 도굴하다가 발각되었다.
  ▶ 흥선 대원군의 아버지

04 흥선 대원군 집권기의 사실

암기박사 척화비 건립 ⇒ 흥선 대원군

정답 ③

정답 해설
고종의 아버지인 이하응은 흥선 대원군의 본명이다. 흥선 대원군은 집권기에 경복궁 중건을 위해 당백전을 발행하였고 양반에게도 군포를 징수하는 호포제를 실시하였다. 또한 신미양요 이후 척화교서를 내리고 종로와 전국 각지에 척화비를 건립하였다.

오답 해설
① 관료전 지급 : 녹읍 폐지 → 통일 신라 신문왕
  통일 신라의 신문왕은 관료전을 지급하고 귀족의 경제 기반이었던 녹읍을 폐지하였다.
② 장용영 : 국왕 친위 부대 → 조선 정조
  조선 정조 때 왕권 강화를 위해 국왕의 친위 부대인 장용영을 설치하고 한양에는 내영, 수원 화성에는 외영을 두었다.
④ 최영 : 요동 정벌 추진 → 고려 우왕
  고려 우왕 때 최영이 명의 철령위 설치에 반발하여 요동 정벌을 추진하였다.

05 병인양요

정답 ③

암기박사 병인양요 ⇒ 양헌수 : 정족산성

정답 해설

프랑스군이 외규장각 의궤를 약탈해 간 것은 병인양요 때의 일이다. 병인양요가 발발하자 양헌수 부대가 정족산성에서 프랑스 군을 격퇴하였다(1866).

오답 해설

① 청군의 개입 → 임오군란, 갑신정변
  임오군란 때는 명성황후 일파가 청에 군대를 요청하여 군란을 진압하였고, 갑신정변 때는 청의 무력 개입으로 3일 만에 실패로 끝났다.

② 제너럴셔먼호 사건 → 신미양요
  제너럴셔먼호 사건을 구실로 미국의 로저스 제독이 5척의 군함을 이끌고 강화도를 공격하여 신미양요가 발발하였다.

④ 임오군란 → 제물포 조약 체결
  임오군란의 결과 조선은 일본과 제물포 조약을 체결하고 배상금 지불과 군란 주동자의 처벌을 약속하였다.

06 오페르트 도굴 사건

정답 ①

암기박사 고종 즉위(1863) ⇒ 오페르트 도굴 사건(1868)

정답 해설

제시문의 내용은 독일 상인 오페르트가 통상을 거부당하자 충청남도 덕산에 있는 남연군의 묘를 도굴하다가 발각된 오페르트 도굴 사건이다(1868). 남연군은 흥선 대원군의 아버지이며, 흥선 대원군은 아들인 고종의 즉위 후 집권하였다(1863).

07 흥선 대원군 집권기의 사실

정답 ①

암기박사 신미양요(1871) ⇒ 흥선 대원군 : 척화비 건립

정답 해설

미국이 제너럴셔먼호 사건을 구실로 강화도를 공격하여 신미양요가 발발하자 흥선 대원군은 척화교서를 내리고 전국 각지에 척화비를 건립하였다.

오답 해설

② 보빙사 파견(1883) → 강화도 조약 이후
  보빙사는 서양에 파견된 최초의 사절단으로, 미국과 조·미 수호 통상 조약이 체결된 후 미국 공사의 서울 부임에 답하여 전권 대사 민영익 및 홍영식, 서광범 등이 미국에 파견되었다.

③ 황룡촌 전투(1894) → 강화도 조약 이후
  동학 농민군은 전라도 장성 황룡촌 전투에서 홍계훈의 중앙 관군과 싸워 승리한 후 전주성을 점령하였다.

④ 만민 공동회 개최(1898) → 강화도 조약 이후
  독립 협회는 우리나라 최초의 근대적 민중 대회인 만민 공동회를 개최하여 민권 신장을 추구하였다.

08 병인양요

정답 ①

암기박사 병인양요 발발 ⇒ 흥선 대원군 집권기

정답 해설

흥선 대원군 집권기인 1866년에 병인양요가 발발하자 한성근 부대가 문수산성에서, 양헌수 부대가 정족산성에서 프랑스 군을 격퇴하였다.

오답 해설

② 미국 : 통상 요구 → 제너럴셔먼호 사건
  평양 관민이 대동강에 침입하여 통상을 요구하는 미국 상선 제너럴셔먼호를 불태웠다.

③ 임술 농민 봉기 → 삼정이정청 설치
  조선 철종 때 임술 농민 봉기가 발발하자 삼정의 문란을 해결하기 위해 박규수의 건의로 삼정이정청이 설치되었다.

④ 운요호 사건 → 강화도 조약
  일본 군함 운요호가 연안을 탐색하다 강화도 초지진에서 조선 측의 포격을 받자 이를 구실로 불평등 조약인 강화도 조약이 체결되었다.

핵심노트 ▶ 병인양요(1866)

- 프랑스는 병인박해 때의 프랑스 신부 처형을 구실로 로즈 제독이 이끄는 7척의 군함을 파병하여 강화도 침략
- 대원군의 굳은 항전 의지와 양헌수·한성근 부대의 항전으로 문수산성과 정족산성에서 프랑스 군을 격퇴
- 프랑스는 철군 시 문화재에 불을 지르고 외규장각에 보관된 유물 3600여 점을 약탈, 이 중 도서 300여 권은 2011년에 반환됨

09 신미양요의 원인

정답 ②

암기박사 제너럴 셔먼호 사건 ⇒ 신미양요

정답 해설

대동강에 침입하여 통상을 요구하며 행패를 부리던 미국 상선 제너럴 셔먼호가 박규수와 평양 관민들에 의해 불태워졌고(1866), 이 사건이 빌미가 되어 미국이 강화도를 공격하는 신미양요가 발발하였다(1871). 강화도를 침략한 미군에 맞서 어재연 부대가 광성보에서 항전하였다.

오답 해설

① 시모노세키 조약 → 삼국 간섭
  일본이 청·일 전쟁에서 승리한 후 체결한 시모노세키 조약에 따라 청으로부터 요동반도를 할양받았으나, 이를 견제하고자 러시아, 프랑스, 독일의 삼국 간섭으로 일본은 요동반도를 반환하였다.

③ 운요호 사건 → 강화도 조약
  일본 군함 운요호가 연안을 탐색하다 강화도 초지진에서 조선 측의 포격을 받자 이를 구실로 불평등 조약인 강화도 조약이 체결되었다.

④ 임오군란 → 제물포 조약
  임오군란으로 인해 조선은 일본 공사관 경비병의 주둔을 인정한 제물포 조약을 체결하고 배상금 지불과 군란 주동자의 처벌을 약속하였다.

> **핵심노트** ▶ 신미양요(1871)

원인	병인양요 직전에 미국 상선 제너럴셔먼호가 통상을 요구하다 평양 군민과 충돌하여 불타 침몰된 사건(제너럴셔먼호 사건)
경과	미국은 제너럴셔먼호 사건을 구실로 로저스 제독이 이끄는 5척의 군함으로 강화도를 공격
결과	어재연 등이 이끄는 조선의 수비대가 광성보와 갑곶 등지에서 격퇴하고 척화비 건립

10 흥선 대원군의 경복궁 중건

정답 ④

암기박사 경복궁 중건 : 당백전 발행 ⇒ 흥선 대원군

정답 해설

흥선 대원군은 왕권을 강화하고 국가 위신의 제고 및 정체성 회복을 위해 임진왜란 때 소실된 경복궁을 중건하였다. 이에 필요한 재원 마련을 위해 당백전을 발행하였다(1866).

오답 해설

① 공녀 징발 → 고려 : 원 간섭기
  고려 원 간섭기에는 원의 공녀 요구가 심각한 사회 문제를 초래하자 결혼도감을 설치하여 공녀를 징발하였다.
② 원산 총파업 → 일제 강점기
  원산 총파업은 원산 노동 연합회의 소속 노동자와 일반 노동자들이 합세하여 노동 조건 개선을 요구하며 전개한 1920년대 최대의 파업 투쟁이다.
③ 헌병 경찰 제도 → 일제 강점기
  일제는 무단 통치기에 강압적 통치를 목적으로 헌병이 경찰 업무를 대행하는 헌병 경찰 제도를 실시하였다.

> **핵심노트** ▶ 경복궁 중건
>
> - 목적 : 왕권 강화, 국가 위신의 제고 및 정체성 회복
> - 부작용 : 원납전을 강제로 징수하고 당백전을 남발하여 경제적 혼란(물가 상승 등)을 초래했으며, 양반의 묘지림을 벌목하고 백성을 토목 공사에 징발하는 과정에서 큰 원성이 발생

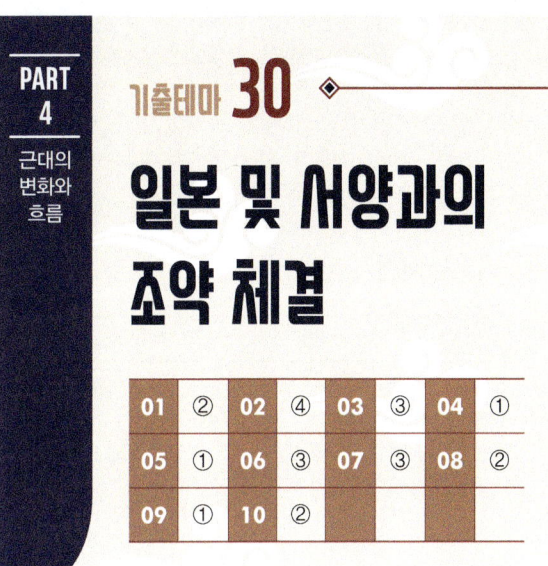

PART 4 근대의 변화와 흐름

기출테마 30

일본 및 서양과의 조약 체결

01	②	02	④	03	③	04	①
05	①	06	③	07	③	08	②
09	①	10	②				

01 조·미 수호 통상 조약

정답 ②

암기박사 최혜국 대우 최초 규정 ⇒ 조·미 수호 통상 조약

정답 해설

조·미 수호 통상 조약은 서양과 맺은 최초의 조약으로 외국에 대한 최혜국 대우가 처음으로 규정되었다. 이 조약을 체결한 이후 푸트 미국 공사의 조선 부임에 대한 답례로 민영익 등이 보빙사로 미국에 파견되었다.

오답 해설

① 러·일 전쟁 → 한일 의정서
  러·일 전쟁이 발발하자 일본은 강제로 한일 의정서를 체결하여 군사적 요지를 점령하였다.
③ 병인박해 → 병인양요
  병인박해 때의 프랑스 신부 처형을 구실로 프랑스의 로즈 제독 함대가 양화진을 침입하여 병인양요를 일으켰다.
④ 운요호 사건 → 강화도 조약
  일본 군함 운요호가 연안을 탐색하다 강화도 초지진에서 조선 측의 포격을 받자 이를 구실로 불평등 조약인 강화도 조약이 체결되었다.

02 강화도 조약

정답 ④

암기박사 부산, 원산, 인천 개항 ⇒ 강화도 조약(1876)

정답 해설

일본과 맺은 최초의 근대적 조약이자 불평등 조약인 강화도 조약이 체결된 후 부산, 원산, 인천 항구가 개항되었다.

오답 해설

① 기유약조(1609) : 임진왜란 이후 광해군 때 에도막부의 국교 재개 요청으로 기유약조가 체결되고 일본에 제한된 무역을 허용하였다.

② **한성 조약**(1884) : 갑신정변의 결과 피해를 입은 일본인에 대한 배상금 지불과 공사관 신축비 부담을 내용으로 하는 한성 조약이 체결되었다.
③ **정미 7조약**(1907) : 을사늑약 후 일제는 모든 통치권이 일제의 통감부로 이관되는 정미 7조약(한 · 일 신협약)을 체결하고 대한 제국 군대를 강제 해산시켰다.

03 거문도 사건

> **암기박사** 임오군란 ⇒ 거문도 사건 ⇒ 갑오개혁
>
> 정답 ③

정답 해설

- **임오군란**(1882) : 신식 군대인 별기군과의 차별을 받던 구식 군대가 임오군란을 일으켜 포도청과 의금부를 습격하고 일본 공사관을 불태웠다.

- **거문도 사건**(1885) : 갑신정변 이후 조 · 러 수호 통상 조약이 체결되자 영국군이 러시아를 견제하기 위해 거문도를 불법으로 점령하였다.

- **갑오개혁**(1894) : 김홍집의 친일 내각이 낡은 제도를 없애고 근대 국가로 발돋움하기 위해 실시한 개혁으로, 유교 중심의 조선 사회를 근대 사회로 바꾸기 위한 활동이다.

04 운요호 사건

> **암기박사** 운요호 사건 ⇒ 조 · 일 수호 조규(강화도 조약)
>
> 정답 ①

정답 해설

일본 군함 운요호가 강화도와 영종도 일대에서 연안 탐색을 하다 조선 측의 포격을 받았다. 이 사건을 빌미로 일본이 피해 보상과 개항을 일방적으로 요구하여 조 · 일 수호 조규(강화도 조약)가 체결되었다.

오답 해설

② **105인 사건**(1911) : 국권 회복과 공화정체의 국민 국가 건설을 목적으로 설립된 신민회가 일제가 조작한 105인 사건으로 해체되었다.
③ **제너럴 셔먼호 사건**(1866) : 대동강에 침입하여 통상을 요구하며 행패를 부리던 미국 상선 제너럴 셔먼호를 박규수와 평양 관민들이 불태웠다.
④ **오페르트 도굴 사건**(1868) : 독일 상인 오페르트가 통상을 거부당하자 충청남도 덕산에 있는 남연군 묘 도굴을 시도하였다.
→ 흥선 대원군의 아버지

05 조 · 미 수호 통상 조약

> **암기박사** 최혜국 대우 최초 규정 ⇒ 조 · 미 수호 통상 조약
>
> 정답 ①

정답 해설

조선책략이 유포되는 가운데 청의 주선으로 조 · 미 수호 통상 조약이 체결된 이후 민영익을 대표로 하는 보빙사가 미국에 파견되었다. 조 · 미 수호 통상 조약은 서양과 맺은 최초의 조약으로 외국에 대한 최혜국 대우를 최초로 규정하였다.

오답 해설

② **통감부 설치 → 을사늑약**
을사늑약을 강제로 체결한 일본은 한국의 외교권을 박탈하고 통감부를 설치하여 한국의 독점적 지배권을 인정받았다.
③ **부산, 원산, 인천 개항 → 강화도 조약**
일본과 맺은 최초의 근대적 조약이자 불평등 조약인 강화도 조약이 체결된 후 부산, 원산, 인천 항구가 개항되었다.
④ **일본 공사관 경비병 주둔 → 제물포 조약**
임오군란의 결과 조선은 일본과 제물포 조약을 체결하고 일본 공사관의 경비병 주둔을 명시하였다.

> **핵심노트** ▶ 조 · 미 수호 통상 조약의 체결(1882)
>
> - 조선이 일본과 조약을 맺자 미국은 일본에 알선을 요청
> - 러시아 남하에 대응해 미국과 연합해야 한다는 조선책략이 지식층에 유포
> - **체결** : 러시아와 일본 세력을 견제하고, 조선에 대한 종주권을 승인받을 기회를 노리던 청의 알선으로 체결, 신헌과 슈펠트가 대표로 체결
> - **내용** : 거중조정(상호 안전 보장), 치외법권, 최혜국 대우(최초), 협정 관세율 적용(최초), 조차지 설정의 승인 등
> - **의의** : 서양과 맺은 최초의 조약으로 처음으로 최혜국 대우를 규정, 불평등 조약(치외법권, 최혜국 대우, 조차지 설정 등), 청의 종주권 저지

06 강화도 지역의 역사

> **암기박사** 부근리 지석묘, 홍릉, 정족산성, 연무당 옛터 ⇒ 강화도
>
> 정답 ③

정답 해설

- **부근리 지석묘** : 청동기 시대의 대표적인 고인돌 무덤으로 유네스코 세계유산에 등재되어 있다.
- **홍릉** : 대몽 항쟁기 때 강화도로 천도한 고려 23대 고종의 왕릉이다.
- **정족산성** : 양헌수 부대가 프랑스 군대와 항전한 병인양요의 격전지이다.
- **연무당 옛터** : 일본과 맺은 최초의 근대적 조약이자 불평등 조약인 조 · 일 수호 조규(강화도 조약)의 체결 장소이다.

07 강화도 조약

> **암기박사** 운요호 사건 ⇒ 강화도 조약
>
> 정답 ③

정답 해설

운요호 사건을 빌미로 일본이 개항을 강요하여 조선과 체결한 조약은 강화도 조약이다. 강화도 조약은 우리나라가 일본과 맺은 최초의 근대적 조약이자 불평등 조약이다(1876).

오답 해설

① **갑신정변 → 한성 조약**
갑신정변의 결과 피해를 입은 일본인에 대한 배상금 지불과 공사관 신축비 부담을 내용으로 하는 한성 조약이 체결되었다(1884).
② **헤이그 특사 파견 → 정미 7조약**
일제가 헤이그에 특사를 파견한 고종을 강제 퇴위시키고 모든 통치권이 일제의 통감부로 이관되는 정미 7조약(한 · 일 신협약)을

체결하였다(1907).
④ 임오군란 → 제물포 조약
임오군란의 결과 조선은 일본과 제물포 조약을 체결하고 배상금 지불과 군란 주동자의 처벌을 약속하였다(1882).

08 방곡령 선포

암기박사 곡물 유출 방지 ⇒ 조병식 : 방곡령 선포

정답 ②

정답 해설

조선 양곡의 무제한 유출을 허용한 조 · 일 통상 장정으로 일본으로의 지나친 곡물 반출을 막기 위해 함경도 관찰사 조병식이 방곡령을 선포하였다(1889).

오답 해설

① 을미개혁 → 단발령
을미사변 후 김홍집 친일 내각은 을미개혁을 추진하였고, 이 과정에서 성년 남자의 상투를 자르도록 한 단발령을 시행하였다.
③ 식민지 산림정책 수행 → 삼림령
일제는 무단 통치기 때 식민지 조선의 산림정책을 수행하기 위해 삼림령을 제정하였다.
④ 회사 설립 허가제 → 회사령
일제는 무단 통치기 때 회사 설립 시 총독의 허가를 받도록 하는 회사령을 제정하여 민족 기업의 설립을 방해하였다.

09 조 · 미 수호 통상 조약

암기박사 조 · 미 수호 통상 조약 체결 ⇒ 보빙사 파견

정답 ①

정답 해설

황준헌이 지은 조선책략이 유포되고 청이 적극적으로 알선하여 체결된 조약은 조 · 미 수호 통상 조약이다. 이 조약은 서양 국가와 맺은 최초의 근대적 조약으로, 미국 공사의 서울 부임에 답하여 전권 대사 민영익, 홍영식을 중심으로 한 보빙사가 미국에 파견되었다.

오답 해설

② 고종 : 개화 정책 → 별기군 창설
고종은 일본과 강화도 조약을 체결한 이후 개화 정책의 일환으로 신식 군대 양성을 위해 무위영 아래 별도로 별기군을 창설하였다.
③ 영조 : 붕당의 폐해 경계 → 탕평비 건립
영조는 붕당 정치의 폐해를 경계하기 위해 성균관 입구에 탕평비를 건립하였다.
④ 고종 : 개화 정책 → 통리기무아문 설치
고종은 통리기무아문을 설치하고 그 아래 12사를 두어 신문물 수용과 부국강병 도모 등의 개화 정책을 추진하였다.

10 운요호 사건

암기박사 운요호 사건 ⇒ 강화도 조약

정답 ②

정답 해설

일본 군함이 연안을 탐색하다 강화도 초지진에서 조선 측의 포격을 받은 운요호 사건을 계기로 불평등 조약인 강화도 조약이 체결되었다.

오답 해설

① 105인 사건 → 신민회 해산
국권 회복과 공화정체의 국민 국가 건설을 목적으로 설립된 신민회는 일제가 조작한 105인 사건으로 해체되었다.
③ 헤이그 특사 사건 → 고종 강제 퇴위
고종이 을사늑약의 무효를 선언하고 헤이그 만국 평화 회의에 특사를 파견하자 일제는 고종을 강제 퇴위시키고 순종을 즉위시켰다.
④ 제너럴셔먼호 사건 → 신미양요
제너럴셔먼호 사건을 구실로 미국의 로저스 제독이 5척의 군함을 이끌고 강화도를 침략하여 신미양요가 발발하였다.

PART 4 근대의 변화와 흐름

기출테마 31 개화사상과 위정척사 운동

01	③	02	③	03	①	04	③
05	②	06	③	07	②	08	③
09	④	10	④				

01 근대 문물의 수용

암기박사 최초의 근대식 인쇄소 ⇒ 박문국

정답 ③

정답 해설
박문국은 신문 · 잡지 등의 인쇄 · 출판을 관장하던 최초의 근대식 인쇄소로 순 한문 신문인 한성순보를 발간하였다.

오답 해설
① 교정청 → 내정 개혁 기관
  교정청은 조선 고종 때 내정 개혁을 위해 세워진 임시 관청으로, 일제의 요구로 군국기무처가 설치되면서 폐지되었다.
② 기기창 → 근대적 무기 제조 공장
  청에 파견되었던 영선사가 귀국한 후 근대식 무기 제조 공장인 기기창이 설치되었다.
④ 전환국 → 화폐 주조 기관
  전환국은 통화정책 정비를 위해 설치된 근대식 화폐 발행 기구로, 종래 사용하던 상평통보를 대체하기 위해 백동화를 발행하였다.

02 영선사

암기박사 영선사 ⇒ 청의 톈진 기기국 방문

정답 ③

정답 해설
김윤식을 단장으로 하는 영선사가 청의 톈진 기기국을 방문한 후 귀국하여 근대식 무기 제조 공장인 기기창 설립을 위해 노력하였다.

오답 해설
① 보빙사 → 대미 사절단
  보빙사는 서양에 파견된 최초의 사절단으로, 미국과 조 · 미 수호 통상 조약이 체결된 후 푸트 미국 공사의 조선 부임에 대한 답례로 민영익 등의 사절단이 파견되어 미국의 아서 대통령을 접견하였다.
② 수신사 → 일본에 파견된 외교 사절단
  수신사는 강화도 조약 이후 일본에 파견된 외교 사절단으로 1차에는 김기수, 2차에는 김홍집이 파견되었다.
④ 조사 시찰단 → 암행어사의 형태로 비밀리에 파견
  고종은 개화 반대 여론으로 인해 박정양 · 어윤중 · 홍영식 등으로 구성된 조사 시찰단을 일본에 암행어사의 형태로 비밀리에 파견하였다. → 신사유람단

03 대미 사절단 보빙사

암기박사 대미 사절단 ⇒ 보빙사

정답 ①

정답 해설
보빙사는 서양에 파견된 최초의 사절단으로, 미국과 조 · 미 수호 통상 조약이 체결된 후 푸트 미국 공사의 조선 부임에 대한 답례로 민영익 등의 사절단이 파견되어 미국의 아서 대통령을 접견하였다.

오답 해설
② 일본에 파견된 외교 사절단 → 수신사
  수신사는 강화도 조약 이후 일본에 파견된 외교 사절단으로 1차에는 김기수, 2차에는 김홍집이 파견되었다.
③ 청의 무기 제조 기술 습득 → 영선사
  김윤식을 단장으로 하는 영선사가 청에 파견되어 톈진 기기국에서 무기 제조법과 근대적 군사 훈련법을 습득하였다.
④ 암행어사의 형태로 비밀리에 파견 → 조사 시찰단
  고종은 개화 반대 여론으로 인해 박정양 · 어윤중 · 홍영식 등으로 구성된 조사 시찰단을 일본에 암행어사의 형태로 비밀리에 파견하였다. → 신사유람단

핵심노트 ▶ 개화기 외교 사절단

- 수신사
  - 제1차 수신사 김기수(1876) : 일동기유에서 신문명을 조심스럽게 비판하고, 수신사 일기를 저술하여 일본의 신문물 소개
  - 제2차 수신사 김홍집(1880) : 황준헌의 조선책략을 가지고 들어와 개화 정책에 영향을 미침
- 조사 시찰단(신사 유람단)(1881) : 박정양 · 어윤중 · 홍영식 등으로 구성, 일본의 발전상을 보고 돌아와 개화 정책의 추진을 뒷받침 → 박문국·전환국 설치의 계기
- 영선사(1881) : 김윤식을 단장으로 청에 파견하여 무기 제조법과 근대적 군사 훈련법을 배움 → 서울에 최초의 근대적 병기 공장인 기기창 설치
- 보빙사(1883) : 최초의 구미 사절단, 유길준이 미국에 남아 유학하고 유럽 여행 후 귀국

04 수신사 파견

암기박사 김홍집 : 2차 수신사 ⇒ 일본에 파견된 사절단

정답 ③

정답 해설
김홍집은 2차 수신사로 일본에 갔다가 귀국할 때 청의 외교관인 황준헌이 쓴 조선책략을 국내에 처음으로 유포하였다.

오답 해설
① 보빙사 → 미국에 파견된 사절단
  미국과 조 · 미 수호 통상 조약이 체결된 후, 미국 공사의 서울 부

정답 및 해설

임에 답하여 보빙사가 미국에 파견되었다.

② 성절사 → 명에 파견된 사절단
조선은 건국 직후부터 명과 친선을 유지하기 위해 매년 황제의 탄신일에 성절사를 사절단으로 파견하였다.

④ 영선사 → 청에 파견된 사절단
고종은 개화 정책의 일환으로 청에 영선사를 파견하여 근대식 무기 제조 기술을 도입하였다.

05 면암 최익현

암기박사 왜양일체론 주장 ⇒ 최익현

정답 ②

정답 해설
흥선 대원군의 하야를 요구하는 상소를 올리고, 을사늑약에 항거하여 태인에서 의병을 일으킨 인물은 면암 최익현이다. 그는 일본이 조선에 개항을 요구하자 일본이 서양 오랑캐와 다를 것이 없다는 왜양일체론을 주장하며 개항에 반대하였다.

오답 해설
① 북학의 저술 → 박제가
초정 박제가는 청에 다녀온 후 북학의를 저술하고 청의 제도와 문물을 소개하였다.

③ 신흥 무관 학교 설립 → 이회영, 이동녕, 이상룡
신민회의 이회영, 이동녕, 이상룡 등은 서간도 삼원보의 경학사에 독립군 양성을 위한 군사 교육 기관인 신흥 무관 학교(신흥 강습소)를 설립하였다.

④ 시일야방성대곡 작성 → 장지연
장지연은 을사늑약의 부당성을 알리기 위해 시일야방성대곡을 작성하였고 황성신문에 게재되었다.

06 조선책략 유포의 영향

암기박사 김홍집 : 조선책략 유포 ⇒ 이만손 : 영남 만인소

정답 ③

정답 해설
2차 수신사인 김홍집이 일본에 갔다가 귀국할 때 들여온 책은 황준헌이 쓴 조선책략이다. 이만손을 비롯한 영남 유생들이 김홍집의 조선책략 유포에 반발하여 만인소를 올리고 그의 처벌을 요구하였다 (1881).

오답 해설
① 병인박해 → 병인양요
병인박해 때 천주교 선교사와 신자들이 처형된 것을 빌미로 프랑스의 로즈 제독 함대가 강화도를 공격하면서 병인양요가 발발하였다(1866).

②·④ 제너럴셔먼호 사건 → 신미양요 → 어재연 : 광성보 전투
미국이 제너럴셔먼호 사건을 구실로 강화도를 공격하여 신미양요가 발발하자 어재연 부대가 광성보에서 항전하였다(1871).

07 대미 사절단 보빙사

암기박사 대미 사절단 ⇒ 보빙사 : 민영익, 홍영식, 서광범

정답 ②

정답 해설
보빙사는 서양에 파견된 최초의 사절단으로, 미국과 조·미 수호 통상 조약이 체결된 후 미국 공사의 서울 부임에 답하여 전권 대사 민영익 및 홍영식, 서광범 등이 미국에 파견되었다(1883).

오답 해설
① 일본에 파견된 외교 사절단 → 수신사
수신사는 강화도 조약 이후 일본에 파견된 외교 사절단으로 1차에는 김기수, 2차에는 김홍집이 파견되었다.

③ 청의 무기 제조 기술 습득 → 영선사
김윤식을 단장으로 하는 영선사가 청에 파견되어 톈진 기기국에서 무기 제조법과 근대적 군사 훈련법을 습득하였다.

④ 암행어사의 형태로 비밀리에 파견 → 조사 시찰단
고종은 개화 반대 여론으로 인해 박정양·어윤중·홍영식 등으로 구성된 조사 시찰단을 일본에 암행어사의 형태로 비밀리에 파견하였다. → 신사유람단

08 위정 척사 운동의 전개

암기박사
(나) 이항로 : 척화 주전론 ⇒ 1860년대 통상 반대 운동
(가) 최익현 : 왜양일체론 ⇒ 1870년대 개항 반대 운동
(다) 이만손 : 영남 만인소 ⇒ 1880년대 개화 반대 운동

정답 ③

정답 해설
(나) 이항로의 척화 주전론(1860년대 통상 반대 운동)
이항로를 중심으로 한 유생들은 서양 오랑캐와의 화친을 거부하고 끝까지 싸우자는 척화 주전론을 내세웠다.

(가) 최익현의 왜양일체론(1870년대 개항 반대 운동)
일본이 조선에 개항을 요구하자 최익현 등의 유생들은 일본이 서양 오랑캐와 다를 것이 없다는 왜양일체론을 주장하며 개항에 반대하였다.

(다) 이만손의 영남만인소(1880년대 개화 반대 운동)
이만손을 비롯한 영남 유생들은 김홍집의 조선책략 유포에 반발하여 미국과의 수교에 반대하는 만인소를 올렸다.

핵심노트 ▶ 위정척사 운동의 전개
- 1860년대(통상 반대 운동) : 척화 주전론(이항로, 기정진), 통상 수교 거부 정책을 뒷받침
- 1870년대(개항 반대 운동) : 왜양 일체론(최익현), 개항 불가론
- 1880년대(개화 반대 운동) : 영남 만인소(이만손), 만언척사소(홍재학)
- 1890년대(항일 의병 운동) : 항일 투쟁(유인석, 이소응)

09 1880년대 개화 정책

암기박사 통리기무아문 : 개화 정책 ⇒ 정책 총괄 기구

정답 ④

정답 해설
고종은 개화 정책의 정책 총괄 기구인 통리기무아문을 설치하고 그 아래 12사를 두어 외교·군사·산업 등의 업무를 분장하였다.

오답 해설
① 교정청 : 내정 개혁 → 임시 관청
교정청은 고종 때 내정 개혁을 위해 세워진 임시 관청으로, 일제의 요구로 군국기무처가 설치되면서 폐지되었다.
② 군국기무처 : 제1차 갑오개혁 → 초정부적 의결 기구
군국기무처는 제1차 갑오개혁 때 개혁 추진을 위해 설치된 초정부적 의결 기구이다.
③ 도평의사사 : 고려 후기 → 최고 정무 기관
도평의사사는 도병마사가 개편된 것으로, 고려 후기 최고의 정무 기관이다.

10 최익현의 활동

암기박사 계유상소, 지부복궐척화의소, 을사의병 ⇒ 최익현

정답 ④

정답 해설
최익현은 흥선 대원군의 하야를 요구하는 계유상소를 올려 제주도로 유배되었고, 일본과의 조약 체결에 반대하는 지부복궐척화의소를 올려 흑산도로 유배되었다. 또한 을사늑약 체결에 반대하여 태인에서 을사의병으로 활동하다 쓰시마 섬으로 유배되어 결국 그곳에서 순국하였다.

오답 해설
① 정미의병 : 13도 창의군 조직 → 허위
정미의병 때 허위를 군사장으로 하여 13도 창의군을 조직하였다.
② 을사의병 : 평민 출신 의병장 → 신돌석
을사늑약이 체결되자 평민 출신 의병장 신돌석은 을사늑약의 폐기와 친일 내각 타도를 주장하며 을사의병을 일으켰다.
③ 을미의병 : 단발령 반발 → 유인석
을미사변 후 유생 출신 유인석이 단발령에 반발하여 을미의병을 일으켰다.

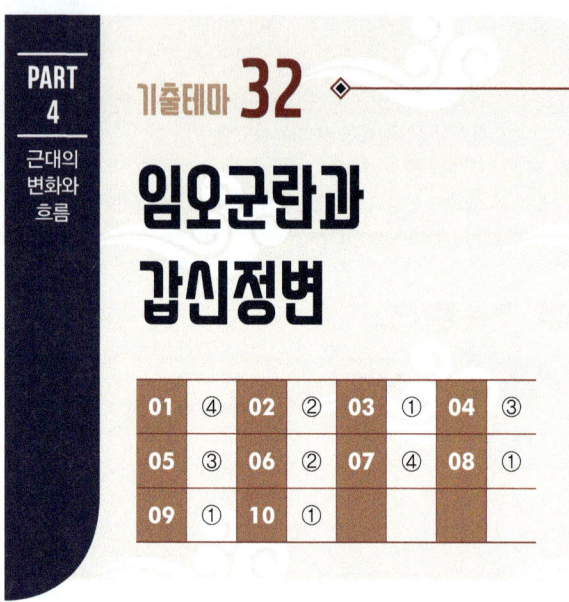

PART 4 근대의 변화와 흐름

기출테마 32 임오군란과 갑신정변

01	④	02	②	03	①	04	③
05	③	06	②	07	④	08	①
09	①	10	①				

01 임오군란

암기박사 구식 군인에 대한 차별 ⇒ 임오군란(1882)

정답 ④

정답 해설
신식 군대인 별기군과의 차별을 받던 구식 군대가 임오군란을 일으켜 포도청과 의금부를 습격하고 일본 공사관을 불태웠다.

오답 해설
① 갑신정변(1884) : 김옥균을 중심으로 한 급진개화파가 우정총국 개국 축하연을 이용해 사대당 요인을 살해하고 개화당 정부를 수립하였으나 청의 무력 개입으로 3일 만에 실패로 끝났다.
② 병인양요(1866) : 프랑스는 병인박해 때의 프랑스 신부 처형을 구실로 로즈 제독의 함대가 양화진을 침입하여 병인양요를 일으켰다.
③ 을미사변(1895) : 명성황후가 친러파와 연결하여 일본을 견제하려 하자 일제는 을미사변을 일으켜 경복궁을 침범하고 명성황후를 시해하였다.

02 갑신정변 이후의 사실

암기박사 갑신정변(1884) ⇒ 한성 조약 체결(1885)

정답 ②

정답 해설
김옥균, 박영효, 서재필 등의 급진개화파가 우정국 개국 축하연을 이용해 사대당 요인을 살해하고 개화당 정부를 수립한 것은 갑신정변 때의 일이다. 청의 무력 개입으로 실패한 갑신정변의 결과 조선과 일본 사이에 한성 조약이 체결되었다.

오답 해설
① 임오군란(1882) → 갑신정변 이전
신식 군대인 별기군과의 차별을 받던 구식 군대가 임오군란을 일으켜 포도청과 의금부를 습격하고 일본 공사관을 불태웠다.

③ 통리기무아문(1880) → 갑신정변 이전
고종은 개화 정책 전담 기구인 통리기무아문을 설치하고 그 아래 12사를 두어 신문물 수용과 부국강병 도모 등의 개화 정책을 추진하였다.

④ 제너럴 셔먼호 사건(1866) → 갑신정변 이전
대동강에 침입하여 통상을 요구하며 행패를 부리던 미국 상선 제너럴 셔먼호를 박규수와 평양 관민들이 불태웠다.

03 갑신정변의 이해

암기박사 급진개화파 주도 ⇒ 갑신정변

정답 ①

정답 해설

홍영식, 박영효, 서광범, 김옥균, 서재필 등의 급진개화파가 우정총국 개국 축하연을 이용해 사대당 요인을 살해하고 개화당 정부를 수립한 것은 갑신정변이다.

오답 해설

② 명성 황후 피살 → 을미사변
명성황후가 친러파와 연결하여 일본을 견제하려 하자 일제는 을미사변을 일으켜 경복궁을 침범하고 명성황후를 시해하였다.

③ 요동반도 반환 → 삼국 간섭
일본이 청·일 전쟁에서 승리한 후 체결한 시모노세키 조약에 따라 청으로부터 요동반도를 할양받았으나, 이를 견제하고자 러시아, 프랑스, 독일의 삼국 간섭으로 일본은 요동반도를 반환하였다.

④ 러시아 공사관 피란 → 아관 파천
명성황후가 시해된 을미사변으로 신변에 위협을 느낀 고종이 러시아 공사관으로 파천하여 1년간 머물렀다.
→ 임금이 도성을 떠나 딴 곳으로 피란함

04 임오군란

암기박사 구식 군인 변란 ⇒ 임오군란(1882)

정답 ③

정답 해설

구식 군인들의 변란으로 임오군란이 발발하자 명성황후 일파가 청에 군대를 요청하였고, 흥선 대원군이 청의 군사들에 의해 톈진으로 납치되었다.

오답 해설

① 급진개화파 → 갑신정변(1884)
김옥균을 중심으로 한 급진개화파가 우정총국 개국 축하연을 이용해 사대당 요인을 살해하고 개화당 정부를 수립하였으나, 청의 무력 개입으로 3일 만에 실패로 끝났다.

② 제너럴셔먼호 사건 → 신미양요(1871)
제너럴셔먼호 사건을 구실로 미국의 로저스 제독이 5척의 군함을 이끌고 강화도를 침략하였다.

④ 삼정의 문란 → 임술 농민 봉기(1862)
조선 철종 때 삼정의 문란과 백낙신의 탐학이 발단이 되어 진주 지역 농민들이 몰락 양반 유계춘의 지휘 아래 임술 농민 봉기를 일으켰다.

05 임오군란

암기박사 통리기무아문(1880) ⇒ 임오군란(1882) ⇒ 갑신정변(1884)

정답 ③

정답 해설

(가) 통리기무아문(1880) : 고종은 개화 정책 전담 기구인 통리기무아문을 설치하고 그 아래 12사를 두어 신문물 수용과 부국강병 도모 등의 개화 정책을 추진하였다.

• 임오군란(1882) : 신식 군대인 별기군과의 차별을 받던 구식 군대가 임오군란을 일으켜 포도청과 의금부를 습격하고 일본 공사관을 불태웠다.

(나) 갑신정변(1884) : 김옥균을 중심으로 한 급진개화파가 우정총국 개국 축하연을 이용해 사대당 요인을 살해하고 개화당 정부를 수립하였으나, 청의 무력 개입으로 3일 만에 실패로 끝났다.

오답 해설

① 탕평비 건립(1742) → (가) 이전
조선 영조는 붕당의 폐해를 경계하기 위해 성균관 입구에 탕평비를 건립하였다.

② 간도 협약 체결(1909) → (나) 이후
청과 일본 사이에 체결된 간도 협약에 따라 일본이 안봉선 철도 부설권을 얻는 대가로 간도를 청의 영토에 귀속시켰다.

④ 어영청 강화(1652) → (가) 이전
조선 효종은 총포병과 기병 위주로 기능을 강화한 어영청을 중심으로 국방력을 강화하고 북벌을 추진하였다.

06 갑신정변

암기박사 우정총국 개국 축하연 거사 ⇒ 갑신정변

정답 ②

정답 해설

김옥균을 중심으로 한 급진개화파가 우정총국 개국 축하연을 이용해 사대당 요인을 살해하고 개화당 정부를 수립하였으나, 청군의 개입으로 3일 만에 실패로 끝났다(1884).

오답 해설

① 근대 사회 개혁 → 갑오개혁
김홍집의 친일 내각이 낡은 제도를 없애고 근대 국가로 발돋움하기 위해 실시한 개혁으로, 유교 중심의 조선 사회를 근대 사회로 바꾸기 위한 활동이다.

③ 민중 계몽 운동 → 브나로드 운동
→ 러시아어로 '민중 속으로'라는 의미
동아일보사에서 문맹 퇴치를 목적으로 민중 계몽 운동인 브나로드(Vnarod) 운동을 전개하였다.

④ 대학 설립 모금 활동 → 민립 대학 설립 운동
조선총독부가 대학 설립 요구를 묵살하자 조선 교육회는 우리 손으로 대학을 설립하고자 조선 민립 대학 기성회에서 모금 활동을 전개하였다.

07 임오군란의 결과

암기박사 임오군란 ⇒ 청의 내정 간섭 심화

정답 ④

정답 해설

구식 군인들이 신식 군대인 별기군과의 차별 등에 반발하여 일으킨 사건은 임오군란이다. 임오군란의 결과 명성황후 일파가 청에 군대 파견을 요청하고 흥선 대원군을 압송함으로써 청의 내정 간섭이 심화되었다(1882).

오답 해설

① 집강소 설치 → 동학 농민 운동
동학 농민 운동 당시 정부와 농민군 사이에 전주 화약이 성립된 후 전라도 일대에 농민 자치 기구인 집강소가 설치되었다.

② 조사 시찰단 파견 → 개화 정책
고종은 개화 정책의 일환으로 박정양·어윤중·홍영식 등으로 구성된 조사 시찰단을 일본에 암행어사의 형태로 비밀리에 파견하였다. → 신사유람단

③ 외규장각 도서 약탈 → 병인양요
병인양요 때 프랑스군이 철군하면서 문화재에 불을 지르고 외규장각 도서를 국외로 약탈하였다.

08 임오군란

암기박사 구식 군인에 대한 차별 ⇒ 임오군란

정답 ①

정답 해설

1882년 정부의 개화 정책과 구식 군인 차별에 대한 불만으로 일어난 사건은 임오군란이다. 구식 군인들은 고관들의 집을 파괴하고 일본 공사관을 습격하였으며, 민씨 세력의 요청을 받은 청이 군대를 파견하여 난을 진압하였다.

오답 해설

② 시모노세키 조약 → 삼국 간섭
일본이 청·일 전쟁에서 승리한 후 체결한 시모노세키 조약에 따라 청으로부터 요동반도를 할양받았으나, 이를 견제하고자 러시아, 프랑스, 독일의 삼국 간섭으로 일본은 요동반도를 반환하였다.

③ 영국 : 러시아의 남하 견제 → 거문도 사건
갑신정변 이후 조·러 수호 통상 조약이 체결되자 영국은 러시아의 남하를 견제하기 위해 거문도를 불법으로 점령하였다.

④ 삼정의 문란과 백낙신의 탐학 → 임술 농민 봉기
삼정의 문란과 백낙신의 탐학이 발단이 되어 진주 지역 농민들이 몰락 양반 유계춘의 지휘 아래 임술 농민 봉기를 일으켰다.

09 임오군란

암기박사 임오군란 ⇒ 청군의 개입으로 진압

정답 ①

정답 해설

개화 정책에 반발하여 구식 군인들이 일으킨 사건은 임오군란이다. 임오군란 때 명성황후 일파가 청에 군대를 요청하여 군란이 진압되고 흥선 대원군이 톈진으로 압송되었다.

오답 해설

② 황준헌 : 조선책략 → 김홍집 유포
2차 수신사인 김홍집이 일본에 갔다가 귀국할 때 황준헌이 지은 조선책략을 국내에 유입하였다.

③ 우금치 전투 → 동학 농민 운동
동학 농민군은 공주 우금치에서 일본군을 상대로 항전하였으나 전봉준을 비롯한 지도자들이 체포되었다.

④ 우정총국 개국 축하연 거사 → 갑신정변
김옥균을 중심으로 한 급진개화파가 우정총국 개국 축하연을 이용해 사대당 요인을 살해하고 개화당 정부를 수립하였으나, 청군의 개입으로 3일 만에 실패로 끝났다.

10 갑신정변

암기박사 우정총국 개국 축하연 거사 ⇒ 갑신정변

정답 ①

정답 해설

김옥균을 중심으로 한 급진개화파가 우정총국 개국 축하연을 이용해 사대당 요인을 살해하고 개화당 정부를 수립하였으나, 청군의 개입으로 3일 만에 실패로 끝났다(1884).

오답 해설

② 명성 황후 피살 → 을미사변
명성황후가 친러파와 연결하여 일본을 견제하려 하자 일제는 을미사변을 일으켜 경복궁을 침범하고 명성황후를 시해하였다(1895).

③ 구식 군대의 차별 → 임오군란
신식 군대인 별기군과의 차별을 받던 구식 군대가 임오군란을 일으켜 포도청과 의금부를 습격하고 일본 공사관을 불태웠다(1882).

④ 을미사변 → 아관 파천
명성황후가 시해된 을미사변으로 신변에 위협을 느낀 고종이 러시아 공사관으로 파천하여 1년간 머물렀다(1896). → 임금이 도성을 떠나 딴 곳으로 피란함

핵심노트 ▶ 갑신정변의 개혁 내용

- 청에 대한 사대 외교(조공)를 폐지하고, 입헌 군주제로의 정치 개혁을 추구
- 지조법을 개정하고, 재정을 호조로 일원화하여 국가 재정을 충실히 함
- 혜상공국의 폐지와 각 도 상환미의 폐지 → 보부상을 보호하기 위한 기관
- 문벌을 폐지하여 인민 평등을 도모 능력에 따른 인재 등용
- 군대(근위대)와 경찰(순사)을 설치

PART 4 근대의 변화와 흐름
기출테마 33 동학 농민 운동의 전개

01	②	02	③	03	②	04	③
05	②	06	②	07	④	08	②
09	③	10	④				

01 동학 농민 운동

암기박사 한성 조약 체결 ⇒ 갑신정변

정답 ②

정답 해설

녹두 장군 전봉준은 조선 후기 발생한 동학 농민 운동의 주도자로서 고부 군수 조병갑의 학정에 항거하여 농민군을 이끌고 고부 관아를 습격하였으며 2차 봉기 때에는 공주 우금치에서 일본군과 전투를 벌였다.
한성 조약이 체결된 것은 갑신정변 때문이며 피해를 입은 일본인에 대한 배상금 지불과 공사관 신축비 부담을 내용으로 한다.

오답 해설

① 집강소 설치 → 동학 농민 운동
동학 농민 운동 때 농민군이 전라도 각지에 농민 자치 기구인 집강소를 설치하여 치안과 행정을 담당하였다.

③ 백산 : 4대 강령 발표 → 동학 농민 운동
동학 농민군은 고부 민란 후 백산에 다시 결집하여 전봉준, 김개남, 손화중 등이 조직을 재정비하고 격문 선포와 4대 강령을 발표하였다.

④ 황토현 전투 → 동학 농민 운동
동학 농민군이 전라 감영의 지방 관군을 물리치고 황토현에서 농민군 최대의 승리를 거두었다.

02 동학 농민 운동의 전개

암기박사 황룡촌 전투 ⇒ 전주 화약 체결 ⇒ 우금치 전투

정답 ③

정답 해설

- 황룡촌 전투(1894. 4) : 전라도 장성 황룡촌에서 전봉준이 이끄는 농민군이 죽창을 이용해 관군을 격파하였다.
- (가) 전주 화약 체결(1894. 5) : 동학 농민 운동의 봉기로 청·일군이 개입하자 정부가 농민군에 휴전을 제의해 전주 화약이 체결되었다.
- 우금치 전투(1894. 11) : 동학 농민군이 서울로 북진하다 공주 우금치에서 관군 및 일본군에 맞서 싸웠으나 패하였다.

오답 해설

① 최제우 처형(1864) → 황룡촌 전투 이전
조선 철종 때 동학을 창시한 교조 최제우가 사도로 백성들을 현혹시킨다고 하여 혹세무민의 죄로 처형당했다.

② 홍경래의 난(1811) → 황룡촌 전투 이전
조선 순조 때 서북 지역민에 대한 차별과 가혹한 수취에 반발하여 홍경래 등이 봉기하여 난을 일으켰다. → 평안도민

④ 고부 민란(1894. 1) → 황룡촌 전투 이전
고부 군수 조병갑의 탐학에 저항하여 녹두 장군 전봉준이 농민들을 이끌고 고부 관아를 습격하면서 동학 농민 운동이 시작되었다.

03 동학 농민 운동

암기박사 전주 화약 ⇒ 동학 농민 운동

정답 ②

정답 해설

전봉준이 이끄는 농민군이 죽창을 이용해 관군을 격파한 황룡촌 전투는 동학 농민 운동 때 벌어진 전투이다. 동학 농민 운동의 봉기로 청·일군이 개입하자 정부가 농민군에 휴전을 제의해 전주 화약이 체결되었다.

오답 해설

① 독립 협회 창립 → 서재필, 이상재
독립 협회는 서재필, 이상재 등을 중심으로 자유 민주주의적 개혁 사상을 민중에게 보급하고 국민의 힘으로 자주 독립 국가를 건설하기 위해 창립된 최초의 근대적 사회 정치 단체이다.

③ 백두산정계비 건립 → 조선 숙종
조선 숙종 때 청의 요구로 조선과 청의 경계를 정한 백두산정계비가 건립되었다.

④ 안핵사 : 박규수 파견 → 임술 농민 봉기
삼정의 문란과 백낙신의 탐학으로 임술 농민 봉기가 발발하자 사태 수습을 위해 박규수가 안핵사로 파견되었다.

04 동학 농민 운동

암기박사 집강소 : 폐정 개혁 추진 ⇒ 동학 농민 운동

정답 ③

정답 해설

고부 군수 조병갑의 탐학에 저항하여 녹두 장군 전봉준이 농민들을 이끌고 고부 관아를 습격하면서 동학 농민 운동이 시작되었다. 이후 청·일군의 개입으로 전주 화약이 성립되자 농민군은 전라도 일대에 집강소를 설치하고 폐정 개혁을 추진하였다.

오답 해설

① 9서당 창설 → 신문왕 : 수도 방위군
통일 신라 신문왕은 수도의 방어와 치안을 담당하기 위해 9개의 수도 방위군인 9서당을 창설하였다.

② 청산리 대첩 → 김좌진 : 북로 군정서군

275

김좌진 장군은 북로 군정서군을 이끌고 간도의 청산리 전투에서 일본군을 대파하여 독립군 사상 최대의 승리를 이끌었다.

④ 임오군란 → 제물포 조약 체결
임오군란의 결과 조선은 일본과 제물포 조약을 체결하고 배상금 지불과 군란 주동자의 처벌을 약속하였다.

05 동학 농민 운동의 전개

정답 ②

🏷️ **암기박사** 동학 농민 운동 : 우금치 전투(1894) ⇒ 2차 봉기

정답 해설

동학 농민 운동 당시 청·일군이 개입하여 전주 화약이 성립하였으나 일본이 군대를 동원하여 경복궁을 점령하였다. 이후 2차 봉기 때 동학 농민군이 공주 우금치에서 관군 및 일본군을 상대로 항전하였으나 패하였다.

오답 해설

① 최제우 처형(1864) → 동학 농민 운동 이전
조선 철종 때 동학을 창시한 교조 최제우가 사술로 백성들을 현혹시킨다고 하여 혹세무민의 죄로 처형당했다.

③ 삼례 집회(1892) → 동학 농민 운동 이전
동학의 창시자로 처형된 최제우의 억울함을 풀고 포교의 자유를 인정받고자 동학교도들이 삼례에서 교조 신원 운동을 전개하였다.

④ 고부 농민 봉기(1894) → 1차 봉기
고부 군수 조병갑의 탐학에 저항하여 전봉준이 농민들을 이끌고 고부 관아를 습격하면서 동학 농민 운동이 시작되었다.

👉 **핵심노트** ▶ 동학 농민 운동의 전개

구분	중심 세력	활동 내용	성격
1차 봉기 (고부 민란 ~ 전주 화약)	남접(전봉준, 김개남, 손화중 등)	• 황토현 전투 • 집강소 설치, 폐정 개혁안	반봉건적 사회 개혁 운동
2차 봉기	남접(전봉준) + 북접(손병희)	공주 우금치 전투	반외세, 항일 구국 운동

06 동학 농민 운동

정답 ②

🏷️ **암기박사** 집강소 설치 ⇒ 동학 농민 운동

정답 해설

사발통문, 장태, 공주 우금치 전적은 모두 동학 농민 운동과 관련된 사진들이다. 동학 농민 운동 당시 농민군은 전라도 일대에 집강소를 설치하고 폐정 개혁안을 실천하였다.

오답 해설

① 안핵사 : 박규수 파견 → 임술 농민 봉기
삼정의 문란과 백낙신의 탐학으로 임술 농민 봉기가 발발하자 사태 수습을 위해 박규수가 안핵사로 파견되었다.

③ 한성 조약 체결 → 갑신정변
청의 무력 개입으로 실패한 갑신정변의 결과 조선과 일본 사이에는 한성 조약이 체결되었다.

④ 평안도 지역에 대한 차별 → 홍경래의 난
평안도 지역 차별에 반발하여 홍경래 등이 난을 일으키고 정주성을 점령하였다.

07 동학 농민 운동의 전개

정답 ④

🏷️ **암기박사** 전주 화약 체결 ⇒ 동학 농민 운동

정답 해설

농민군이 백산에서 4대 강령과 격문을 공포하고, 진압에 나선 관군을 황토현에서 물리친 것은 동학 농민 운동 때의 일이다. 동학 농민 운동의 봉기로 청·일군이 개입하자 정부가 농민군에 휴전을 제의해 전주 화약이 체결되었다(1894).

오답 해설

① 병자호란 → 삼전도비 건립
조선 인조는 병자호란 당시 남한산성에서 항전하다 결국 삼전도에서 굴욕적인 강화를 맺고 청의 요구로 삼전도비를 건립하였다.

② 일제의 식량 수탈 → 산미 증식 계획
일본은 자국의 식량 부족과 쌀값 폭등을 우리나라에서의 식량 수탈로 해결하려고 산미 증식 계획을 추진하였다.

③ 청의 원병 요청 → 나선 정벌
조선 효종 때 러시아의 남하로 청과 러시아 간 국경 충돌이 발생하자 청의 원병 요청으로 조총 부대를 파견하여 러시아군을 격퇴하였다.

👉 **핵심노트** ▶ 동학 농민 운동의 전개 과정

고부민란 → 백산 집결 → 황토현 전투 → 황룡촌 전투 → 전주성 점령 → 전주 화약 → 집강소 설치 → 일본군 경복궁 침입 → 청·일 전쟁 → 남접과 북접의 연합 → 공주 우금치 전투

08 동학 농민 운동의 전개

정답 ②

🏷️ **암기박사** 집강소 : 폐정 개혁 추진 ⇒ 동학 농민 운동

정답 해설

'백산 집결 → 황룡촌 전투 → 전주성 점령 → 우금치 전투'는 동학 농민 운동의 전개 과정을 보여준다. 동학 농민 운동으로 청·일군이 개입하자 정부는 농민군에 휴전을 제의해 전주 화약이 성립하였으며, 농민군은 집강소를 설치하여 폐정 개혁을 추진하였다.

오답 해설

① 외규장각 도서 약탈 → 병인양요
병인양요 때 프랑스군이 철군하면서 문화재에 불을 지르고 외규장각 도서를 국외로 약탈하였다.

③ 홍의 장군 : 곽재우 → 임진왜란
조선 선조 때 임진왜란이 발발하자 홍의 장군 곽재우가 경상도 의령에서 최초로 의병을 일으켰다.

④ 서북인에 대한 차별 → 홍경래의 난
조선 순조 때 서북인에 대한 차별과 가혹한 수취에 반발하여 홍경래 등이 봉기하여 난을 일으켰다. ➡️ 평안도민

09 동학 농민 운동

암기박사 집강소 : 농민군 자치 기구 ⇒ 동학 농민 운동

정답 ②

정답 해설

집강소는 동학 농민 운동 때 전주 화약 이후 농민군이 전라도 각지에 설치한 농민 자치 기구로 치안과 행정을 담당하였으며 탐관오리를 처벌하였다.

오답 해설

① 근대적 무기 제조 공장 → 기기창
  청에 파견되었던 영선사가 귀국한 후 근대식 무기 제조 공장인 기기창이 설치되었다.
③ 고려 후기 최고 정무 기관 → 도평의사사
  도평의사사는 도병마사가 개편된 것으로, 고려 후기 최고의 정무 기관이다.
④ 개화 정책 전담 기구 → 통리기무아문
  고종은 개화 정책 전담 기구인 통리기무아문을 설치하고 그 아래 12사를 두어 외교·군사·산업 등의 업무를 분장하였다.

10 동학 농민 운동

암기박사 집강소 : 폐정 개혁안 ⇒ 동학 농민 운동

정답 ④

정답 해설

→ 폭도를 제거하고 백성을 구함
→ 나라 일을 돕고 백성을 편안하게 함

제폭구민과 보국안민을 기치로 부패한 정치를 개혁하고 외세에 맞서 싸우기 위해 봉기한 사건은 동학 농민 운동이다(1894). 동학 농민 운동의 봉기로 청·일군이 개입하자 정부는 농민군에 휴전을 제의해 전주 화약이 성립하였으며, 농민군은 전라도 일대에 설치한 집강소를 중심으로 폐정 개혁안을 실천하였다.

오답 해설

① 개화 정책 → 별기군 창설
  일본과 강화도 조약을 체결한 이후 개화 정책의 일환으로 무위영 아래 별도로 신식 군대인 별기군이 창설되었다.
② 대구 : 국민대회 → 국채 보상 운동
  정부의 외채를 국민의 힘으로 상환하여 국권을 회복하고자 대구에서 개최한 국민 대회에서 김광제 등의 발의로 국채 보상 운동이 일어났다.
③ 동학 농민 운동 → 조선 총독부의 탄압(X)
  조선 총독부는 국권 피탈(1910)부터 일제 강점기에 조선을 지배했던 통치 기구이므로, 동학 농민 운동(1894)의 탄압과는 관련이 없다.

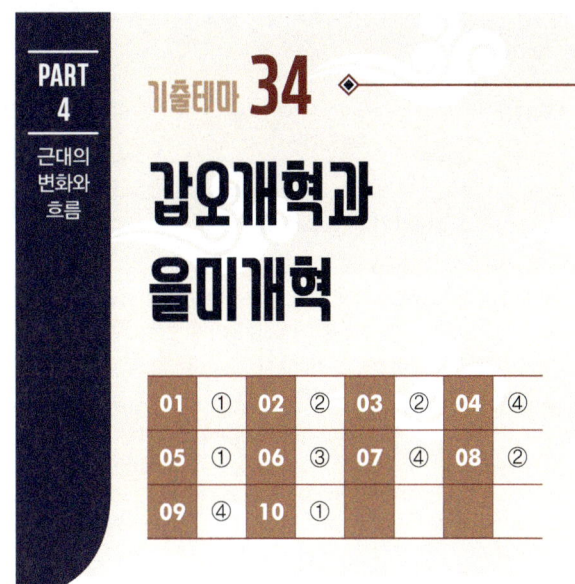

PART 4 근대의 변화와 흐름

기출테마 34 갑오개혁과 을미개혁

01	①	02	②	03	②	04	④
05	①	06	③	07	④	08	②
09	④	10	①				

01 을미개혁

암기박사 태양력 사용, 단발령 시행 ⇒ 을미개혁

정답 ①

정답 해설

을미사변 후 을미개혁이 추진되어 건양이라는 연호가 제정되었으며, 단발령이 시행되고 태양력이 채택되었다.

오답 해설

② 독립 협회 → 독립문 건립
  서재필을 중심으로 창립된 독립 협회는 자주 독립의 상징인 독립문을 건립하였다.
③ 임술 농민 봉기 → 삼정이정청 설치
  조선 철종 때 임술 농민 봉기가 발발하자 삼정의 문란을 해결하기 위해 박규수의 건의로 삼정이정청이 설치되었다.
④ 병자호란 → 삼전도비 건립
  조선 인조는 병자호란 당시 남한산성에서 항전하다 결국 삼전도에서 굴욕적인 강화를 맺고 청의 요구로 삼전도비를 건립하였다.

핵심노트 ▶ 을미개혁의 내용

- 종두법 실시
- 소학교 설립
- 태양력 사용
- 우편 제도 실시
- 연호 건양(建陽) 사용
- 단발령 실시
- 군제의 개편 → 훈련대 폐지, 중앙군(친위대 2개)·지방군(친위대) 설치

02 김홍집의 활동

암기박사 갑오개혁 주도 ⇒ 김홍집

정답 ②

정답 해설

제2차 수신사로 일본에 파견되어 황준헌이 쓴 조선책략을 국내에 반

입한 인물은 김홍집이다. 갑오개혁 당시 총리대신으로 임명되어 개혁 전반을 주도하였다.

오답 해설

① 갑신정변 → 김옥균
　김옥균을 중심으로 한 급진개화파가 우정총국 개국 축하연을 이용해 사대당 요인을 살해하고 개화당 정부를 수립하였다.
③ 독립 협회 조직 → 서재필
　서재필은 자유 민주주의적 개혁 사상을 민중에게 보급하고 국민의 힘으로 자주 독립 국가를 건설하기 위해 최초의 근대적 사회 정치 단체인 독립 협회를 조직하였다.
④ 을미의병 → 유인석
　을미사변 후 유생 출신 유인석이 단발령에 반발하여 을미의병을 일으켰다.

03 갑오개혁

정답 ②

암기박사 노비제와 연좌제 폐지 ⇒ 갑오개혁(1894)

정답 해설

노비제와 연좌제 등을 폐지한 근대적 개혁은 갑오개혁이다. 갑오개혁은 김홍집의 친일 내각이 낡은 제도를 없애고 근대 국가로 발돋움하기 위해 실시한 개혁으로, 유교 중심의 조선 사회를 근대 사회로 바꾸기 위한 활동이다.

오답 해설

① 3·1 운동(1919) : 고종의 장례일에 민족 대표 33인의 이름으로 독립 선언서를 발표함으로써 전개된 3·1 만세 운동은 일제 강점기 민족 최대의 독립 운동이다.
③ 광무개혁(1897) : 아관파천 후 환궁한 고종은 국호를 대한제국으로 고치고 구본신참에 입각한 광무개혁을 단행하였다
④ 아관파천(1896) : 을미사변으로 명성황후가 시해되자 신변에 위협을 느낀 고종이 러시아 공사관으로 피신하였다.

04 군국기무처의 활동

정답 ④

암기박사 노비 제도, 과거제, 연좌제 폐지 ⇒ 군국기무처

정답 해설

제1차 갑오개혁 때 초정부적 정책 의결 기구인 군국기무처가 설치되어 노비 제도 폐지, 과거제 폐지, 연좌제 폐지 등의 개혁안을 시행하였다.

오답 해설

① 비변사 → 임시 군사 회의 기구
　비변사는 본래 외적의 침입에 대비하고자 설치한 임시 군사 회의 기구였으나, 을묘왜변과 임진왜란을 거치며 국정 총괄 기구로 발전하였다.
② 원수부 → 군 통수권 기관
　대한 제국의 광무개혁 때 고종 황제는 군 통수권 장악을 위해 황제 직속의 원수부를 설치하였다.

③ 홍문관 → 학술·언론 기관
　홍문관은 조선 성종 때 집현전을 계승하여 설치된 학술·언론 기관으로 사헌부, 사간원과 함께 삼사로 불렸다.

05 제1차 갑오개혁

정답 ①

암기박사 지계 발급 ⇒ 광무 개혁

정답 해설

군국기무처는 제1차 갑오개혁 때 개혁 추진을 위해 설치된 초정부적 의결 기구로 신분제 폐지, 조혼 금지 등의 개혁을 단행하였다. 한편, 근대적 토지 증서인 지계를 발급한 것은 광무 개혁 때의 일이다.

오답 해설

②·③·④ 과거제 폐지, 도량형 통일, 연좌제 금지 → 제1차 갑오개혁
　제1차 갑오개혁 때 초정부적 정책 의결 기구인 군국기무처가 설치되어 과거제 폐지, 도량형 통일, 연좌제 금지 등의 개혁이 추진되었다.

핵심노트 ▶ 제1차 갑오개혁 : 군국기무처

정치	연호 개국, 왕실과 정부 사무 분리, 6조를 80문으로 개편, 과거제 폐지
경제	재정 일원화로 탁지아문이 관장, 은 본위 화폐 제도, 조세 금납제, 도량형 통일
사회	신분제 철폐, 공·사 노비제 폐지, 조혼 금지, 과부 개가 허용, 인신매매 금지, 고문과 연좌법의 폐지

06 군국기무처

정답 ③

암기박사 군국기무처 ⇒ 제1차 갑오개혁

정답 해설

군국기무처는 제1차 갑오개혁 때 개혁 추진을 위해 설치된 초정부적 의결 기구이다. 제1차 갑오개혁 때 김홍집 친일 내각은 군국기무처를 중심으로 과거제, 노비제, 연좌제 등을 폐지하는 개혁을 단행하였다.

오답 해설

① 정방 → 고려 무신 집권기
　고려 무신 집권기 때 최우는 자신의 집에 교정도감에서 인사 행정 기능을 분리한 정방을 설치하여 문무 관직에 대한 인사권을 장악하였다.
② 교정도감 → 고려 무신 집권기 　수장 : 교정별감
　교정도감은 고려 무신 집권기 때 최충헌이 설치한 최고의 정치 기구로 인재 천거, 조세 징수, 감찰, 재판 등을 수행하였다.
④ 통리기무아문 → 개화기
　고종은 개화 정책 전담 기구인 통리기무아문을 설치하고 그 아래 12사를 두어 외교·군사·산업 등의 업무를 분장하였다.

07 근대적 개혁 추진 과정

정답 ④

암기박사: 갑오개혁 : 과거제 폐지 ⇒ 을미개혁 : 태양력 채택 ⇒ 광무개혁 : 지계 발급

정답 해설

- 갑오개혁(1894) : 갑오개혁 때 초정부적 정책 의결 기구인 군국기무처가 설치되어 과거제 폐지, 연좌제 금지, 공사 노비법 혁파, 과부의 재가 허용 등의 개혁이 추진되었다.
- (가) 을미개혁(1895) : 을미사변 후 을미개혁이 추진되어 건양이라는 연호가 제정되었으며, 단발령이 시행되고 태양력이 채택되었다.
- 광무개혁(1897) : 광무개혁 때 고종은 근대적 토지 소유제도 마련을 위해 양지아문을 설치하여 양전사업을 실시하고 토지 소유자에게 지계(地契)를 발급하였다. → 토지증서

오답 해설

① 경복궁 중건 : 당백전 발행 → 흥선 대원군
  흥선 대원군은 경복궁 중건에 필요한 재원 마련을 위해 당백전을 발행하였다(1866).

② 동시전 : 시장 감독 → 신라 지증왕
  신라 지증왕은 시장을 감독하는 관청인 동시전을 수도 경주에 설치하였다(509).

③ 속대전 편찬 : 통치 체제 정비 → 영조
  영조는 경국대전 시행 이후에 공포된 법령 중에서 시행할 만한 법령을 추려 속대전을 편찬하여 통치 체제를 정비하였다(1746).

핵심노트 ▶ 을미개혁의 내용

- 종두법 실시
- 소학교 설립
- 태양력 사용
- 우편 제도 실시
- 연호 건양(建陽) 사용
- 단발령 실시
- 군제의 개편 → 훈련대 폐지, 중앙군(친위대 2개)·지방군(친위대) 설치

08 갑오개혁

정답 ②

암기박사: 도량형 통일, 세금의 화폐 징수, 과거제 폐지, 신분제 폐지 ⇒ 갑오개혁

정답 해설

김홍집과 흥선 대원군 중심의 친일 내각은 군국기무처를 설치하고 도량형 통일, 세금의 화폐 징수, 과거제 폐지, 신분제 폐지 등의 갑오개혁을 단행하였다(1894).

오답 해설

① 김옥균 : 개화당 정부 수립 → 갑신정변
  김옥균을 중심으로 한 급진개혁파가 갑신정변을 일으켜 우정총국 낙성 축하연에서 사대당 요인을 살해하고 개화당 정부를 수립하였다(1884).

③ 명성 황후 피살 → 을미사변
  명성황후가 친러파와 연결하여 일본을 견제하려 하자 일제는 을미사변을 일으켜 경복궁을 침범하고 명성황후를 시해하였다(1895).

④ 고종 : 러시아 공사관 파천 → 아관파천
  명성황후가 시해된 을미사변으로 신변에 위협을 느낀 고종이 러시아 공사관으로 파천하여 1년간 머물렀다(1896).

09 근대적 개혁 추진 과정

정답 ④

암기박사: 임오군란(1882) ⇒ 갑신정변(1884) ⇒ 제1차 갑오개혁(1894)

정답 해설

- (나) 임오군란(1882) : 신식 군대인 별기군과의 차별을 받던 구식 군대가 난을 일으켜 명성황후 정권의 고관들과 일본인 교관을 죽였고 흥선 대원군이 일시적으로 집권하였다.
- (다) 갑신정변(1884) : 김옥균을 중심으로 한 급진개화파가 우정국 개국 축하연을 이용해 사대당 요인을 살해하고 개화당 정부를 수립하였다.
- (가) 제1차 갑오개혁(1894) : 제1차 갑오개혁 때 김홍집은 초정부적 정책 의결 기구인 군국기무처의 총재로 개혁을 주도하였다.

10 제1차 갑오개혁

정답 ①

암기박사: 군국기무처 : 신분제 폐지 ⇒ 제1차 갑오개혁

정답 해설

제1차 갑오개혁 때 김홍집 친일 내각은 초정부적 정책 의결 기구인 군국기무처를 설치하고 과거제 폐지, 조혼 금지, 과부 재가 허용, 신분제 폐지 등의 개혁을 추진하였다.

오답 해설

② 비변사 혁파 → 흥선 대원군
  흥선 대원군은 왕권 강화의 일환으로 비변사를 혁파하고 의정부의 기능을 회복시켰다.

③ 단발령 시행 → 을미개혁
  을미사변 후 김홍집 친일 내각은 을미개혁을 추진하여 건양이라는 연호를 제정하고 태양력을 사용하였으며 단발령을 시행하였다.

④ 경복궁 중건 : 당백전 발행 → 흥선 대원군
  흥선 대원군은 경복궁 중건에 필요한 재원 마련을 위해 당백전을 발행하였다.

PART 4 근대의 변화와 흐름

기출테마 35 독립 협회와 대한 제국

01	④	02	③	03	④	04	②
05	①	06	④	07	③	08	④
09	②	10	④				

01 독립 협회의 활동

암기박사 만민 공동회 개최 ⇒ 독립 협회

정답 ④

정답 해설

새로운 중추원 관제를 반포한 단체는 서재필이 조직한 독립 협회이다. 독립 협회는 우리나라 최초의 근대적 민중 대회인 만민 공동회를 개최하여 민권 신장을 추구하였다.

오답 해설

① 잡지 개벽 창간 → 천도교
천도교에서는 잡지 개벽을 창간하여 민중의 자각과 근대 문물의 보급에 기여하였다.

② 형평 운동 전개 → 조선 형평사
이학찬을 중심으로 진주에서 조직된 조선 형평사는 백정에 대한 사회적 차별 철폐를 목적으로 형평 운동을 전개하였다.

③ 대성 학교 설립 → 신민회
신민회는 민족 교육을 실시하기 위해 대성 학교를 설립하고 교육 활동을 전개하였다.

핵심노트 ▶ 독립 협회의 활동

- 이권 수호 운동 : 러시아의 절영도 조차 요구 규탄, 한·러 은행 폐쇄
- 독립 기념물의 건립 : 자주 독립의 상징인 독립문을 세우고, 모화관을 독립관으로 개수
- 민중의 계도 : 강연회·토론회 개최, 독립신문의 발간 등을 통해 근대적 지식과 국권·민권 사상을 고취
- 만민 공동회 개최 : 우리나라 최초의 근대적 민중 대회 → 외국의 내정 간섭·이권 요구·토지 조사 요구 등에 대항하여 반환을 요구
- 관민 공동회 개최 : 만민 공동회의 규탄을 받던 보수 정부가 무너지고 개혁파 박정양이 정권을 장악하자, 정부 관료와 각계각층의 시민 등 만여 명이 참여하여 개최
- 의회 설립 추진 : 의회식 중추원 신관제를 반포하여 최초로 국회 설립 단계까지 진행(1898, 11)
- 헌의 6조 : 헌의 6조를 결의하고 국왕의 재가를 받음 → 실현되지는 못함

02 독립 협회의 활동

암기박사 독립문 건설 ⇒ 독립 협회

정답 ③

정답 해설

관민 공동회를 개최한 후 정부에 헌의 6조를 올린 단체는 독립 협회이다. 서재필을 중심으로 창립된 독립 협회는 자주독립의 상징인 독립문 건설을 주도하였다.

오답 해설

① 광혜원 설립 → 알렌
미국인 선교사 알렌(Allen)의 건의로 우리나라 최초의 서양식 병원인 광혜원이 설립되었다. → 후에 제중원으로 개칭

② 태극 서관 운영 → 신민회
신민회는 민중 계몽을 위해 태극 서관을 운영하고 출판물을 간행하였다.

④ 파리 강화 회의 파견 → 신한 청년당
상해에서 결성된 신한 청년당은 파리 강화 회의에 김규식을 대표로 파견하여 독립 청원서를 제출하였다.

03 을미사변 이후의 사실

암기박사 을미사변(1895) ⇒ 아관파천(1896)

정답 ④

정답 해설

명성황후가 친러파와 연결하여 일본을 견제하려 하자 일제는 을미사변을 일으켜 경복궁을 침범하고 명성황후를 시해하였다(1895). 을미사변으로 명성황후가 시해되자 신변에 위협을 느낀 고종이 러시아 공사관으로 피신하였다(1896).

오답 해설

① 병인양요(1866) → 을미사변 이전
병인양요 때 프랑스의 강화도 공격으로 의궤를 비롯한 외규장각 도서가 약탈당하였다.

② 영선사 파견(1881) → 을미사변 이전
고종 때 개화 정책의 일환으로 김윤식을 단장으로 하는 영선사가 청에 파견되어 기기국에서 무기 제조 기술을 도입하였다.

③ 제너럴 셔먼호 사건(1866) → 을미사변 이전
대동강에 침입하여 통상을 요구하며 행패를 부리던 미국 상선 제너럴 셔먼호를 박규수와 평양 관민들이 불태웠다.

04 독립 협회의 활동

암기박사 독립협회 ⇒ 독립신문 발간, 만민 공동회 개최

정답 ②

정답 해설

서재필을 중심으로 창립된 독립 협회는 독립신문을 발행하고 우리나라 최초의 근대적 민중 대회인 만민 공동회를 개최하여 민권 신장을 추구하였다.

오답 해설

① 신민회 → 국권 회복을 위한 비밀 결사 단체

신민회는 국권 회복을 위한 비밀 결사 단체로, 안창호와 양기탁 등이 중심이 되어 공화 정체의 근대 국가 건설을 목표로 설립되었다.

③ 대한 자강회 → 고종 강제 퇴위 반대 운동

대한 자강회는 일제가 고종을 강제 퇴위시키고 한·일 신협약을 체결하자 고종의 강제 퇴위 반대 운동을 주도하였다. → 정미7조약

④ 조선어 학회 → 한글 맞춤법 통일안과 표준어 제정

최현배, 이윤재 등이 설립한 조선어 학회는 한글 맞춤법 통일안과 표준어를 제정하고 조선말 큰사전 편찬을 주도하였다.

05 대한제국 시기의 정책

암기박사 광무개혁 : 지계 발급 ⇒ 대한제국   **정답** ①

정답 해설

아관파천 후 덕수궁으로 환궁한 고종은 국호를 대한제국으로 고치고 환구단에서 황제 즉위식을 거행하였다. 이후 대한제국은 광무개혁의 일환으로 근대적 토지 소유제도의 마련을 위해 양전 사업을 실시하고 지계를 발급하였다. → 근대적 토지증서

오답 해설

② 척화비 건립(1871) → 병인양요, 신미양요

병인양요와 신미양요의 결과 흥선 대원군은 척화교서를 내리고 종로와 전국 각지에 척화비를 건립하였다.

③ 홍범 14조 반포(1894) → 제2차 갑오개혁

고종은 제2차 갑오개혁 때 종묘에 나가 독립 서고문을 바치고, 개혁의 기본 방향을 제시한 홍범 14조를 반포하였다.

④ 치안 유지법(1925) → 문화 통치기

일제는 문화 통치기에 사상 통제법인 치안 유지법을 제정하여 독립 운동가들을 탄압하였다.

06 대한제국 시기의 사실

암기박사 대한국 국제 제정 ⇒ 대한제국   **정답** ④

정답 해설

아관파천 후 환궁한 고종은 국호를 대한제국으로 고치고 환구단에서 황제 즉위식을 거행하였다(1897). 이후 광무개혁의 일환으로 한국 최초의 근대적 헌법인 대한국 국제를 제정하였다(1899).

오답 해설

① 당백전 발행(1866) → 대한제국 이전

흥선 대원군은 경복궁 중건에 필요한 재원 마련을 위해 당백전을 발행하였다.

② 영선사 파견(1881) → 대한제국 이전

고종은 개화 정책의 일환으로 청에 영선사를 파견하여 근대식 무기 제조 기술을 도입하였다.

③ 육영 공원 설립(1886) → 대한제국 이전

고종은 개화 정책의 일환으로 우리나라 최초의 서양식 근대 교육 기관인 육영 공원을 설립하였다.

07 독립협회의 활동

암기박사 만민 공동회, 관민 공동회 개최 ⇒ 서재필 : 독립 협회   **정답** ③

정답 해설

제국주의 열강의 침략으로부터 주권을 수호하고자 서재필의 주도로 창립된 단체는 독립 협회이다. 독립 협회는 우리나라 최초의 근대적 민중 대회인 만민 공동회를 개최하였고, 관민 공동회 개최 후에는 헌의 6조를 결의하였다.

오답 해설

① 보안회 → 황무지 개간권 반대 운동

보안회는 일본의 조선황무지 개간권 요구에 대항하기 위하여 서울에서 조직된 항일단체로, 일본의 개간권 요구를 철회시켰다.

② 신민회 → 국권 회복을 위한 비밀 결사 단체

신민회는 국권 회복을 위한 비밀 결사 단체로, 안창호와 양기탁 등이 중심이 되어 공화 정체의 근대 국가 건설을 목표로 설립되었다.

④ 대한 자강회 → 고종 강제 퇴위 반대 운동

대한 자강회는 일제가 고종을 강제 퇴위시키고 한·일 신협약을 체결하자 고종의 강제 퇴위 반대 운동을 주도하였다. → 정미7조약

08 아관파천 이후의 역사적 사실

암기박사 아관파천(1896) ⇒ 대한제국 수립 선포(1897)   **정답** ④

정답 해설

을미사변 이후 신변에 위협을 느낀 고종은 비밀리에 러시아 공사관으로 임시 피신하였다(1896). 1년 후 고종은 경운궁으로 환궁하여 국호를 대한제국, 연호를 광무로 고치고 대한제국 수립을 선포하였다(1897).

오답 해설

① 훈련도감 설치 → 임진왜란

임진왜란 때 왜군의 조총에 대응하고 국방력을 강화하기 위해 포수, 사수, 살수로 구성된 훈련도감이 설치되었다(1594).

② 청에 영선사 파견 → 개화 정책

고종은 개화 정책의 일환으로 청에 영선사를 파견하여 근대식 무기 제조 기술을 도입하였다(1881).

③ 외규장각 도서 약탈 → 병인양요

병인양요 때 프랑스군이 철군하면서 문화재에 불을 지르고 외규장각 도서를 국외로 약탈하였다(1866).

09 독립 협회의 활동

암기박사 독립문 건립 ⇒ 독립 협회   **정답** ②

정답 해설

러시아가 저탄소 설치를 위해 절영도의 조차를 요구하자 독립 협회는 만민 공동회를 개최하여 러시아의 요구를 저지하였다. 또한 독립 협회는 자주 독립의 상징인 독립문 건립을 위해 모금 활동을 추진하였다. → 지금의 부산 영도 / 조약에 의해 다른 나라로부터 유상 또는 무상으로 영토를 빌림

오답 해설

① <u>태극 서관 운영 → 신민회</u>
  신민회는 민중 계몽을 위해 태극 서관을 운영하고 출판물을 간행하였다.
③ <u>고종 강제 퇴위 반대 운동 → 대한 자강회</u>
  대한 자강회는 일제가 고종을 강제 퇴위시키고 한·일 신협약을 체결하자 고종의 강제 퇴위 반대 운동을 주도하였다. (정미 7조약)
④ <u>국채 보상 운동 지원 → 대한매일신보</u>
  대한매일신보는 정부의 외채를 국민의 힘으로 상환하여 국권을 회복하자는 국채 보상 운동을 적극 지원하였다.

10 아관파천

암기박사 을미사변 ⇒ 고종 : 아관파천   **정답** ④

정답 해설

명성황후가 친러파와 연결하여 일본을 견제하려 하자 일제는 을미사변을 일으켜 경복궁을 침범하고 명성황후를 시해하였다(1895). 고종이 을미사변으로 신변에 위협을 느끼자 러시아 공사 베베르가 친러파와 모의하여 고종을 러시아 공사관으로 파천시켜 1년간 머물게 하였다(1896).

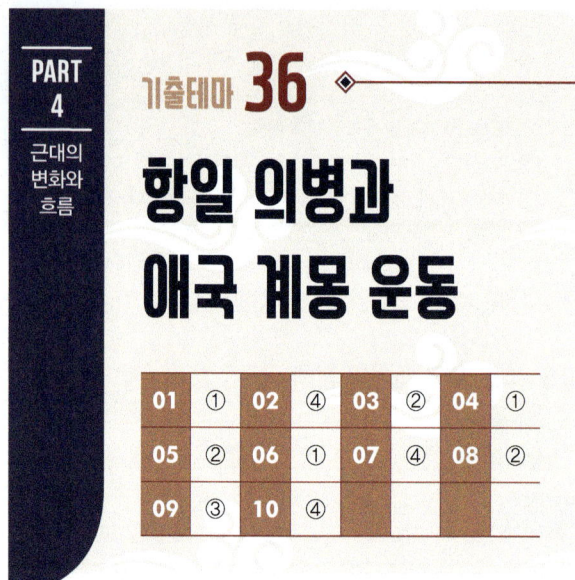

기출테마 36
PART 4 근대의 변화와 흐름

항일 의병과 애국 계몽 운동

01	①	02	④	03	②	04	①
05	②	06	①	07	④	08	②
09	③	10	④				

01 정미의병의 활약

암기박사 서울 진공 작전 ⇒ 정미의병   **정답** ①

정답 해설

민긍호가 일제의 군대 해산 조칙에 반발하여 의병을 결성하고 무기고를 습격한 것은 정미의병 때의 일이다. 정미의병이 확산되는 과정에서 의병 부대가 연합하여 서울 진공 작전을 전개하였다.

오답 해설

② <u>조선 혁명 선언 활동 지침 → 의열단</u>
  의열단은 김원봉이 만주 길림성에서 조직한 항일 무장 단체로 신채호의 조선 혁명 선언을 활동 지침으로 삼았다.
③ <u>독립 공채 발행 → 대한민국 임시 정부</u>
  대한민국 임시 정부는 독립 공채를 발행하거나 국민의 의연금으로 독립운동에 필요한 군자금을 조달하였다.
④ <u>고종의 해산 권고 조칙 → 을미의병</u>
  명성황후가 시해된 을미사변 후 일어난 을미의병은 고종의 해산 권고 조칙에 따라 대부분 스스로 해산하였다.

02 항일 의병 운동

암기박사 을사늑약 ⇒ 을사의병 : 최익현   **정답** ④

정답 해설 → 이완용, 이근택, 박제순, 이지용, 권중현

을사오적은 을사늑약에 찬성하여 서명한 다섯 명의 대신들을 말한다. 을사늑약이 체결된 후 최익현은 태인에서 항일 의병 활동을 전개하다 결국 체포되어 쓰시마 섬에서 순국하였다.

오답 해설

① <u>비변사 설치(1510)</u> : 조선 중종 때 3포 왜란을 계기로 여진족과 왜구에 대비하기 위하여 비변사가 설치되었다.
② <u>기묘사화(1519)</u> : 조선 중종 때 위훈 삭제 등 조광조의 급격한 개
→ 중종반정의 공신 대다수가 거짓 공훈으로 공신에 올랐다고 조광조가 삭제를 요청한 것

정답 및 해설

혁에 훈구 세력이 주초위왕의 모략을 꾸며 조광조 일파를 제거하였다.

> 주(走)와 초(肖)를 합치면 조(趙)가 되므로, 조씨 성을 가진 사람(조광조)이 왕이 된다는 뜻

③ **임술 농민 봉기(1862)** : 조선 철종 때 삼정의 문란과 백낙신의 탐학이 발단이 되어 진주 지역 농민들이 몰락 양반 유계춘의 지휘 아래 임술 농민 봉기를 일으켰다.

03 13도 창의군

암기박사 13도 창의군 결성 ⇒ 정미의병   **정답** ②

정답 해설

고종의 강제 퇴위와 군대 해산에 반발하여 일어난 의병은 정미의병이다. 정미의병이 확산되는 과정에서 13도 창의군이 결성되고 의병 부대가 연합하여 서울 진공 작전을 전개하였다.

오답 해설

① **최익현 : 태인에서 궐기 → 을사의병**
  을사늑약이 체결된 후 최익현은 태인에서 의병 활동을 주도하다 결국 체포되어 쓰시마 섬에서 순국하였다.

③ **백산 : 4대 강령 발표 → 동학 농민 운동**
  동학 농민군은 고부 민란 후 백산에 다시 결집하여 전봉준, 김개남, 손화중 등이 조직을 재정비하고 격문 선포와 4대 강령을 발표하였다.

④ **제물포 조약 체결 → 임오군란**
  임오군란의 결과 조선은 일본과 제물포 조약을 체결하고 배상금 지불과 군란 주동자의 처벌을 약속하였다.

핵심노트 ▶ 13도 창의군의 활약

- 유생 이인영을 총대장, 허위를 군사장으로 13도 연합 의병이 조직(1907)
- **외교 활동의 전개** : 서울 주재 각국 영사관에 의병을 국제법상의 교전 단체로 승인해 줄 것을 요구하여, 스스로 독립군임을 자처
- **서울 진공 작전** : 의병 연합 부대는 서울 근교까지 진격하였으나, 일본군의 반격으로 후퇴(1908)

04 평민 의장 신돌석

암기박사 을미·을사의병 : 평민 의병장 ⇒ 신돌석   **정답** ①

정답 해설

평민 출신 의병장으로 을미의병과 을사의병으로 일본군에 맞서 활약한 인물은 신돌석이다. 신돌석은 뛰어난 전술을 펼쳐 태백산 호랑이라고 불렸다.

오답 해설

② **을미의병 → 유인석**
  을미사변 후 유생 출신 유인석이 단발령에 반발하여 을미의병을 일으켰다.

③ **을사의병 → 최익현**
  을사늑약이 체결된 후 최익현은 태인에서 의병 활동을 전개하다 체포되어 쓰시마섬에서 순국하였다.

④ **대한 독립군 → 홍범도**
  홍범도는 대한 독립군의 총사령관으로 안무의 대한 국민회군과 연합하여 봉오동 전투에서, 김좌진의 북로 군정서군과 연합하여 청산리에서 일본군을 격파하였다.

05 최익현의 활동

암기박사 태인 : 을사의병 ⇒ 최익현   **정답** ②

정답 해설

을사늑약 체결에 저항하여 태인에서 의병을 일으킨 인물은 최익현으로, 결국 체포되어 쓰시마섬에서 순국하였다.

오답 해설

① **을사의병 : 평민 출신 의병장 → 신돌석**
  을사늑약이 체결되자 평민 출신 의병장 신돌석은 을사늑약의 폐기와 친일 내각 타도를 주장하며 을사의병을 일으켰다.

③ **이토 히로부미 처단 → 안중근**
  안중근 의사는 하얼빈 역에서 일제의 침략 원흉인 이토 히로부미를 처단하고, 이듬해에 뤼순 감옥에서 순국하였다.

④ **봉오동 전투, 청산리 대첩 → 홍범도**
  홍범도는 대한 독립군의 총사령관으로 안무의 대한 국민회군과 연합하여 봉오동 전투에서, 김좌진의 북로 군정서군과 연합하여 청산리에서 일본군을 격파하였다.

06 13도 창의군

암기박사 정미의병 ⇒ 13도 창의군 : 서울 진공 작전   **정답** ①

정답 해설

고종의 강제 퇴위와 군대 해산에 반발하여 일어난 의병은 정미의병이다. 정미의병이 확산되는 과정에서 유생 이인영을 총대장으로 하는 13도 창의군의 의병 부대가 연합하여 서울 진공 작전을 전개하였다.

오답 해설

② **자유시 이동 → 대한 독립군단**
  봉오동 전투와 청산리 전투에서 패한 일제의 보복인 간도 참변 이후 대한 독립군단은 일제의 탄압을 피해 자유시로 이동하였다.

③ **신미양요 : 광성보 전투 → 어재연**
  미국이 제너럴셔먼호 사건을 구실로 강화도를 공격하여 신미양요가 발발하자 어재연의 진무영 부대가 광성보 전투에서 항전하였다.

④ **황푸 군관 학교 : 군사 훈련 → 의열단**
  김원봉이 조직한 의열단의 단원들은 황푸 군관 학교에 입학하여 군사 훈련을 실시하였다.

07 을미의병

암기박사 청·일 전쟁(1894) ⇒ 을미의병(1895)   **정답** ④

정답 해설

동학 농민 운동 당시 일본이 군대를 동원하여 경복궁을 점령하여 청·일 전쟁이 발발하였다(1894). 이후 명성황후가 시해된 을미사변과 단발령에 대한 반발로 최초의 항일 의병인 을미의병이 일어났다(1895).

08 신민회의 활동

암기박사 105인 사건 ⇒ 신민회 해체

정답 ②

정답 해설

신민회는 안창호, 양기탁 등이 중심이 되어 비밀리에 조직한 단체로, 국권 회복과 공화 정체의 근대 국가 건설을 목표로 하였다. 신민회는 일제가 데라우치 총독 암살 미수 사건이라고 날조한 105인 사건으로 해체되었다.

오답 해설

① 보안회 → 황무지 개간권 요구 저지
보안회는 일제의 황무지 개간권 요구에 대한 지속적인 반대 운동을 벌여 토지 약탈 음모를 분쇄하였다.

③ 대한 자강회 → 고종 강제 퇴위 반대 운동 (정미7조약)
대한 자강회는 일제가 고종을 강제 퇴위시키고 한·일 신협약을 체결하자 고종의 강제 퇴위 반대 운동을 주도하였다.

④ 헌정 연구회 → 애국 운동 단체
민족의 정치의식 고취와 입헌정치 체제 수립을 목적으로 이준, 양한묵, 윤호정 등이 창설한 애국 운동 단체이다.

핵심노트 ▶ 105인 사건

일본 경찰은 안중근의 사촌인 안명근이 무관 학교를 세울 자금을 모으다가 체포되자 이를 총독 데라우치 마사타케의 암살 미수 사건으로 날조하여, 신민회 회원을 비롯한 민족주의자 6백여 명을 검거해 고문을 가하였다. 그 결과 105명이 기소되었는데, 그들 중 윤치호, 양기탁, 안태국, 이승훈, 임치정, 옥관빈 등 6명만이 징역을 선고받았다. 기소된 인물이 105명이라 105인 사건이라 명명되었다(1911).

09 신민회의 활동

암기박사 태극 서관, 자기 회사 운영 ⇒ 신민회

정답 ③

정답 해설

신민회는 안창호, 양기탁 등이 중심이 되어 조직한 비밀 결사로, 국권 회복과 공화 정체의 근대 국가 건설을 목표로 하였다. 신민회는 태극 서관과 자기 회사를 운영하였으며, 일제가 날조한 105인 사건으로 해산되었다. (평양에 설립된 도자기 회사 / 계몽 서적 출판)

오답 해설

① 독립신문 창간 → 독립협회
독립신문은 서재필의 독립협회가 민중 계몽을 위해 창간한 신문으로, 최초의 민간 신문이자 순한글 신문이다.

② 한성 사범 학교 설립 → 조선 정부
갑오개혁 이후 고종의 교육 입국 조서 발표에 따라 조선 정부는 교원 양성 학교인 한성 사범 학교를 설립하였다.

④ 황무지 개간권 요구 저지 → 보안회
보안회는 일본의 황무지 개간권 요구에 대한 지속적인 반대 운동을 벌여 토지 약탈 음모를 분쇄하였다.

핵심노트 ▶ 신민회의 활동

- 문화적·경제적 실력 양성 운동 : 자기 회사 설립(평양), 태극서관 설립(대구), 대성 학교·오산 학교·점진 학교 설립 등
- 양기탁 등이 경영하던 대한매일신보를 기관지로 활용했고, 1908년 최남선의 주도하에 〈소년〉을 기관 잡지로 창간
- 군사적 실력 양성 운동 : 이상룡·이시영이 남만주에 삼원보, 이승희·이상설이 밀산부에 한흥동을 각각 건설하여 항일 의병 운동에 이어 무장 독립 운동의 터전이 됨

10 구한말의 사회 모습

암기박사 일제의 황무지 개간권 요구 저지(1904) ⇒ 보안회

정답 ④

정답 해설

러·일 전쟁을 치르는 일본이 군수 물자를 수송하기 위한 군사적인 목적으로 경부선 철도를 건설하였다. 이 시기에 보안회는 일제의 황무지 개간권 요구에 대한 지속적인 반대 운동을 벌여 토지 약탈 음모를 분쇄하였다.

오답 해설

① 훈련도감 설치(1594) → 임진왜란
조선 선조 때 임진왜란으로 왜군의 조총에 대응하고 국방력을 강화하기 위해 포수, 살수, 사수의 삼수병으로 구성된 훈련도감이 설치되었다.

② 황국 신민 서사 암송(1937) → 민족 말살 통치기
일제는 민족 말살 통치기에 천황에게 충성을 맹세하는 황국 신민 서사를 암송하게 하였다.

③ 치안 유지법 제정(1925) → 문화 통치기
치안 유지법은 일제가 제정한 사상 통제법으로, 공산주의 및 무정부주의 운동을 탄압하기 위해 제정한다고 했으나 사실상 독립 운동에 대한 전반적 탄압을 위해 만들어진 법률이었다.

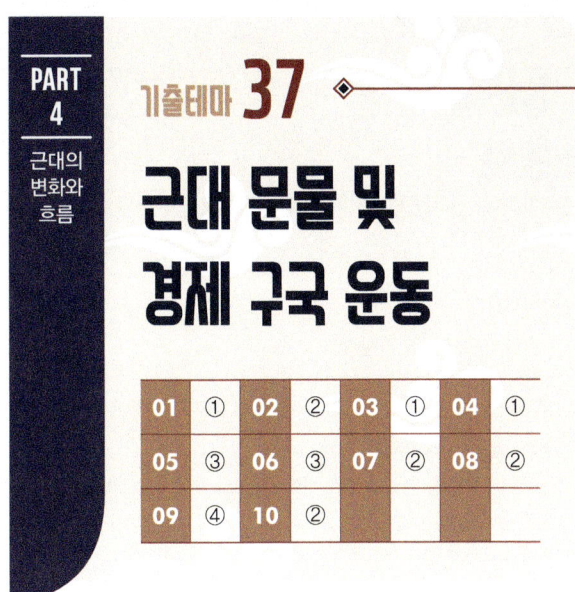

PART 4 근대의 변화와 흐름

기출테마 37 근대 문물 및 경제 구국 운동

01	①	02	②	03	①	04	①
05	③	06	③	07	②	08	②
09	④	10	②				

01 대한제국 시기의 사회 모습

암기박사 러·일 전쟁(1904) ⇒ 경부선 철도(1905)

정답 ①

정답 해설

대한제국(1897~1910) 시기에 러·일 전쟁이 발발하자 일본이 군수 물자를 수송하기 위한 군사적인 목적으로 서울과 부산을 잇는 경부선 철도를 부설하였다.

오답 해설

② 훈련도감(1593) → 조선 후기
조선 후기 임진왜란이 발발하자 왜군의 조총에 대응하고 국방력을 강화하기 위해 삼수병으로 구성된 훈련도감이 설치되었다.

③ 우정총국 개국(1884) → 근대 개항기
근대 개항기에 근대식 우편 업무를 도입하기 위해 홍영식을 책임자로 하는 우정총국이 설립되었다.

④ 치안 유지법(1925) → 일제 강점기
일제 강점기 때 사상 통제법인 치안 유지법이 제정되어 많은 독립 운동가들이 연행되고 탄압을 받았다.

02 우리나라의 화폐

암기박사 전환국 발행 ⇒ 백동화

정답 ②

정답 해설

전환국에서 발행한 동전으로 보조 화폐로 사용되다가 일본의 화폐 정리 사업으로 발행이 중단된 화폐는 백동화이다. 백동화는 개화기 때 근대식 화폐 발행 기구인 전환국에서 종래 사용하던 상평통보를 대체하기 위해 발행되었다.

오답 해설

① 당백전 → 경복궁 중건에 사용
조선 고종 때 흥선 대원군은 경복궁 중건에 필요한 재원 마련을 위해 당백전을 발행하였다.

③ 건원중보 → 우리나라 최초의 금속 화폐
건원중보는 고려 성종 때 주조된 우리나라 최초의 금속화폐로 뒷면에 동국(東國)이라는 글자가 새겨져 있다.

④ 삼한통보 → 주전도감에서 발행
삼한통보는 고려 숙종 때 화폐 유통을 촉진하기 위해 주전도감에서 발행한 금속 화폐 중의 하나로 널리 유통되지는 못하였다.

03 근대 문물의 수용

암기박사 전차 개통(1899) ⇒ 경인선 철도 개통(1899)

정답 ①

정답 해설

1899년에 서대문과 청량리 사이에 최초의 전차가 개통되었다. 또한 서울에서 인천을 잇는 우리나라 최초의 철도인 경인선이 완공된 후 서대문 정거장에서 철도 개통식이 열렸다.

오답 해설

② 텔레비전 방송(1956) → 전차 개통 이후
미국 회사와의 합작으로 TV 방송국이 개국되고 우리나라 최초의 텔레비전 방송이자 상업 방송이 시작되었다.

③ 한성순보 발행(1883) → 전차 개통 이전
한성순보는 최초의 근대식 신문으로 납으로 만든 활자를 사용해 박문국에서 발행되었다.

④ 경성 방송국 설립(1927) → 전차 개통 이후
일제 총독부의 지원 아래 조선에 거주하는 일본인들의 정보와 문화 욕구에 부응하고 일본의 식민지 체제에 한국인을 순응하게 하기 위한 교화 수단으로써 일본인 주도로 설립되었다.

04 국채 보상 운동

암기박사 정부 부채 상환 ⇒ 국채 보상 운동

정답 ①

정답 해설

정부가 일본에 진 빚 1,300만 원을 갚기 위해 국채 보상 기성회에서 의연금을 모금한 활동은 국채 보상 운동이다. 국채 보상 운동은 정부의 외채를 국민의 힘으로 상환하여 국권을 회복하고자 대구에서 개최한 국민 대회에서 김광제 등의 발의로 시작되었다.

오답 해설

② 문맹 퇴치 및 한글 보급 운동 → 문자 보급 운동
문자 보급 운동은 일제의 민족 말살 정책에 대항하여 조선일보가 중심이 되어 실시한 문맹 퇴치 및 한글 보급 운동이다.

③ 민족 산업 보호 및 경제 자립 운동 → 물산 장려 운동
물산 장려 운동은 평양에서 조만식 등이 중심이 되어 우리 민족 산업을 보호하고 경제적 자립을 목적으로 '조선 사람 조선 것'이라는 구호 아래 전개된 운동이다.

④ 조선 민립 대학 기성회 모금 활동 → 민립 대학 설립 운동
조선 총독부가 대학 설립 요구를 묵살하자 조선 교육회는 우리 손으로 대학을 설립하고자 조선 민립 대학 기성회를 중심으로 모금 운동을 전개하였다.

05 근대 문물의 수용

암기박사 박문국 : 한성순보 발행(1883) ⇒ 대한 제국 이전

정답 ③

정답 해설

대한 제국(1897~1910)은 조선 말기 아관파천 후 환궁한 고종이 자주 독립을 지키고 왕권을 강화하기 위해 수립한 나라로 일제에 의해 국권을 빼앗길 때까지 존속하였다. 한편, 박문국에서 한성순보가 발행된 것은 대한 제국 이전의 일이다.

오답 해설

① 원각사 설립(1908) → 대한 제국 시기
이인직이 설립한 최초의 서양식 극장인 원각사에서 은세계, 치악산 등의 신극이 공연되었다.

② 중명전 건립(1899) → 대한 제국 시기
중명전은 덕수궁(경운궁)의 별채로, 고종 때 일제의 강압 속에 을사늑약이 체결된 비운의 장소이다.

④ 경부선 부설(1904) → 대한 제국 시기
러 · 일 전쟁을 치르는 일본이 군수 물자를 수송하기 위한 군사적인 목적으로 서울과 부산을 잇는 경부선 철도를 부설하였다.

06 근대 문물의 수용

암기박사 전차 개통(1899) ⇒ 경부선 철도 개통(1905)

정답 ③

정답 해설

한성 전기 회사에 의해 동대문과 서대문 사이에 우리나라 최초의 전차가 개통되었다. 그 이후 러 · 일 전쟁을 치르는 일본이 군수 물자를 수송하기 위한 군사적 목적으로 경부선 철도가 개통되었다.

오답 해설

① 한성순보(1883) → 전차 개통 이전
한성순보는 최초의 근대식 신문으로 납으로 만든 활자를 사용해 박문국에서 발행하였다.

② 만민 공동회(1898) → 전차 개통 이전
독립 협회는 우리나라 최초의 근대적 민중 대회인 만민 공동회를 개최하여 민권 신장을 추구하였다.

④ 동문학(1883) → 전차 개통 이전
동문학은 개화기 때 정부가 외국어 통역관 양성을 목적으로 설립한 교육 기관이다.

핵심노트 ▶ 근대 문물의 수용

- 1883년 박문국 설치, 한성순보 발간
- 1883년 전환국 설치, 화폐 발행의 업무를 수행
- 1884년 우정국 설치
- 1885년 최초의 서양식 병원인 광혜원(후에 제중원) 건립
- 1885년 서울과 인천 사이에 전선이 가설, 한성전보총국이 문을 열면서 전신 업무를 시작
- 1887년 황실은 미국인과 합자로 한성전기회사를 만들고 발전소를 건설, 경복궁에 전등 가설
- 1899년 동대문과 서대문 사이에 처음으로 전차운행
- 1899년 경인선 개통
- 1904년 세브란스 병원 개원, 선교사들은 선교를 목적으로 의료 사업에 적극적으로 참여
- 1905년 러 · 일 전쟁 중 일본의 군사적인 목적에 의해 경부선과 경의선 개통

07 우정총국의 기능

암기박사 근대적 우편 업무 ⇒ 우정총국

정답 ②

정답 해설

근대적 우편 업무를 담당하기 위해 건립된 우정총국은 한국 역사상 최초의 우체국으로 홍영식을 책임자로 임명하여 개국 준비를 하였다.

오답 해설

① 나운규 : 영화 아리랑 → 단성사
나운규가 감독한 영화 아리랑이 단성사에서 처음 상영되어 한국 영화를 획기적으로 도약시키는 계기가 되었다.

③ 한성순보 간행 → 박문국
순 한문 신문인 한성순보가 발간된 곳은 박문국으로 납으로 만든 활자를 사용해 간행되었다.

④ 헐버트 교사 초빙 → 육영 공원
육영 공원은 정부가 보빙사 민영익의 건의로 설립한 최초의 근대식 관립 학교로 헐버트를 교사로 초빙해 근대 학문을 가르쳤다.

08 국채 보상 운동

암기박사 대한매일신보 지원 ⇒ 국채 보상 운동

정답 ②

정답 해설

국채 보상 운동은 정부의 외채를 국민의 힘으로 상환하여 국권을 회복하자는 운동으로 대한매일신보 등 언론의 지원을 받아 전국적으로 확산되었다(1907).

오답 해설

① 만민 공동회 개최 → 독립 협회
독립 협회는 우리나라 최초의 근대적 민중 대회인 만민 공동회를 개최하여 민권 신장을 추구하였다.

③ '조선 사람 조선 것' → 물산 장려 운동
물산 장려 운동은 조만식 등이 중심이 되어 평양에서 조선 물산 장려회가 발족되고, '조선 사람 조선 것'이라는 구호 아래 전국으로 확산되었다.

④ 백정에 대한 사회적 차별 철폐 → 형평 운동
이학찬을 중심으로 진주에서 조선 형평사를 조직하고 백정에 대한 사회적 차별 철폐를 목적으로 형평 운동이 전개되었다.

09 국채 보상 운동

암기박사 대한매일신보 지원 ⇒ 국채 보상 운동

정답 ④

정답 해설

국채 보상 운동은 정부의 외채를 국민의 힘으로 상환하여 국권을 회복하자는 운동으로 대한매일신보 등 언론의 지원을 받아 전국적으로 확산되었다(1907).

오답 해설

① 근우회 → 여성 운동 ─ 김활란 등을 중심으로 한 여성계의 민족 유일당 조직
근우회의 후원으로 여성 노동자의 권익 옹호와 생활 개선을 위한

여성 운동이 확산되었다.
② 국채 보상 운동 → 조선 총독부의 방해(X)
조선 총독부는 국권 피탈(1910)부터 일제 강점기에 조선을 지배했던 통치 기구이므로, 국채 보상 운동(1907)의 방해와는 관련이 없다.
③ 김홍집 → 갑오개혁, 을미개혁
김홍집은 조선 말기 개화 정책을 추진했던 정치가로 친일 내각을 구성하고 갑오개혁과 을미개혁을 추진하였다.

핵심노트 ▶ 국채 보상 운동의 전개

- 서상돈·김광제 등이 대구에서 개최한 국민 대회를 계기로 전국으로 확산
- 국채 보상 기성회가 서울 등 전국 각지에 확대되고 대한매일신보 등 여러 신문사들도 적극 후원 → 금연 운동 전개
- 부녀자들은 비녀와 가락지를 팔아서 이에 호응했으며, 여성 단체인 진명 부인회·대한 부인회 등은 보상금 모집소를 설치하여 적극적인 활동을 전개
- 일본까지 파급되어 800여 명의 유학생들도 참여

10 우정총국

암기박사 근대 우편 업무 ⇒ 우정총국

정답 ②

정답 해설

근대 우편 업무를 도입하기 위해 세워진 것은 우정총국으로, 책임자로 홍영식이 임명되어 법령을 마련하는 등 개국 준비를 하였다(1884).

오답 해설

① 최초의 근대식 무기 제조 공장 → 기기창
김윤식을 단장으로 한 영선사가 청에 파견되어 무기 제조법과 근대식 군사 훈련법을 배우고 돌아온 후 서울에 최초의 근대식 무기 제조 공장인 기기창이 설립되었다(1883).
③ 제1차 갑오개혁 : 개혁 추진 기구 → 군국기무처
군국기무처는 제1차 갑오개혁 당시 입법권을 가진 초정부적 개혁 추진 기구로 정치·경제·사회 등 국가 주요 정책에 대한 개혁안을 심의하였다(1894).
④ 개화 정책 전담 기구 → 통리기무아문
고종은 개화 정책 전담 기구인 통리기무아문을 설치하고 그 아래 12사를 두어 외교·군사·산업 등의 업무를 분장하였다(1880).

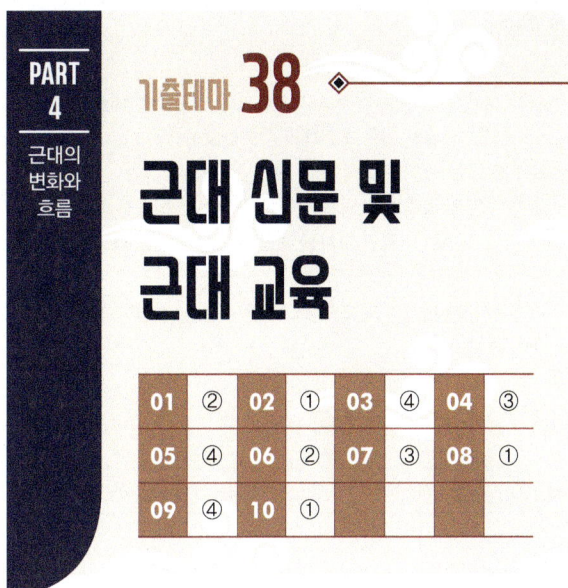

PART 4 근대의 변화와 흐름

기출테마 38 근대 신문 및 근대 교육

01	②	02	①	03	④	04	③
05	④	06	②	07	③	08	①
09	④	10	①				

01 이상설의 활동

암기박사 서전서숙 설립 ⇒ 이상설

정답 ②

정답 해설

헤이그 만국 평화 회의에 특사로 파견되고 연해주에 대한 광복군 정부를 조직한 인물은 이상설이다. 이상설은 북간도에서 최초의 신문학 민족 교육기관인 서전서숙을 설립하여 민족 교육을 실시하였다.

오답 해설

① 의열단 조직 → 김원봉
김원봉은 신채호의 조선 혁명 선언을 행동 강령으로 만주 길림성에서 의열단을 조직하였다.
③ 동양 평화론 집필 → 안중근
안중근 의사는 하얼빈 역에서 일제의 침략 원흉인 이토 히로부미를 사살하고 이듬해에 뤼순 감옥에서 동양 평화론을 집필하던 중 순국하였다.
④ 시일야방성대곡 발표 → 장지연
장지연은 을사늑약의 부당성을 알리기 위해 황성신문에 시일야방성대곡이라는 논설을 발표하였다.

02 도산 안창호

암기박사 대성 학교 설립 ⇒ 도산 안창호

정답 ①

정답 해설

도산 안창호는 국권 회복과 공화정체의 국민 국가 건설을 목적으로 비밀 결사 단체인 신민회를 조직하였으며, 미국 샌프란시스코로 건너가 재미 한인을 중심으로 한민족 운동 단체인 흥사단을 조직하였다. 또한 민족 교육을 위해 중등 교육기관인 대성 학교를 평양에 설립하였다.

오답 해설

② 원산 학사 → 최초의 근대적 사립학교
원산 학사는 함경도 덕원부사 정현석과 주민들이 개화파 인물들의 권유로 설립한 최초의 근대적 사립학교이다.

③ 육영 공원 → 최초의 근대식 관립학교
육영 공원은 정부가 보빙사 민영익의 건의로 설립한 최초의 근대식 관립 학교로 미국인 교사를 초빙해 근대 학문을 가르쳤다.

④ 이화 학당 → 최초의 여성 교육 기관
이화 학당은 미국인 선교사 스크랜튼 부인이 설립한 최초의 여성 교육 기관이다.

03 양기탁의 독립 활동

암기박사 대한매일신보 창간, 신민회 조직 ⇒ 양기탁 **정답 ④**

정답 해설

영국인 베델과 함께 대한매일신보를 창간하고, 비밀 결사 조직인 신민회를 조직한 인물은 양기탁이다. 양기탁은 또한 대한민국 임시 정부의 국무령으로 선출되어 활동하였다.

오답 해설

① 김원봉 → 의열단 조직
김원봉은 신채호의 조선 혁명 선언을 행동 강령으로 만주 길림성에서 의열단을 조직하였다.

② 나석주 → 동양 척식 주식회사에 폭탄 투척
나석주는 의열단 소속으로 일제의 대표적 수탈 기관인 동양 척식 주식회사에 폭탄을 투척하였다.

③ 신익희 → 민주당 대통령 후보
신익희는 대한민국 임시 정부의 내·외무차장을 역임했고, 광복 후 여당인 자유당의 이승만 후보에 맞서 민주당의 대통령 후보로 출마하였다.

04 독립신문

암기박사 독립신문 ⇒ 한글판과 영문판으로 발행 **정답 ③**

정답 해설

서재필의 독립 협회가 발행한 최초의 민간 신문은 독립신문이다. 독립신문은 한글판뿐만 아니라 외국인이 읽을 수 있도록 영문판으로도 발행되었다.

오답 해설

① 천도교 기관지 → 만세보
천도교의 후원을 받아 오세창이 발간한 만세보는 천도교의 기관지로 민중 계몽에 힘쓰고 일진회의 국민신보에 대항하였다.

② 박문국 발간 → 한성순보
우리나라 최초의 근대 신문인 한성순보가 박문국에서 납으로 만든 활자를 사용해 발행되었다.

④ 시일야방성대곡 게재 → 황성신문
을사늑약의 부당성을 알리기 위해 황성신문에 장지연의 시일야방성대곡이라는 논설을 실었다.

05 이화 학당의 역사

암기박사 이화 학당(1886) ⇒ 최초의 여성 교육 기관 **정답 ④**

정답 해설

미국의 개신교 선교사 스크랜튼 부인이 여성 교육을 위해 최초의 여성 교육 기관인 이화 학당을 설립하였다. 최초의 여의사 박에스더와 3·1 만세 운동으로 순국한 유관순 열사 등이 이 학교 출신이다.

오답 해설

① 배재 학당(1885) → 선교 목적 설립
배재 학당은 미국의 개신교 선교사 아펜젤러가 선교를 목적으로 한양에 세운 학교로 신학문 보급에 기여하였다.

② 오산 학교(1907) → 남강 이승훈 설립
신민회의 남강 이승훈이 민족 정신 고취와 인재 양성을 위해 오산 학교를 설립하였다.

③ 육영 공원(1886) → 최초의 근대식 관립 학교
최초의 근대식 관립 학교인 육영 공원은 미국인 헐버트와 길모어 등을 교사로 초빙하여 상류층의 자제들에게 근대 학문을 가르쳤다.

06 한성순보

암기박사 최초의 근대 신문 ⇒ 박문국 : 한성순보 **정답 ②**

정답 해설

한성순보는 박영효 등 개화파가 박문국에서 발간한 최초의 근대 신문으로, 정부에서 발표한 새로운 행정 사항 및 해외 여러 나라의 소식을 순 한문으로 열흘마다 발행하였다.

오답 해설

① 천도교의 기관지 → 만세보
천도교의 후원을 받아 오세창이 발간한 만세보는 천도교의 기관지로 민중 계몽에 힘쓰고 일진회의 국민신보에 대항하였다.

③ 장지연 : 시일야방성대곡 게재 → 황성신문
황성신문은 남궁억, 유근 등 개신 유학자들에 의해 발행된 국한문 혼용체 신문으로, 을사늑약의 부당성을 알리기 위해 장지연의 시일야방성대곡이 게재되었다.

④ 국채 보상 운동 후원 → 대한매일신보
영국인 베델과 양기탁이 함께 창간한 대한매일신보는 신민회의 기관지로 국채 보상 운동의 확산에 기여하였다.

핵심노트 ▶ 개항기 발행 신문

언론기관	주요 활동
한성순보 (1883~1884)	박영효 등 개화파가 창간하여 박문국에서 발간한 최초의 신문, 관보 성격의 순한문판 신문으로, 10일 주기로 발간
한성주보 (1886~1888)	박문국 재설치 후 한성순보를 이어 속간, 최초의 국한문 혼용, 최초의 상업광고
독립신문 (1896~1899)	서재필이 발행한 독립 협회의 기관지, 최초의 민간지, 격일간지, 순한글판과 영문판 간행, 띄어쓰기 실시
매일신문 (1898~1899)	협성회의 회보를 발전시킨 최초의 순한글 일간지, 독립 협회 해산으로 폐간
황성신문 (1898~1910)	남궁억, 유근 등 개신유학자들이 발간, 국한문 혼용, 민주주의적 성격의 항일 신문, 보안회 지원, 장지연의 '시일야방성대곡'

황성신문 (1898~1910)	남궁억, 유근 등 개신유학자들이 발간, 국한문 혼용, 민족주의적 성격의 항일 신문, 보안회 지원, 장지연의 '시일야방성대곡'을 게재하고 을사조약을 폭로하여 80일간 정간
제국신문 (1898~1910)	이종일이 발행할 순한글의 계몽적 일간지 → 일반 대중과 부녀자 중심
대한매일신보 (1904~1910)	영국인 베델이 양기탁 등과 함께 창간, 국한문판·한글판·영문판 간행(최대 발행부수), 신민회 기관지, 국채 보상 운동에 주도적 참여, 총독부에 매수되어 일제 기관지(매일신보)로 속간
만세보 (1906~1907)	천도교의 후원을 받아 오세창이 창간한 천도교 기관지, 이인직의 혈의 누 연재
경향신문 (1906)	가톨릭 교회의 기관지, 주간지, 민족성 강조
대한민보 (1909~1910)	대한협회의 기관지로, 일진회의 기관지인 국민신보에 대항
경남일보 (1909)	최초의 지방지

07 육영 공원

암기박사 헐버트, 길모어, 벙커를 교사로 초빙 ⇒ 육영 공원 정답 ③

정답 해설

최초의 근대식 관립 학교인 육영 공원은 미국인 헐버트, 길모어, 벙커 등을 교사로 초빙하여 상류층의 자제들에게 영어, 수학 등 근대 학문을 가르쳤다(1886).

오답 해설

① 서전서숙 → 최초의 신문학 민족 교육 기관
　서전서숙은 이상설이 북간도에서 설립한 최초의 신문학 민족 교육 기관이다(1906).
② 배재 학당 → 선교 목적 설립
　배재 학당은 미국의 개신교 선교사 아펜젤러가 선교를 목적으로 한양에 세운 학교로 신학문 보급에 기여하였다(1885).
④ 이화 학당 → 최초의 여성 교육 기관
　이화 학당은 미국인 선교사 스크랜턴이 설립한 최초의 여성 교육 기관이다(1886).

08 독립신문

암기박사 독립협회의 기관지 ⇒ 서재필 : 독립신문 정답 ①

정답 해설

독립신문은 서재필이 중심이 되어 창간한 독립협회의 기관지로, 민중 계몽을 위해 순한글로 발행하였으며 외국인을 위해 영문판도 함께 제작하였다.

오답 해설

② 일반 대중과 부녀자 대상 → 제국신문
　제국신문은 이종일이 발행한 순한글의 계몽적 일간지로 주로 일반 대중과 부녀자를 대상으로 하였다.
③ 해외 발행 한인 최초 한글 신문 → 해조신문
　해조신문은 해외에서 발행된 한인 최초의 한글 신문으로, 최봉준이 연해주에서 창간하여 러시아 한인 동포들을 계몽하였다.
④ 국채 보상 운동 후원 → 대한매일신보
　영국인 베델과 양기탁이 함께 창간한 대한매일신보는 신민회의 기관지로 국채 보상 운동의 확산에 기여하였다.

09 대한매일신보

암기박사 양기탁 & 베델 공동 창간 ⇒ 대한매일신보 정답 ④

정답 해설

한말의 언론인이자 독립운동가인 양기탁과 영국인 베델이 공동으로 창간한 신문은 대한매일신보이다. 이 신문은 일제로부터 도입한 차관을 갚기 위해 일어난 국채 보상 운동을 적극 후원하였다.

오답 해설

① 천도교 기관지 → 만세보
　천도교의 후원을 받아 오세창이 발간한 만세보는 천도교의 기관지로 민중 계몽에 힘쓰고 일진회의 국민신보에 대항하였다.
② 독립협회의 기관지 → 독립신문
　독립신문은 서재필이 민중 계몽을 위해 창간한 독립협회의 기관지로, 최초의 민간 신문이자 순한글 신문이다.
③ 해외 발행 한인 최초 한글 신문 → 해조신문
　해조신문은 해외에서 발행된 한인 최초의 한글 신문으로, 최봉준이 연해주에서 창간하여 러시아 한인 동포들을 계몽하였다.

10 독립신문

암기박사 우리나라 최초의 민간 신문 ⇒ 서재필 : 독립신문 정답 ①

정답 해설

1896년 서재필 등이 창간한 우리나라 최초의 민간 신문은 독립신문이다. 독립협회의 기관지로 민중 계몽을 위해 창간되었으며, 한글판과 영문판으로 발행되었다.

오답 해설

② 일반 대중과 부녀자 대상 → 제국신문
　제국신문은 이종일이 발행한 순한글의 계몽적 일간지로 주로 일반 대중과 부녀자를 대상으로 하였다.
③ 해외 발행 한인 최초 한글 신문 → 해조신문
　해조신문은 해외에서 발행된 한인 최초의 한글 신문으로, 최봉준이 연해주에서 창간하여 러시아 한인 동포들을 계몽하였다.
④ 국채 보상 운동 후원 → 대한매일신보
　영국인 베델과 양기탁이 함께 창간한 대한매일신보는 신민회의 기관지로 국채 보상 운동의 확산에 기여하였다.

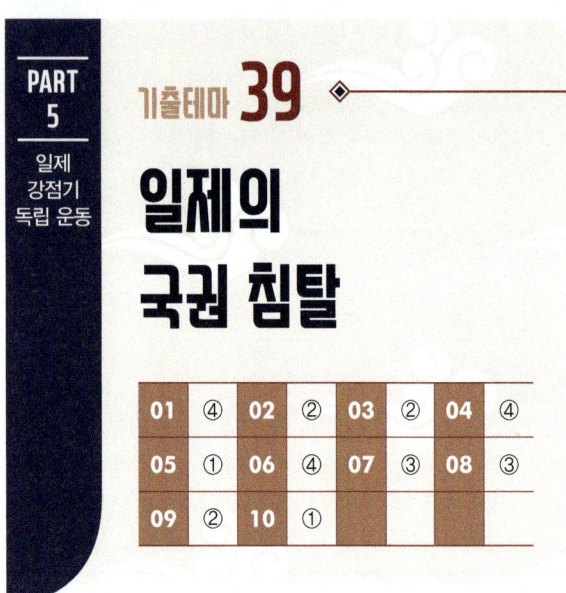

PART 5 일제 강점기 독립 운동

기출테마 39 일제의 국권 침탈

01	④	02	②	03	②	04	④
05	①	06	④	07	③	08	③
09	②	10	①				

01 지하철 역명에서 찾은 역사

암기박사 을사늑약 ⇒ 민영환 자결

정답 ④

정답 해설

을사늑약은 일본의 압력에 의해 부당하게 체결된 조약으로, 한국의 외교권이 박탈되고 통감부가 설치되었다. 을사늑약 체결에 반발하여 민영환 등 많은 이들이 자결로써 항거하였다.

오답 해설

① (가) 귀주 대첩(X) → 살수 대첩(O)
고구려 영양왕 때 을지문덕 장군이 수나라 우중문의 30만 별동대를 살수로 유인하여 크게 물리쳤다.

② (나) 안시성 전투(X) → 귀주 대첩(O)
고려 현종 때 10만 대군의 소배압이 이끄는 거란의 3차 침입에 맞서 강감찬이 귀주 대첩에서 대승을 거두었다.

③ (다) 병자호란(X) → 임진왜란(O)
이순신은 1592년 일본의 침입으로 시작된 임진왜란 당시 삼도수군통제사가 되어 조선의 수군을 이끌었다.

02 을사늑약의 결과

암기박사 을사늑약(1905) ⇒ 통감부 설치(1906)

정답 ②

정답 해설

일본의 압력에 의해 부당하게 체결되고 외교권이 박탈된 조약은 을사늑약이다. 을사늑약의 체결로 통감부가 설치되고 이토 히로부미가 초대 통감으로 취임하였다.

오답 해설

① 최혜국 대우 최초 규정 → 조·미 수호 통상 조약(1882)
조·미 수호 통상 조약은 서양과 맺은 최초의 조약으로 외국에 대한 최혜국 대우를 최초로 규정하였다.

③ 조선에 대한 종주권 → 청·일 전쟁(1894)
조선에 대한 종주권을 둘러싸고 청나라와 일본이 벌인 전쟁으로, 동학 농민 운동 당시 일본이 군대를 동원하여 경복궁을 점령하여 청·일 전쟁이 발발하였다.

④ 대한제국 설립 → 대한국 국제 반포(1899)
대한제국 때 고종 황제가 한국 최초의 근대적 헌법인 대한국 국제를 반포하였다.

03 정미 7조약

암기박사 한·일 의정서 ⇒ 정미 7조약 ⇒ 한·일 병합 조약

정답 ②

정답 해설

(가) 한·일 의정서(1904) : 러·일 전쟁이 발발하고 난 후 일본은 강제로 한일 의정서를 체결하여 군사적 요지를 점령하였다.

• 정미 7조약(1907) : 을사늑약 후 일제는 모든 통치권이 일제의 통감부로 이관되는 정미 7조약(한·일 신협약)을 체결하고 대한 제국 군대를 강제 해산시켰다.

(나) 한·일 병합 조약(1910) : 한·일 병합 조약 후 국권이 피탈되고 식민 통치의 중추 기관인 조선 총독부가 설치되어 일제의 식민 통치가 시작되었다.

오답 해설

① 톈진 조약(1885) → (가) 이전
청의 무력 개입으로 3일 만에 실패한 갑신정변의 영향으로 청과 일본 사이에 톈진 조약이 체결되었다.

③ 제물포 조약(1882) → (가) 이전
임오군란의 결과 조선은 일본과 제물포 조약을 체결하고 배상금 지불과 군란 주동자의 처벌을 약속하였다.

④ 시모노세키 조약(1895) → (가) 이전
일본이 청·일 전쟁에서 승리한 후 체결한 시모노세키 조약에 따라 청으로부터 요동반도를 할양받았으나, 이를 견제하고자 러시아, 프랑스, 독일의 삼국 간섭으로 일본은 요동반도를 반환하였다.

04 을사늑약

암기박사 을사늑약 ⇒ 통감부 설치

정답 ④

정답 해설

헤이그 만국 평화 회의에 이준, 이상설, 이위종 등의 특사를 파견한 것은 을사늑약의 부당함을 세계에 알리기 위해서이다. 을사늑약을 강제로 체결한 일본은 한국의 외교권을 박탈하고 통감부를 설치하여 한국의 독점적 지배권을 인정받았다.

오답 해설

① 톈진조약 → 청·일 전쟁
동학 농민 운동이 발발하자 청과 일본이 톈진 조약에 따라 군대를 파병하였고, 전주화약 후 철수를 거부한 일본군이 청의 군대를 공격하여 청·일 전쟁이 발발하였다.

② **최혜국 대우 최초 규정 → 조·미 수호 통상 조약**
조·미 수호 통상 조약은 서양과 맺은 최초의 조약으로, 이 조약으로 외국에 대한 최혜국 대우를 최초로 규정하였다.
③ **운요호 사건 → 강화도 조약**
운요호 사건을 빌미로 일본의 강압에 의해 불평등 조약인 강화도 조약이 체결되었다.

05 헤이그 특사 이준

암기박사 이준 ⇒ 헤이그 특사   정답 ①

정답 해설
이준은 이상설, 이위종과 함께 네덜란드 헤이그에서 열린 만국 평화 회의에 특사로 파견되어 을사늑약 체결의 부당함을 전 세계에 알리고자 하였다(1907).

오답 해설
② **천도교 창시, 3·1 만세 운동 참가 → 손병희**
손병희는 동학을 계승하여 천도교를 창시하였고, 민족 대표 33인의 한 사람으로 3·1 만세 운동에 참가하였다.
③ **조선 건국 동맹, 좌우 합작 위원회 → 여운형**
여운형은 일제의 패망과 광복에 대비하여 조선 건국 동맹을 결성하였고, 우익 측을 대표한 김규식과 함께 좌익 측을 대표하여 좌우 합작 위원회의 주축이 되었다.
④ **봉오동 전투, 청산리 대첩 → 홍범도**
홍범도는 대한 독립군의 총사령관으로 안무의 대한 국민회군과 연합하여 봉오동 전투에서, 김좌진의 북로 군정서군과 연합하여 청산리에서 일본군을 격파하였다.

06 헤이그 특사

암기박사 을사늑약 ⇒ 헤이그 특사 : 이준·이상설·이위종   정답 ④

정답 해설
이준은 이상설, 이위종과 함께 네덜란드 헤이그에서 열린 만국 평화 회의에 특사로 파견되어 을사늑약 체결의 부당함을 전 세계에 알리고자 하였다(1907).

오답 해설
① **서양에 파견된 최초의 사절단 → 보빙사 : 민영익·홍영식·서광범**
보빙사는 서양에 파견된 최초의 사절단으로, 미국과 조·미 수호 통상 조약이 체결된 후 미국 공사의 서울 부임에 답하여 전권 대사 민영익 및 홍영식, 서광범 등이 미국에 파견되었다.
② **조선책략 처음 소개 → 2차 수신사 : 김홍집**
2차 수신사인 김홍집이 일본에 갔다가 귀국할 때 황준헌이 지은 조선책략을 국내에 처음 소개하였다.
③ **청의 무기 제조 기술 습득 → 영선사 : 김윤식**
김윤식을 단장으로 하는 영선사가 청에 파견되어 톈진 기기국에서 무기 제조법과 근대적 군사 훈련법을 배우고 돌아왔다.

07 을사늑약의 결과

암기박사 을사늑약 ⇒ 외교권 박탈, 통감부 설치   정답 ③

정답 해설
러·일 전쟁에서 승리한 일본은 을사늑약을 강제로 체결하여 외교권을 박탈하고 통감부를 설치하여 한국의 독점적 지배권을 인정받았다(1905). → 제2차 한·일 협약

오답 해설
① **운요호 사건 → 강화도 조약**
일본 군함 운요호가 연안을 탐색하다 강화도 초지진에서 조선 측의 포격을 받자 이를 구실로 불평등 조약인 강화도 조약이 체결되었다.
② **최혜국 대우 최초 규정 → 조·미 수호 통상 조약**
조·미 수호 통상 조약은 서양과 맺은 최초의 조약으로, 이 조약으로 외국에 대한 최혜국 대우를 처음으로 규정하였다.
④ **최초의 근대적 조약 → 강화도 조약**
강화도 조약은 우리나라가 외국과 맺은 최초의 근대적 조약이자 불평등 조약으로 부산, 원산, 인천에 개항장이 설치되는 결과를 가져왔다.

핵심노트 ▶ 을사늑약

> 제2조(외교권 박탈) 일본 정부는 한국과 타국 간에 현존하는 조약의 실행을 완수하는 임무를 담당하고 한국 정부는 지금부터 일본 정부의 중개를 거치지 않고서는 국제적 성질을 가진 어떤 조약이나 약속을 맺지 않을 것을 서로 약속한다.
> 제3조(통감부 설치) 일본 정부는 그 대표자로 한국 황제 폐하 밑에 1명의 통감을 두되 통감은 오로지 외교에 관한 사항을 관리하기 위하여 경성에 주재하고 친히 한국 황제 폐하를 만날 수 있는 권리를 가진다.

08 일제의 국권 침탈 과정

암기박사 헤이그 특사 파견 ⇒ 고종 강제 퇴위 ⇒ 군대 해산   정답 ③

정답 해설
(나) **헤이그 특사 파견** : 고종은 을사늑약의 무효를 선언하고 헤이그 만국 평화 회의에 이준, 이상설, 이위종 등의 특사를 파견해 일제 침략의 부당성을 호소하였다.
(다) **고종 강제 퇴위** : 일제는 헤이그 만국 평화 회의에 특사를 파견한 일로 고종을 강제 퇴위시키고 순종을 즉위시켰다.
(가) **군대 해산** : 일제는 또한 모든 통치권이 일제의 통감부로 이관되는 한·일 신협약(정미 7조약)을 체결하고 대한 제국 군대를 강제 해산시켰다.

09 일제의 국권 침탈 과정

암기박사 강화도 조약 체결 ⇒ 을사늑약 체결 ⇒ 조선 총독부 설치   정답 ②

정답 해설
(가) **강화도 조약 체결(1876)** : 일본 군함 운요호가 연안을 탐색하다 강화도 초지진에서 조선 측의 포격을 받자 이를 구실로 불평등 조

약인 강화도 조약이 체결되었다.
- (다) **을사늑약 체결(1905)** : 러 · 일 전쟁에서 승리한 일본은 을사늑약을 강제로 체결하여 한국의 독점적 지배권을 인정받고 대한 제국의 외교권을 박탈하였다.
- (나) **조선 총독부 설치(1910)** : 한 · 일 병합 조약 후 국권이 피탈되고 식민 통치의 중추 기관인 조선 총독부가 설치되어 일제의 식민 통치가 시작되었다.

10 을사늑약

> 암기박사 외교권 박탈 ⇒ 을사늑약

정답 ①

정답 해설

고종이 헤이그 만국 평화 회의에 특사를 파견한 것은 을사늑약의 부당성을 알리기 위해서이다. 러 · 일 전쟁에서 승리한 일본은 을사늑약을 강제로 체결하여 한국의 독점적 지배권을 인정받고 대한 제국의 외교권을 박탈하였다.

오답 해설

② 천주교 포교 허용 → 조 · 프 수호 통상 조약
  조선이 프랑스와 조 · 프 수호 통상 조약을 체결하고 천주교 포교를 허용하였다.
③ 화폐 정리 사업 실시 → 제1차 한 · 일 협약
  제1차 한 · 일 협약 당시 임명된 재정 고문 메가타의 주도로 조선의 상평통보나 구(舊) 백동화를 일본 제일 은행에서 만든 새 화폐로 교환하는 화폐 정리 사업이 실시되었다.
④ 대한 제국 군대 해산 → 정미 7조약(한 · 일 신협약)
  헤이그 특사 사건을 빌미로 일제는 고종의 강제 퇴위와 군대 해산을 실시하고 정미 7조약(한 · 일 신협약)을 체결하였다.

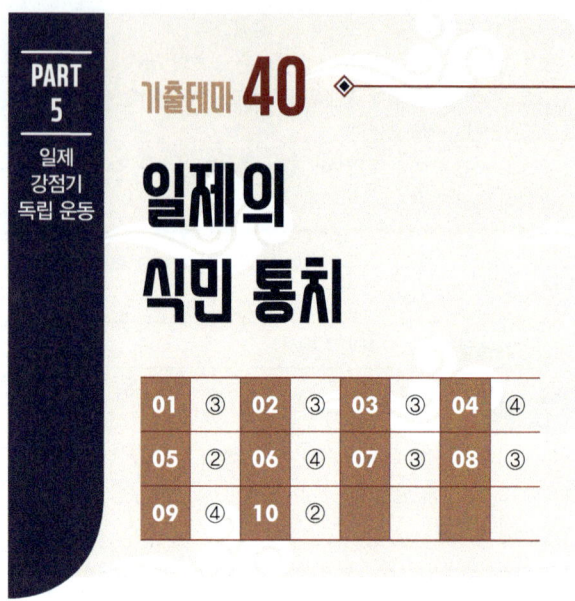

PART 5 일제 강점기 독립 운동

기출테마 40 일제의 식민 통치

01	③	02	③	03	③	04	④
05	②	06	④	07	③	08	③
09	④	10	②				

01 무단 통치기의 일제 정책

> 암기박사 토지 조사 사업(1910) ⇒ 무단 통치기

정답 ③

정답 해설

일제가 회사령을 실시하고 조선 태형령을 제정한 것은 무단 통치기 때의 일이다. 일제는 무단 통치기 때 토지 약탈과 식민지 통치의 재정 기반을 확대하기 위해 토지 조사 사업을 실시하였다.

오답 해설

① 홍범 14조 반포(1894) → 제2차 갑오개혁
  고종은 제2차 갑오개혁 때 종묘에 나가 독립 서고문을 바치고, 개혁의 기본 방향을 제시한 홍범 14조를 반포하였다.
② 군국기무처 설치(1894) → 제1차 갑오개혁
  군국기무처는 제1차 갑오개혁 때 개혁 추진을 위해 설치된 초정부적 의결 기구이다.
④ 경성 제국 대학 설립(1924) → 문화 통치기
  조선 교육회는 우리 손으로 대학을 설립하고자 조선 민립 대학 기성회를 중심으로 모금 운동을 전개하였으나 일제가 경성 제국 대학을 설립하면서 중단되었다.

02 문화 통치기의 일제 정책

> 암기박사 산미 증식 계획(1920) ⇒ 문화 통치기

정답 ③

정답 해설

일제가 치안 유지법을 제정한 것은 문화 통치기이다. 이 시기에 일본은 자국의 식량 부족과 쌀값 폭등을 우리나라에서의 식량 수탈로 해결하려고 산미 증식 계획을 추진하였다.

오답 해설

① 장용영 설치(1793) → 조선 정조
  조선 정조는 왕의 친위 부대인 장용영을 설치하고 한양에는 내영,

수원 화성에는 외영을 두었다.
② 군국기무처 설치(1894) → 제1차 갑오개혁
군국기무처는 제1차 갑오개혁 때 개혁 추진을 위해 설치된 초정부적 의결 기구이다.
④ 조선 건국 준비 위원회(1945) → 8·15 광복 직후
8·15 광복 직후 일제의 패망과 광복에 대비하여 건국 작업을 진행하기 위해 여운형을 중심으로 조선 건국 준비 위원회가 결성되었다.

03 산미 증식 계획

정답 ③

암기박사 일본 : 식량 수탈 ⇒ 산미 증식 계획(1920년대)

정답 해설

일제가 자국의 식량 문제를 해결하기 위해 1920년부터 조선에 실시한 정책은 산미 증식 계획이다. 일본은 자국의 식량 부족과 쌀값 폭등을 우리나라에서의 식량 수탈로 해결하려고 산미 증식 계획을 추진하였다.

오답 해설

① 방곡령(1889) : 조선 양곡의 무제한 유출을 허용한 조·일 통상 장정으로 일본으로의 지나친 곡물 반출을 막기 위해 함경도 관찰사 조병식이 방곡령을 선포하였다.
② 남면북양 정책(1930년대) : 일제는 경제적 수탈의 일환으로 남부에서는 면화, 북부에서는 면양 사육을 장려한 남면북양 정책을 추진하였다.
④ 토지 조사 사업(1910) : 일제는 무단 통치기 때 토지 약탈과 식민지 통치의 재정 기반을 확대하기 위해 토지 조사 사업을 실시하였다.

04 민족 말살 통치기

정답 ④

암기박사 한국 광복군 : 미얀마 전선 파견(1943) ⇒ 민족 말살 통치기

정답 해설

일제가 일으킨 태평양 전쟁이 전개되던 시기는 민족 말살 통치기이다. 이 시기에 대한민국 임시 정부 산하의 한국 광복군은 영국군의 요청으로 인도·미얀마 전선에 파견되어 영국군과 연합 작전을 펼쳤다.

오답 해설

① 근우회(1927) → 문화 통치기
근우회는 여성 노동자의 권익 옹호와 생활 개선을 위해 김활란 등을 중심으로 한 여성계 민족 유일당 조직이다.
② 6·10 만세 운동(1926) → 문화 통치기
순종의 장례일을 맞아 사회주의 세력의 주도 하에 격문 살포와 시위 운동이 전개되었다.
③ 토지 조사령(1912) → 무단 통치기
일제는 무단 통치기에 토지 약탈과 식민지화에 필요한 재정 수입원을 마련하기 위해 기한 내에 토지를 신고하게 하는 토지 조사령을 제정하였다.

05 무단 통치기의 사회 모습

정답 ②

암기박사 헌병 경찰 ⇒ 무단 통치기

정답 해설

일제에 의해 조선 태형령이 시행된 시기는 무단 통치기이다. 이 시기에 헌병이 경찰 업무를 대행하는 헌병 경찰제가 시행되었다.

오답 해설

① 경성 제국 대학 설립 → 문화 통치기
조선 교육회는 우리 손으로 대학을 설립하고자 조선 민립 대학 기성회를 중심으로 모금 운동을 전개하였으나 일제가 경성 제국 대학을 설립하면서 중단되었다.
③ 조선책략 유포 → 무단 통치기 이전
김홍집은 2차 수신사로 일본에 갔다가 귀국할 때 황준헌이 쓴 조선책략을 국내에 처음으로 유포하였다.
④ 국민 징용령 공포 → 민족 말살 통치기
일제는 민족 말살 통치기에 조선인 근로자의 노동력을 착취하기 위해 국민 징용령을 공포하였다.

06 민족 말살 통치기의 모습

정답 ④

암기박사 회사령 공포(1910) ⇒ 무단 통치기

정답 해설

일제가 중일 전쟁 이후 침략 전쟁을 확대하던 시기는 민족 말살 통치기로, 이 시기에 한국인의 성과 이름을 일본식으로 바꾸도록 한 창씨개명을 강요하였다. 한편, 일제가 회사 설립 시 총독의 허가를 받도록 하는 회사령을 공포한 것은 무단 통치기이다.

오답 해설

① 애국반 조직(1938) → 민족 말살 통치기
일제는 민족 말살 통치기에 전시체제 하에서 조선인의 일상 생활을 감시·통제하기 위해 애국반을 조직하였다.
② 황국 신민 서사 암송(1937) → 민족 말살 통치기
일제는 민족 말살 통치기에 천황에게 충성을 맹세하는 황국 신민 서사의 암송을 강요하였다.
③ 국민 징용령(1939) → 민족 말살 통치기
일제는 민족 말살 통치기에 조선인 근로자의 노동력을 착취하기 위해 국민 징용령을 제정하였다.

07 민족 말살 통치기의 사회 모습

정답 ③

암기박사 황국 신민 서사 암송(1937) ⇒ 민족 말살 통치기

정답 해설

일제가 일으킨 태평양 전쟁이 전개되던 시기는 민족 말살 통치기이다. 일제는 민족 말살 통치기에 천황에게 충성을 맹세하는 황국 신민 서사의 암송을 강요하였다.

오답 해설

① 원산 총파업(1929) → 문화 통치기

원산 총파업은 원산 노동 연합회의 소속 노동자와 일반 노동자들이 합세하여 노동 조건 개선을 요구하며 전개한 1920년대 최대의 파업 투쟁이다.

② 만민 공동회(1898) → 무단 통치기 이전
　독립 협회는 우리나라 최초의 근대적 민중 대회인 만민 공동회를 개최하여 민권 신장을 추구하였다.

④ 조선 태형령(1912) → 무단 통치기
　일제는 무단 통치기에 한국인에 한하여 태형을 통해 형벌을 가하는 조선 태형령을 공포하였다.

08 민족 말살 통치기의 사회 모습

암기박사 황국 신민 서사 암송 ⇒ 민족 말살 통치기　**정답 ③**

정답 해설

일제가 중·일 전쟁 이후 침략 전쟁을 확대하던 시기는 민족 말살 통치기이다. 이 시기에 일제는 일왕이 거처하는 궁성을 향해 경의를 표하는 궁성요배와 천황에게 충성을 맹세하는 황국 신민 서사의 암송을 강요하였다.

오답 해설

① 조선 태형령, 헌병 경찰제 → 무단 통치기
　일제는 무단 통치기에 조선인에 한하여 태형을 통해 형벌을 가하는 조선 태형령과 헌병이 경찰 업무를 대행하는 헌병 경찰제를 시행하였다.

② 회사령 공포 → 무단 통치기
　일제는 무단 통치기에 회사 설립 시 총독의 허가를 받도록 하는 회사령을 공포하여 민족 기업의 설립을 방해하였다.

④ 암태도 소작 쟁의 → 문화 통치기
　전남 신안군 암태도에서 지주들의 고액 소작료에 반발하여 농민들의 소작 쟁의가 일어났다.

09 무단 통치기의 일제 정책

암기박사 회사령, 토지 조사 사업 ⇒ 무단 통치기　**정답 ④**

정답 해설

회사 설립 시 조선 총독의 허가를 받아야 하는 회사령이 시행된 시기는 무단 통치기이다. 이 시기에 일제는 토지 약탈과 식민지 통치의 재정 기반을 확대하기 위해 토지 조사령을 발표하고 토지 조사 사업을 실시하였다.

오답 해설

① 미곡 공출제 → 민족 말살 통치기
　일제는 침략 전쟁을 확대하던 민족 말살 통치기에 전시 군량을 확보하기 위해 미곡 공출제를 시행하였다.

② 남면북양 정책 → 민족 말살 통치기
　일제는 민족 말살 통치기에 남부에서는 면화, 북부에서는 면양 사육을 장려한 남면북양 정책을 추진하였다.

③ 농촌 진흥 운동 → 민족 말살 통치기
　일제는 민족 말살 통치기에 조선 농민을 회유·단속하기 위해 조선 농촌의 자력갱생을 도모한다는 명분으로 농촌 진흥 운동을 전개하였다.

10 민족 말살 통치기의 일제 정책

암기박사 미곡 공출제 시행 ⇒ 민족 말살 통치기　**정답 ②**

정답 해설

일제가 국가 총동원법을 시행하고 한국인들을 강제 동원하여 군사 시설을 만든 시기는 민족 말살 통치기이다. 이 시기에 일제는 전시 군량을 확보하기 위해 미곡 공출제를 시행하였다(1938).

오답 해설

① 회사령 공포 → 무단 통치기
　일제는 무단 통치기에 회사 설립 시 총독의 허가를 받도록 하는 회사령을 공포하여 민족 기업의 설립을 방해하였다(1910).

③ 치안 유지법 제정 → 문화 통치기
　일제는 문화 통치기에 공산주의 및 무정부주의 등 사회주의 운동이 확산되는 것을 막기 위해 치안 유지법을 제정하였으나, 사실상 독립 운동에 대한 전반적 탄압이 자행되었다(1925).

④ 헌병 경찰 제도 실시 → 무단 통치기
　일제는 무단 통치기에 강압적 통치를 목적으로 헌병이 경찰 업무를 대행하는 헌병 경찰 제도를 실시하였다(1910).

PART 5 일제 강점기 독립 운동

기출테마 41
1910년대 민족 운동

01	②	02	②	03	③	04	④
05	②	06	④	07	④	08	①
09	②	10	③				

01 대한 광복회

암기박사 대한 광복회 ⇒ 박상진

정답 ②

정답 해설

박상진이 조직한 비밀 결사 단체는 대한 광복회로 독립 전쟁 자금 모금과 친일 부호 처단을 주도하였다. 박상진은 대구에서 광복단과 조선 국권 회복단의 일부 인사를 통합하여 대한 광복회를 조직하였다.

오답 해설

① 의열단 → 김원봉
김원봉은 신채호의 조선 혁명 선언을 행동 강령으로 만주 길림성에서 의열단을 조직하였다.

③ 독립 의군부 → 임병찬
임병찬은 고종의 밀지를 받아 고종의 복위 및 대한 제국의 재건을 목표로 독립 의군부를 조직하였다.

④ 대한인 국민회 → 미주 지역 한인
미주 지역 한인들이 연합하여 결성한 단체인 대한인 국민회는 대조선 국민군단을 운영하였다.

02 서간도의 독립 활동

암기박사 신흥 강습소 설립 ⇒ 서간도

정답 ②

정답 해설

독립운동가 이회영은 신민회의 일원으로, 서간도 삼원보에 자치기구인 경학사를 조직하고 군사교육기관인 신흥 강습소를 설립하였다.

오답 해설

㉠ 대한민국 임시 정부 이동 → 충칭
윤봉길 의거 이후 충칭으로 근거지를 옮긴 대한민국 임시 정부는 조소앙의 삼균주의를 기초로 건국 강령을 공포하고 한국 광복군을 창설하였다.

㉢ 대조선 국민 군단 창설 → 하와이
하와이에서는 독립군 사관을 양성할 목적으로 박용만이 대조선 국민 군단을 창설하고 군사 훈련을 실시하였다.

㉣ 숭무 학교 설립 → 멕시코
멕시코로 이주한 한인들이 이근영을 중심으로 멕시코 메리다 중심지에 숭무 학교를 설립하여 독립군을 양성하였다.

03 신민회의 활동

암기박사 안창호, 양기탁 : 비밀 결사 단체 ⇒ 신민회

정답 ③

정답 해설

안창호와 양기탁 등이 중심이 되어 국권 회복과 공화정 수립을 목표로 설립된 비밀 단체는 신민회로 민족 교육을 위해 오산학교와 대성학교를 설립하였다. 신민회는 일제가 조작한 105인 사건으로 와해되었다.

오답 해설

① 근우회 → 여성계 민족 유일당 조직
근우회는 여성 노동자의 권익 옹호와 생활 개선을 위해 김활란 등을 중심으로 한 여성계 민족 유일당 조직이다.

② 보안회 → 일제의 황무지 개간권 요구 저지
보안회는 일제의 황무지 개간권 요구에 대한 지속적인 반대 운동을 벌여 일제의 황무지 개간권 요구를 저지시켰다.

④ 조선어 학회 → 한글 맞춤법 통일안과 표준어 제정
최현배, 이윤재 등이 설립한 조선어 학회는 한글 맞춤법 통일안과 표준어를 제정하고 조선말 큰사전 편찬을 주도하였다.

04 대한 광복회

암기박사 박상진 : 대한 광복회 ⇒ 비밀 결사 단체

정답 ④

정답 해설

박상진을 중심으로 1910년대에 결성된 국내 비밀 결사 운동 단체는 대한 광복회이다. 대한 광복회는 공화정치를 목표로 군자금 모집과 친일파 처단 등의 활동을 하였다.

오답 해설

① 연해주 독립 운동 단체 → 권업회
권업회는 연해주 신한촌에서 조직된 항일 독립 운동 단체로, 권업 신문을 발간하고 학교, 도서관 등을 건립하였다.

② 일본의 황무지 개간권 요구 저지 → 보안회
보안회는 일본의 황무지 개간권 요구에 대한 지속적인 반대 운동을 벌여 일본의 황무지 개간권 요구를 저지시켰다.

③ 남만주 무장 투쟁 단체 → 참의부
참의부는 남만주에서 조직된 대한민국 임시 정부 직할의 무장 투쟁 단체이다.

핵심노트 ▶ 대한 광복회(1915~1918)

- 조직 : 풍기의 대한 광복단과 대구의 조선 국권 회복단의 일부 인사가 모여 군대식으로 조직·결성 각 도와 만주에 지부 설치 박상진(총사령)·김좌진(부사령)·채기중
- 활동 : 군자금을 모아 만주에 독립 사관학교 설립, 연해주에서 무기 구입, 독립 전쟁을 통한 국권 회복을 목표로 함 → 1910년대 항일 결사 중에서 가장 활발한 활동 전개

05 연해주 한인 강제 이주 정책

암기박사 스탈린 : 한인 강제 이주 정책 ⇒ 연해주 **정답** ②

정답 해설

만주가 일본의 지배하에 놓이자 일본이 연해주 한인들을 밀정으로 포섭할 것을 염려한 소련의 스탈린이 연해주 지역의 한인들을 중앙 아시아로 강제 이주시켰다(1937).

오답 해설

① 대한민국 임시 정부 이동 → 충칭

윤봉길 의거 이후 충칭으로 근거지를 옮긴 대한민국 임시 정부는 조소앙의 삼균주의를 기초로 건국 강령을 공포하고 한국 광복군을 창설하였다.

③ 대조선 국민 군단 창설 → 하와이

하와이에서는 독립군 사관을 양성할 목적으로 박용만이 대조선 국민 군단을 창설하고 군사 훈련을 실시하였다.

④ 숭무 학교 설립 → 멕시코

멕시코로 이주한 한인들이 이근영을 중심으로 멕시코 메리다 중심지에 숭무 학교를 설립하여 독립군을 양성하였다.

06 미주 지역의 독립운동

암기박사 대한인 국민회 결성 ⇒ 미국 **정답** ④

정답 해설

박용만이 대조선 국민 군단을 창설한 곳은 미국령인 하와이이며, 노백린 장군이 한인 비행 학교를 설립한 곳은 미국 캘리포니아주이다. 또한 미국에서는 하와이의 한인협성협회와 미국 샌프란시스코의 대한인 공립협회가 통합된 대한인 국민회가 결성되었다.

오답 해설

① 서전서숙 설립 → 북간도

북간도에서는 민족 교육을 위해 이상설 등이 최초의 신문학 민족 교육기관인 서전서숙을 설립하였다.

② 권업회 조직 → 연해주

연해주에서는 한인 자치 단체인 권업회를 조직하여 권업신문을 발행하고 학교, 도서관 등을 건립하였다. → 대한 광복군 정부 수립

③ 신흥 강습소 설립 → 서간도

이회영 등은 서간도 삼원보에 독립군 양성을 위해 군사 교육 기관인 신흥 강습소를 세웠다. → 신흥 무관 학교로 발전

07 연해주 독립운동의 대부, 최재형

암기박사 안중근 의거 지원, 권업회 조직 ⇒ 최재형 **정답** ④

정답 해설

안중근의 하얼빈 의거를 도운 숨은 공로자로, 연해주에서 권업회를 조직하여 독립운동을 이끈 인물은 최재형이다.

오답 해설

① 민족주의 사학자 → 박은식

박은식은 일제 강점기 대표적인 민족주의 사학자로 대한민국 임시 정부 제2대 대통령을 역임하였으며, 국혼을 강조한 역사서인 한국통사를 저술하였다.

② 일본 국왕에 폭탄 투척 → 이봉창

한인 애국단 소속의 이봉창은 도쿄에서 일왕의 행렬에 폭탄을 투척하였다.

③ 한글 학자 → 주시경

한글 학자 주시경은 국어의 이해 체계 확립을 위해 국문 연구소를 세웠고, 국어문법을 편찬하였다.

08 대한 광복회

암기박사 공화 정체 국가 수립 ⇒ 박상진 : 대한 광복회 **정답** ①

정답 해설

박상진을 중심으로 1915년에 대구에서 결성된 항일 독립 운동 단체는 대한 광복회이다. 대한 광복회는 공화정치를 목표로 독립 전쟁 자금 모금, 친일파 처단 등의 활동을 하였다.

오답 해설

② 한글 맞춤법 통일안 제정 → 이윤재 : 조선어 학회

이윤재가 설립한 조선어 학회는 한글 맞춤법 통일안과 표준어를 제정하였으며, 우리말 큰사전의 편찬 사업을 추진하였다.

③ 형평 운동 → 이학찬 : 조선 형평사

이학찬을 중심으로 진주에서 조선 형평사를 조직하고 백정에 대한 사회적 차별 철폐를 목적으로 형평 운동을 전개하였다.

④ 이봉창, 윤봉길 의거 지원 → 김구 : 한인 애국단

김구는 상해에서 대한민국 임시 정부의 위기 타개책으로 한인 애국단을 조직하였고, 그 단체 소속의 이봉창과 윤봉길의 항일 의거 활동을 지원하였다.

09 도산 안창호

암기박사 대성 학교 설립, 흥사단 조직 ⇒ 도산 안창호 **정답** ②

정답 해설

도산 안창호는 국권 회복과 공화정체의 국민 국가 건설을 목적으로 양기탁 등과 함께 비밀 결사 단체인 신민회를 조직하였으며, 미국 샌프란시스코로 건너가 재미 한인을 중심으로 한민족 운동 단체인 흥사단을 조직하였다. 또한 민족 교육을 위해 중등 교육기관인 대성 학교를 평양에 설립하였다.

오답 해설

① 파리 강화 회의, 남북 협상 → 김규식

김규식은 신한청년당의 대표로 파리 강화 회의에 파견되었고, 남한만의 단독 선거에 반대하여 김구와 함께 남북 협상에 참여하였다.

③ 조선 건국 동맹, 좌우 합작 위원회 → 여운형

여운형은 일제의 패망과 광복에 대비하여 조선 건국 동맹을 결성하고 조선 건국 준비 위원회의 위원장을 맡아 완전한 독립 국가 건설을 위해 노력하였다. 또한 우익 측을 대표한 김규식과 함께 좌익 측을 대표하여 좌우 합작 위원회의 주축이 되었다.

④ 대한 광복군 정부 부통령, 대한민국 임시 정부 국무총리 → 이동휘

이동휘는 연해주에 설립된 대한 광복군 정부의 부통령으로 선임되어 무장 독립 전쟁을 준비하였고 3·1 만세 운동 후에 설립된 대한민국 임시 정부의 국무총리를 역임하였다.

10 신흥 강습소

암기박사 이상룡, 이회영 ⇒ 신흥 강습소 설립

정답 ③

정답 해설

신민회의 일원인 이상룡과 이회영은 삼원보에 경학사를 조직하고 독립군을 양성하기 위하여 신흥 강습소를 설립하였다.
→ 신흥 무관 학교로 발전

오답 해설

① 동문학 → 외국어 통역관 양성 기관
동문학은 정부가 외국어 통역관 양성을 목적으로 설립한 교육 기관으로, 통리교섭통상사무아문의 부속 기관이다.

② 배재 학당 → 선교 목적 설립
배재 학당은 미국의 개신교 선교사 아펜젤러가 선교를 목적으로 한양에 세운 학교로 신학문 보급에 기여하였다.

④ 한성 사범 학교 → 교원 양성 학교
갑오개혁 이후 고종의 교육 입국 조서 발표에 따라 조선 정부는 교원 양성 학교인 한성 사범 학교를 설립하였다.

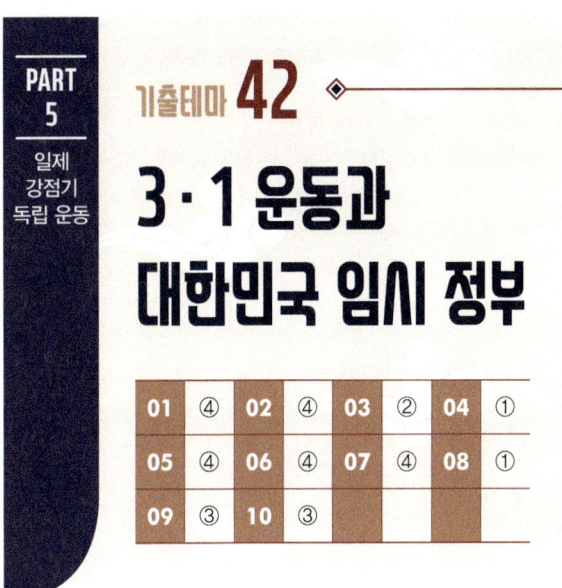

PART 5 일제 강점기 독립 운동

기출테마 42
3·1 운동과 대한민국 임시 정부

01	④	02	④	03	②	04	①
05	④	06	④	07	④	08	①
09	③	10	③				

01 3·1 만세 운동의 영향

암기박사 3·1 만세 운동 ⇒ 대한민국 임시 정부 수립

정답 ④

정답 해설

일제가 수원 제암리 주민들의 집단 학살을 자행한 것은 3·1 만세 운동 때의 일이다. 고종의 장례일에 민족 대표 33인의 이름으로 독립 선언서를 발표함으로써 전개된 3·1 만세 운동은 대한민국 임시 정부가 수립되는 계기가 되었다.

오답 해설

① 독립 의군부(1912) → 3·1 만세 운동 이전
임병찬은 고종의 밀지를 받아 고종의 복위 및 대한 제국의 재건을 목표로 독립 의군부를 조직하였다.

② 국채 보상 운동(1907) → 3·1 만세 운동 이전
국채 보상 운동은 정부의 외채를 국민의 힘으로 상환하여 국권을 회복하자는 경제 구국 운동이다.

③ 교육 입국 조서 반포(1895) → 3·1 만세 운동 이전
제2차 갑오개혁 때 교육의 기본 방향을 제시한 교육 입국 조서가 반포되었다.

02 3·1 만세 운동의 영향

암기박사 3·1 만세 운동 ⇒ 대한민국 임시 정부 수립 계기

정답 ④

정답 해설

고종의 장례 기간 중에 일어난 3·1 만세 운동은 탑골 공원 등에서 학생과 시민들의 만세 시위로 시작하여 전국으로 확산되었다. 민족 대표 33인의 이름으로 독립 선언서를 발표함으로써 전개된 3·1 만세 운동은 대한민국 임시 정부 수립의 계기가 되었다.

오답 해설

① 청군의 개입 → 임오군란, 갑신정변

임오군란 때는 명성황후 일파가 청에 군대를 요청하여 군란을 진압하였고, 갑신정변 때는 청의 무력 개입으로 3일 만에 실패로 끝났다.

② 대한매일신보 후원 → 국채 보상 운동

정부의 외채를 국민의 힘으로 상환하여 국권을 회복하자는 국채 보상 운동은 대한매일신보의 후원을 받아 전국적으로 확산되었다.

③ 황국 중앙 총상회 → 상권 수호 운동

시전 상인들이 일본 상인들로부터 서울의 상권을 지키기 위해 황국 중앙 총상회를 중심으로 상권 수호 운동을 전개하였다.

03 대한민국 임시 정부

암기박사 구미 위원부 설치 ⇒ 대한민국 임시 정부 | 정답 ②

정답 해설

상하이에서 수립되었고 독립 공채를 발행한 정부는 대한민국 임시 정부이다. 대한민국 임시 정부는 미국에 구미 위원부를 설치하여 국제 연맹과 워싱턴 회의에 우리 민족의 독립 열망을 전달하는 외교 활동을 전개하였다.

오답 해설

① 한성순보 발행 → 박문국

순 한문 신문인 한성순보가 발행된 곳은 박문국으로 납으로 만든 활자를 사용해 간행되었다.

③ 만민 공동회 개최 → 독립 협회

독립 협회는 우리나라 최초의 근대적 민중 대회인 만민 공동회를 개최하여 민권 신장을 추구하였다.

④ 신흥 무관 학교 설립 → 신민회

신민회는 서간도 삼원보에 신흥 강습소를 설립하여 무장 투쟁을 준비하였고, 이후 신흥 무관 학교로 발전하였다.04 충칭 임시 정부의 활동

04 대한민국 임시 정부의 활동

암기박사 독립 공채 발행 ⇒ 대한민국 임시 정부 | 정답 ①

정답 해설

3·1 운동을 계기로 상하이에 수립된 단체는 대한민국 임시 정부이다. 대한민국 임시 정부는 독립 공채를 발행하거나 국민의 의연금으로 독립운동에 필요한 군자금을 조달하였다.

오답 해설

② 만민 공동회 개최 → 독립 협회

독립 협회는 우리나라 최초의 근대적 민중 대회인 만민 공동회를 개최하여 민권 신장을 추구하였다.

③ 신흥 강습소 설립 → 신민회

신민회는 서간도 삼원보에 신흥 강습소를 설립하여 무장 투쟁을 준비하였고, 이후 신흥 무관 학교로 발전하였다.

④ 잡지 어린이 발간 → 천도교

천도교 소년회는 어린이날을 제정하고 잡지 어린이를 발간하는 등 소년 운동을 전개하였다.

핵심노트 ▶ 대한민국 임시 정부의 활동

- **군자금의 조달** : 독립 공채 발행이나 국민의 의연금으로 마련, 국내외에서 수합된 자금은 연통제나 교통국 조직망에 의해 임시 정부에 전달되었으며, 만주의 이륭양행이나 부산의 백산 상회를 통하여 전달되기도 함
- **외교 활동** : 파리 강화 회의에 김규식을 대표로 파견하여 독립을 주장, 미국에 구미 위원부를 두어 국제 연맹과 워싱턴 회의에 우리 민족의 독립 열망을 전달
- **문화 활동** : 기관지로 독립신문을 간행하여 배포, 사료 편찬소를 두어 한·일 관계 사료집과 한국 독립 운동 지혈사(박은식) 등 간행
- **군사 활동** : 육군 무관 학교 설립, 임시 정부 직할대 결성, 한국 광복군 창설

05 대한민국 임시 정부의 활동

암기박사 한국 광복군 창설 ⇒ 대한민국 임시 정부 | 정답 ④

정답 해설

3·1 운동을 계기로 수립된 단체는 대한민국 임시 정부이다. 대한민국 임시 정부는 지청천을 총사령으로 하는 한국 광복군을 창설하고 독립 전쟁을 전개하였다.

오답 해설

① 독립문 건립 → 독립 협회

서재필을 중심으로 창립된 독립 협회는 자주 독립의 상징인 독립문을 건립하였다.

② 서전서숙 설립 → 이상설

이상설은 북간도에서 최초의 신문학 민족 교육기관인 서전서숙을 설립하여 민족 교육을 실시하였다.

③ 대한국 국제 반포 → 대한 제국

대한 제국 때 고종 황제는 한국 최초의 근대적 헌법인 대한국 국제를 반포하였다.

06 3·1 만세 운동의 영향

암기박사 3·1 만세 운동 ⇒ 대한민국 임시 정부 수립 | 정답 ④

정답 해설

일제의 무단 통치기에 일어난 만세 시위 운동은 일제 강점기 최대 규모의 민족 운동인 3·1 만세 운동이다. 고종의 장례일에 민족 대표 33인의 이름으로 독립 선언서를 발표함으로써 전개된 3·1 만세 운동은 대한민국 임시 정부가 수립되는 계기가 되었다(1919).

오답 해설

① 독립문 건립 → 독립 협회

서재필을 중심으로 창립된 독립 협회는 자주 독립의 상징인 독립문을 건립하였다.

② 홍범 14조 반포 → 제2차 갑오개혁

고종은 제2차 갑오개혁 때 종묘에 나가 독립 서고문을 바치고, 개혁의 기본 방향을 제시한 홍범 14조를 반포하였다.

③ 토지 조사 사업 → 일제

일제는 무단 통치기 때 토지 약탈과 식민지 통치의 재정 기반을 확대하기 위해 토지 조사 사업을 실시하였다.

07 대한민국 임시 정부의 활동

암기박사 대한국 국제 반포 ⇒ 대한 제국

정답 ④

정답 해설

대한민국 임시 정부는 3·1 만세 운동을 계기로 상하이에서 수립되어 연통제 실시, 독립 공채 발행, 구미 위원부 설치 등 독립을 위한 다양한 활동을 전개하였다. 한편, 대한국 국제를 반포한 것은 아관파천 후 환궁한 고종이 수립한 대한 제국이다.

오답 해설

① 연통제 실시 → 대한민국 임시 정부

대한민국 임시 정부는 국내 비밀 행정 조직으로 연통제를 실시하여 문서와 명령 전달, 군자금 송부, 정보 보고 등의 업무를 처리하였다.

② 독립 공채 발행 → 대한민국 임시 정부

대한민국 임시 정부는 독립 공채를 발행하거나 국민의 의연금으로 독립운동에 필요한 군자금을 조달하였다.

③ 구미 위원부 설치 → 대한민국 임시 정부

대한민국 임시 정부는 미국에 구미 위원부를 설치하여 국제 연맹과 워싱턴 회의에 우리 민족의 독립 열망을 전달하는 외교 활동을 전개하였다.

08 대한민국 임시 정부의 활동

암기박사 구미 위원부 설치 ⇒ 대한민국 임시 정부

정답 ①

정답 해설

백산 상회가 독립운동 자금을 지원한 단체는 1919년 상하이에서 수립된 대한민국 임시 정부이다. 대한민국 임시 정부는 미국에 구미 위원부를 설치하고 국제 연맹과 워싱턴 회의에 우리 민족의 독립 열망을 전달하였다.

오답 해설

② 만민 공동회 개최 → 독립 협회

독립 협회는 우리나라 최초의 근대적 민중 대회인 만민 공동회를 개최하여 민권 신장을 추구하였다.

③ 국채 보상 운동 → 국채 보상 기성회

국채 보상 기성회가 서울 등 전국 각지로 확대되고 일본에게 진 빚을 국민의 힘으로 상환하여 국권을 회복하자는 국채 보상 운동을 전개하였다.

④ 신흥 무관 학교 설립 → 신민회

신민회는 서간도 삼원보의 경학사에 신흥 강습소를 세워 독립군을 양성하였고 이후 신흥 무관 학교로 발전하였다.

09 대한민국 임시 정부

암기박사 연통제와 교통국 운영 ⇒ 대한민국 임시 정부

정답 ③

정답 해설

3·1 만세 운동 이후 독립운동을 목적으로 독립 공채를 발행한 단체는 대한민국 임시 정부이다. 대한민국 임시 정부는 국내 비밀 행정 조직인 연통제와 통신 연락 상설 기구인 교통국을 운영하였다.

오답 해설

① 집강소 설치 → 동학 농민 운동

농민 자치 기구인 집강소 설치의 계기가 된 것은 동학 농민 운동이다.

② 만민 공동회 개최 → 독립 협회

고종 때 독립 협회는 우리나라 최초의 근대적 민중 대회인 만민 공동회를 개최하여 민권 신장을 추구하였다.

④ 개벽, 신여성 등의 잡지 발행 → 천도교

천도교에서는 개벽, 신여성 등의 잡지를 발행하여 민중의 자각과 근대 문물의 보급에 기여하였다.

10 제암리 학살 사건

암기박사 3·1운동 ⇒ 제암리 학살 사건(1919)

정답 ③

정답 해설

선교사 프랭크 스코필드가 3·1 만세 운동 당시 일제가 저지른 제암리 학살 사건의 참상을 외국 언론에 제보하여 일제의 만행을 세계에 폭로하였다. 제암리 학살 사건은 3·1 만세 운동 당시 일본군이 화성 제암리에서 주민들을 집단 학살한 사건이다(1919).

핵심노트 ▶ 제암리 학살 사건

3·1 만세 운동 당시 일본군이 수원 제암리에서 주민들을 집단 학살한 사건이다. 1919년 4월 15일 한 무리의 일본 군경은 만세 운동이 일어났던 제암리에 가 기독교도와 천도교도 약 30명을 교회당 안에 몰아넣은 후 문을 잠그고 집중 사격을 퍼부었다. 일본군은 증거를 없애기 위해 교회당에 불을 지른 후, 다시 부근의 채암리에 가서 민가를 방화하고 주민들을 학살했다. 이 만행에 분노한 선교사 스코필드(Frank W. Schofield)가 현장을 사진에 담아 〈수원에서의 일본군 잔악 행위에 관한 보고서〉를 작성하여 미국에 보내 여론화하였다.

PART 5 일제 강점기 독립 운동

기출테마 43 항일 운동과 의열 투쟁

01	④	02	①	03	③	04	①
05	①	06	②	07	②	08	④
09	①	10	③

01 한인 애국단

암기박사 이봉창 의거 지원 ⇒ 한인 애국단

정답 ④

정답 해설
일본 도쿄에서 일왕을 향해 폭탄을 던진 이봉창은 한인 애국단 소속이다. 한인 애국단은 김구가 상하이에서 조직한 항일 의열 단체로 이봉창과 윤봉길이 의거를 지원하였다.

오답 해설
① 보안회 → 일제의 황무지 개간권 요구 저지
  보안회는 일제의 황무지 개간권 요구에 대한 지속적인 반대 운동을 벌여 일제의 황무지 개간권 요구를 저지시켰다.
② 독립 의군부 → 고종 복위 및 대한 제국 재건 목표
  임병찬은 고종의 밀지를 받아 고종의 복위 및 대한 제국의 재건을 목표로 독립 의군부를 조직하였다.
③ 조선어 학회 → 한글 맞춤법 통일안과 표준어 제정
  최현배, 이윤재 등이 설립한 조선어 학회는 한글 맞춤법 통일안과 표준어를 제정하고 조선말 큰사전 편찬을 주도하였다.

02 안중근 의사

암기박사 동양 평화론 저술 ⇒ 안중근

정답 ①

정답 해설
하얼빈 역에서 일제의 침략 원흉인 이토 히로부미를 사살한 안중근 의사는 이듬해에 뤼순 감옥에서 동양 평화론을 저술하던 중 순국하였다.

오답 해설
② 한인 애국단 조직 → 김구
  한인 애국단은 김구가 상하이에서 조직한 항일 의열 단체로, 이봉창과 윤봉길 의거를 지원하였다.
③ 조선 혁명 선언 작성 → 신채호
  신채호는 의열단의 활동 지침으로 민중의 직접 혁명을 주장하는 조선 혁명 선언을 작성하였다.
④ 청산리 전투 → 김좌진
  김좌진의 북로 군정서군은 간도의 청산리 전투에서 일본군을 대파하여 독립군 사상 최대의 승리를 이끌었다.

03 단재 신채호

암기박사 조선 혁명 선언 작성 ⇒ 신채호

정답 ③

정답 해설
독사신론과 조선상고사를 지어 민족의식을 고취시킨 인물은 단재 신채호이다. 신채호는 의열단의 활동 지침으로 민중의 직접 혁명을 주장하는 조선 혁명 선언을 작성하였다.

오답 해설
① 대한 광복회 조직 → 박상진
  대한 광복회는 박상진이 공화정체의 국민 국가 수립을 목표로 대구에서 조직된 비밀 결사 단체이다.
② 조선 의용군 창설 → 김두봉
  중국 화북 지방에서 김두봉을 비롯한 사회주의 세력이 대일 항전을 위해 조선 독립 동맹 산하 부대인 조선 의용군을 창설하였다.
④ 조선말 큰사전 편찬 → 최현배, 이윤재
  최현배, 이윤재 등이 설립한 조선어 학회는 한글 맞춤법 통일안과 표준어를 제정하고 조선말 큰사전 편찬을 주도하였다.

04 6·10 만세 운동

암기박사 순종의 장례일(1926) ⇒ 6·10 만세 운동

정답 ①

정답 해설
6·10 만세 운동은 대한 제국의 마지막 황제인 순종의 장례일을 기회로 삼아 사회주의 세력의 주도 하에 격문 살포와 시위 운동이 전개되었다.

오답 해설
② 헤이그 특사 파견(1907) → 6·10 만세 운동 이전
  고종은 을사늑약의 무효를 선언하고 헤이그 만국 평화 회의에 이준, 이상설, 이위종 등의 특사를 파견해 일제 침략의 부당성을 호소하였다.
③ 토지 조사 사업 실시(1910) → 6·10 만세 운동 이전
  일제는 무단 통치기 때 토지 약탈과 식민지 통치의 재정 기반을 확대하기 위해 토지 조사 사업을 실시하였다.
④ 제너럴 셔먼호 사건(1866) → 6·10 만세 운동 이전
  대동강에 침입하여 통상을 요구하며 행패를 부리던 미국 상선 제너럴 셔먼호를 박규수와 평양 관민들이 불태웠다.

핵심노트 ▶ 6·10 만세 운동(1926)
- **배경** : 순종의 사망을 계기로 민족 감정 고조(제2의 3·1 만세 운동), 일제의 수탈 정책과 식민지 교육에 대한 반발
- **준비** : 민족주의 계열(천도교)과 사회주의 계열이 연대하여 만세 시위 운동을 준비하였으나 사전에 발각

- **전개** : 조선 학생 과학 연구회(사회주의계)를 비롯한 전문학교와 고등보통학교 학생들이 주도
- **결과** : 200여 명의 학생이 검거됨
- **의의** : 민족주의계와 사회주의계가 연대하는 계기 마련 → 신간회 결성(1927)에 영향을 미침

05 이봉창 의거

암기박사 도쿄에서 일왕에 폭탄 투척 ⇒ 이봉창

정답 ①

정답 해설
김구가 조직한 한인 애국단 소속의 이봉창이 도쿄에서 일왕의 행렬에 폭탄을 투척하였다.

오답 해설
② 홍커우 공원 의거 → 윤봉길
　한인 애국단 소속의 윤봉길은 상하이 홍커우 공원에서 열린 일본군 축하 기념식에서 폭탄을 투척하여 일본군 장성 등을 살상하였다.
③ 이완용 습격 → 이재명
　이재명은 명동 성당 앞에서 국권 피탈에 앞장섰던 친일파 이완용을 습격하여 중상을 입혔다.
④ 친일 인사 스티븐스 사살 → 장인환, 전명운
　장인환과 전명운은 미국 샌프란시스코에서 대한제국의 외교 고문이었던 친일 인사 스티븐스를 사살하였다.

06 강우규 의거

암기박사 사이토 총독에게 폭탄 투척 ⇒ 강우규

정답 ②

정답 해설
강우규는 제3대 총독으로 부임하는 사이토 총독 일행에게 폭탄을 던졌으나 뜻을 이루지 못하고 체포되어 사형을 당했다(1920).

오답 해설
① 김구 → 대한민국 임시 정부, 한인 애국단
　김구는 대한민국 임시정부를 이끈 독립 운동가로, 한인 애국단을 조직하였고 남한만의 단독 선거에 반대하여 남북 협상에 참여하였다.
③ 윤봉길 → 홍커우 공원 의거
　한인 애국단 소속의 윤봉길은 상하이 홍커우 공원에서 열린 일본군 축하 기념식에서 폭탄을 투척하였다.
④ 이승만 → 대한민국 초대 대통령
　5·10 총선거의 실시로 구성된 제헌 국회에서 대한민국 초대 대통령으로 이승만이 선출되었으나 4·19 혁명의 발발로 대통령직에서 하야하였다.

07 윤봉길 의거

암기박사 홍커우 공원 의거 ⇒ 윤봉길

정답 ②

정답 해설
김구가 조직한 한인 애국단 소속의 윤봉길은 상하이 홍커우 공원에서 의거를 일으켜 일본군 축하 기념식에 폭탄을 투척하고 한국인의 독립 의지를 만방에 알렸다(1932).

오답 해설
① 나석주 → 동양 척식 주식회사에 폭탄 투척
　나석주는 의열단 소속으로 일제의 대표적 수탈 기관인 동양 척식 주식회사에 폭탄을 투척하였다.
③ 이봉창 → 일본 국왕에 폭탄 투척
　한인 애국단 소속의 이봉창은 도쿄에서 일왕의 행렬에 폭탄을 투척하였다.
④ 이회영 → 신흥 강습소 설립
　독립운동가 이회영은 신민회의 일원으로, 만주 삼원보에 자치기구인 경학사를 조직하고 군사교육기관인 신흥 강습소를 설립하였다.

08 광주 학생 항일 운동

암기박사 신간회 : 진상 조사단 파견 ⇒ 광주 학생 항일 운동

정답 ④

정답 해설
광주에서 발생한 한·일 학생 간의 충돌을 일본 경찰이 편파적으로 처리한 것을 계기로 광주 학생 항일 운동이 촉발되자 신간회에서 진상 조사단을 파견하였다.

오답 해설
① 순종의 인산일 → 6·10 만세 운동
　순종의 인산일을 맞아 6·10 만세 운동이 일어나 격문 살포와 시위 운동이 전개되었다.
② 통감부의 탄압 → 국채 보상 운동
　국채 보상 운동은 정부의 외채를 국민의 힘으로 상환하여 국권을 회복하자는 운동으로 통감부의 탄압으로 실패하였다.
③ 이승만 : 위임 통치 청원 → 국민 대표 회의 개최
　임시 정부의 대통령인 이승만의 통치 청원이 알려지면서 독립운동의 방략을 논의하고자 국민 대표 회의가 상하이에서 개최되었다.

09 의열단의 독립 운동

암기박사 김원봉 : 의열단 ⇒ 김익상 : 조선 총독부 폭탄 투척

정답 ①

정답 해설
의열단은 김원봉이 조직한 단체로, 이 단체 소속의 김익상이 조선 총독부에 폭탄을 투척하였다. 만주 길림성에서 조직된 의열단은 항일 무장 단체로 신채호의 조선 혁명 선언을 활동 지침으로 한다.

오답 해설
② 대종교 → 중광단
　대종교의 지도자들은 항일 무장 단체인 중광단을 조직하였고, 3·1 만세 운동 직후 북로 군정서로 개편하여 청산리 대첩에 참여하였다.
③ 안창호 → 흥사단
　신민회에서 활동한 안창호는 미국 샌프란시스코로 건너가 재미

한인을 중심으로 한민족 운동 단체인 흥사단을 결성하였다.
④ 김구 → 한인 애국단
한인 애국단은 김구가 상하이에서 조직한 항일 의열 단체로, 이봉창과 윤봉길 의거를 지원하였다.

> **핵심노트 ▶ 의열단의 독립 투쟁**
> - 박재혁 : 부산 경찰서 폭탄 투척(1920)
> - 김익상 : 조선 총독부 폭탄 투척(1921)
> - 김상옥 : 종로 경찰서 폭탄 투척(1923)
> - 김지섭 : 일본 황궁 침입 시도(1923)
> - 나석주 : 조선 식산 은행, 동양 척식 주식회사 폭탄 투척(1926)

10 6·10 만세 운동

암기박사 6·10 만세 운동 ⇒ 순종의 인산일(1926)

정답 ③

정답 해설 → 조선과 대한제국에서 왕이나 황제 직계 가족의 장례일

6·10 만세 운동은 순종의 인산일을 계기로 조선 학생 과학 연구회(사회주의계)를 비롯한 전문학교와 고등보통학교 학생들이 주도하여 일어났다(1926).

PART 5 일제 강점기 독립 운동

기출테마 44

1920~1940년대 무장 독립 전쟁

01	④	02	①	03	①	04	③
05	②	06	③	07	③	08	④
09	④	10	①				

01 조선 의용대

암기박사 중국 관내에서 결성된 최초의 한인 무장 부대 ⇒ 조선 의용대

정답 ④

정답 해설

중국 국민당 정부의 지원을 받아 김원봉을 중심으로 창설된 조선 의용대는 중국 관내에서 만들어진 최초의 한인 무장 부대이다. 조선 의용대는 포로 심문, 요인 사살, 첩보 작전을 수행하였으며, 이후 조선 의용대의 분열로 부대 일부가 한국 광복군에 합류하였다.

오답 해설

① 청산리 대첩 → 북로 군정서군
  김좌진의 북로 군정서군은 홍범도의 대한 독립군과 연합하여 간도의 청산리에서 일본군을 격퇴하였다.
② 연통제와 교통국 운영 → 대한민국 임시 정부
  대한민국 임시 정부는 국내 비밀 행정 조직인 연통제를 통해 독립 운동 자금을 모으고 이륭양행에 교통국을 설치하여 국내와 비밀 연락을 취하였다.
③ 자유시 참변 → 대한 독립군단
  간도 참변으로 인해 자유시로 이동한 대한 독립 군단은 적색군의 무장 해제 요구에 저항하다 공격을 받아 큰 타격을 입었다.

02 봉오동 전투

암기박사 홍범도 : 대한 독립군 ⇒ 봉오동 전투

정답 ①

정답 해설

대한 독립군을 이끄는 홍범도는 최진동 등의 지휘관들과 독립군 연합 부대를 결성한 후 봉오동 전투에서 간도 지역을 기습한 일본군에 승리하였다.

오답 해설

② **지청천 : 한국 독립군 → 쌍성보 전투**
지청천의 한국 독립군은 쌍성보에서 중국 호로군과 한·중 연합 작전을 전개하여 일본군에게 승리하였다.

③ **전봉준 : 동학 농민군 → 우금치 전투**
전봉준의 동학 농민군은 공주 우금치에서 일본군을 상대로 항전 하였으나 전봉준을 비롯한 지도자들이 체포되었다.

④ **김좌진 : 북로 군정서군 → 청산리 전투**
김좌진의 북로 군정서군은 간도의 청산리 전투에서 일본군을 대파하여 독립군 사상 최대의 승리를 이끌었다.

03 일제 강점기 독립군의 활동

정답 ①

암기박사 봉오동 전투(대한 독립군) ⇒ 영릉가 전투(조선 혁명군) ⇒ 인도·미얀마 전선(한국 광복군)

정답 해설

(가) **봉오동 전투(1920)** : 홍범도의 대한 독립군은 대한 국민회군과 연합하여 봉오동 전투에서 간도 지역을 기습한 일본군에 승리하였다.

(나) **영릉가 전투(1932)** : 양세봉이 이끄는 조선 혁명군이 중국 의용군과 연합하여 영릉가 전투에서 일본군에게 승리하였다.

(다) **인도·미얀마 전선(1943)** : 지청천을 총사령으로 하는 한국 광복군이 영국군의 요청으로 인도·미얀마 전선에 파견되어 영국군과 공동 작전을 펼쳤다.

04 조선 의용대의 독립 투쟁

정답 ③

암기박사 중국 관내 최초의 한인 무장 부대 ⇒ 김원봉 : 조선 의용대

정답 해설

의열단의 단장으로 활동한 김원봉이 조직한 조선 의용대는 중국 관내에서 결성된 최초의 한인 무장 부대이다. 조선 의용대는 중국 국민당과 연합하여 포로 심문, 요인 사살, 첩보 작전을 수행하였다.

오답 해설

① **청산리·봉오동 전투 → 홍범도 : 대한 독립군**
홍범도의 대한 독립군은 대한 국민회군과 연합하여 봉오동 전투에서, 북로 군정서군과 연합하여 청산리 전투에서 일본군을 격파하였다.

② **청산리 전투 → 김좌진 : 북로 군정서군**
김좌진 장군은 북로 군정서군을 이끌고 간도의 청산리 전투에서 일본군을 대파하여 독립군 사상 최대의 승리를 이끌었다.

④ **영릉가·흥경성 전투 → 양세봉 : 조선 혁명군**
양세봉이 만주에서 조직한 조선 혁명군은 중국 의용군과 연합 작전을 펼쳐 영릉가 전투와 흥경성 전투에서 일본군에 대승을 거두었다.

05 청산리 전투

정답 ②

암기박사 청산리 전투 ⇒ 김좌진 : 북로 군정서군 + 홍범도 : 대한 독립군

정답 해설

청산리 전투는 김좌진의 북로 군정서군과 홍범도의 대한 독립군이 연합하여 간도 청산리의 백운평, 어랑촌 일대에서 일본군과 싸워 크게 승리한 전투이다.

오답 해설

①·③ **영릉가·흥경성 전투 → 양세봉 : 조선 혁명군**
총사령 양세봉이 지휘한 조선 혁명군은 중국 의용군과 연합하여 영릉가 전투와 흥경성 전투에서 일본군에게 승리를 거두었다.

④ **대전자령 전투 → 지청천 : 한국 독립군**
지청천의 한국 독립군은 중국군과 연합하여 호로군을 조직하고 대전자령 전투에서 일본군을 기습하였다.

06 조선 혁명군

정답 ③

암기박사 양세봉 : 조선 혁명군(1929) ⇒ 영릉가 전투, 흥경성 전투

정답 해설

양세봉이 만주에서 조직한 조선 혁명군은 중국 의용군과 연합 작전을 펼쳐 영릉가 전투와 흥경성 전투에서 일본군에 대승을 거두었다.

오답 해설

① **의열단(1919)** : 김원봉이 만주 길림성에서 조직한 항일 무장 단체로 무장 투쟁과 민중의 직접 혁명을 통한 독립 쟁취를 주장하였다.

② **북로 군정서(1919)** : 대종교의 지도자들이 조직한 항일 무장 단체인 중광단이 3·1 만세 운동 직후 북로 군정서로 개편되어 청산리 대첩에 참여하였다.

④ **한국 광복군(1940)** : 지청천을 총사령으로 하는 대한민국 임시 정부 산하의 독립군 부대로, 미군과 연계하여 국내 진공 작전을 계획하였으나 일제의 패망으로 실현하지는 못했다.

07 한국 광복군의 독립 투쟁

정답 ③

암기박사 국내 진공 작전 준비 ⇒ 지청천 : 한국 광복군

정답 해설

지청천을 총사령관으로 하는 대한민국 임시 정부의 한국 광복군은 미국의 전략 정보국(OSS)과 합작하여 국내 진공 작전을 준비하였으나 일제의 패망으로 실현하지는 못했다.

오답 해설

① **고종의 밀지 → 임병찬 : 독립 의군부**
임병찬이 고종의 밀지를 받아 결성한 비밀 단체는 독립 의군부로, 고종의 복위 및 대한 제국의 재건을 목표로 조직되었다.

② **조선 혁명 선언 → 김원봉 : 의열단**
김원봉의 의열단은 무장 투쟁과 민중의 직접 혁명을 주장한 신채호의 조선 혁명 선언을 활동 지침으로 삼았다.

④ 영릉가 전투 → 양세봉 : 조선 혁명군

총사령 양세봉이 지휘한 조선 혁명군은 중국 의용군과 연합하여 영릉가 전투에서 일본군에게 승리를 거두었다.

핵심노트 ▶ 한국 광복군의 활동

- 대일 선전 포고(1941)
- 영국군과 연합 작전 전개(1943) → 인도, 미얀마 전선
- 국내 진공 작전(1945) → 미국 전략정보체(OSS)의 지원과 국내 정진군 특수 훈련

08 한국 광복군의 독립 투쟁

암기박사 국내 진공 작전 준비 ⇒ 지청천 : 한국 광복군 정답 ④

정답 해설

지청천을 총사령관으로 하는 한국 광복군은 영국군의 요청으로 인도·미얀마 전선에 파견되어 영국군과 연합 작전을 펼쳤다. 또한 한국 광복군은 미군과 연계하여 국내 진공 작전을 준비하였으나 일제의 패망으로 실현되지는 못했다.

오답 해설

① 청산리 전투 → 김좌진 : 북로 군정서군

김좌진 장군은 북로 군정서군을 이끌고 간도의 청산리 전투에서 일본군을 대파하여 독립군 사상 최대의 승리를 이끌었다.

② 중국 관내에서 결성된 최초의 한인 무장 부대 → 김원봉 : 조선 의용대

김원봉의 조선 의용대는 중국 관내에서 결성된 최초의 한인 무장 부대로, 중국 국민당과 연합하여 포로 심문, 요인 사살, 첩보 작전을 수행하였다.

③ 영릉가 전투 → 양세봉 : 조선 혁명군

총사령 양세봉이 지휘한 조선 혁명군은 중국 의용군과 연합하여 영릉가 전투에서 일본군에게 승리를 거두었다.

09 홍범도 장군

암기박사 봉오동 전투 ⇒ 홍범도 : 대한 독립군 정답 ④

정답 해설

봉오동 전투를 승리로 이끈 인물은 홍범도이다. 홍범도는 대한 독립군을 이끌고 대한 국민회군과 연합하여 봉오동 전투에서 간도 지역을 기습한 일본군을 격파하였다(1920).

오답 해설

① 청산리 전투 → 김좌진 : 북로 군정서군

김좌진 장군은 북로 군정서군을 이끌고 간도의 청산리 전투에서 일본군을 대파하여 독립군 사상 최대의 승리를 이끌었다.

② 영릉가·흥경성 전투 → 양세봉 : 조선 혁명군

남만주에서 조직된 양세봉의 조선 혁명군은 영릉가와 흥경성에서 중국 의용군과 연합 작전을 펼쳤다.

③ 쌍성보·대전자령 전투 → 지청천 : 한국 독립군

지청천의 한국 독립군은 중국군과 연합하여 호로군을 조직하고 쌍성보와 대전자령 전투 등에서 일본군에게 승리하였다.

10 한중 연합 작전의 전개

암기박사 만주 사변 ⇒ 한중 연합 작전 정답 ①

정답 해설

일제가 만주 사변(1931)을 일으켜 만주국을 수립하자 독립군은 중국군과 연합하여 한·중 연합 작전을 전개하였다. 지청천의 한국 독립군은 중국 호로군과 한중 연합 작전을 전개하여 쌍성보 전투(1932)와 대전자령 전투(1933)에서 일본군에 큰 승리를 거두었다.

오답 해설

② 제2차 세계 대전 → 카이로 회담

제2차 세계 대전 중 이집트의 카이로에서 미국·영국·중국의 3국 수뇌가 일본에 대한 공동 대응과 한국의 독립을 논의한 회담이다(1943).

③ 진주만 공격 → 태평양 전쟁

태평양 전쟁은 제2차 세계 대전 당시 일본의 진주만 공격으로 일본과 연합국 사이에서 벌어진 전쟁이다(1941~1945).

④ 8·15 광복 → 조선 건국 준비 위원회

8·15 광복 직후 일제의 패망과 광복에 대비하여 건국 작업을 진행하기 위해 여운형을 중심으로 조선 건국 준비 위원회가 결성되었다(1945).

정답 및 해설

PART 5 일제 강점기 독립 운동

기출테마 45 실력 양성 및 사회적 민족 운동

01	④	02	④	03	②	04	②
05	①	06	①	07	③	08	②
09	②	10	③				

01 물산 장려 운동

암기박사 조선 사람 조선 것 ⇒ 조만식 : 물산 장려 운동

정답 ④

정답 해설

'조선 사람 조선 것!', '내 살림 내 것으로!'이라는 구호 아래 조만식의 주도로 평양에서 시작된 운동은 물산 장려 운동이다. 물산 장려 운동은 우리 민족 산업을 보호하고 경제적 자립을 목적으로 전개된 경제 자립 운동이다.

오답 해설

① 새마을 운동 → 지역사회 개발 운동
  박정희 정부 때에 농촌 근대화를 표방한 범국민적 지역사회 개발 운동인 새마을 운동이 시작되었다.
② 브나로드 운동 → 민중 계몽 운동
  동아일보사에서 문맹 퇴치를 목적으로 민중 계몽 운동인 브나로드(Vnarod) 운동을 전개하였다. *러시아어로 '민중 속으로'라는 의미*
③ 문자 보급 운동 → 문맹 퇴치 및 한글 보급 운동
  문자 보급 운동은 일제의 민족 말살 정책에 대항하여 조선일보가 중심이 되어 실시한 문맹 퇴치 및 한글 보급 운동이다.

핵심노트 ▶ 물산 장려 운동

- **배경** : 회사령 철폐(1920)와 관세 철폐(1923) 등으로 일본 대기업의 한국 진출이 용이해지자 국내 기업의 위기감 고조
- **목적** : 민족 기업을 지원하고 민족 산업을 육성함으로써 민족 경제의 자립을 달성
- **발족** : 조선 물산 장려회(1920)가 조만식 등이 중심이 되어 평양에서 최초 발족
- **활동** : 일본 상품 배격, 국산품 애용 등을 강조
- **구호** : 내 살림 내 것으로, 조선 사람 조선 것, 우리가 만들어서 우리가 쓰자
- **확산** : 전국적 민족 운동으로 확산되면서 근검 절약, 생활 개선, 금주·단연 운동도 전개
- **문제점** : 상인, 자본가 중심으로 추진되어 상품 가격 상승 초래, 사회주의자들의 비판
- **결과** : 초기에는 전국적으로 확산되었으나, 일제의 탄압과 친일파의 개입, 사회주의 계열의 방해 등으로 큰 성과를 거두지 못함

02 민립 대학 설립 운동

암기박사 민립 대학 설립 운동 ⇒ 고등 교육 기관 설립

정답 ④

정답 해설

1920년대 이상재 등이 중심이 되어 한국인의 고등 교육 실현을 위해 전개된 운동은 민립 대학 설립 운동이다. 민립 대학 기성회를 중심으로 1년 내 1천만 원 조성을 목표로 모금 운동을 전개하였으나 일제가 경성 제국 대학을 설립하면서 중단되었다.

오답 해설

① 새마을 운동 → 지역사회 개발 운동
  박정희 정부 때에 농촌 근대화를 표방한 범국민적 지역사회 개발 운동인 새마을 운동이 시작되었다.
② 국채 보상 운동 → 경제 구국 운동
  국채 보상 운동은 정부의 외채를 국민의 힘으로 상환하여 국권을 회복하자는 경제 구국 운동이다.
③ 물산 장려 운동 → 경제 자립 운동
  물산 장려 운동은 평양에서 조만식 등이 중심이 되어 우리 민족 산업을 보호하고 경제적 자립을 목적으로 '조선 사람 조선 것'이라는 구호 아래 전개된 운동이다.

03 브나로드 운동

암기박사 동아일보 ⇒ 브나로드 운동

정답 ②

정답 해설

일제 강점기 때 문맹 퇴치를 목적으로 '배우자 가르치자 다 함께 브나로드' 등의 구호를 내세우며 동아일보사에서 농촌 계몽 운동인 브나로드(Vnarod) 운동을 전개하였다. *러시아어로 '민중 속으로'라는 의미*

오답 해설

① 백정에 대한 사회적 차별 철폐 → 형평 운동
  이학찬을 중심으로 진주에서 조선 형평사를 조직하고 백정에 대한 사회적 차별 철폐를 목적으로 형평 운동이 전개되었다.
③ 경제 구국 운동 → 국채 보상 운동
  국채 보상 운동은 정부의 외채를 국민의 힘으로 상환하여 국권을 회복하자는 경제 구국 운동이다.
④ 민족 산업 보호 및 경제 자립 운동 → 물산 장려 운동
  물산 장려 운동은 평양에서 조만식 등이 중심이 되어 우리 민족 산업을 보호하고 경제적 자립을 목적으로 '조선 사람 조선 것'이라는 구호 아래 전개된 운동이다.

04 물산 장려 운동

암기박사 '조선 사람 조선 것' ⇒ 물산 장려 운동

정답 ②

정답 해설

물산 장려 운동은 평양에서 조만식 등이 중심이 되어 우리 민족 산업을 보호하고 경제적 자립을 목적으로 '조선 사람 조선 것'이라는 구호 아래 전개된 운동이다.

오답 해설

① 민중 계몽 운동 → 브나로드 운동
동아일보사에서 문맹 퇴치를 목적으로 민중 계몽 운동인 브나로드(Vnarod) 운동을 전개하였다.

③ 경제 구국 운동 → 국채 보상 운동
국채 보상 운동은 정부의 외채를 국민의 힘으로 상환하여 국권을 회복하자는 경제 구국 운동이다.

④ 고등 교육 기관 설립 운동 → 민립 대학 설립 운동
민립 대학 설립 운동은 일제의 식민지 우민화 교육에 맞서 우리 손으로 대학을 설립하고자 일어난 고등 교육기관 설립 운동이다.

05 근우회의 활동

암기박사 신간회 자매 단체 ⇒ 근우회   정답 ①

정답 해설

1927년에 결성된 여성 운동 단체인 근우회는 신간회의 자매 단체로 민족주의 세력과 사회주의 세력이 협동하여 설립되었다.

오답 해설

② 보안회 → 일제의 황무지 개간권 요구 저지
보안회는 일제의 황무지 개간권 요구에 대한 지속적인 반대 운동을 벌여 일제의 황무지 개간권 요구를 저지시켰다.

③ 평양 비밀 여성 독립 운동 단체 → 송죽회
송죽회는 일제 강점기 때 평양에서 조직된 비밀 여성 독립 운동 단체로, 독립군의 자금 지원, 망명지사의 가족 돕기, 독립을 위한 회원들의 실력 양성을 목적으로 하였다.

④ 어린이 운동 단체 → 색동회
소파 방정환이 결성한 어린이 운동 단체인 색동회는 어린이날을 제정하는 등 소년 운동을 주도하였다.

06 강주룡의 을밀대 농성

암기박사 을밀대 지붕 농성(1931) ⇒ 강주룡   정답 ①

정답 해설

일제 강점기 때 노동자 강주룡이 평양 을밀대 지붕에서 임금 삭감 반대와 노동 조건 개선을 주장하며 고공 농성을 벌였다.

오답 해설

② 남자현 → 독립군의 어머니
독립군의 어머니로 불리는 남자현은 일제 강점기 만주에서 군사 기관과 농어촌을 순회하며 독립정신을 고취시킨 독립 운동가이다. 남자현은 흰 수건에 '조선독립원'이라는 혈서를 써서 독립을 호소하였고 일본 외교관을 죽이려다 하얼빈에서 체포되었다.

③ 유관순 → 3·1 만세 운동 독립 운동가
유관순 열사는 3·1 만세 운동 당시 천안 아우내 장터에서 태극기를 나눠주며 만세 운동을 주도하다 출동한 일본 헌병대에 체포되어 옥사하였다.

④ 윤희순 → 우리나라 최초의 여성 의병 지도자
윤희순은 우리나라 최초의 여성 의병 지도자로 의병들의 사기 진작을 위해 의병가 8편을 만들었다. 또한 중국으로 망명하여 항일 인재 양성을 위한 노학당을 설립하고 항일 투쟁을 위해 조선독립단을 조직하였다.

07 물산 장려 운동

암기박사 조만식 ⇒ 물산 장려 운동   정답 ③

정답 해설

1920년 평양에서 조만식 등이 중심이 되어 우리 민족 산업을 보호하고 육성하기 위해 전개된 운동은 물산 장려 운동이다. 물산 장려 운동은 '내 살림 내 것으로' 등의 구호를 내세우며 조선인이 만든 물건을 써야 한다는 운동으로, 사회주의자로부터 자본가의 이익만을 추구한다고 비판을 받기도 하였다.

오답 해설

① 동아일보 → 브나로드 운동
동아일보사에서 문맹 퇴치를 목적으로 '배우자 가르치자 다 함께 브나로드' 등의 구호를 내세우며 농촌 계몽 운동인 브나로드(Vnarod) 운동을 전개하였다.

② 조선일보 → 문자 보급 운동
일제의 민족 말살 정책에 대항하여 조선일보가 중심이 되어 실시한 문맹 퇴치 및 한글 보급 운동이다.

④ 조선 민립 대학 기성회 → 민립 대학 설립 운동
조선 총독부가 대학 설립 요구를 묵살하자 조선 교육회는 우리 손으로 대학을 설립하고자 조선 민립 대학 기성회를 중심으로 모금 운동을 전개하였다.

08 소파 방정환

암기박사 어린이날 제정 ⇒ 소파 방정환   정답 ②

정답 해설

소파 방정환은 어린이 운동 단체인 색동회를 결성하였으며, 천도교의 후원으로 천도교 소년회를 조직하고 어린이날을 제정하는 등 소년 운동을 전개하였다.

오답 해설

① 서유견문 집필 → 유길준
미국에 보빙사의 일행으로 파견된 유길준은 유럽을 여행한 후 서유견문을 집필하여 서양 근대 문명을 소개하였다.

③ 진단 학회 → 이병도, 손진태
이병도, 손진태 등은 진단 학회를 창립하여 한국사 연구에 힘쓰고 진단 학보를 발행하였다.

④ 통리기무아문 → 고종
고종은 개화 정책 전담 기구인 통리기무아문을 설치하고 그 아래 12사를 두어 신문물 수용과 부국강병 도모 등의 개화 정책을 추진하였다.

09 물산 장려 운동

암기박사 물산 장려 운동 ⇒ 평양

정답 ②

정답 해설

물산 장려 운동은 1920년대에 민족 경제의 자립을 목적으로 평양에서 시작하여 전국으로 확산되었다. 평양에서 조만식이 조선 물산 장려회 발기인 대회를 개최하고 '조선 사람 조선 것'이라는 구호 아래 물산 장려 운동을 전개하였다.

오답 해설

① 대한매일신보의 후원 → 국채 보상 운동
대한매일신보는 정부의 외채를 국민의 힘으로 상환하여 국권을 회복하자는 국채 보상 운동을 적극 후원하였다.

③ 황국 중앙 총상회 → 상권 수호 운동
시전 상인들은 일본 상인들로부터 서울의 상권을 지키기 위해 황국 중앙 총상회를 중심으로 상권 수호 운동을 전개하였다.

④ 독립문 건립 모금 활동 → 독립협회
서재필에 의해 설립된 독립협회는 자주 독립의 상징인 독립문 건립을 위해 모금 활동을 추진하였다.

10 원산 총파업

암기박사 1920년대 최대의 파업 투쟁 ⇒ 원산 총파업

정답 ③

정답 해설

라이징 선 석유 회사의 일본인 감독이 조선인을 구타하여 일어난 사건은 원산 총파업이다. 원산 총파업은 원산 노동 연합회의 소속 노동자와 일반 노동자들이 합세하여 노동 조건 개선을 요구하며 전개한 1920년대 최대의 파업 투쟁이다(1929).

오답 해설

① 6·3 시위 → 한·일 국교 정상화 반대 시위
박정희 정부 때에 한·일 회담에 따른 굴욕적인 한·일 국교 정상화에 반대하여 6·3 시위가 촉발되었다.

② 새마을 운동 → 범국민적 지역사회 개발 운동
박정희 정부 때에 농촌 근대화를 표방한 범국민적 지역사회 개발 운동인 새마을 운동이 전개되었다.

④ 제주 4·3 사건 → 남로당 무장대와 토벌대 간 무력 충돌
제주 4·3 사건은 제주도에서 발생한 남로당 무장대와 토벌대 간의 무력 충돌과 토벌대의 진압 과정에서 다수의 주민들이 희생당한 사건이다.

핵심노트 ▶ 일제 강점기 대표적 노동 운동

- 조선 노동 공제회 조직(1920) : 최초의 대중적 노동단체, 전국 단위의 노동 운동 단체
- 부산 부두 노동자 파업(1921) : 최초의 대규모 연대파업, 임금 인상 요구
- 서울 고무 공장 여자 노동자 파업(1923) : 최초의 여성 노동자 연대 파업
- 원산 총파업(1929) : 원산 노동 연합회 노동자 주도, 1920년대 최대의 파업투쟁
- 평양 고무 공장 파업(1931) : 노동자 강주룡이 을밀대 지붕에서 전개한 최초의 고공 농성 운동
- 동방 광산 광부 투쟁(1941) : 전시 징용 정책에 반대한 동방 광산 광부들의 작업 거부 노동 쟁의 투쟁

PART 5 일제 강점기 독립 운동

기출테마 46

사회주의 운동과 민족 문화 수호 운동

01	④	02	③	03	④	04	③
05	④	06	③	07	④	08	②
09	②	10	②				

01 신간회의 활동

암기박사 광주 학생 항일 운동 : 진상 조사단 파견 ⇒ 신간회

정답 ④

정답 해설

이상재를 회장으로 창립되어 100개가 넘는 지회가 만들어지는 등 전국적인 조직망을 갖춘 단체는 신간회이다. 광주에서 발생한 한·일 학생 간의 충돌을 일본 경찰이 편파적으로 처리하여 광주 학생 항일 운동이 발생하자 신간회 중앙 본부가 진상 조사단을 파견하였다.

오답 해설

① 고종 강제 퇴위 반대 운동 → 대한 자강회 *정미7조약*
대한 자강회는 일제가 고종을 강제 퇴위시키고 한·일 신협약을 체결하자 고종의 강제 퇴위 반대 운동을 전개하였다.

② 신흥 강습소 설립 → 신민회
신민회는 서간도 삼원보에 신흥 강습소를 설립하여 독립군을 양성하였고, 이후 신흥 무관 학교로 발전하였다.

③ 일제의 황무지 개간권 요구 철회 → 보안회
보안회는 일제의 황무지 개간권 요구에 대한 지속적인 반대 운동을 벌여 일제의 황무지 개간권 요구를 철회시켰다.

02 저항 시인 이육사

암기박사 광야 : 저항시 ⇒ 이육사

정답 ③

정답 해설

독립운동을 하던 중 체포되어 형무소에서 수감 생활을 할 때 수감 번호를 이름처럼 사용한 인물은 이육사이다. 이육사가 지은 광야는 항일 정신과 작가의 독립운동 정신이 잘 드러난 대표적인 저항시이다.

오답 해설

① 의열단 단장, 한국광복군 부사령관 → 김원봉
의열단 단장인 김원봉은 황포 군관 학교에 입학하여 군사 훈련을

받은 후 중국 국민당 정부의 지원을 받아 조선 혁명 간부 학교를 설립하였다. 또한 중국 난징에서 좌익계 정당인 조선 민족 혁명단을 결성하였고, 조선의용대 일부를 이끌고 한국광복군에 합류한 후 한국광복군 부사령관으로 활약하였다.

② 독사신론, 조선 혁명 선언, 조선상고사 → 신채호

신채호는 민족주의 사학자로서 만주와 부여족 중심의 고대사를 서술한 독사신론을 발표하였고, 민중의 직접 혁명을 주장한 조선 혁명 선언을 작성하였다. 또한 조선상고사에서 역사를 아(我)와 비아(非我)의 투쟁의 기록으로 정의하였다.

④ 불교 개혁 운동, 3·1 만세 운동 참여, 님의 침묵 저술 → 한용운

한용운은 불교 개혁 운동을 주도하였고 민족 대표 33인 중 한 명으로 3·1 만세 운동에 참여하였으며 대표적인 저항시인 님의 침묵을 남겼다.

03 광주 학생 항일 운동

암기박사 신간회 : 진상 조사단 파견 ⇒ 광주 학생 항일 운동

정답 ④

정답 해설

광주 학생 항일 운동은 광주의 비밀 학생 조직인 성진회의 주도로 전개되었다. 광주에서 발생한 한·일 학생 간의 충돌을 일본 경찰이 편파적으로 처리하여 광주 학생 항일 운동이 발생하자 신간회 중앙 본부가 진상 조사단을 파견하였다.

오답 해설

① 대한매일신보 지원 → 국채 보상 운동

정부의 외채를 국민의 힘으로 상환하여 국권을 회복하자는 국채 보상 운동은 대한매일신보의 지원을 받아 전국적으로 확산되었다.

② 통감부의 탄압(X) → 광주 학생 항일 운동

통감부는 1910년 조선 총독부가 설립되면서 폐지되었으므로, 1929년에 일어난 광주 학생 항일 운동이 통감부의 탄압으로 실패한 것은 아니다.

③ 순종의 인산일 → 6·10 만세 운동

순종의 인산일을 계기로 6·10 만세 운동이 일어나 격문 살포와 시위 운동이 전개되었다.

04 저항 시인 이육사

암기박사 광야 : 저항시 ⇒ 이육사

정답 ③

정답 해설

조선은행 대구 지점 폭파 사건에 연루되어 수감생활을 하던 당시의 수인 번호를 따서 호를 지은 이육사는 일제 강점기 민족 저항 시인으로 본명이 이원록이다. 이육사가 지은 광야는 항일 정신과 작가의 독립운동 정신이 잘 드러난 대표적인 저항시이다.

오답 해설

① 심훈 → 그 날이 오면, 상록수

심훈은 독립 운동가이자 소설가로, 시 '그 날이 오면'과 소설 '상록수' 등의 작품을 남겼다.

② 윤동주 → 서시, 별 헤는 밤, 하늘과 바람과 별과 시

윤동주는 일제 강점기에 활동한 시인이자 독립 운동가이다. 그는 문인 활동을 통해 일제의 탄압에 저항하였고, 서시, 별 헤는 밤 그리고 유고 시집인 하늘과 바람과 별과 시 등의 작품을 남겼다.

④ 한용운 → 님의 침묵

한용운은 불교 개혁 운동을 주도하였고 민족 대표 33인 중 한 명으로 3·1 만세 운동에 참여하였으며 대표적인 저항시인 님의 침묵을 남겼다.

05 광주 학생 항일 운동

암기박사 신간회 : 진상 조사단 파견 ⇒ 광주 학생 항일 운동

정답 ④

정답 해설

광주에서 발생한 한·일 학생 간의 충돌을 일본 경찰이 편파적으로 처리한 것을 계기로 광주 학생 항일 운동이 촉발되자 신간회에서 진상 조사단을 파견하였다.

오답 해설

① 순종의 인산일 → 6·10 만세 운동

순종의 인산일을 맞아 6·10 만세 운동이 일어나 격문 살포와 시위 운동이 전개되었다.

② 통감부의 탄압 → 국채 보상 운동

국채 보상 운동은 정부의 외채를 국민의 힘으로 상환하여 국권을 회복하자는 운동으로 통감부의 탄압으로 실패하였다.

③ 이승만 : 위임 통치 청원 → 국민 대표 회의 개최

임시 정부의 대통령인 이승만의 통치 청원이 알려지면서 독립운동의 방략을 논의하고자 국민 대표 회의가 상하이에서 개최되었다.

06 천도교의 활동

암기박사 손병희 : 동학 계승 ⇒ 천도교

정답 ③

정답 해설

손병희가 한울님의 덕을 세상에 펼쳐 널리 백성을 구제하고자 동학을 계승하여 창시한 종교는 천도교이다. 천도교는 개벽, 신여성 등의 잡지를 발간하였으며, '어린이'라는 말을 만들고 어린이날 제정에 기여하였다.

오답 해설

① 나철 창시 → 대종교

나철은 대종교를 창시하고 단군 숭배 사상을 전파하여 민족 의식을 고취하였다.

② 박중빈 창시 → 원불교

박중빈은 원불교를 창시하고 현대화와 생활화를 주장한 새생활 운동을 전개하였다.

④ 청 : 서학 → 천주교

천주교는 17세기 청에 다녀온 사신들에 의해 서학으로 소개되었으나 조선 후기에 사학으로 몰려 많은 박해를 받았다.
↳ 조선시대에 주자학에 반대되거나 위배되는 학문을 일컬음

07 조선어 학회

암기박사 조선어 학회 설립 ⇒ 최현배, 이윤재

정답 ④

정답 해설
최현배, 이윤재 등이 설립한 조선어 학회는 한글 맞춤법 통일안과 표준어를 제정하고 조선말 큰사전 편찬을 주도하였다(1931).

오답 해설
① 토월회 결성 → 박승희, 김기진
박승희, 김기진 등의 도쿄 유학생들은 토월회를 결성하고 신극 운동을 펼쳤다(1923).

② 독립 협회 조직 → 서재필, 이상재
독립 협회는 서재필, 이상재 등을 중심으로 자유 민주주의적 개혁 사상을 민중에게 보급하고 국민의 힘으로 자주 독립 국가를 건설하기 위해 창립된 최초의 근대적 사회 정치 단체이다(1896).

③ 대한 자강회 → 장지연, 윤효정 → 정미 7조약
일제가 고종을 강제 퇴위시키고 한 · 일 신협약을 체결하자 장지연, 윤효정 등은 대한 자강회를 설립하고 고종의 강제 퇴위 반대 운동을 전개하였다(1906).

08 저항 시인 윤동주

암기박사 서시, 별 헤는 밤, 쉽게 씌어진 시 ⇒ 윤동주

정답 ②

정답 해설
일본 유학 중 독립운동 혐의로 수감되어 옥사한 저항 시인은 윤동주이다. 서시, 별 헤는 밤, 쉽게 씌어진 시 등의 작품을 남겼다.

오답 해설
① 심훈 → 그 날이 오면, 상록수
심훈은 독립 운동가이자 소설가로, 시 '그 날이 오면'과 소설 '상록수' 등의 작품을 남겼다.

③ 이육사 → 광야, 절정
이육사는 본명이 이원록으로, 항일 정신과 작가의 독립 운동 정신이 잘 드러난 저항시 광야, 절정 등을 발표하였다.

④ 한용운 → 님의 침묵
한용운은 불교 개혁 운동을 주도하였고 민족 대표 33인 중 한 명으로 3 · 1 만세 운동에 참여하였으며 대표적인 저항시인 님의 침묵을 남겼다.

핵심노트 ▶ 1930년대 저항 문학
- 전문적 문인 : 한용운 · 이육사 · 윤동주 등은 항일의식과 민족 정서를 담은 작품을 창작
- 비전문적 문인 : 독립 운동가 조소앙, 현상윤 등은 일제에 저항하는 작품을 남김
- 역사 소설 : 김동인 · 윤백남 등은 많은 역사 소설을 남겨 역사와 민족의식을 고취

09 신간회의 활동

암기박사 신간회 ⇒ 회장 : 이상재

정답 ②

정답 해설
이상재를 초대 회장으로 추대한 신간회는 민족주의 세력과 사회주의 세력이 연합한 민족 유일당 운동의 일환으로 창립되었다. 민족의 단결, 정치 · 경제적 각성 촉진, 기회주의자 배격을 강령으로 한다.

오답 해설
① 보안회 → 황무지 개간권 요구 저지
보안회는 일제의 황무지 개간권 요구에 대한 지속적인 반대 운동을 벌여 토지 약탈 음모를 분쇄하였다.

③ 진단 학회 → 한국사 연구
이병도, 손진태 등은 진단 학회를 창립하여 한국사 연구에 힘쓰고 진단 학보를 발행하였다.

④ 조선 형평사 → 형평 운동
이학찬을 중심으로 진주에서 조선 형평사를 조직하고 백정에 대한 사회적 차별 철폐를 목적으로 형평 운동을 전개하였다.

핵심노트 ▶ 신간회 결성과 활동
- 결성 : 민족주의 진영과 사회주의 진영이 민족 유일당 운동의 일환으로, 조선 민흥회(비타협 민족주의 계열)와 정우회(사회주의 계열)가 연합하여 결성(1927)
  → 회장 이상재, 안재홍 등이 주심
- 조직 : 민족 운동계의 다수 세력이 참가하였으며, 전국에 약 140여 개소의 지회 설립, 일본과 만주에도 지회 설립이 시도됨
- 강령 : 민족의 단결, 정치 · 경제적 각성 촉진, 기회주의자 배격
- 활동 : 민중 계몽 활동, 노동 쟁의 · 소작 쟁의 · 동맹 휴학 등 대중 운동 지도, 광주 학생 항일 운동 시 조사단 파견

10 나운규의 아리랑

암기박사 나운규 : 단성사 개봉 ⇒ 영화 아리랑

정답 ②

정답 해설
나운규가 제작한 영화 아리랑이 단성사에서 처음 개봉되어 한국 영화를 획기적으로 도약시키는 계기가 되었다(1926).

오답 해설
① 양주남 감독 데뷔작 → 미몽
양주남 감독의 데뷔작이자 우리나라에서 만들어진 여섯 번째 발성영화로, 1930년대 당시 영화문법과 기술적 진보를 가늠해 볼 수 있는 작품이다(1936).

③ 전창근의 배우 데뷔작 → 자유 만세
최인규가 해방 후 1년의 상념을 다듬어 완성한 극영화이다. 일제 시대 한국 영화계를 대표했던 전창근의 배우 데뷔작으로 전창근이 시나리오를 쓰고 직접 출연했다(1946).

④ 맹진사댁 경사를 영화화한 흑백 영화 → 시집 가는 날
오영진의 희곡 맹진사댁 경사를 영화화한 한국 흑백 영화로, 세도가의 가문과 결혼하려다 벌어지는 시대풍자극이다(1956).

PART 6 현대 사회의 발전

기출테마 47 대한민국 정부 수립과 6·25 전쟁

01	②	02	①	03	①	04	②
05	④	06	④	07	②	08	③
09	④	10	①				

01 6·25 전쟁 중의 사실

암기박사 인천 상륙 작전(1950. 9) ⇒ 6·25 전쟁 중   **정답 ②**

정답 해설

1·4 후퇴와 흥남 철수는 6·25 전쟁 때의 일이다. 6·25 전쟁 중에 맥아더 장군의 인천 상륙 작전이 전개되었고, 이를 계기로 국군과 유엔군은 전세를 역전시키고 서울을 수복하였다.

오답 해설

① 5·10 총선거 실시(1948) → 6·25 전쟁 이전
  8·15 광복 후 우리나라 최초의 보통 선거인 5·10 총선거가 남한 단독으로 실시되었다.

③ 국민 대표 회의가 개최(1923) → 6·25 전쟁 이전
  임시 정부의 대통령인 이승만의 통치 청원이 알려지면서 독립운동의 방략을 논의하고자 국민 대표 회의가 상하이에서 개최되었다.

④ 조선 건국 준비 위원회 결성(1945) → 6·25 전쟁 이전
  8·15 광복 직후 일제의 패망과 광복에 대비하여 건국 작업을 진행하기 위해 여운형을 중심으로 조선 건국 준비 위원회가 결성되었다.

02 대한민국 정부 수립 과정

암기박사 유엔 총회 결의안(1947) ⇒ 대한민국 정부 수립 이전   **정답 ①**

정답 해설

유엔 총회 결의안에서 한국에서 처음으로 치러지는 국회 의원 총선거를 감독하기 위해 유엔 한국 임시 위원단의 설치가 결정되었다(1947). 유엔 한국 임시 위원단의 감시 하에 인구 비례에 의한 남북한 총선거 실시를 결의하였으나, 소련과 북한의 반대로 남한만의 단독 총선거가 실시되고 대한민국 정부가 수립되었다(1948).

핵심노트 ▶ 광복 이후의 현대사

8·15 광복(1945. 8) → 모스크바 3국 외상 회의 개최(1945. 12) → 제1차 미·소 공동 위원회 개최(1946. 3) → 좌·우 합작 위원회 구성(1946. 7) → 제2차 미·소 공동 위원회 개최(1947. 5) → 유엔 한국 임시 위원단 방한(1948. 1) → 김구의 남북 협상 참석(1948. 4) → 5·10 총선거 실시(1948. 5) → 대한 민국 헌법 공포(1948. 7) → 대한 민국 정부 수립(1948. 8)

03 모스크바 3국 외상 회의

암기박사 8·15 광복(1945.8) ⇒ 모스크바 3국 외상 회의(1945. 12)   **정답 ①**

정답 해설

8·15 광복 직후 모스크바 3국 외상 회의에 의해 미·소 공동 위원회를 설치하고 5년간의 한국 신탁이 결정되자 전국적으로 신탁 통치에 대한 반대 운동이 확산되었다.

04 제주 4·3 사건

암기박사 무장대 vs 토벌대 ⇒ 제주 4·3 사건   **정답 ②**

정답 해설

남한만의 단독 정부 수립에 반대하는 무장대와 토벌대 간의 무력 충돌은 제주 4·3 사건으로, 이를 진압하는 과정에서 수많은 제주도 양민이 희생되었다.

오답 해설

① 한·일 국교 정상화 → 6·3 시위
  박정희 정부 때에 한·일 회담에 따른 굴욕적인 한·일 국교 정상화에 반대하여 6·3 시위가 일어났다.

③ 일요일 등교 조치 → 2·28 민주 운동
  이승만 정부가 학생들이 야당의 선거 유세장에 가지 못하도록 일요일에 등교 조치한 것에 대해, 대구 시내 고등학생들이 시위를 벌인 2·28 민주 운동은 4·19 혁명의 도화선이 되었다.

④ 박정희 : 권력 장악 → 5·16 군사 정변
  4·19 혁명 후 장면 내각이 성립하였으나 박정희를 중심으로 한 군부 세력이 5·16 군사 정변을 일으켜 권력을 장악하였다.

05 6·25 전쟁 중의 사실

암기박사 반민족 행위 처벌법(1948) ⇒ 6·25 전쟁 이전   **정답 ④**

정답 해설

압록강과 두만강 유역까지 북진했던 국군과 유엔군이 중국군의 공세에 밀려 서울 이남 지역까지 철수한 사건은 6·25 전쟁 중에 발발한 1·4 후퇴이다. 한편, 친일파 청산을 목적으로 하는 반민족 행위 처벌법은 6·25 전쟁 이전인 제헌 국회에서 제정되었다.

오답 해설

① 흥남 철수(1950. 12) → 6·25 전쟁 중
  6·25 전쟁 중 중공군의 개입으로 전세가 불리해지자, 국군과 유엔군은 흥남항을 통해 대규모 철수 작전을 전개하였다.

310

② 발췌 개헌안(1952. 7) → 6·25 전쟁 중
이승만 정부와 자유당은 6·25 전쟁 중 부산에서 계엄령을 선포한 가운데 대통령 직선제와 양원제의 발췌 개헌안을 통과시켰다.
③ 인천 상륙 작전(1950. 9) → 6·25 전쟁 중
6·25 전쟁 중 국군과 유엔군은 맥아더 장군의 인천 상륙 작전을 계기로 전세를 역전시키고 서울을 수복하였다.

06 조선 건국 동맹

암기박사 조선 건국 동맹(1944) ⇒ 여운형

정답 ④

정답 해설

여운형이 주도하여 일제의 패망과 광복에 대비하여 일제 타도와 민주국가 건설을 목표로 조선 건국 동맹이 결성되었다(1944). 이를 기반으로 8·15 광복 직후 건국 작업을 진행하기 위해 조선 건국 준비 위원회가 조직되었다(1945).

오답 해설

① 독립 의군부(1912) : 임병찬이 고종의 밀지를 받아 결성한 비밀 단체로 고종의 복위 및 대한 제국의 재건을 목표로 조직되었다.
② 민족 혁명당(1935) : 김원봉이 주도한 좌익계 정당으로 한국 독립당, 조선 혁명당, 의열단 등이 연합하여 중국 난징에서 결성되었다.
③ 조선 의용대(1938) : 김원봉이 중국 관내에서 결성한 최초의 한인 무장 부대로 중국 국민당과 연합하여 포로 심문, 요인 사살, 첩보 작전을 수행하였다.

07 대한민국 정부 수립 과정

암기박사 6·10 만세 운동(1926) ⇒ 일제 강점기

정답 ②

정답 해설

6·10 만세 운동은 광복 이전인 일제 강점기 때 순종의 장례일을 기회로 삼아 사회주의 세력의 주도 하에 격문 살포와 시위 운동이 전개되었다.

오답 해설

① 5·10 총선거 실시(1948) : 우리나라 최초의 보통 선거인 5·10 총선거가 남한 단독으로 실시되었다.
③ 좌우 합작 위원회 활동(1946) : 여운형과 김규식 등의 중도파를 중심으로 좌우 합작 위원회가 결성되어 남한 만의 단독 정부 수립을 반대하였다.
④ 제1차 미소 공동 위원회 개최(1946) : 모스크바 3국 외상 회의의 합의에 따라 한국의 임시정부 수립을 원조할 목적으로 제1차 미·소 공동 위원회가 개최되었다.

08 단독 정부 수립 반대 성명

암기박사 단독 정부 수립 반대 성명(1947) ⇒ 남북 협상 참석(1948)

정답 ③

정답 해설

이승만의 정읍 발언 이후 남한만의 단독 정부 수립운동이 일어나자 김구는 '삼천만 동포에 읍고함'이란 남한만의 단독 정부 수립 반대 성명서를 발표한다(1947). 이후 김구, 김규식이 남한만의 단독 정부 수립과 분단을 막기 위해 평양에서 개최된 남북 협상에 참석하였다(1948).

오답 해설

① 한인 애국단 결성(1931) → 단독 정부 수립 반대 성명 이전
김구가 상하이에서 결성한 한인 애국단은 이봉창과 윤봉길이 의거를 지원하였다.
② 제1차 미·소 공동 위원회(1946) → 단독 정부 수립 반대 성명 이전
모스크바 3국 외상 회의에 의거하여 덕수궁 석조전에서 제1차 미·소 공동 위원회가 개최되었으나, 미국과 소련의 입장 차이로 결렬되었다.
④ 모스크바 3국 외상 회의(1945) → 단독 정부 수립 반대 성명 이전
모스크바의 3국 외상 회의에서 미·소 공동 위원회를 설치하고 최고 5년 동안 미·영·중·소 4개국이 신탁 통치를 하기로 결정하였다.

09 몽양 여운형

암기박사 조선 건국 준비 위원회 결성 ⇒ 여운형

정답 ④

정답 해설

신한 청년당의 지도자로 활동하고, 좌우 합작 운동을 주도한 인물은 몽양 여운형이다. 여운형은 8·15 광복 직후 일제의 패망과 광복에 대비하여 조선 건국 준비 위원회를 결성하였다.

오답 해설

① 헤이그 특사 → 이준, 이상설, 이위종
고종은 을사늑약의 무효를 선언하고 헤이그 만국 평화 회의에 이준, 이상설, 이위종 등의 특사를 파견해 일제 침략의 부당성을 호소하였다.
② 암태도 소작 쟁의 → 소작 농민
암태도 소작 쟁의는 전남 신안군 암태도의 소작 농민들이 전개한 농민운동으로, 지주들의 고액 소작료에 반발하여 소작 쟁의가 발생하였다.
③ 한국독립운동지혈사 저술 → 박은식
박은식은 일제 강점기 대표적인 민족주의 사학자로 일제 침략에 대항하여 독립 투쟁 과정을 정리한 한국독립운동지혈사를 저술하였다.

10 5·10 총선거

암기박사 제헌 국회 의원 선출 ⇒ 5·10 총선거(1948)

정답 ①

정답 해설

제헌 국회 의원을 선출하기 위해 치러진 5·10 총선거는 우리나라 최초의 보통 선거로 남한 단독으로 실시되었다(1948). 남한만의 단독 정부 수립에 반대한 김구, 김규식 등의 인사들과 좌익 세력은 참여하지 않았다.

PART 6 현대 사회의 발전

기출테마 48 민주화 운동과 항쟁

01	④	02	④	03	③	04	④
05	④	06	③	07	①	08	④
09	①	10	①				

01 6월 민주 항쟁

암기박사 이한열 희생 ⇒ 6월 민주 항쟁(1987)

정답 ④

정답 해설

전두환 정부의 4·13 호헌 조치 발표로 호헌 철폐와 독재 타도 등의 구호를 내세운 6월 민주 항쟁이 촉발되었고, 시위 도중 대학생 이한열이 전두환 정부의 계엄군이 쏜 최루탄에 맞아 희생되었다.

오답 해설

① 긴급 조치 철폐 요구 → 3·1 민주 구국 선언
   박정희 정부의 유신 체제에 항거하여 재야 정치인들과 가톨릭 신부, 개신교 목사, 대학 교수 등이 3·1 민주 구국 선언을 통해 긴급 조치 철폐 등을 요구하였다.
② 시민군의 자발적 조직 → 5·18 민주화 운동
   신군부의 계엄 확대와 무력 진압에 5·18 민주화 운동이 발발하였고 시위 전개 과정에서 시민군이 자발적으로 조직되었다.
③ 장면 내각 출범 → 4·19 혁명
   4·19 혁명으로 이승만 대통령이 하야한 후 장면 내각이 출범하는 배경이 되었다.

02 5·18 민주화 운동

암기박사 시민군 vs 계엄군 ⇒ 5·18 민주화 운동(1980)

정답 ④

정답 해설

전남도청 앞 금남로에서 계엄군의 집단 발포로 많은 사상자가 발생한 것은 5·18 민주화 운동 때의 일이다. 5·18 민주화 운동 당시 시위 전개 과정에서 시민군이 조직되어 계엄군에 저항하였다.

오답 해설

① 4·19 혁명(1960) : 이승만 정권의 장기 독재와 자유당 정권의 3·15 부정선거로 4·19 혁명이 발발하였고 그 결과 이승만 대통령이 하야하였다.
② 6월 민주 항쟁(1987) : 박종철 고문치사와 전두환 정부의 4·13 호헌 조치 발표로 호헌 철폐와 독재 타도 등의 구호를 내세운 6월 민주 항쟁이 촉발되었다.
③ 부마 민주 항쟁(1979) : 신민당 당사에서 YH 무역 사건이 일어나자 박정희 정부는 김영삼을 국회의원에서 제명하였고, 이에 부산과 마산에서 유신 철폐와 독재 타도를 외치며 부·마 민주 항쟁이 발발하였다.

03 6월 민주 항쟁의 결과

암기박사 6월 민주 항쟁 ⇒ 6·29 민주화 선언 : 5년 단임의 대통령 직선제 개헌

정답 ③

정답 해설

박종철 고문치사와 전두환 정부의 4·13 호헌 조치 발표로 호헌 철폐와 독재 타도 등의 구호를 외친 6월 민주 항쟁이 촉발되었고 시위 도중 대학생 이한열이 경찰에 쏜 최루탄에 맞아 사망하였다. 그 결과 노태우의 6·29 민주화 선언에 따라 5년 단임의 대통령 직선제 개헌안이 통과되었다.

오답 해설

① 유신 체제 붕괴 → 부·마 민주 항쟁
   YH 사건으로 부산과 마산에서 유신 철폐와 독재 타도를 외치며 부·마 민주 항쟁이 발발하였고, 이는 유신 체제가 붕괴하는 계기가 되었다.
② 3·15 부정 선거 → 4·19 혁명
   이승만 정권의 장기 독재와 자유당 정권의 3·15 부정선거로 4·19 혁명이 발발하였고 그 결과 이승만 대통령이 하야하였다.
④ 시민군의 자발적 조직 → 5·18 민주화 운동
   신군부의 계엄 확대와 무력 진압에 5·18 민주화 운동이 발발하였고 시위 전개 과정에서 시민군이 자발적으로 조직되었다.

핵심노트 ▶ 6·29 민주화 선언

- 여야 합의 하에 조속히 5년 단임의 대통령 직선제로 개헌하고 새 헌법에 의해 대통령 선거를 실시, 1988년 2월 평화적 정부 이양을 실현한다.
- 직선 제도의 변경뿐만 아니라 이를 민주적으로 실천하기 위해 대통령 선거법을 개정, 자유로운 출마와 공정한 선거를 보장하여 국민의 심판을 받도록 한다.
- 국민적 화해와 대동단결을 위해 김대중 씨를 사면 복권시키고, 자유 민주주의적 기본 질서를 부인한 반국가사범이나 살상·방화·파괴 등으로 국가를 흔들었던 소수를 제외한 모든 시국 관련 사범들을 석방한다.

04 4·19 혁명

암기박사 3·15 부정 선거 ⇒ 4·19 혁명

정답 ④

정답 해설

이승만 정권의 장기 독재와 자유당 정권의 3·15 부정선거에 항거하여 4·19 혁명이 발발하였고 그 결과 이승만 대통령이 하야하였다.

오답 해설

① 신군부의 무력 진압 → 5·18 민주화 운동
   신군부의 비상계엄 확대와 무력 진압에 저항하여 5·18 민주화

운동이 일어났고, 계엄군의 무자비한 진압으로 많은 광주 시민과 학생이 희생되었다.
② 대통령 직선제 개헌 → 6월 민주항쟁
  6월 민주항쟁의 결과 노태우의 6 · 29 민주화 선언에 따라 5년 단임의 대통령 직선제 개헌이 이루어졌다.
③ 유신 체제 붕괴 → 부 · 마 민주 항쟁
  YH 사건으로 부산과 마산에서 유신 철폐와 독재 타도를 외치며 부 · 마 민주 항쟁이 발발하였고, 이는 유신 체제가 붕괴하는 계기가 되었다.

05 5 · 18 민주화 운동

암기박사 시민군 vs 계엄군 ⇒ 5 · 18 민주화 운동(1980)

정답 ④

정답 해설

신군부의 계엄 확대와 무력 진압에 5 · 18 민주화 운동이 발발하였고, 시위 전개 과정에서 시민군이 조직되어 계엄군에 저항하였다.

오답 해설

① 4 · 19 혁명(1960) : 이승만 정권의 장기 독재와 자유당 정권의 3 · 15 부정선거로 4 · 19 혁명이 발발하였고 그 결과 이승만 대통령이 하야하였다.
② 부마 민주 항쟁(1979) : 신민당 당사에서 YH 무역 사건이 일어나자 박정희 정부는 김영삼을 국회의원에서 제명하였고, 이에 부산과 마산에서 유신 철폐와 독재 타도를 외치며 부 · 마 민주 항쟁이 발발하였다.
③ 6월 민주 항쟁(1987) : 박종철 고문치사와 전두환 정부의 4 · 13 호헌 조치 발표로 호헌 철폐와 독재 타도 등의 구호를 내세운 6월 민주 항쟁이 촉발되었다.

06 6월 민주 항쟁

암기박사 박종철, 이한열 희생 ⇒ 6월 민주 항쟁

정답 ③

정답 해설

호헌 철폐와 독재 타도 등의 구호를 외친 6월 민주 항쟁으로 5년 단임의 대통령 직선제 개헌안이 통과되었다. 6월 민주 항쟁은 박종철 고문치사와 시위 도중 이한열 열사 등의 희생으로 확산되었다.

오답 해설

① 유신 체제 붕괴 → 부 · 마 민주 항쟁
  YH 사건으로 부산과 마산에서 유신 철폐와 독재 타도를 외치며 부 · 마 민주 항쟁이 발발하였고, 이는 유신 체제가 붕괴하는 계기가 되었다.
② 양원제 국회 출현 → 4 · 19 혁명
  4 · 19 혁명으로 이승만 대통령이 하야한 후 장면 내각이 구성되고 민의원과 참의원의 양원제 국회가 출현하는 결과를 가져왔다.
④ 시민군의 자발적 조직 → 5 · 18 민주화 운동
  신군부의 계엄 확대와 무력 진압에 5 · 18 민주화 운동이 발발하였고 시위 전개 과정에서 시민군이 자발적으로 조직되었다.

07 박정희 정부 시기의 사회 모습

암기박사 부 · 마 민주 항쟁 ⇒ 박정희 정부

정답 ①

정답 해설

긴급 조치 9호가 선포된 것은 박정희 정부 때의 일이다. 박정희 정부 때 신민당 당사에서 YH 무역 사건이 일어나 김영삼을 국회의원에서 제명하였고, 이에 부산과 마산에서 유신 철폐와 독재 타도를 외치며 부 · 마 민주 항쟁이 발발하였다.

오답 해설

② 서울 올림픽 대회 개최 → 노태우 정부
  노태우 정부 때에 동서 양 진영 160개국이 참가한 제24회 서울 올림픽 대회가 개최되었다.
③ 금융 실명제 실시 → 김영삼 정부
  김영삼 정부 때에 금융 거래의 투명성을 확보하고자 대통령의 긴급 명령으로 금융 실명제를 전면 실시하였다.
④ 반민족 행위 특별 조사 위원회 구성 → 이승만 정부
  이승만 정부 때 제헌 국회에서 일제 강점기 친일 행위를 한 사람들을 처벌하고 공민권을 제한하기 위해 반민족 행위 특별 조사 위원회가 구성되었다.

08 5 · 18 민주화 운동

암기박사 계엄군의 무자비한 진압 ⇒ 5 · 18 민주화 운동(1980)

정답 ④

정답 해설

신군부의 비상계엄 확대와 무력 진압에 항거하여 5 · 18 민주화 운동이 일어났고, 계엄군의 무자비한 진압으로 많은 광주 시민과 학생이 희생되었다.

오답 해설

① 4 · 19 혁명(1960) : 이승만 정권의 장기 독재와 자유당 정권의 3 · 15 부정선거로 4 · 19 혁명이 발발하였고 그 결과 이승만 대통령이 하야하였다.
② 6월 민주 항쟁(1987) : 박종철 고문치사와 전두환 정부의 4 · 13 호헌 조치 발표로 호헌 철폐와 독재 타도 등의 구호를 내세운 6월 민주 항쟁이 촉발되었다.
③ 부마 민주 항쟁(1979) : 신민당 당사에서 YH 무역 사건이 일어나자 박정희 정부는 김영삼을 국회의원에서 제명하였고, 이에 부산과 마산에서 유신 철폐와 독재 타도를 외치며 부 · 마 민주 항쟁이 발발하였다.

09 6월 민주 항쟁의 결과

암기박사 6월 민주 항쟁 ⇒ 6 · 29 민주화 선언 : 5년 단임의 대통령 직선제 개헌

정답 ①

정답 해설

박종철 고문치사와 전두환 정부의 4 · 13 호헌 조치 발표로 호헌 철폐와 독재 타도 등의 구호를 외친 6월 민주 항쟁이 촉발되었다. 그 결과 노태우의 6 · 29 민주화 선언에 따라 5년 단임의 대통령 직선제

개헌안이 통과되었다.

오답 해설

② 3·15 부정선거 → 4·19 혁명

이승만 정부 때 여당 부통령 후보 당선을 위한 3·15 부정 선거에 항의하며 4·19 혁명이 시작되었다.

③ 한·일 국교 정상화 → 6·3 시위

박정희 정부 때에 한·일 회담에 따른 굴욕적인 한·일 국교 정상화에 반대하여 6·3 시위가 일어났다.

④ 신군부의 비상계엄 확대 → 5·18 민주화 운동

전두환·노태우 등의 신군부 세력이 쿠데타를 일으켜 권력을 장악하고 비상계엄을 전국으로 확대하자 이에 저항하여 5·18 민주화 운동이 발생하였다.

10 4·19 혁명의 전개

정답 ①

암기박사 4·19 혁명의 전개 ⇒ 3·15 부정 선거 → 대학 교수단 시위 → 이승만 대통령 하야

정답 해설

이승만 정권의 장기 독재와 자유당 정권의 3·15 부정선거로 4·19 혁명이 발발하였다. 4·19 혁명 후 서울 시내 27개 대학 교수단이 대통령 퇴진을 요구하며 시위 행진을 벌였고, 4·19 혁명의 결과 이승만 대통령이 하야하였다(1960).

오답 해설

② 4·13 호헌 조치 철폐 → 6월 민주 항쟁

박종철 고문치사와 전두환 정부의 4·13 호헌 조치 발표로 호헌 철폐와 독재 타도 등의 구호를 내세운 6월 민주 항쟁이 촉발되었다(1987). ← 신민당 당사에서 파업에 항의하는 YH 무역 노동자들의 농성을 강경 진압한 사건

③ 유신 체제의 붕괴 계기 → 부마 민주 항쟁

YH 무역 사건으로 발발한 부마 민주 항쟁은 유신 체제가 붕괴하는 계기가 되었다(1979).

④ 신군부의 비상 계엄 확대 → 5·18 민주화 운동

전두환·노태우 등의 신군부 세력이 쿠데타를 일으켜 권력을 장악하고 비상 계엄 확대와 무력 진압이 발생하자 이에 저항하여 5·18 민주화 운동이 전개되었다(1980).

기출테마 49
이승만 정부 ~ 노태우 정부

PART 6 현대 사회의 발전

01	①	02	①	03	②	04	③
05	②	06	③	07	②	08	①
09	③	10	②				

01 노태우 정부의 통일 노력

정답 ①

암기박사 남북 기본 합의서 교환 ⇒ 노태우 정부

정답 해설

북방 외교를 통해 사회주의 국가들과 국교를 수립하고 남북한 유엔 동시 가입을 성사시킨 것은 노태우 정부 때의 일이다. 노태우 정부 때에 상호 화해와 불가침, 교류 및 협력 확대 등을 규정한 남북한 간 최초의 공식 합의서인 남북 기본 합의서를 교환하였다.

오답 해설

② 브라운 각서 합의 → 박정희 정부

박정희 정부 때에 국군의 전력 증강과 차관 원조를 약속받은 베트남 파병에 관한 브라운 각서에 미국과 합의하였다.

③ 7·4 남북 공동 성명 발표 → 박정희 정부

박정희 정부 때에 7·4 남북 공동 성명을 발표하여 '자주, 평화, 민족 대단결'의 민족 통일 3대 원칙을 제시하였다.

④ 6·15 남북 공동 선언 → 김대중 정부

김대중 정부 때에 평양에서 최초로 남북 정상 회담이 개최되고 6·15 남북 공동 선언을 채택하였다.

02 이승만 정부 시기의 사실

정답 ①

암기박사 농지 개혁법 제정 ⇒ 이승만 정부

정답 해설

친일파 청산을 위해 반민족 행위 특별 조사 위원회가 조직되었으나 반공을 우선시하던 이승만 정부의 방해로 해체되었다. 이승만 정부 때에 소작제를 철폐하고 자영농을 육성하고자 유상 매수, 유상 분배 원칙의 농지 개혁법이 제정되었다.

오답 해설

② 수출액 100억 달러 달성 → 박정희 정부

박정희 정부 때인 1971년에 수출 10억 달러를 돌파한 지 6년 만에 처음으로 연간 수출액 100억 달러가 달성되었다.

③ 경제 협력 개발 기구(OECD) 가입 → 김영삼 정부

김영삼 정부 때에 선진국 진입의 관문인 경제 협력 개발 기구(OECD)에 29번째 회원국으로 가입하였다.

④ 국제 통화 기금(IMF)의 조기 상환 → 김대중 정부

김대중 정부 때에 외환 위기로 지원받은 국제 통화 기금(IMF)의 구제 금융 자금을 조기 상환하였다.

03 박정희 정부 시기의 사실

정답 ②

암기박사 경부 고속 도로 개통 ⇒ 박정희 정부

정답 해설

한·일 국교 정상화를 위해 한·일 협정 조인식이 열려 양국 대표들이 협정문에 서명한 것은 박정희 정부 때의 일이다. 박정희 정부 때에 서울과 부산을 연결하는 경부 고속 도로가 개통되었다.

오답 해설

① 농지 개혁법 제정 → 이승만 정부

이승만 정부 때에 소작제를 철폐하고 자영농을 육성하고자 유상 매수, 유상 분배 원칙의 농지 개혁법이 제정되었다.

③ 경제 협력 개발 기구(OECD) 가입 → 김영삼 정부

김영삼 정부 때에 선진국 진입의 관문인 경제 협력 개발 기구(OECD)에 29번째 회원국으로 가입하였다.

④ 한·미 자유 무역 협정(FTA) 체결 → 노무현 정부

노무현 정부 때에 한·미 자유 무역 협정(FTA)이 체결되어 미국과의 무역 장벽을 허무는 계기가 되었다.

04 박정희 정부의 통일 노력

정답 ③

암기박사 7·4 남북 공동 성명 ⇒ 박정희 정부

정답 해설

분단 이후 처음으로 남북 사이에 직통 전화가 개설되어 남북 적십자 회담을 열기 위한 대화의 통로가 마련된 것은 박정희 정부 때의 일이다. 박정희 정부 때에 7·4 남북 공동 성명을 발표하고 '자주, 평화, 민족 대단결'의 민족 통일 3대 원칙을 제시하였다.

오답 해설

①·④ 남북 정상회담, 금강산 관광 사업 → 김대중 정부

김대중 정부 때에 평양에서 최초로 남북 정상회담이 개최되고 햇볕 정책의 일환으로 금강산 관광 사업이 시작되었다.

② 남북한 유엔 동시 가입 → 노태우 정부

노태우 정부 때에 제46차 UN 총회에서 개별 회원국으로 남북한 유엔 동시 가입이 이루어졌다.

05 박정희 정부 시기의 사실

정답 ②

암기박사 경부 고속 도로 준공 ⇒ 박정희 정부

정답 해설

새마을 운동, 광주 대단지 사건, 100억 달러 수출 달성은 모두 박정희 정부 때의 일이다. 박정희 정부 때에 서울과 부산을 연결하는 경부 고속 도로를 준공하였다.

오답 해설

① 농지 개혁법 제정 → 이승만 정부

이승만 정부 때에 소작제를 철폐하고 자영농을 육성하고자 유상 매수, 유상 분배 원칙의 농지 개혁법이 제정되었다.

③ 금융 실명제 실시 → 김영삼 정부

김영삼 정부 때에 금융 거래의 투명성을 확보하고자 대통령의 긴급 명령으로 금융 실명제를 전면 실시하였다.

④ 경제 협력 개발 기구(OECD) 가입 → 김영삼 정부

김영삼 정부 때에 선진국 진입의 관문인 경제 협력 개발 기구(OECD)에 29번째 회원국으로 가입하였다.

06 전두환 정부의 경제 상황

정답 ③

암기박사 3저 호황 ⇒ 전두환 정부

정답 해설

5·18 민주화 운동이 진압된 이후 집권한 정부는 전두환 정부이다. 전두환 정부 때에 저금리·저유가·저달러의 3저 호황으로 물가가 안정되고 수출이 증가하였다.

오답 해설

① 제1차 경제 개발 5개년 계획 → 박정희 정부

박정희 정부 때에 기간산업, 사회 간접 자본 확충, 경공업 중심의 수출 산업 육성을 위한 제1차 경제 개발 5개년 계획이 수립되었다.

② 경제 협력 개발 기구(OECD) 가입 → 김영삼 정부

김영삼 정부 때에 선진국 진입의 관문인 경제 협력 개발 기구(OECD)에 29번째 회원국으로 가입하였다.

④ 한·미 자유 무역 협정(FTA) 체결 → 노무현 정부

노무현 정부 때에 한·미 자유 무역 협정(FTA)이 체결되어 미국과의 무역 장벽을 허무는 계기가 되었다.

07 박정희 정부

정답 ②

암기박사 제2차 경제 개발 5개년 계획 ⇒ 박정희 정부

정답 해설

경부 고속 도로 준공, 한일 국교 정상화, 베트남전 파병은 모두 박정희 정부 때의 일이다. 이 시기에 제2차 경제 개발 5개년 계획이 실시되어 모든 산업의 동맥이 되는 도로 건설을 비롯한 각종 건설 사업에 박차를 가하였다.

오답 해설

① 3저 호황 : 수출 증가 → 전두환 정부

전두환 정부 때에 유가 하락, 달러 가치 하락, 금리 하락의 3저 호황으로 물가가 안정되고 수출이 증가하였다.

③ 경제 협력 개발 기구(OECD) 가입 → 김영삼 정부

김영삼 정부 때에 선진국 진입의 관문인 경제 협력 개발 기구(OECD)에 29번째 회원국으로 가입하였다.

④ 한·미 자유 무역 협정(FTA) 체결 → 노무현 정부
노무현 정부 때에 한·미 자유 무역 협정(FTA)이 체결되어 미국과의 무역 장벽을 허무는 계기가 되었다. → 발효는 이명박 정부 때부터 임

08 박정희 정부

암기박사 새마을 운동 ⇒ 박정희 정부

정답 ①

정답 해설

박정희 정부 때에 외화벌이를 위해 서독으로 광부와 간호사가 파견되었고, 미국의 요청에 따라 차관 원조를 조건으로 베트남에 기술자와 국군이 파병되었다. 또한 박정희 정부 때에 농촌 근대화를 표방한 범국민적 지역사회 개발운동인 새마을 운동이 시작되었다.

오답 해설

② 금융 실명제 실시 → 김영삼 정부
김영삼 정부 때에 금융 거래의 투명성을 확보하고자 대통령의 긴급 명령으로 금융 실명제를 전면 실시하였다.

③ G20 정상 회의 개최 → 이명박 정부
이명박 정부 때에 G20 주요 경제국 정상들이 모이는 G20 정상 회의가 아시아 최초로 서울에서 개최되었다.

④ 한·미 자유 무역 협정(FTA) 체결 → 노무현 정부
노무현 정부 때에 한·미 자유 무역 협정(FTA)이 체결되어 미국과의 무역 장벽을 허무는 계기가 되었다. → 발효는 이명박 정부 때부터 임

핵심노트 ▶ 박정희 정부의 경제 개발 계획

- 제1, 2차 경제 개발 계획(1962~1971) : 기간산업, 사회 간접 자본 확충, 경공업 중심의 수출 산업 육성, 베트남 특수로 호황, 새마을 운동 시작(1970)
- 제3, 4차 경제 개발 계획(1972~1981) : 중화학 공업 육성, 중동 진출, 새마을 운동 확산

09 박정희 정부의 경제 상황

암기박사 제2차 경제 개발 5개년 계획 ⇒ 박정희 정부

정답 ③

정답 해설

서울과 부산을 연결하는 경부 고속 도로가 개통된 것은 박정희 정부 때의 일이다. 이 시기에 제2차 경제 개발 5개년 계획이 추진되어 모든 산업의 동맥이 되는 도로 건설을 비롯한 각종 건설사업에 박차를 가하였다.

오답 해설

① 서울 G20 정상 회의 개최 → 이명박 정부
이명박 정부 때에 G20 주요 경제국 정상들이 모이는 G20 정상 회의가 아시아 최초로 서울에서 개최되었다.

② 한·미 자유 무역 협정(FTA) 체결 → 노무현 정부
노무현 정부 때에 한·미 자유 무역 협정(FTA)이 체결되어 미국과의 무역 장벽을 허무는 계기가 되었다. → 발효는 이명박 정부 때부터 임

④ 경제 협력 개발 기구(OECD) 가입 → 김영삼 정부
김영삼 정부 때에 선진국 진입의 관문인 경제 협력 개발 기구(OECD)에 29번째 회원국으로 가입하였다.

10 노태우 정부의 통일 정책

암기박사 남북 이산가족 최초 상봉(전두환 정부) ⇒ 남북 기본 합의서 채택(노태우 정부) ⇒ 정주영의 소 떼 방북(김대중 정부)

정답 ②

정답 해설

- 남북 이산가족 최초 상봉(1985) : 전두환 정부 때에 최초로 남북 간 이산가족 상봉이 성사되어 평양에서 이산가족 고향 방문과 예술 공연단 교환을 실현하였다.
- 남북 기본 합의서 채택(1991) : 노태우 정부 때에 상호 화해와 불가침, 교류 및 협력 확대 등을 규정한 남북한 간 최초의 공식 합의서인 남북 기본 합의서가 채택되었다.
- 정주영의 소 떼 방북(1998) : 김대중 정부 때에 정주영 현대그룹 명예회장이 소떼를 몰고 2차례에 걸쳐 북한을 방문하였다.

오답 해설

① 개성 공단 조성 합의 → 김대중 정부
김대중 정부 때에 평양에서 최초로 남북 정상회담이 개최되었고 남북한의 교류 협력을 위한 개성 공단 조성에 합의하였다.

③ 남북 조절 위원회 설치 → 박정희 정부
박정희 정부 때에는 7·4 남북 공동 성명을 실천하기 위해 남북 조절 위원회를 설치하여 통일 방안을 논의하였다.

④ 6·15 남북 공동 선언 → 김대중 정부
김대중 정부 때에 평양에서 최초로 남북 정상회담이 개최된 후 6·15 남북 공동 선언이 발표되었다.

핵심노트 ▶ 노태우 정부의 통일 정책

- 7·7선언(1988) : 북한을 적대의 대상이 아니라 상호 신뢰·화해·협력을 바탕으로 공동 번영을 추구하는 민족 공동체 일원으로 인식
- 한민족 공동체 통일 방안(1989) : 자주·평화·민주의 원칙 아래 제시
- 남북 고위급 회담, 남북한 유엔 동시 가입(1991) : 제46차 유엔 총회에서 남북한이 각각 별개의 의석을 가진 회원국으로 유엔에 가입
- 남북 기본 합의서 채택(1991. 12)·발효(1992) : 상호 화해와 불가침, 교류 및 협력 확대 등을 규정
- 한반도 비핵화 공동 선언 채택(1991. 12)·발효(1992) : 핵무기의 보유나 사용금지 등을 규정

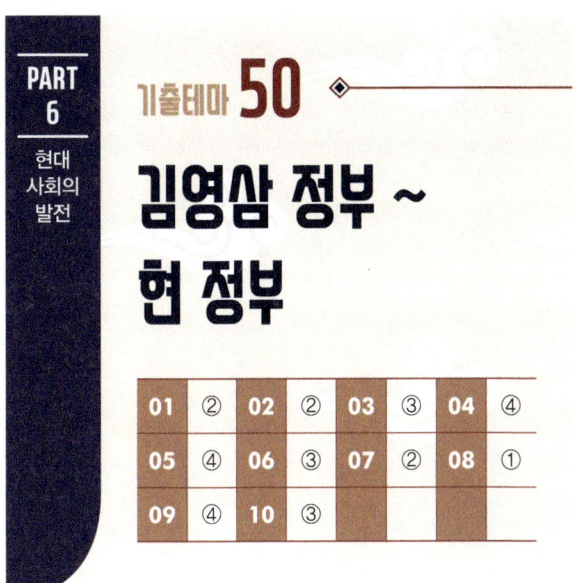

PART 6 현대 사회의 발전

기출테마 50 김영삼 정부 ~ 현 정부

01	②	02	②	03	③	04	④
05	④	06	③	07	②	08	①
09	④	10	③

01 김대중 정부

암기박사 6·15 남북 공동 선언 ⇒ 김대중 정부

정답 ②

정답 해설

김대중 대통령은 민주주의와 인권, 북한과의 평화와 화해를 위해 노력한 업적을 인정받아 노벨 평화상을 수상하였다. 또한 김대중 정부 때에 평양에서 최초로 남북 정상 회담이 개최되고 6·15 남북 공동 선언이 발표되었다.

오답 해설

① 남북한 유엔 동시 가입 → 노태우 정부
노태우 정부 때에 제46차 UN 총회에서 남북한이 개별 회원국으로 유엔에 동시 가입하였다.
③ 한반도 비핵화 공동 선언 → 노태우 정부
노태우 정부 때 한반도에서 핵무기의 보유나 사용금지 등을 규정한 한반도 비핵화 공동 선언이 채택되었다.
④ 남북 이산가족 최초 상봉 → 전두환 정부
전두환 정부 때에 최초로 남북 간 이산가족 상봉이 성사되어 평양에서 이산가족 고향 방문과 예술 공연단 교환을 실현하였다.

02 김영삼 정부

암기박사 금융 실명제 실시 ⇒ 김영삼 정부

정답 ②

정답 해설

지방 자치제를 전면 실시하고, 조선 총독부 건물을 철거하였으며, 경제 협력 개발 기구(OECD)에 가입한 것은 김영삼 정부 때의 일이다. 김영삼 정부 때에 금융 거래의 투명성을 확보하고자 대통령의 긴급 명령으로 금융 실명제를 전면 실시하였다.

오답 해설

① 베트남 파병 → 박정희 정부
박정희 정부 때에 미국의 요청에 따라 국군의 전력 증강과 차관 원조를 조건으로 베트남에 국군이 파병되었다.
③ 야간 통행 금지 해제 → 전두환 정부
전두환 정부 때에 86 아시안 게임과 88 서울 올림픽을 앞두고 37년 만에 야간 통행 금지가 해제되었다.
④ 반민족 행위 특별 조사 위원회 구성 → 이승만 정부
이승만 정부 때 제헌 국회에서 일제 강점기 친일 행위를 한 사람들을 처벌하고 공민권을 제한하기 위해 반민족 행위 특별 조사 위원회가 구성되었다.

03 노무현 정부의 통일 노력

암기박사 10·4 남북 정상 선언 발표 ⇒ 노무현 정부

정답 ③

정답 해설

분단 이후 두 번째 남북 정상 회담이 열린 것은 노무현 정부 때의 일이다. 노무현 정부 때에 제2차 남북 정상회담이 개최된 후 10·4 남북 정상 선언을 발표하여 기본 8개 조항에 합의하고 공동으로 서명하였다.

오답 해설

① 남북 기본 합의서 채택 → 노태우 정부
노태우 정부 때에 상호 화해와 불가침, 교류 및 협력 확대 등을 규정한 남북한 간 최초의 공식 합의서인 남북 기본 합의서가 채택되었다.
② 7·4 남북 공동 성명 발표 → 박정희 정부
박정희 정부 때에 7·4 남북 공동 성명을 발표하여 '자주, 평화, 민족 대단결'의 민족 통일 3대 원칙을 제시하였다.
④ 한반도 비핵화 공동 선언 → 노태우 정부
노태우 정부 때 한반도에서 핵무기의 보유나 사용금지 등을 규정한 한반도 비핵화 공동 선언에 서명하였다.

04 김대중 정부의 경제 상황

암기박사 IMF의 구제 금융 자금 조기 상환 ⇒ 김대중 정부

정답 ④

정답 해설

재임 기간 중 노벨 평화상을 수상한 대한민국 제15대 대통령은 김대중이다. 김대중 정부 때에 외환 위기로 지원받은 국제 통화 기금(IMF)의 구제 금융 자금을 조기 상환하였다.

오답 해설

① 수출액 100억 달러 달성 → 박정희 정부
박정희 정부 때인 1971년에 수출 10억 달러를 돌파한 지 6년 만에 처음으로 연간 수출액 100억 달러가 달성되었다.
② 경제 협력 개발 기구(OECD) 가입 → 김영삼 정부
김영삼 정부 때에 선진국 진입의 관문인 경제 협력 개발 기구(OECD)에 29번째 회원국으로 가입하였다.
③ 미국과 자유 무역 협정(FTA) 체결 → 노무현 정부
노무현 정부 때에 미국과 자유 무역 협정(FTA)이 체결되어 미국과의 무역 장벽을 허무는 계기가 되었다.

05 김영삼 정부의 경제 상황

암기박사 경제 협력 개발 기구(OECD) 가입 ⇒ 김영삼 정부

정답 ④

정답 해설

금융 거래의 투명성을 확보하고자 금융 실명제를 실시한 것은 김영삼 정부 때의 일이다. 김영삼 정부 때에 선진국 진입의 관문인 경제 협력 개발 기구(OECD)에 29번째 회원국으로 가입하였다.

오답 해설

① 경부 고속 도로 준공 → 박정희 정부
　박정희 정부 때에 서울과 부산을 연결하는 경부 고속 도로를 준공하였다.
② 3저 호황 : 수출 증가 → 전두환 정부
　전두환 정부 때에 유가 하락, 달러 가치 하락, 금리 하락의 3저 호황으로 물가가 안정되고 수출이 증가하였다.
③ 제1차 경제 개발 5개년 계획 → 박정희 정부
　박정희 정부 때에 기간산업, 사회 간접 자본 확충, 경공업 중심의 수출 산업 육성을 위한 제1차 경제 개발 5개년 계획이 추진되었다.

06 김대중 정부의 통일 노력

암기박사 6·15 남북 공동 선언 ⇒ 김대중 정부

정답 ③

정답 해설

IMF 구제 금융 조기 상환, 정주영의 소떼 방북, 한일 월드컵 축구 대회 개최는 모두 김대중 정부 때의 일이다. 김대중 정부 때에 6·15 남북 공동 선언이 발표되어 1국가 2체제 통일 방안 수용, 이산가족 방문단의 교환, 협력과 교류의 활성화 등을 목표로 하였다.

오답 해설

① 남북 기본 합의서 채택 → 노태우 정부
　노태우 정부 때에 상호 화해와 불가침, 교류 및 협력 확대 등을 규정한 남북한 간 최초의 공식 합의서인 남북 기본 합의서가 채택되었다.
② 남북한 유엔 동시 가입 → 노태우 정부
　노태우 정부 때에 제46차 UN 총회에서 개별 회원국으로 남북한 유엔 동시 가입이 이루어졌다.
④ 이산가족 최초 상봉 → 전두환 정부
　전두환 정부 때에 최초로 남북 간 이산가족 상봉이 성사되어 평양에서 이산가족 고향 방문과 예술 공연단 교환을 실현하였다.

07 김영삼 정부

암기박사 조선 총독부 건물 철거 ⇒ 김영삼 정부

정답 ②

정답 해설

일제 강점기에 황국 신민의 양성을 목적으로 지어진 국민학교 명칭을 초등학교로 변경한 것은 김영삼 정부 때의 일이다. 김영삼 대통령은 역사 바로 세우기를 내세우며 옛 조선 총독부 건물을 철거하였다.

오답 해설

① 삼청 교육대 운영 → 전두환 정부
　전두환 정부 때 비상계엄이 발령된 직후 국가보위비상대책위원회가 사회 정화를 명분으로 전국 각지의 군부대 내에 삼청 교육대를 운영하였다.
③ 반민족 행위 처벌법 제정 → 이승만 정부
　이승만 정부 때에 제헌 국회에서 일제의 잔재를 청산하기 위한 반민족 행위 처벌법이 제정되었다.
④ G20 정상 회의 개최 → 이명박 정부
　이명박 정부 때에 G20 주요 경제국 정상들이 모이는 G20 정상 회의가 아시아 최초로 서울에서 개최되었다.

08 역대 정부의 통일 노력

암기박사 제1차 남북 정상 회담(김대중 정부) ⇒ 개성 공단 건설 (노무현 정부)

정답 ①

정답 해설

김대중 정부 때에 평양에서 최초로 남북 정상회담이 개최되고 남북한 경제 교류 협력을 위한 개성 공단 조성에 합의하였다. 이후 노무현 정부 때에 개성 공단 착공식이 거행되고 개성 공단이 건설되었다.

오답 해설

② 남북 조절 위원회 설치 → 박정희 정부
　박정희 정부 때에는 7·4 남북 공동 성명을 실천하기 위해 남북 조절 위원회를 설치하여 통일 방안을 논의하였다.
③ 남북한 유엔 동시 가입 → 노태우 정부
　노태우 정부 때에 제46차 UN 총회에서 개별 회원국으로 남북한이 유엔에 동시 가입하였다.
④ 남북 이산가족 상봉 최초 성사 → 전두환 정부
　전두환 정부 때에 이산가족의 고향 방문이 성사되어 평양에서 남북 간 이산가족 상봉이 최초로 성사되었다.

09 노무현 정부 시기의 사실

암기박사 아시아·태평양 경제 협력체(APEC) 정상 회의 ⇒ 노무현 정부

정답 ④

정답 해설

제2차 남북 정상회담이 개최되어 10·4 남북 정상 선언이 발표되고, 행정 중심 복합 도시의 건설이 시작된 것은 노무현 정부 때의 일이다. 노무현 정부 때에 아시아·태평양 경제 협력체(APEC) 정상 회의가 부산 누리마루에서 개최되었다(2005).

오답 해설

① 경부 고속 도로 준공 → 박정희 정부
　박정희 정부 때에 서울과 부산을 연결하는 경부 고속 도로가 준공되었다.
② 평창 동계 올림픽 개최 → 문재인 정부
　문재인 정부 때에 제23회 평창 동계 올림픽이 개최되어 총 15개 종목에 92개국이 참가하였다.
③ 경제 협력 개발 기구(OECD) 가입 → 김영삼 정부

김영삼 정부 때에 선진국 진입의 관문인 경제 협력 개발 기구(OECD)에 29번째 회원국으로 가입하였다.

10 김대중 정부의 통일 노력

정답 ③

암기박사 6·15 남북 공동 선언 ⇒ 김대중 정부

정답 해설

김대중 정부 때에는 햇볕정책의 일환으로 평양에서 최초로 김대중 대통령과 김정일 국방위원장 간의 남북 정상회담이 개최되었고, 회담 결과를 담은 6·15 남북 공동 선언을 발표하였다.

오답 해설

① 남북 조절 위원회 개최 → 박정희 정부
  박정희 정부 때에는 7·4 남북 공동 성명을 실천하기 위해 남북 조절 위원회를 개최하여 통일 방안을 논의하였다.

② 남북한 유엔 동시 가입 → 노태우 정부
  노태우 정부 때에는 제46차 UN 총회에서 개별 회원국으로 남북한 유엔 동시 가입이 이루어졌다.

④ 최초의 남북 이산가족 상봉 → 전두환 정부
  전두환 정부 때에는 최초로 남북 간 이산가족 상봉이 성사되어 평양에서 이산가족 고향 방문과 예술 공연단 교환을 실현하였다.

핵심노트 ▶ 김대중 정부(국민의 정부, 1998.3 ~ 2003.2)

- 베를린 선언 : 남북 경협, 냉전 종식과 평화 공존, 남북한 당국 간 대화 추진
- 남북 정상 회담 개최 : 평양에서 최초로 남북 정상 회담 개최
- 6·15 남북 공동 선언 : 1국가 2체제 통일 방안 수용, 이산가족 방문단의 교환, 협력과 교류의 활성화 등
- 금강산 관광 시작(1998), 육로 관광은 2003년부터 시작
- 경의선 철도 연결 사업 → 2000년 9월 착공, 2003년 12월 완료
- 남북한의 교류 협력을 위한 개성 공업 지구 조성에 합의
- 금 모으기 운동, 노사정 위원회 구성, 신자유주의 경제 정책 추진
- 수출, 무역 흑자 증가, 벤처 기업 창업 등으로 외환위기 극복
- 중학교 의무 교육 실시, 만 5세 유아에 대한 무상 교육·보육 등 추진
- 민주주의와 인권, 한반도 긴장 완화에 기여한 공로로 노벨 평화상 수상

대한민국 헌법의 변천 과정

개헌 정부	개헌 회차	개헌 연도	개헌 내용
이승만 정부	제1차 개헌 [발췌 개헌]	1952	• 대통령 직선제(이승만 재선 목적) • 국회 양원제(시행 안 됨) • 국회의 국무위원 불신임 제도
이승만 정부	제2차 개헌 [사사오입 개헌]	1954	• 자유당의 사사오입 논리로 개헌안 통과 • 초대 대통령에 한해 중임 제한 철폐(이승만 3선 목적)
허정 과도 정부	제3차 개헌	1960. 6	• 국회에서 대통령 선출 • 의원 내각제(장면 내각 출범) • 양원제(민의원·참의원)
장면 내각	제4차 개헌	1960. 11	• 3·15 부정 선거 관련자 처벌 • 특별 재판소 및 검찰부 설치
박정희 군정	제5차 개헌	1962	• 5·16 군사 정변(공화당 정권) • 대통령 중심제(직선제) • 단원제 국회
박정희 정부	제6차 개헌 [3선 개헌]	1969	• 대통령 직선제 • 대통령 3선 연임 허용 • 국회의원의 국무위원 겸직 허용
박정희 정부	제7차 개헌 [유신 헌법]	1972	• 대통령 간선제(통일 주체 국민 회의에서 선출) • 대통령 임기 6년(중임 및 연임 제한 규정 철폐) • 대통령 권한 확대(국회의원 1/3 추천권, 긴급 조치권, 국회 해산권 등)
전두환 정부	제8차 개헌	1980	• 전두환 신군부의 비상계엄 확대(12·12 사태) • 7년 단임의 대통령 간선제(대통령 선거인단에서 선출)
전두환 정부	제9차 개헌 [현행 헌법]	1987	• 노태우의 6·29 민주화 선언 • 5년 단임의 대통령 직선제